嶽麓書院國學文庫

主編◎朱漢民

尚書考異　尚書譜

【明】梅鷟　撰

姜廣輝　點校

上海古籍出版社

本書出版獲得嶽麓書院國學研究與傳播中心資助

嶽麓書院國學研究與傳播中心工作指導委員會

嶽麓書院國學文庫總序

朱漢民

「嶽麓書院國學文庫」即將陸續出版。藉爲這個文庫作「總序」的機會，我想討論一下這樣幾個問題：現代世界已經發生了驚人的變化，傳統國學還有什麽意義呢？「國學」是一門獨立的學科嗎？國學與嶽麓書院有什麽密切的聯繫？

（一）國學的意義

我認爲，對現代中國和世界而言，國學至少有四個層面的重要意義。

第一，國學能够爲現代人的個體精神需求提供思想營養。中國正面臨社會的急劇變革，每個人的命運正在發生很大的變化，每個人的行動也有更多的選擇自由，但是，能够給我們駕馭命運的精神方向、作出行動選擇的人生智慧却嚴重不足。現代中國人往往會感到是非的迷茫、得失的困擾，同時引發對生命意義的追問。社會底層民衆是這樣，那些成功人士也是如此。儒家、道家、佛家的經典，諸子百家的思想，對人生意義的選擇，包括是非的迷惘、毁譽的困擾、得失的彷徨以及對人生終極價值的選擇，都能够提供很多很好的思想營養。今天很多人思考的問題，其實古代先賢都思考過，而且有非常好的解决辦法。我們回頭去看經典，原來我們的老祖宗已經有很好的思考了。

第二，國學能够滿足當代社會爲建立和諧社會的需求，並提供重要的文化資源。在中國的現代化轉型過程中，我們正面臨着種種社會問題和思想危機。我們常常感到人與人之間越來越缺乏信任，我們不相信超市裏買來的食品是否安全，我們懷疑來自陌生人的幫助是否藏着惡意，我們甚至還在討論見到老人摔倒該不該扶起，還有許多人的損人利己的做法，已經到了完全不能容忍的地步。誠信危機、道德危機成爲我們建立和諧社會的大敵。大家都在想，怎麽來制止相關惡劣事件的發生，怎麽來建立一個有誠信、有道德的和諧社會。中國傳統國學，對於如何建立有誠信、有道德的和諧社會，提出了一系列重要的思想，中國傳統的仁愛思想、忠恕之道，仍然可以成爲建構現代和諧社會的價值理念，「己所不欲，勿施於人」，仍然是我們建立有誠信、有道德的和諧社會的金科玉律。

第三，國學能够爲當代中華文明的崛起提供重要的支撑力量。當前的「國學熱」其實還和中華文明的崛起有着密切關係。中國崛起與中華文明崛起不是一個概念。中國崛起是指一個獨立的中國在政治上、經濟上的强大，而中華文明崛起則是强調一種延續了五千年的文明體系在經歷了近代化、全球化的「浴火」之後，重新成爲一個有着强大生命力的文明體系。在世界文明史上，中華文明是唯一歷經五千年而没有中斷的原生形態的古文明，並且一直保持其强大的生命力，位居世界文明的前列。但是，中國近代史是一部中國被瓜分、被侵略的歷史，在這個歷史過程中，中國人開始失去文明的自信。其實，近代中國學習、吸收西方先進文明是非常正確的，但是我們必須堅持中華文明的主體性，採取對自我文化的虚無態度是非常不應該的。我們必須有一種文明的自我意識，我們要認識到，現代化中國的崛起，離不開中華民族文化精神的崛起。我們活下來並且能够昂首挺胸的不僅僅是我們的身體，首先應該是我們高貴的精神和靈魂！那麽，我們高貴的精神和我們的靈魂是如何形成的呢，其實，就是國學鎔鑄了我們的精神和靈魂。正是從這個意義上説，國學能够爲當代中華文明的崛起提供重要的支撑力量。

第四，國學能够爲二十一世紀新的人類文明建構做出重要的貢獻。我一直認爲，中國國學裏面所包含的許多價值觀念，比方説仁愛、中和、大同，不僅僅對中華民族具有重要的意義，同時，它們一定能够成爲具有全球性的、普遍意義的價值觀念，能够彌補某種單一文明主導的價值觀念的缺失。西方文明一直在堅持他們倡導的許多核心價值。其實，中華文化近代化的過程，就是一個接受這種西方價值的過程。但是，許多中國人在此過程中，却忽略或者忘記了中華文明中的價值理念。特别是在整個二十世紀的文明史上，以西方爲主導的現代文明已經暴露出越來越多的弊端。二十一世紀建構的人類文明，一定是一種多元一體的文明，而延續五千年没有中斷的中華文明，一定會對二十一世紀的人類文明建構做出自己的貢獻。

(二) 國學是一門獨立的學科

儘管國學如此重要，但對國學是否可以成爲一個獨立學科，學界内部還存在着不少疑慮與分歧。人們首先會問，國學的確切定義是什麽？其實，「國學」有非常明確的内涵和外延。首先，「國學」的「國」應該是指中國，這個很明確。其次，這個「學」就是指傳統學術，即中國傳統的知識體系體系與價值，這種知識體系體系與價值總是要通過文字、典籍的形式固定和保存下來。中國古代文獻典籍分爲經、史、子、集，所以今天人們所説的國學往往也分爲經、史、子、集。

人們又會進一步追問：國學的知識構架和學理依據是什麽？當然，國學之所以可以成爲一個獨立學科，必須要有兩個重要條件：其一是國學學科體系的内在條件，即國學體系的知識構架和學理依據；其二是國學的外在條件，即國學能否具有現代學術視野而能得到普遍承認並開展廣泛的或全球化的學術交流。

國學這門學科，之所以在學界還有不少疑慮與分歧，與它在當代中國學術體制內的處境有關。現在大學院系的分科，基本上是近代引進西學而建立起來，分爲理學、工學、文學、歷史、哲學、藝術、宗教、政治學、教育學等等。儘管近些年多所大學紛紛創建了國學院，但是國學在當代中國的學術體制內並無合法性的身份。這樣，我們延續幾千年的中國傳統國學，在這種學科體制下只能變成其他學科的材料。比如國學中最重要的經學，在現代大學的學科中就没有合法的獨立地位，我們不能獨立地研究、學習經學，只能夠將其分别切割到文學、歷史學、哲學、政治學、法學、宗教學、教育學的不同學科。這樣，國學中的經、史、子、集的不同門類知識，全部被分解到了文學、歷史、哲學、藝術、宗教、政治學、教育學的不同學科視野裹面，變成其他不同學科的材料。

近代引進的文學、歷史、哲學、藝術、宗教、政治學、教育學的不同學科對於拓展我們對中國傳統學術的研究視野，確實有其長處，但也有其短處。中國傳統學術是一個有着密切聯繫的有機整體，其知識體系和價值體系有着内在聯繫。當我們用各門現代學科把傳統國學分割之後，就有可能失去原來知識體系的聯繫和特點。每一種知識體系或學科框架，實際上是我們人類把握世界的一種具有主觀性因素的圖式。不同文明有不同的把握世界的圖式，西方知識學有它自己的長處，中國傳統知識體系也有自己的長處，譬如中國的知識傳統具有整體性、實踐性、辨證性的特點，以此成就了中華文明的世界性貢獻。正因爲如此，研究中國傳統學術，應該保持對其原文化生態的、有機整體的學問特點的思考。國學作爲這樣一種原文化生態的、有機整體的學問特點，有它存在的必要性和合理性。

其實，在講到中國「國學」合法性的時候，我們還可以暫且借用西方大學「古典學」的概念。在西方世界許多大學都設立了古典學系。這個古典學研究什麼呢？它最初是以古希臘、羅馬的文獻爲依據，研究那個時期的歷史、哲學、文學等等。古典學的特點是注重將古希臘羅馬文明作爲一個整體來研究，而不是分別研究古希臘、羅馬時期的歷史、哲學、文學。在西方，古典學一直是一門單獨的學科。

我們認爲，「國學」其實也可以說是「中國古典學」。如果我們用「中國古典學」來說明中國「國學」，可以提供「國學」作爲一門獨立學科的上述兩個條件。一方面，在幾千年的漫長歷史中，中國形成了建立自己特有的具有典範意義的文明體系。建立「中國古典學」，也就是以中國古人留下的歷史文獻爲依據，將中華文明作爲一個整體來研究。由於「中國古典學」是以中國傳統學術體系爲學科基礎，這是一門從學術範式到知識構架、學理依據均不同於現有的文學、歷史、哲學學科的獨立學科，這是「中國古典學」得以確立的內在條件。另一方面，由於「國學」概念僅僅能够爲中國人自己使用，西方人則只能使用漢學，以「中國古典學」來定義原來的國學，「國學」具有了知識共享、學術交流的現代學科的要求，並能兼容國學、漢學，爲中外學者所通用，這是國學能够具有現代學術視野並能開展國際學術交流的外在條件。

(三) 國學與嶽麓書院

書院是一種由古代儒家士大夫創辦並主持的學術教育機構，它形成了一套獨具特色的組織制度、基本規制、講學形式，對中國傳統學術文化的發展作出了不可磨滅的歷史貢獻。書院繼承、發揚了中國優秀的教育傳統，表現出儒家士大夫那種追求獨立的學術思考、人格自由的精神。書院將中國傳統教育和傳統學術發展到一個高級階段，從而促進了中國文化的蓬勃發展，宋元明清學術文化思潮迭起，無不與書院這種獨特學術教育機構有着密不可分的內在聯繫。

嶽麓書院是中國書院的傑出代表，在中國教育史、中國學術史上居有十分重要的地位，因其有着悠久的辦學歷史、卓著的學術成就，受到古今人們的普遍敬仰。繼先秦諸子等學術思潮之後，兩宋時期興起了理學思潮。理學以復興先秦儒學爲旗幟，要求重新解釋儒家經典，力圖使儒家文化在新的歷史時期得以振興；同時，它又汲取、綜合了佛、道兩家的學説，將儒學發展爲一種具有高深哲理的思想體系。嶽麓書院創建於宋代，很快成爲新興理學思潮的大本營，學術界一大批有影響的著名理學家紛紛講學於此。南宋乾道年間，被稱爲「東南三賢」之一的張栻主持嶽麓書院講席，在此聚集了一大批理學之士，並且形成了當時學界很有影響的湖湘學派。同時，後來被稱「致廣大，盡精微，綜羅百代」的著名理學家朱熹兩次在嶽麓書院講學傳道，更是形成了學術鼎盛的歷史局面。嶽麓書院成爲宋代學術文化史最著名的四大理學基地之一。以後，許多著名理學家紛紛來此講學。南宋後期，著名理學家真德秀、魏了翁講學嶽麓書院；明代中葉以後，理學思潮中的心學一派王陽明及其弟子王喬齡、張元忭、季本、鄒元標等亦紛紛來嶽麓書院講學，使嶽麓書院因新興的心學思潮再度發揮極其重要的學術大本營的作用。明清以來，中國學術文化又發生重大變革，先後出現清代理學、乾嘉漢學、今文經學等不同的學術思潮，而嶽麓書院一直是不同時期内學術思潮的重鎮，從而推動着中國傳統學術的創新發展，繼續在中國學術領域發揮重要的作用。可見，嶽麓書院在一千多年的辦學過程中，一直是中國傳統國學的重鎮。宋以後的各種學術思潮、學術流派均以它爲學術基地，如宋代理學派、事功學派、明代心學派、東林學派、清代乾嘉學派、今文學派等等，許多學術大師如朱熹、張栻、陳傅良、王陽明、王文清、王先謙、皮錫瑞等在這裏傳道授業，又培養了一代代國學領域的著名學者。

光緒二十七年（一九〇一），清政府下詔全國各地改書院爲學堂，嶽麓書院也於一九〇三年改爲湖南高等學堂，後來又改爲湖南高等師範學堂、湖南大學。但嶽麓書院遺址在戰亂年代一度受到嚴重損害。從二十世紀八十年代開始，湖南大學全面修復嶽麓書院，經過二十年的努力，嶽麓書院古建全面修復，基本上恢復了歷史上辦學最盛時期的建築規制。與此同時，我們啓動了嶽麓書國學研究、教育的復興工程。近二十多年來，嶽麓書院培養、引進了一批國學研究的學者，逐步獲得學士、碩士、博士學位點及博士後流動站。嶽麓書院學術、教育功能的恢復，是建立在現代高等教育體制及學科建設基礎之上的。今天的嶽麓書院已經成爲國學復興的重鎮。嶽麓書院的明倫堂仍是講授國學的講堂；朱熹、張栻「會講」的講堂仍在舉辦國學論壇，齋舍也仍然是學者從事國學研究的場所。古代學術傳統內核的經學、理學、諸子學、史學及其相關的知識學問，均成爲嶽麓書院的主要學習內容和重要研究方向。國學是在中國傳統文化生態中逐漸形成的一種學術文化類型，作爲一種具有民族主體性的學術文化，國學確實不同於西學，因爲它有不同於西學的文化土壤與生態環境。從這個意義上説，國學與書院有着共生的獨特文化背景。

我們有一種傳承中華學脈的强烈願望，希望推動嶽麓書院學術的現代復興。嶽麓書院的現代復興，是在中華民族偉大復興的背景下發生的一個重要文化教育現象。我們相信，在中華民族偉大復興之際，我們完全可以做好書院文化傳統的轉换、創新工作。所以，我們編輯、出版「嶽麓書院國學文庫」，也是與傳統國學的當代復興有着密切關聯的。我們希望有更多的書院、學者加入到這個行列來，盼望國學界的研究者能够不斷賜稿，共同推動當代國學的繁榮！

甲午年於嶽麓書院文昌閣

總目

尚書考異

目録

附録

梅鷟《尚書考異》考辨方法的檢討(代前言)*

——兼談考辨《古文尚書》的邏輯基點

姜廣輝

今《尚書》五十八篇，舊稱漢孔安國作《序》并《傳》，爲東晉豫章内史梅賾所獻。唐孔穎達爲之作義疏，此即《五經正義》之一的《尚書正義》。傳統上以此書爲《古文尚書》，但經後人考證，其中的三十三篇乃由伏生所傳今文《尚書》二十九篇(或云二十八篇)所分出，内容與今文《尚書》基本相同。其餘二十五篇則疑爲晉人之僞作。

* 筆者在撰寫此文過程中，承蒙臺灣中研院文哲所林慶彰、蔣秋華先生惠贈相關資料；華梵大學東方人文思想研究所趙銘豐同學亦曾幫助查找資料。二〇〇六年六月六日，筆者應邀到臺灣中研院文哲所演講，此文作爲演講稿又承蒙林慶彰、季旭昇、夏長樸、鍾彩鈞、楊晉龍諸先生指教。在此一并致謝。

自南宋以後，學者開始懷疑《古文尚書》的真僞。吴棫①《書埤傳》首發其難，疑《古文尚書》之僞，朱熹曾多次言及《古文尚書》爲晉人僞作。此後，陳振孫《尚書説》開始考定今文、古文；趙孟頫《書古今文集注》開始將今文、古文分編，而吴澄《書纂言》開始專釋今文。吴棫、朱熹、吴澄等人都對《古文尚書》抱持懷疑的態度，他們懷疑的主要理由約有四點：一、梅賾《書》傳授不與漢儒相接，來歷不明；二、梅賾《書》皆易讀，伏生《書》皆難讀②；三、梅賾《書》文字氣象不似先漢文章雄渾厚重；四、千年古書最爲晚出，竟如此完整。③這些儒者的懷疑尚僅憑一種感覺與印象，他們并没有像後世的梅鷟、閻若璩等人那樣，撰著專書一一舉證，指控其僞。

至明代，《尚書考異》一書的問世，可以視爲尚書學史上的一個重要的里程碑。《四庫

① 清代朱彝尊《曝書亭集》卷五十八《尚書古文辨》謂：「南渡以後，新安朱子始疑之，伸其説者吴棫、趙汝談、陳振孫諸家，猶未甚也。迨元之吴澄、明之趙汸、梅鷟、鄭瑗、歸有光、羅敦仁則攻之不遺餘力矣。」朱彝尊以朱熹爲始疑《古文尚書》之人，不確。按：吴棫爲兩宋之際人，早于朱熹。吴棫（約公元一一〇〇—一一五四年）字才老，建安人，北宋宣和六年（公元一一二四年）進士，紹興（公元一一三一—一一六二年）中爲太常丞，以爲孟仁仲草表忤秦檜，出爲泉州通判以終。朱熹生卒年爲公元一一三〇—一二〇〇年。

② 吴棫：「安國所增多之書，……皆文從字順，非若伏生之書詰屈聱牙。」（引自《書經大全・原序》注）朱熹：「孔壁所出《尚書》……皆平易，伏生所傳皆難讀，如何伏生偏記得難底，至於易底，全記不得？」（《朱子語類》卷七十八）

③ 吴澄：「千年古書，最晚乃出，而字畫略無脱誤，文勢略無齟齬，不亦大可疑乎？」（《書纂言・目録》）

全書總目》謂：「宋吴棫、朱子、元吴澄皆嘗辨其僞，然但據其難易以決真僞，未及一一盡核其實。鷟是書則以安國《序》并增多之二十五篇悉雜取傳記中語以成文，逐條考證，詳其所出。」《尚書考異》一書對《古文尚書》進行了廣泛而仔細的辨僞搜證工作，發現《尚書》古文經二十五篇中的文句與先秦兩漢文獻蹈襲雷同之處甚多。《古文尚書》辨僞工作自此進入了一個新的階段。

我們可以將《尚書考異》分成四個部分。

第一部分歷叙《史記·儒林傳》、《漢書·藝文志》、《後漢書·儒林傳》、《隋書·經籍志》等史書關於《古文尚書》的記述異同，以及吴棫、朱熹、晁公武、鄭樵、吴澄、馬端臨等私家著述的相關評論。作者一一加以評斷，其論旨所在，以爲唯伏生所傳二十九篇今文《尚書》爲可信，西漢孔安國所傳之《古文尚書》十六篇及東晉梅賾所上之《古文尚書》二十五篇皆爲僞作。

第二部分主要討論「孔安國《尚書序》」。作者指出所謂「孔安國《尚書序》」中有許多不合事理、不合邏輯之處，以爲孔安國作爲孔子之「聞孫」絶不會有此類低劣之作。辨僞者的邏輯似乎是，「孔安國《尚書序》」既被證僞，而被稱爲孔安國所傳之《古文尚書》二十五篇也決然爲僞作。

第三部分是全書的重點所在，即抉發晉人造僞之迹。作者遍讀晉以前書，一一指出這些文獻中與《古文尚書》經文蹈襲雷同之處，用功之勤，令人敬佩。雷同的實例找到了許多，但我們卻不能得出一種邏輯上無懈可擊的結論，原因是我們不能從這些實例中確證誰先誰後，因此也不能判定究竟是誰抄誰。這是一個使人困擾的問題。

第四部分進一步考證伏生所傳之今文《尚書》經文爲後人「假壁藏古文之名擅改」之處。

以上是《尚書考異》一書的基本脉絡與主要内容。通觀全書，作者似乎已先入爲主地認定《古文尚書》二十五篇爲晉人之僞作，并將它作爲先决的前提來抉發晉人造僞之迹。然而在我們看來，《古文尚書》二十五篇爲晉人僞造的這一判斷，恰恰是需要審慎論證的。

本文旨在對《尚書考異》的辨僞工作做一客觀評述，并對其關於《古文尚書》的辨僞方法作一檢討。

我們認爲，《古文尚書》問題是中國經學史中的一個千古疑案，異常紛繁複雜。現代學術史著作對之僅作簡單化的概述，以至讀者無從體會其中的複雜性。

關於《古文尚書》的考辨，我們以爲當分兩個層面：一是考辨方法的層面；二是作僞舉證的層面。兩者比較，以第一層面更爲重要，因爲它是考辨工作的指導性的原則，其意義類似于現代法律術語中的「身份甄别」，即將《古文尚書》的「履歷資料」與可以資信的歷史文獻中的有關記載作比勘分析，看其是否吻合，如這一「履歷資料」與歷史文獻出入較大，乃至有重大衝突，而又不能否定這些歷史文獻的準確性，則這一「履歷資料」即被視爲「僞造文書」而加以懷疑。也就是説，此種懷疑并不需要等待作僞舉證之後而產生。這一方法與現代法律中的所謂「有罪推定」的辦案原則是不同的。「有罪推定」是毫無根據地先假定疑犯有罪，然後去搜尋證據。而此種「身份甄别」是在比勘分析的基礎上做出的。而這也就是我們所説的考辨《古文尚書》的邏輯基點。

從作僞舉證的層面説，一是舉出僞品内容與所托之時代不相合；二是指出造僞者綴輯蹈襲之迹。時至今日，《古文尚書》的考辨成果，關於前者的「作僞舉證」成績少之又少。而關於後者的「作僞舉證」則頗嫌冗遝，其中許多内容很難稱得上是「成績」。這是因爲雖然找到了《古文尚書》與其他文獻雷同的證據，但卻不能判定兩者究竟是誰抄誰。梅鷟以及其他許多考辨者已經先入爲主地認定《古文尚書》是僞作，從此點出發，將所有發現的蹈襲雷同之處皆作爲《古文尚書》綴輯逸《書》而造僞的證據。但《古文尚書》是僞作的預設立場恰恰是應該檢討的。所以真正的問題并不在於發現了多少蹈襲雷同的證據，而是需要爲《古文尚書》辨僞確立一個有説服力的邏輯基點，而這個起點應該建築在歷史文獻記載真實性的基礎上。古代史家如司馬遷曾親見孔安國，劉向、劉歆、班固皆曾典校皇家秘書，于理皆可親見孔氏所獻之《古文尚書》。如我們認同他們關於《古文尚書》的記述具有歷史的真實性，則我們考辨《古文尚書》的邏輯基點就只有一種選擇，即劉向、劉歆、班固所記述之《古文尚書》十六篇爲真，而東晉梅賾所上之《古文尚書》二十五篇爲假。有了這一邏輯基點，梅鷟等人所抉發的蹈襲雷同之迹才可避免究竟「誰抄誰」的循环論證。而祇有有了這一邏輯基點，所謂「作僞舉證」方顯示其應有的價值。

清代學者程廷祚認爲，關於《古文尚書》的辨僞，其重點不在於梅賾《書》與伏生《書》是否有難讀、易讀等分別，也不在於梅賾《書》的思想是否合乎儒家義理，從這些方面很難判分《古文尚書》二十五篇的真僞。若考辨《古文尚書》之僞，重點應放在它來历不明這一點上。他說：

> 夫二十五篇之《書》，平正疏通，乍觀無一言之違於理道。而其爲前古書傳所稱引者，視伏《書》爲尤多，又悉以見其可疑也？若謂可疑者文從字順異於伏《書》，則伏《書》中亦不皆詰曲聱牙也。且周穆王而下暨秦穆公之同時，其文載於《左》、《國》者衆矣，未嘗與《呂刑》、《文侯之命》、《秦誓》同其體制，豈彼皆可疑乎？蓋晚《書》之可疑，在於來歷不明，而諸儒不能言其所以然，致使議論沸騰，能發之而不能定也。

程廷祚所言是頗爲中肯的。通觀《尚書考異》，作者考證工夫雖勤，但卻對《古文尚書》二十五篇「來歷不明」這個關鍵點重視不夠。比較明代梅氏與清代閻若璩等人在《古文尚書》考辨工作上的成就，我們看到，梅氏雖然一一抉發《古文尚書》二十五篇蹈襲之迹，卻不能最終解決「誰抄誰」的問題。而閻氏之《古文尚書》考辨，其邏輯基點正是認同劉向、劉歆、班固所記述之《古文尚書》十六篇爲真，而東晉梅賾所上之《古文尚書》二十五篇爲假。《尚書古文疏證》的成就之所以高於《尚書考異》，正在於前者把兩部《古文尚書》的「來歷」問題作爲一個基點性的問題來考察。

一、梅鶚、梅鷟兄弟與《尚書考異》的關係

梅鷟，字鳴岐，號平埜，別號致齋，旌德（今安徽省旌德縣）人。其兄梅鶚，字幼和，一字百一，號凫山。兩人生卒年均不詳。但我們可以通過有關其事迹與交遊的史料判斷他們的在世年代。

我們先從梅鶚説起，梅鶚是明弘治十七年（一五〇四）甲子科舉人。此年楊慎十七歲，楊慎二十歲中舉人。估計梅鶚年齡較楊慎稍大。

梅鶚又爲正德十二年丁丑（一五一七）舒芬榜進士。所謂「舒芬榜」，是説當年舒芬爲

進士榜首，即狀元。舒芬，字國裳，進賢人，生於成化二十年（一四八四）。正德二年（一五〇七）中舉人，十年後中狀元，授翰林院修撰，以争議大禮被廷杖。旋遭母喪歸，嘉靖六年（一五二七）卒於家，年四十四歲。他考中狀元之年爲三十四歲。舒芬著有《易箋問》一卷，朱彝尊《經義考》卷五十三引梅鷟之言曰：「子舒子博極群書，尤盡心於《易》，祖程朱，有《易箋問》之作，其言曰：『爵禄不入於心，溝壑不忘於念，則吾身雖凶，吾道亦貞而吉矣，又何朵頤之凶哉？』又曰：『未濟之終，雖當可濟，而上九高而無位，才無所施，自信有命，而飲酒爲樂，故得無咎。』嗚呼！賢才固不可以不自惜，而有國者亦不可以不重惜賢才也。予三讀其言，而深悲之。」梅鷟當時很欽佩同榜狀元舒芬的人品學問，而稱舒芬「子舒子」，很有可能梅鷟曾對舒芬執贄行弟子禮。而此言當發於舒芬死後。據《旌德縣志》卷八《文苑傳》稱梅鷟卒年四十五歲，舒芬死後梅鷟尚在世，則梅鷟生年不應早於舒芬。因此我們不妨作一假定，將梅鷟生年定在舒芬生年與楊慎生年（弘治元年，一四八八）之間，約生於明憲宗成化二十二年（一四八六）上下。因此，梅鷟中進士之年約爲三十二歲。則其卒年當在明世宗嘉靖九年（一五三〇）上下。

梅鷟其人，頗有才情。《萬姓統譜》卷十六稱：「梅鷟平生好觀奇書，博綜群籍，爲文奇葩出塵，一時人多慕之。」《江南通志》卷一六七則稱：「梅鷟博綜群籍，爲文援筆千言，滉洋浩博，譽重一時。未仕，卒。弟鷟與鶚齊名。」《旌德縣志》卷八《文苑傳》：「梅鶚，字百一，號梟山。正德丁丑進士。弱冠志學，默而好深湛之思。家貧僻居，艱得書籍，聞有蓄古奇書者，輒踵門求觀借録，日誦數萬言，過目不忘。爲文立就。其讀六經，務去注釋，而思聖人之旨。讀先儒書，務根理要，而參六經之義。讀諸史，非徹首尾該貫不釋手。登第後，益肆力於書，著作甚富，未經讎校而卒，年四十五。遺稿多散佚①，惟《梟山集》四卷傳世。」

與梅鶚、舒芬相知的另一位學者名叫黄佐。《明儒言行録續編》卷二稱舒芬「兼知天文，曉音律。香山黄佐嘗與陵陽梅百一論武王伐殷，歲在鶉火，通考象緯不載，因推步之，……百一歎曰：『向見舒國裳亦論及此。』其後佐入史館，見公（引者案：舒芬）握手曰：『識公于梅百一久矣。』自是過從甚歡。」黄佐生於明弘治三年（一四九〇），卒於嘉靖四十五年（一五六六），卒年七十七歲。黄佐爲正德五年（一五一〇）舉人，十年後即正德

---

① 據《旌德縣志》卷九《經籍書目》，梅鶚曾撰有《易經稽疑》、《讀易志》、《讀書志》、《讀詩志》、《讀禮志》、《讀戴記志》、《讀春秋志》、《六經會通》、《周禮稽疑》、《讀論語志》、《論語會通》、《讀學庸志》、《學庸稽疑》、《韓文公辨誣》、《朱子會通》、《讀素問靈樞志》、《讀參同契志》、《太玄圖記》、《梟山文集》等。又據《旌德縣志補遺》卷一，梅鶚尚有《述小學篇》、《論語會通例》、《諸經會通例》、《讀孟子志》、《孟子會通例》、《孔孟異同》、《讀荀志》、《周子罪言》、《朱子會通例》、《讀葬書志》、《葬書復古編》等撰述。

十五年（一五二〇）中進士，曾官南京國子監祭酒。與梅鶚、梅鷟兄弟友善。

梅鷟爲正德八年（一五一三）舉人。時楊慎二十六歲，舒芬三十歲，梅鶚約二十八歲，黄佐二十四歲。而梅鷟年齡與黄佐相當或略小。舒芬、梅鶚、楊慎、黄佐四人中舉人之年皆未超過二十四歲，①估計梅鷟亦如是。由此前推，梅鷟的生年當在弘治三年（一四九〇）或稍後。

可能黄佐任南京國子監祭酒期間，聘請梅鷟爲南京國子監助教。《四庫全書總目》於「《南廱志》二十四卷」條下謂：「明黄佐撰。其第十八卷②《經籍考》當時以委助教梅鷟成之。鷟學問淹貫，故叙述亦具有本末。書成於嘉靖二十二年（一五四三）。」而此時梅鷟的年紀大約五十四歲上下。翌年，升浙江常州通判。後官云南鹽課司提舉。《旌德縣志》卷八《文苑傳》稱「梅鷟，號致齋，鶚之弟，正德癸酉舉人。幼與伯兄鶚同學。博聞强記，研析經義。所著有《尚書譜》、《尚書集瑩》、《尚書考異》、《春秋指要》、《周易集瑩》、《古易考原》、《儀禮翼經》、《大元圜注》③、《童子問》等書，其旨多本於伯氏云。」據

---

① 四人中舉的年齡依次如下：舒芬二十四歲；梅鶚約十九歲；楊慎二十歲；黄佐二十一歲。

② 林慶彰先生訂正：《南雍志》第十七、十八卷《經籍考》爲梅鷟纂輯。

③ 筆者以爲，其書名當爲《太玄圖注》，清人刻書避清帝名諱而改「玄」爲「元」。「圜」字當爲「圖」字之譌。

《旌德縣志》卷九《經籍書目》及《旌德縣志補遺》卷一，梅鷟尚有《儀禮逸經》、《文集》等。又據林慶彰先生考訂，梅鷟還撰有《讀易記》、《尚書考正》、《尚書辨證》、《讀詩記》、《詩經集瑩》、《讀春秋記》等書。其書多遺佚。今存者僅有《古易考原》、《尚書譜》、《尚書考異》數種。

梅鷟論學，似較武斷。《四庫全書總目》於「《古易考原》三卷」條下謂：「明梅鷟撰。是書謂伏羲之《易》，已有文字。畫卦在前，河圖後出。伏羲但則之。以揲蓍大衍之數當爲九十有九，以五十數爲體，以四十九爲用，無以中五乘十置一不用之理。論殊創辟。然于古無所授受，皆臆撰也。」所謂「伏羲之《易》，已有文字」以及「大衍之數當爲九十有九」皆可謂無稽之談，梅鷟作此言論，亦見其武斷誇誕之一面。

閻若璩《尚書古文疏證》卷八稱：「余讀《焦氏筆乘》，稱家有梅鷟《尚書譜》五卷，專攻古文《書》之僞，將版行之不果。……求其《譜》凡十載，得於友人黃虞稷①家，急繕寫以來，讀之，殊武斷也。」《四庫全書總目》于「《尚書譜》五卷」條下謂：「明梅鷟作《尚書考

---

① 黃虞稷，字俞邰，清初學者，先世泉州人，明末流寓上元。著有《千頃堂書目》三十二卷，所録皆有明一代之書。《千頃堂書目》卷一「梅鷟《尚書譜》五卷」條下：「旌德人，正德癸酉舉人，南京國子監助教，復官鹽課司提舉，力攻古文之僞。」此下又列《尚書考異》一條，未繫任何評語。

異》及此書。《考異》引據頗精核。此則徒以空言詆斥，無所依據，……且詞氣叫嚻，動輒醜詈，亦非著書之體，故録其《考異》，而是書僅存目焉。」中國國家圖書館現藏有清抄本《尚書譜》五卷，各卷皆題「旌川梅鷟學」。

日本學者本田成之《中國經學史》説：「梅鷟底《古文尚書考異》六卷，在明儒中是最出色的著述。」①

《尚書考異》在明代及清初只有傳抄本，并未刻板印行。臺北「故宫」藏《尚書考異》舊抄本兩册，不著撰人姓名，不分卷。此書後附一册明韓邦奇《洪範圖解》。韓邦奇《洪範圖解序》末句題「正德乙亥六月中旬，苑洛子韓邦奇書」。傅兆寬先生《梅鷟辨僞略説及尚書考異證補》以此序爲韓邦奇《尚書考異題記》②，认爲至少在明正德十年前《尚書考異》已經成書。按此説不確，韓邦奇此語與《尚書考異》一書并無關涉。臺北「故宫」藏《尚書考異》舊抄本年代不明，但可以斷定它早於《四庫全書》本的《尚書考異》，并且兩者同屬一系。《四庫全書》本《尚書考異》亦不著撰人姓名，不分卷。四庫館臣發見書中有「鷟按」字樣，

---

① 本田成之著《中國經學史》，廣文書局二〇〇一年版，第二五四—二五五頁。

② 傅兆寬《梅鷟辨僞略説及尚書考異證補》第九頁：「明韓邦奇《書寫尚書考異記》云：『正德乙亥六月中旬，苑洛子韓邦奇書。』」同書第十二頁注謂：「明韓邦奇《尚書考異題記》，故宫善本，頁二八七，藍格舊鈔本，五卷二册。」

因而判定其書作者爲梅鷟。《四庫全書總目》謂：

《尚書考異》五卷，《明史·藝文志》不著録。朱彝尊《經義考》作一卷。此本爲范懋柱家天一閣所藏，不題撰人姓名，而書中自稱「鷟按」，則出鷟手無疑。原稿未分卷數，而實不止於一卷。今約略篇頁，釐爲五卷。

台北「故宫」所藏抄本與文淵閣《四庫全書》本相比較，後者訂正了前者許多引文出處等方面的舛誤，推測這個工作是由四庫館臣將此書收入《四庫全書》時所做的。

清嘉慶中，孫星衍訪得《尚書考異》善本，其書分爲六卷。孫星衍校勘後刻入《平津館叢書》，也是《尚書考異》的第一部刊本（以下簡稱「平津館本」），其書扉頁有「嘉慶甲戌孟秋蘭陵孫氏校刊」字樣，甲戌年爲公元一八一四年。平津館本比文淵閣本字數多出近兩萬四千字。我們的總體印象是，文淵閣本《尚書考異》應該是作者考辨《古文尚書》的一個草稿本，而平津館本《尚書考異》則是一個定本。但這并不意味平津館本的文字完全是正確無誤的。事實上，平津館本沿襲了故宫抄本的許多錯誤，此書雖經顧廣圻、孫星衍兩位清代大學者「詳加校正」，但書中舛訛之處仍然非常之多。而文淵閣本則是更正平津館本的一個重要的參校本。

關於《尚書考異》一書的作者，依筆者的研究，尚有一些重要疑點有待考察澄清。筆者初步認爲，《尚書考異》一書有可能是梅鷟、梅鶚兄弟兩人共同的作品。《旌德縣志》卷八《文苑傳》稱梅鷟之書，「其旨多本于伯氏云」，即是説梅鷟所著書，其宗旨多本於其兄梅鶚。

《尚書考異》通篇言「按」、「今按」、「愚今按」，其中言「鷟按」、「鷟曰」僅各有一處。而《尚書譜》一書凡梅鷟加按語處例皆書「鷟曰」、「鷟按」。筆者頗疑《尚書考異》之「今按」與「鷟案」非出一人之手，因而懷疑此書主體很可能由梅鶚撰就，而後由梅鷟續成。下面我們還可以提供幾個佐證：

第一，梅鶚一直留心于《尚書》學，熟悉各家解經著述，他最早發現元代王充耘（字耕野）《讀書管見》的價值，并爲此書寫題跋，他寫道：「此書得之西皋王氏，寫者甚草草，而其末尤甚。當時恐失其真，輒以紙臨寫一本，而以意正若干字，略可讀。吁！惜吾生之晚，不得摳衣於耕野之堂也。梅幼和鶚云。」（《讀書管見》卷下）在《尚書考異》中我們看到幾處大段引用《讀書管見》的文字，從中可見作者對王充耘的推重，而這個作者很可能便是梅鶚。（當然，也不能完全排除梅鶚把他發現的《讀書管見》介紹給他的弟弟梅鷟，而由梅鷟撰寫《尚書考異》的可能性。事實上，梅鷟《尚書譜》中也曾援引王耕野之論。）

第二，閻若璩《尚書古文疏證》卷二稱梅鷟「撰述頗夥，亦疑今、古文，亦謂『人心』、『道心』本出《道經》。」同書卷五下又引梅鷟之言説：「梅鷟幼和又謂：《古文尚書》東晉上者，較前僞《泰誓》引書加詳，故遂亂本經，然尚幸其有紕漏顯然以可指議者，如改『今失其行』爲『今失厥道』，不與『唐』、『常』、『方』、『綱』、『亡』協，則昧經書用韻之體矣。離《堯曰》首節爲三段，而增加其上，則非『舜亦以命禹』之文矣。」（《尚書古文疏證》卷五下）這兩條材料都在《尚書考異》卷二中，一在辨《大禹謨》條中，一在辨《五子之歌》條中。

第三，《尚書考異》與梅鷟的《尚書譜》在風格與觀點上有明顯的不同。《四庫全書總目》於「《尚書譜》五卷」條下謂：

明梅鷟撰……鷟因宋吴棫、朱子及元吴澄之説，作《尚書考異》及此書。《考異》引據頗精核。此則徒以空言詆斥，無所依據，如謂孔壁之十六篇，出於孔安國所爲，實以臆斷之，别無確證。又謂東晉之二十五篇出於皇甫謐所爲，則但據孔穎達引《晉書·謐傳》「從其姑子外弟梁柳得《古文》」一語，其説亦在影響之間，且詞氣叫囂，動輒醜詈，亦非著書之體，故録其《考異》，而是書僅存目焉。

《尚書考異》與《尚書譜》同辨《古文尚書》爲僞作，假如出於一人之手，爲何一書「引據頗精核」，而另一書「徒以空言詆斥，無所依據」？ 又《尚書譜》謂「孔壁之十六篇，出於孔安國所爲」，而《尚書考異》則以爲孔壁之十六篇出於張霸所爲。由此看來兩書對一些問題的重要看法也有很大的不同。

筆者根據以上一些疑點，懷疑《尚書考異》一書的主要作者可能是梅鶚，而梅鷟則可能是一位續成者。筆者深知，要證明此一看法，證據尚嫌不足，這裏録以存疑，有待識者。而爲了下文論述的方便，仍將梅鷟視爲《尚書考異》的作者。

二、對歷史文獻關於《古文尚書》記載真實性的再審查

有兩部總數同爲五十八篇的《古文尚書》，各自宣稱來自孔子屋壁。兩部《古文尚書》的主要不同之處在於：一、多出伏生所傳之今文《尚書》的篇數不同，一爲十六篇（或細分爲二十四篇）；一爲二十五篇，其具體的篇目内容也大不相同。二、有關歷史文獻記載的各自傳承不同。爲了方便討論，我們不妨稱前者爲甲本，稱後者爲乙本。而從邏輯上説，這兩種《古文尚書》或有一真一假，或者兩者皆假（梅鷟即持兩者皆假的觀點），但絶不可能兩者皆真。

我們以爲，考辨《古文尚書》之真僞，當首先確立其邏輯基點，既然兩種《古文尚書》不可能皆真，我們的選擇則有甲真乙僞、乙真甲僞、甲乙皆僞三種。事實上，十六篇本《古文

尚書》早已失傳，我們已無法根據文本本身來討論其真僞，我們所能做的是就歷史文獻有關它的記載的真實性問題加以判斷。而在歷史文獻記載的真實性的判斷上，我們更應重視作者是否在場者、親見者和見證者。這正像公正的法官在審理案情時，會更重視在場者、親見者和見證者的作證，而不會無視他們的證辭，轉爲專聽傳聞的意見。而當我們重新審查《古文尚書》的辨僞史的時候，我們每位研究者和讀者都在扮演着法官的角色。讓我們來看這樁歷史疑案的一些重要之處。

（一）關於孔安國《古文尚書》的最早記載

最早記載西漢孔安國《古文尚書》之事的是司馬遷，太史公叙述此事的筆法，是將伏生所傳《尚書》與孔安國《古文尚書》連類比照而寫的。《史記·儒林列傳》稱：

伏生者，濟南人也，故爲秦博士。孝文帝時欲求能治《尚書》者，天下無有，乃聞伏生能治，欲召之。是時伏生年九十餘，老不能行，於是乃詔太常使掌故朝錯往受之。秦時焚書，伏生壁藏之，其後兵大起，流亡。漢定，伏生求其書，亡數十篇，獨得二十九篇，即以教于齊、魯之間，學者由是頗能言《尚書》，諸山東大師無不涉《尚書》以教矣。

孔氏有《古文尚書》，而安國以今文讀之，因以起其家，逸《書》得十餘篇，蓋《尚書》滋多於是矣。

孔安國的主要活動在漢武帝時期，司馬遷曾親見孔安國，并「向孔安國問故」，其真實性當無可懷疑。惟司馬遷當時記述此事較爲簡略，没有載明《古文尚書》的確切篇數與具體篇目，此後遂成公案。司馬遷此處説「逸《書》得十餘篇」，并不是説《古文尚書》僅此十餘篇，而是説孔氏有《古文尚書》較伏生所傳今文《尚書》「滋多」十餘篇。這一點是很清楚的。又司馬遷衹説「孔氏有《古文尚書》」，未説及此書出於孔子屋壁。但此處所謂「孔氏有《古文尚書》」似又非以代代相傳的方式收藏的，而是由某種機緣發現的。太史公寫此一句「孝文帝時欲求能治《尚書》者，天下無有」，乃在襯托伏生當時是絶無僅有的傳《尚書》之人。如當時孔氏世藏《古文尚書》，孝文帝爲何獨徵伏生之書？孔家又爲何匿而不獻？魯恭王壞孔子宅之事，非是正舉。司馬遷乃當時人記當時事，或有「爲尊者諱」之意，而不直書其事。

重要的問題是，《史記·儒林傳》這條關於《古文尚書》的記述内容是可信的嗎？我們隨後會看到，後來的劉向、劉歆、班固皆在印證和補充司馬遷的記述。如果此説不可信，則司馬遷「編假話」唱之於前，而劉向、劉歆、班固諸人「作僞證」隨之於後，歷史上會有這樣的事嗎？如果其説可信，則東晉梅賾所獻《古文尚書》便不能不受到質疑了。

（二）《古文尚書》「十六篇」篇數及篇目的最早記叙者

漢成帝時劉向、劉歆父子領校中秘書。漢代荀悦《前漢紀》卷二十五稱「劉向典校經傳，考集異同」，并引其言云：

> 魯恭王壞孔子宅，以廣其宮，得《古文尚書》，多十六篇，及《論語》、《孝經》。武帝時孔安國家獻之，會巫蠱事，未列於學官。

劉向顯然是接著司馬遷講的，并於司馬遷語焉不詳處有所補充。司馬遷説《古文尚書》「滋多」十餘篇，劉向確切説「多十六篇」。并説此書得之於孔子舊宅屋壁中，武帝時，由「孔安國家」獻於之朝廷。而孔壁《古文尚書》一入皇家藏書之秘府，便成爲「中秘書」。由於劉向領校秘書的特殊身份，他毫無疑問可以於秘府親見此書。

劉歆與其父劉向於漢成帝時一同領校秘書，《移書讓太常博士》也曾言及逸《書》十六篇：

> 及魯恭王壞孔子宅，欲以爲宮，而得古文於壞壁之中，逸《禮》有三十九篇，《書》十六篇。

班固於漢明帝時爲蘭臺令史，典校秘書。以理揆之，班固亦當親見蘭臺秘閣所藏《古文尚書》。班固《漢書·藝文志》説：

武帝末，魯共王壞孔子宅，欲以廣其宮，而得《古文尚書》及《禮記》、《論語》、《孝經》凡數十篇，皆古字也。……孔安國者，孔子後也，悉得其書。以考二十九篇，得多十六篇。安國獻之，遭巫蠱事，未列於學官。

如上所述，司馬遷曾親見孔安國，劉向、劉歆、班固皆曾典校皇家秘書，於理皆可親見孔安國所獻之《古文尚書》，他們正是我們所説的歷史的「在場者」、「親見者」與「見證者」，他們的記述若不足信，則歷史文獻將皆不足徵信矣。①而若認同他們的記述可以尊信，則我們關於考辨《古文尚書》的邏輯基點的選擇就只有一種，即前面所言的「甲真乙僞」，從而排除「乙真甲僞」和「甲乙皆僞」的可能。

---

① 馬雍曾説：「孔安國獻古文《尚書》固然確有其事，并非劉歆的謊話；但孔安國本人究竟會不會作僞，或者説他所得到的是不是一部僞書，這是誰也不敢保證的。……我們對於伏生本人，也可以提出對孔安國那樣的疑問：伏生從壁中得到《尚書》殘本的故事是可靠的嗎？伏生會不會作僞呢？伏生所傳的《尚書》會不會摻有僞造品呢？」（馬雍《尚書史話》，中華書局一九八二年版，第七十四頁）孔氏有《古文尚書》這件事，以及孔安國或孔安國家獻《古文尚書》之事，載在史册。如果我們相信司馬遷、班固等爲古之良史，不會隨意編造僞史的話，那我們也應相信這些事件應當是真實的。問題被推到了孔安國那裏，「孔安國本人究竟會不會作僞，或者説他所得到的是不是一部僞書」？换言之，是不是孔安國本人僞造《古文尚書》，蒙騙了司馬遷、劉向、劉歆、班固等人？從探究歷史真相的多維思路而言，可以設想各種的可能性，包括孔安國本人作僞的可能性。但是，如果設想孔安國本人作僞，那無論西漢所稱之「《古文尚書》十六篇」或晉人所獻之「《古文尚書》二十五篇」便都不可能是真的，因爲兩者皆聲稱出自孔子屋壁。更何況，懷疑孔安國本人僞造《古文尚書》没有任何歷史根據，亦如同懷疑伏生作僞一樣没有任何的歷史根據。歷史研究如果可以毫無根據的猜測，那這種研究有什麼意義呢？

關於孔壁《古文尚書》十六篇具體篇目的最早記載見於鄭玄《書序》，孔穎達《尚書正義·堯典》「虞書」條下曾引述之，此十六篇之篇目爲：《舜典》、《汩作》、《九共》九篇、《大禹謨》、《益稷》、《五子之歌》、《胤征》、《湯誥》、《咸有一德》、《典寶》、《伊訓》、《肆命》、《原命》、《武成》、《旅獒》、《冏命》。

（三）孔穎達「《古文尚書》十六篇爲『張霸之徒』僞作」説

東晉梅賾所上《古文尚書》五十八篇，即今《尚書》五十八篇，據稱傳自西晉鄭沖，鄭沖之前未有任何相關傳承譜系，漢魏以前之人皆未曾見，此種情況豈不啓人疑竇？但唐代大儒孔穎達等人卻信其所當疑，而疑其所當信，并借朝廷功令推行其所定之本。孔穎達於《尚書正義·原目》「《堯典》第一」條下説：

前漢諸儒知孔本有五十八篇，不見孔《傳》，遂有張霸之徒于鄭注之外僞造《尚書》凡二十四篇，以足鄭注三十四篇，爲五十八篇。其數雖與孔同，其篇有異……鄭玄則於伏生二十九篇之内分出《盤庚》二篇、《康王之誥》，又《泰誓》三篇，爲三十四篇，更增益僞《書》二十四篇，爲五十八。……以此二十四爲十六卷，以《九共》九篇共卷除八篇，故爲十六。故《藝文志》、劉向《别録》云「五十八篇」。《藝文志》又云「孔安國者，孔子後也，悉得其書，以古文又多十六篇。」篇即卷也，即是僞書二十四篇也。劉向作

《别録》，班固作《藝文志》并云此言，不見孔《傳》也。

孔穎達以東晉梅賾所上《古文尚書》五十八篇爲孔壁真古文，謂西漢諸儒知有其篇數而不曾見其書，於是有「張霸之徒」僞造《古文尚書》二十四篇（合《九共》九篇爲一篇，即是十六篇）。當時夏侯勝、夏侯建、歐陽和伯等三家所傳伏生今文《尚書》已由二十九篇分成三十四篇，亦即後來鄭玄爲之作注者。二十四篇合三十四篇爲五十八篇。「其數雖與孔同，其篇有異。」鄭玄號稱師祖孔氏《古文尚書》，而所注亡逸之篇與梅賾獻上《古文尚書》不合，但所分之三十四篇，卻與大、小夏侯與歐陽所傳之今文《尚書》的篇數相同。因而孔穎達質問：「鄭意師祖孔學……而賤夏侯、歐陽等，何意鄭注《尚書》，亡逸并與孔異，篇數并與三家同？」孔穎達認爲鄭玄在今文《尚書》三十四篇之外「更增益僞《書》二十四篇」，而此僞書二十四篇，乃「張霸之徒」所僞造。又此僞書二十四篇中《九共》九篇合以一篇計，即是十六篇。因此，孔穎達提出，劉向、劉歆、班固諸儒所稱《古文尚書》「十六篇」者，乃「張霸之徒」僞造之書，非孔壁之真古文。

關於西漢張霸僞造《尚書》百兩篇之事，《漢書·儒林傳》有明白的記載：

世所傳百兩篇者出東萊張霸，分析合二十九篇以爲數十，又采《左氏傳》、《書叙》爲作首尾，凡百二篇。篇或數簡，文意淺陋。成帝時求其古文者，霸以能爲百兩徵，以中書校之非是。霸辭受父，父有弟子尉氏、樊并。時大中大夫平當、侍御史周敞勸上存之。後樊并謀反，迺黜其書。

據班固記述，西漢成帝時，張霸曾僞造《尚書》百兩篇獻於朝廷，漢成帝命人以中書校之，結果當下便被識破。這裏的關鍵人物應是劉向，當時劉向領校秘書，而用以校對的所謂「中書」，當即是孔安國家所獻之《古文尚書》。由此可見，張霸其人與孔氏《古文尚書》并無關涉。而孔穎達悍然提出所謂《古文尚書》十六篇（或二十四篇）乃「張霸之徒」所僞造，劉向、劉歆、班固所載皆「張霸之徒」所造之僞書，其所謂「張霸之徒」云云，語意頗爲含糊，它可以解釋爲張霸一類人，未必定指張霸其人，由此亦可見其并無確鑿的根據，而純屬主觀臆斷。這裏，孔穎達做了一種旋轉乾坤的解讀，事實被完全顛倒過來，即東晉梅賾所獻《古文尚書》爲真孔壁書，而劉向、劉歆、班固所稱之《古文尚書》十六篇乃張霸一流人所造之僞書，這一觀點也正是我們上面所説的「乙真甲僞」説。問題是：劉向、劉歆、班固諸人是否親見或確知有《古文尚書》十六篇？如果他們親見或確知有《古文尚書》十六篇，那他們所知見者是真《古文尚書》，還是僞《古文尚書》？第一個問題應該是肯定的，《漢書・楚元王傳》：

及歆親近，欲建立《左氏春秋》及《毛詩》、《逸禮》、《古文尚書》皆列於學官。哀帝令歆與五經博士講論其義，諸博士或不肯置對。

因爲《古文尚書》十六篇實有其書，所以劉歆才上疏建言將之列爲學官。此是劉歆親見或確知有《古文尚書》十六篇的有力證據。但這《古文尚書》十六篇爲何便是張霸一流人所造之僞書呢？又是誰獻上朝廷的呢？此《古文尚書》十六篇又與太史公《史記》所説的「逸《書》得十餘篇」是不是一回事呢？凡此之類，孔穎達皆避而不談。而他認定《古文尚書》十六篇是僞作的根據，便是劉向、劉歆、班固所稱之《古文尚書》十六篇，「不見孔《傳》也」。是孔穎達已認定「孔《傳》」爲真，因而劉向、劉歆、班固所稱之《古文尚書》十六篇必爲僞書也。

孔穎達《尚書正義》之影響可謂大矣。明之陳第、清之朱鶴齡等深信其説，陳第《尚書疏衍》卷一謂：「劉向作《别録》、班固作《藝文志》及《後漢書・儒林傳》所稱《古文尚書》者，實皆張霸之僞書，非安國之古文。……孔穎達所考，而詳其顛末如是，則見斯文興廢不偶然也。」朱鶴齡《尚書埤傳・卷首》亦謂：「劉向《别録》、班固《藝文志》、《後漢・儒林傳》所稱《古文尚書》者，實張霸僞書也。」與孔穎達所不同的是，其説《古文尚書》十六篇是「張霸之徒」的僞作，而陳第、朱鶴齡則坐實爲西漢張霸的僞作。而張霸實爲《尚書》百兩篇的僞作者，當時即被識破，而與《古文尚書》十六篇全無關係。

以我們今天的觀點看，司馬遷、劉向、劉歆、班固關於《古文尚書》幾乎衆口一辭的記敘，其真實性是不容置疑的。這些史料無疑是「孔壁《古文尚書》」的身份證明。而「孔壁《古文尚書》」的一個鐵定標識，即它是「十六篇」。後世忽然有一天，冒出一部書，也自稱是「孔壁《古文尚書》」，但它是「二十五篇」，具體篇目也大有出入。拿這樣一份身份證明與兩漢史書印證，全然不合，卻來争「孔壁《古文尚書》」的名份和地位，能争到嗎？如我們所知道的，唐代孔穎達等人幫它争到了。孔穎達憑藉奉敕纂修經傳的權威，竟將這樣的「鐵案」粗暴地翻轉過來。真的變成了僞的，而僞的變成了真的，千百年間積非成是，沉冤不明，人間之無真理，孰大於是！

三、「先漢真孔安國之僞書」與「東晉假孔安國之僞書」

《尚書譜》與《尚書考異》兩部書，今皆以爲梅鷟所撰。兩部書的觀點有相同之處，即認爲無論西漢所出《古文尚書》十六篇還是東晉所獻之《古文尚書》二十五篇皆爲僞作。這一觀點正是我們前面所説的「甲乙皆僞」説。然而兩部書的觀點又有不同。其不同點在於，《尚書譜》認爲，西漢所出《古文尚書》十六篇乃是孔安國本人的僞作；而《尚書考異》似乎受了孔穎達的影響，認爲《古文尚書》十六篇是張霸的僞作。兩種觀點的差别是很大的。爲什麽兩書觀點會有這麽大的差别？當然我們可以解釋是作者思想前後有所變化。但作者思想有如此大的跳躍，亦頗令人産生疑問。而另一種可能則如筆者前面推測，《尚書考異》的主要作者可能是梅鷟，而梅鷟則可能是補苴續成者。

梅鷟《尚書譜·序》謂：

高祖……至孝武世延七八十年間，聖孫名安國者，專治古文，造爲僞書，自謂以今文讀之，因以起其家，《泰誓》十六篇顯行於世，革成周之籀篆，反蒼頡之科斗，誣厥先祖父以不從周之罪，此豈近於人情？且辭陋而諸所引悉不在，故僞敗而書廢。……底東晉時延四五百年間，稱高士曰皇甫謐者，見安國《書》摧棄，人不省惜，造記《書》二十五篇、《大序》及《傳》，冒稱安國《古文》，以授外弟梁柳，柳授臧曹，曹授梅頤，遂獻上而施行焉。搜奇摘異著於篇，諸引無遺，人遂信爲真安國《書》。

又《尚書譜》卷二《孔安國專治古文譜》謂：

吾意安國爲人，必也機警了悟，便習科斗文字，積累有日，取二十九篇之經既以古文書之，又日夜造作《尚書》十餘篇雜之經内，又裂出正經數篇以爲伏生老髦之誤合。始出欺人，曰：家有古文《尚書》，吾以今文讀之。是始以古文駕今文而取勝，終以今文定古文而徵實，其計可謂密矣！曾弗思聖祖哲孫曷嘗反古道、革時制，自食其言也哉！

在梅鷟看來，所謂《古文尚書》，一開始就是一個烏龍事件。孔安國雖然號稱聖人裔孫，但卻是個頭號的造僞者，他精心設計了一個大騙局，首先他花了許多時間學習遠古時代蒼頡所造之科斗文字（梅鷟關於「科斗書」的理解，我們留待後面專門討論），然後用此文體重新書寫伏生《尚書》二十九篇，又另外趕造出十餘篇雜列各篇之中，而成所謂《古文尚書》。書成後，又稱以「今文讀之」云云。梅鷟替孔安國「設計」了這樣一個造僞計劃之後，然後評論說：「始以古文駕今文而取勝，終以今文定古文而徵實，其計可謂密矣！」在梅鷟看來，司馬遷、劉向、劉歆、班固諸大儒皆爲此老所蒙騙。考證之學若流於無根據的猜度，則一切結論都有可能達成。反觀梅鷟此論，武斷臆測，不啻天方夜譚。

而《尚書考異》作者則以爲《古文尚書》十六篇以及東漢杜林於西州所得之漆書《古文尚書》乃是張霸所僞造。兩漢關於《古文尚書》的記載，有所謂孔子屋壁發見之「《古文尚書》十六篇」，由孔安國傳於都尉朝，都尉朝傳於庸生等，後又由孔安國家獻於朝廷，藏於中秘；有所謂杜林得之於西州的「漆書《古文尚書》」，賈逵、馬融、鄭玄等曾爲之作訓注。我們不知此兩種《古文尚書》是一是二。但東漢賈逵既是孔安國《古文尚書》十六篇傳承譜系的一個環鏈，又曾爲杜林所得之漆書《古文尚書》作訓，此兩書當有共同的源頭。可能正因爲如此，《尚書考異》作者將孔壁《古文尚書》十六篇與杜林所得漆書《古文尚書》合并而論，認爲兩者同出一源，即都是張霸的僞作。《尚書考異》批評《隋書·經籍志》的作者把東晉梅賾所上者誤爲孔子屋壁《古文尚書》，而以杜林所得之「漆書《古文尚書》」爲漢張霸所僞作者。他説：

> 不知都尉朝、庸生、兒寬、尹敏、蓋豫、周防、孔僖、杜林、賈逵、馬融、鄭玄所傳《古文》，同一張霸所作者，遂誤以都尉朝、庸生所傳者爲東晉梅賾所上，而以杜、賈、馬、鄭所傳者，然後爲張霸僞《書》故也。夫《隋志》徒知都尉朝、庸生爲《尚書》古文學未得立者爲即梅賾所上，而不知孔僖紹孔安國以下世傳《古文尚書》實即十六篇張霸等所作之《古文》，而非二十五篇之《古文》。然則《隋志》之失昭昭矣。

《尚書考異》作者稱「孔子屋壁《古文尚書》十六篇」爲「先漢真孔安國之僞書」，即西漢張霸所造之僞書。而東晉梅賾所獻之《古文尚書》二十五篇爲「東晉假孔安國之僞書」，即晉人托西漢孔安國之名所造之僞書。

> 自安國古文未出之先，《尚書》正經單行於世，如日月之麗於天，無一蔽虧。及安國古文既出之後……其所治古文一十六篇者，多怪異之説，及經書所引皆不在其內，以故當時老師宿儒尊信正經，不肯置對苟從；據理辨難，不肯奏立學官。雖以劉歆移書之勤，猶嘩攻不已。其間或滅或興，信之者或一二，不信者恒千百。其書遂不顯行於世。然其遞遞相承，蓋可考也，此先漢真孔安國之僞書。……至東晉時善爲模仿窺竊之士，見其以譌見疑於世，遂搜括群書，掇拾嘉言，裝綴編排，日鍛月

煉，會稡成書，必求無一字之不本於古語，無一言之不當于人心，無一篇之不可垂訓誡。凡爲書者二十五篇。……此東晉假孔安國之僞書。

在我們看來，《尚書考異》作者關於「孔壁《古文尚書》」爲張霸所僞作的説法，殊無根據。他的這一看法乃受唐孔穎達《尚書正義》之影響。但《尚書考異》作者强調晉人梅賾所獻《古文尚書》尤爲僞作，前者是「先漢真孔安國之僞書」，而後者爲「東晉假孔安國之僞書」。東晉人的作僞手段比之西漢人張霸要高明許多，以致很難爲學者識破，雖英偉間生之才「亦尊信服膺之不暇矣」。爲此，《尚書考異》作者特申明其從事《古文尚書》辨僞的理由：

愚每讀書至此，未嘗不歎息痛恨於先儒也。夫所貴乎儒者之傳經，在能除聖經之蔽翳，使秕稗不得以雜嘉穀，魚目不得以混明珠，華丹不得以亂窈窕焉耳。今反崇信僞書，以囚奴正經。予畏聖人之言，故不得不是而正之，特作《考異》，使學者涣然知蔽塞之由，然後知余之恢復聖經，蓋有不得已焉，而非苟爲好辨者也！

《尚書考異》作者抨擊晉人所獻之《古文尚書》二十五篇是「秕稗雜嘉穀」、「魚目混明珠」、「華丹亂窈窕」，而以考辨僞書、「恢復聖經」之衛道者自居。

四、辨「孔安國《尚書序》」之僞

孔安國《尚書序》，自清以來，學者稱之爲「僞孔序」。在南宋之時，朱熹已經懷疑此序是晉人的僞作。但朱熹本人以及後世學者并未作認真的分析與批評，有之，則自梅鷟始。梅鷟分析、批評此序，首先是指出其「妄誕」不經，不合邏輯。如此《序》開頭便說：

古者伏犧氏之王天下也，始畫八卦、造書契，以代結繩之政，由是文籍生焉。伏犧、神農、黄帝之書謂之「三墳」，言大道也。少昊、顓頊、高辛、唐、虞之書謂之「五典」，言常道也。……是故歷代寶之，以爲大訓。八卦之説，謂之「八索」，求其義也。九州之志，謂之「九丘」，丘，聚也，言九州所有、土地所生、風氣所宜，皆聚此書也。《春秋左氏傳》曰「楚左史倚相能讀三墳、五典、八索、九丘」，即謂上世帝王之遺書也。

依此《序》而言，中國早在遠古的伏犧氏時期就已經有了書契文籍。這有什麽根據呢？原來《左傳·昭公十二年》楚靈王稱左史倚相「能讀三墳、五典、八索、九丘」，賈逵云：「三墳，三皇之書；五典，五常之典。」馬融云：「八索，八卦；九丘，九州之數也。」此外《周禮》中又有「外史掌三皇五帝之書」之語，鄭玄爲之注曰：「楚靈王所謂『三墳五典』是也。」如此一來，「三墳」便是「三皇」之書，「五典」便是「五帝」之書。而《尚書序》

所做的進一步推斷爲「三墳，言大道也；「五典，言常道也」。由於「三墳」、「五典」爲「上世帝王之遺書」所以「歷代寶之，以爲大訓」。此《序》又以孔子後裔的口吻説：

> 先君孔子，生於周末，睹史籍之煩文，懼覽之者不一，遂乃定禮樂，明舊章，删《詩》爲三百篇，約史記而修《春秋》，贊《易》道以黜八索，述《職方》以除九丘，討論墳、典，斷自唐、虞以下，訖於周。芟夷煩亂，翦截浮辭，舉其宏綱，撮其機要，足以垂世立教，典、謨、訓、誥、誓、命之文，凡百篇。

《尚書序》作者叙述至此，便矛盾百出了。既稱「三墳」、「五典」爲「上世帝王之遺書」，「歷代寶之，以爲大訓」，那孔子又憑什麽「討論墳典，斷自唐、虞以下」呢？梅鷟於此批評説：

> 既曰「言大道」、「言常道」、「歷代寶之，以爲大訓」矣，又曰「討論墳典，斷自唐虞以下」，則於「言大道」者盡見删去，於「言常道」者亦去其三，而於「歷代所寶，以爲大訓」者，亦爲寶非其寶，而不足以爲訓；所可寶訓，獨二典耳。豈夫子「信而好古」之意哉？

事實上，前代儒者已經注意到孔《序》自相矛盾，如二程説經就曾極力彌縫其失。二程説：

> 孔《序》：「伏羲、神農、黄帝之書，謂之『三墳』，言大道也；少昊、顓頊、高辛、唐、虞之書，謂之

『五典』，言常道也。」又曰：「孔子討論墳典，斷自唐、虞以下。」以二典之言簡邃如此，其上可知。所謂大道，雖「性與天道」之説，固聖人所不可得而去也。如言陰陽、四時、七政、五行之道，亦必至之要語，非後代之繁衍末術也，固亦常道，聖人所不去也。使誠有所謂羲、農之書，乃後世稱述當時之事，失其義理，如許行所謂神農之言及陰陽、醫方稱黄帝之説耳。此聖人所以去之也。五典既皆「常道」，又去其三，蓋上古雖已有文字，而制立法度爲治，有迹得以記載，有史官以識其事，自堯始耳。（《程氏經説》卷二《書解》）

梅鷟對此回應説：「審如程子之言，則外史所掌，玉石不分；而倚相所讀，疏糲并蓄，此又不通之論也。」梅鷟以爲，從孔子的一貫精神看，孔子强調「述而不作」，主張學貴「多識」，必不會將體現「大道」、「常道」的上古珍貴文獻輕率删芟。他説：

殊不知吾夫子之贊《易》也，雖穆姜之言，亦在所取，況「八卦」之説，豈忍盡刊？誦《詩》也，雖鳥獸草木之名，亦貴「多識」，況九州之志，豈忍盡除？誰謂聖人之聞孫也，而有如此立論哉！

《左傳·襄公九年》記魯宣公夫人穆姜生前之言：「《周易》曰：隨，元亨利貞，無咎。元，體之長也。亨，嘉之會也。利，義之和也。貞，事之幹也。體仁足以長人，嘉會足以合禮，利物足以和義，貞固足以幹事。」穆姜在孔子之前，而傳説爲孔子所作「十翼」之一的《文言傳》有幾乎一致的言論。梅鷟謂孔子作《文言傳》，有取穆姜之言。他以此反證如

「八索」果爲「八卦」之説的來源，孔子怎麽會將它盡行刊落呢？同理，孔子强調誦《詩》可以識鳥獸草木之名，「九丘」既然聚集「九州所有、土地所生、風氣所宜」的資料，孔子又怎麽會將它盡行刊落呢？梅鷟因而質問做爲孔子之「聞孫」的孔安國，怎麽會有如此不合邏輯、不合事理的拙劣立論呢？

孔《序》又謂：

及秦始皇滅先代典籍，焚書坑儒，學士逃難解散，我先人用藏其家書於屋壁。漢室龍興，開設學校，旁求儒雅，以闡大猷。……至魯共王好治宫室，壞孔子舊宅以廣其居，於壁中得先人所藏古文虞夏、商、周之《書》及《傳》、《論語》、《孝經》，皆科斗文字。王又升孔子堂，聞金石絲竹之音，乃不壞宅。

梅鷟指出，這段話中也有不合情理之處，第一，孔氏先人藏書屋壁之事，按《孔子家語》所言爲孔騰所藏，而《漢紀・尹敏傳》則云孔鮒所藏。孔騰至孔安國不過四世，孔鮒至孔安國不過五世，數傳之後，孔氏家人遂不覺有先人壁藏之經，豈近於人情？第二，魯共王雖貴，良心猶存，當知聖人舊宅之不當壞，所謂「壞孔子舊宅以廣其居」之事，此豈近於人情？第三，此《序》中稱：「王升孔子堂，聞金石絲竹之音，乃不壞宅。」此言事涉神怪，「金石絲竹之音」發於何處？「豈其鬼邪？爲此説者欲以神其事耳，不知怪神之事，夫子所不道也」。司馬遷曾親受業于孔安國，其所作《史記》并不曾記載魯共王壞孔子宅之事，此事若出史家筆下，傳聞失實，或有可原。而竟出自孔子「聞孫」，自述家事，會如此「妄誕」！如何可信？

孔《序》又謂：

悉以書還孔氏。科斗書廢已久，時人無能知者，以所聞伏生之書，考論文義，定其可知者，爲隸古定，更以竹簡寫之，增多伏生二十五篇。……其餘錯亂摩滅，弗可復知，悉上送官，藏之書府，以待能者。

《史記・儒林列傳》稱：「孔氏有《古文尚書》，而安國以今文讀之，因以起其家，逸《書》得十餘篇，蓋《尚書》滋多於是矣。」《漢書・藝文志》稱孔安國「悉得其書，以考二十九篇，得多十六篇。」是孔壁《古文尚書》只有十六篇，無所謂二十五篇。孔《序》謂「以待能者」，在梅鷟看來，劉歆即是西漢末之「能者」，劉歆領校中秘之書，曾親眼見到《古文尚書》，而劉歆并不曾言《古文尚書》有二十五篇，而只稱有「十六篇」（事見《漢書》卷三十六《楚元王傳》所載劉歆《移書讓太常博士》）。因此所謂「《古文尚書》二十五篇」者，乃晉人之妄說。梅鷟於此强調孔安國《古文尚書》與梅賾所上《古文尚書》篇數不合，非爲一書。

篇數、篇目不合，乃《古文尚書》辨僞中的關鍵點之一，前此吴棫、朱熹、吴澄諸儒皆未言及之。這個問題雖然簡單，但卻是《古文尚書》考辨不容忽視的要點。

檢討梅鷟考辨所謂「孔安國《尚書序》」的方法，其主要著眼點在突顯孔《序》妄誕不經、不合邏輯、不合事理，以此證明此序一定不出自孔子之「聞孫」孔安國之手。此説雖然聽似有理，但必須先來證明孔子之「聞孫」孔安國一定不會有此類拙劣之作。而要證明此點反而是非常困難的，因爲歷史上有關孔安國的資料留存極少。也正因爲如此，梅鷟關於「孔安國《尚書序》」的辨僞顯得不十分有力，因爲人們可以承認「孔安國《尚書序》」寫得不甚高明，但并不一定能排除此序爲孔安國所作。雖然他在此後的考辨中討論到篇數問題，但并未將它作爲主要的著力點。

五、認爲《古文尚書》爲僞作的有力證據是什麼？

四庫館臣評價梅鷟《尚書考異》説：「鷟是書則以安國《序》并增多之二十五篇悉雜取傳記中語以成文，逐條考證，詳其所出……所指摘皆有依據。」然明儒陳第對於梅鷟《尚書考異》的看法正好相反，他説：

近世旌川梅鷟，拾吴、朱三子之緒餘，而譸張立論，直斷謂《古文》晉皇甫謐僞作也，集合諸傳記所引而補綴爲之。似矣。不知文本於意，意達而文成。若彼此瞻顧，勉强牽合，則詞必有所不暢。今讀二十五篇，抑何其婉妥而條達也！

兩種看法的不同，反映了兩種立場的不同。陳第認定晉人所獻者爲真《古文尚書》，故力駁梅鷟之説；而清代四庫館臣已接受了晉人所獻者爲僞《古文尚書》的觀點，故認同梅鷟的舉證。而若從中立的立場來看，梅鷟考辨《古文尚書》二十五篇，字字尋其出處，其考辨之成績，足可證明《古文尚書》二十五篇與秦、漢諸傳記文獻確有蹈襲雷同之處。但問題在於，究竟是《古文尚書》二十五篇抄襲了秦、漢諸傳記文獻呢？還是秦、漢諸傳記文獻蹈襲了《古文尚書》二十五篇呢？若能確定《古文尚書》二十五篇果後世造僞，則梅鷟已得其贓證矣。然而這個前提恰恰是需要證明的。而今雖然「贓證」在手，吾人卻無法判定究竟「誰抄誰」。此猶兩人皆聲稱是原作者，而互指抄襲，不能僅以兩文相同部分爲證據，而須能證明究竟誰爲在先的原創者，而誰爲其後的蹈襲者。考辨《古文尚書》的難點也正在於此。而只有有了這方面的根據，才稱得上是有價值的證據。梅鷟《尚書考異》指控晉人所獻《古文尚書》二十五篇爲僞作，以下所列爲梅鷟提出的較爲有力的證據，但即使這些較爲有力的證據，也遭到其後一些儒者的反駁。

（二）考辨所謂「十六字心傳」

《古文尚書・大禹謨》中的「人心惟危，道心惟微，惟精惟一，允執厥中」四句，自南宋朱熹以後稱之爲「十六字心傳」或「道統心傳」。梅鷟指出《大禹謨》中此四句話的前三句抄撮於《荀子》。其言曰：

「允執厥中」，堯之言也，見《論語・堯曰第二十》。……自今考之，惟「允執厥中」一句爲聖人之言。其餘三言蓋出《荀子》，而鈔略掇拾膠粘而假合之者也。《荀子・解蔽篇》曰：「昔者舜之治天下也，不以事詔而萬物成，處一之危，其榮滿側，養一之微，榮矣而未知。故《道經》曰：『人心之危，道心之微，危微之幾，惟明君子而後能知之。』」荀卿稱「《道經》曰」，初未嘗以爲舜之言。作古文者見其首稱舜之治天下，遂改二「之」字爲二「惟」字，而直以爲大舜之言。楊倞爲之分疏云：「今《虞書》有此語，而云『道經』，蓋有道之經也。」其言似矣。至於「惟精惟一」，則直鈔略荀卿前後文字，……荀卿子上文有曰：「心者，形之君也，出令而無所受令，故曰心容。其擇也無禁，必自見其物也雜博，其精之至也不貳。」又曰：「心枝則無知，傾則不精。」又曰：「有人也不能此，精於田，精於市，精於器之三技，而可使治三官，曰：精於道者也。」下文有曰：「好義者衆矣，而舜之獨傳者一也，自古及今，未嘗有兩而能精者也。」又曰：「蚊虻之聲聞，則挫其精，可謂危矣，未可謂微也。」此其「精」字、「一」字之所自來也。（《尚書考異》卷二）

梅鷟并且指出，荀子著書，援引《詩》、《書》，皆一一詳細注明出處，凡引《尚書》處或稱「《書》云」，或稱《尚書》之篇名。而獨此處稱引自《道經》，是此數語原出自《道經》一書，而不出自《尚書》之明證。他說：

夫《荀子》一書，引《詩》則曰「《詩》云」，引《書》則曰「《書》云」。或稱篇名者有之，何獨於此二語而獨易其名曰「《道經》」哉？若曰此二句獨美，故以爲「有道之經」，則出此二語之外，皆爲無道之經也而可乎？雖曰「荀疵」，不如是之悖也。（同上）

《荀子》引述「人心之危」二語，稱出於《道經》。問題是所謂「《道經》」是《尚書》的一種尊稱呢，還是另一部專書？唐代楊倞注《荀子》所持即是前一種意見，他說：「今《虞書》有此語，而云『道經』，蓋有道之經也。」這一注釋在當時化解了一種理解的衝突。然而依梅鷟的考察，荀子著書，有嚴格的體例，凡引《詩》、《書》，皆明注出處，獨「人心之危」二語，單標出於《道經》，是《道經》乃別爲一書。由此導出的問題是，并不是《荀子》引述《尚書》，而是《荀子》引述《道經》，晉世造僞書者又抄撮《荀子》，而所謂「十六字道統心傳」云云，乃「鈔略掇拾，膠粘假合」而成。

梅鷟進而援引元儒王充耘之言，認爲「允執其中」乃中土地區方言，并無深玄高妙的

「本體」之意：

> 中土呼事之當其可者謂之「中」，其不可者謂之「不中」，於物之好惡、人之賢不肖皆以「中」與「不中」目之。……其所謂「中」、「不中」，猶南方人言「可」與「不可」，「好」與「不好」耳。蓋其常言俗語，雖小夫賤隸皆能言之，初無所謂深玄高妙也。傳者不察其「中」爲一方言，遂以爲此聖賢傳授心法也矣。……《禹謨》出於孔壁，後人附會，竊取《魯論・堯曰篇》載記而增益之，析四句爲三段，而於「允執其中」之上妄增「人心」、「道心」等語，傳者不悟其僞，而以爲實然，於是有「傳心法」之論。且以爲禹之資不及舜，必益以三言然後喻。幾於可笑！蓋皆爲古文所誤耳，固無足怪也。……道者，衆人公共之物，雖愚不肖可以與知能行，而謂聖人私以相授者，妄也。

以上梅鷟引自元代王充耘《讀書管見》卷上「傳授心法之辨」條，此論甚得其實，尤見宋儒「道統心傳」之好笑。然而這個問題在當時提出來是相當重大而嚴肅的。所以梅鷟之論一出，陳第便挺身予以批駁，他説：

> 又如「人心」、「道心」則謂本之《道經》，嘗考《荀子》曰：「舜之治天下，不以事詔而萬物成。故道經曰：『人心之危，道心之微。』」注者曰：「此《虞書》語，而云『道經』，蓋有道之經也。」即《虞書》也。今鷟指爲《道經》，豈別有所據乎？（《尚書疏衍》卷一）

今之學者皆知關於「十六字心傳」抄自《荀子》的考辨出自清初的閻若璩，而不知早於閻若璩一百多年前梅鷟、梅鷟兄弟已對此作了詳細的考證。閻若璩考辨「十六字心傳」出處說：

此蓋純襲用《荀子》，而世舉未之察也。《荀子·解蔽篇》：「昔者舜之治天下也云云，故《道經》曰：『人心之危，道心之微，危微之幾，唯明君子而後能知之。』」此篇前又有「精於道」、「一於道」之語，遂隱括爲四字，復續以《論語》「允執厥中」以成十六字。僞古文蓋如此。或曰：安知非《荀子》引用《大禹謨》之文邪？余曰：合《荀子》前後篇讀之，引「無有作好」四句，則冠以「《書》曰」，引「維齊非齊」一句，則冠以「《書》曰」，以及他所引《書》者十皆然。甚至引「弘覆乎天，若德裕乃身」，則明冠以「《康誥》」，引「獨夫紂」，則明冠以「《泰誓》」，以及《仲虺之誥》亦然。豈獨引《大禹謨》而輒改目爲「《道經》」邪？予是以知「人心之危，道心之微」必真出古《道經》，而僞古文蓋襲用。（《尚書古文疏證》卷二《第三十一》）

接著閻若璩辨白說，在他做出此一考證後不久，見到《旌德縣志》，從中知道梅鷟也曾考證《古文尚書》之僞。其言曰：

又按：余著此未匝月，而從弟自旌德歸，授余以《縣志》，有縣人梅鷟百一者，正德丁丑進士，未仕卒。撰述頗夥，亦疑今、古文，亦謂「人心」、「道心」本出《道經》。

閻氏之論一出，毛奇齡又起而駁之，他斷定所謂「道經」，乃是對《尚書》經的尊稱，爲了證明其說，他不惜援引漢代緯書，提出「道經」之名，創自燧人氏，乃是古帝王相傳之大道。他說：

> 此正古《尚書》經之尊稱也。古以爲帝典王謨，其相授之語，實出自軒黄以來相傳之大道，故稱「道經」。此如《易通卦驗》云：燧人在伏羲前寘刻《道經》，以開三皇五帝之書，故孔氏《書序》亦有云「三墳爲大道，五典爲常道」，皆以「道」名，可驗也。荀子原以「人心」二句屬之舜之詔詞，故曰「舜之治天下，不以事詔而萬物成」，言不以事物告天下也。故「道經」曰：「人心之危，道心之微。」而注者曰：「此《虞書》語。」此與《論語》所云「舜亦命禹」正同。蓋「道經」之名，創自燧人。誰謂軒黄即老列乎？若謂「允執其中」《論語》只此文，上加三句便是行僞，則「惟精惟一，允執厥中」，在馬融作《忠經》時即引其文，非東晉梅氏所能假也。（《古文尚書冤詞》卷四）

毛奇齡此論甚爲鄙陋，非但不敵辨僞者之鋒鋭，亦不足以取信於一般學者。由此亦可見梅鷟、閻若璩關於虞廷「十六字心傳」的考辨，在當時具有相當大的衝擊力。

（二）對《大禹謨》「皋陶邁種德，德乃降」之文的質疑

《古文尚書·大禹謨》：「禹曰：朕德罔克，民不依。皋陶邁種德，德乃降，黎民懷

之，帝念哉！」其中「皋陶邁種德，德乃降」一語見於《春秋左氏傳·莊公八年》魯莊公之語。《春秋·莊公八年》記載：「夏，師及齊師圍郕，郕降于齊師。」這是説魯莊公八年之夏，魯國軍隊與齊國軍隊聯合圍攻郕國。魯國與郕國爲同姓之國，於義不該伐郕國。當時齊强而魯弱，郕降魯則齊怨，降齊則魯不能争，於是郕獨降於齊師，而齊師許其降。其時，仲慶父請求魯莊公伐齊師，魯莊公不許。《春秋左氏傳·莊公八年》記魯莊公之語曰：「不可。我實不德。齊師何罪？罪我之由。《夏書》曰：皋陶邁種德。德乃降。姑務修德以待時乎？」

這裏的問題是，《左傳》此條材料中的「德乃降」一句是魯莊公所引《夏書》之文，還是魯莊公本人之語？西晉之時，杜預將此句理解爲魯莊公本人之語，杜預爲《春秋左氏傳》作《注》，于「皋陶邁種德」一句下注曰：「《夏書》，逸《書》也。稱皋陶能勉種德。邁，勉也。」依杜預的理解，魯莊公所引《夏書》之語，只有「皋陶邁種德」一句，而「德乃降」以下乃是莊公之語。這一理解顯與《古文尚書·大禹謨》「皋陶邁種德，德乃降」不相吻合。唐孔穎達以晉人所獻之《古文尚書》爲真孔壁《古文尚書》，因而不能不對此作出解釋，他説：「杜不見《古文》，故以爲『逸《書》』，不知『德乃降』亦是《書》文，謂爲莊公之語，故隔從下注，言能慕皋陶之種德，乃人自降服之，自恨不能如皋陶也。」這裏隱含著這樣一個問題：

如果《大禹謨》爲真《古文尚書》而傳自西漢孔安國，何以西晉時代之杜預不得見，而將「德乃降」一語誤解爲魯莊公之語？這不是表明《大禹謨》爲晚出之《書》嗎？

梅鷟正據此以揭《大禹謨》之僞：「《大禹謨》，僞書也。《春秋·莊八年》魯莊公引《夏書》曰『皋陶邁種德』，此《書》詞也。『德乃降』三字，乃莊公自言，杜預注此甚明。今乃連襲其文，而以魯莊之語爲《書》詞，此非僞乎？」（引自毛奇齡《古文尚書冤詞》卷四）①毛奇齡引録梅鷟之語後，隨即站在孔穎達的立場上辯駁説：

古文不立學，故趙岐、杜預輩皆不見古文。……按：《左傳》齊師圍郕，郕降於齊師，公子慶父請伐齊師。莊公曰：「我實不德，《夏書》曰：『皋陶邁種德，德乃降。』如務修德以待時乎？」遂引師還。則明是以「郕降」之故，故引《書》之稱「降」者以解之。使只「邁種德」三字，則與「郕降」何與而引其語？且德足降物，引《書》甫畢，然後以「修德」起意，故曰「如務」。未有連作已語而復加「如務」以起其意者。（《古文尚書冤詞》卷四）

依毛奇齡之意，魯莊公乃就「郕降」之事而引《夏書》「德乃降」之語，若《夏書》只有「邁種德」之文，而無「德乃降」之句，那與「郕降」之事有何關聯而稱引其文？毛奇齡是清代

---

① 筆者按：梅鷟此語不見於《尚書考異》與《尚書譜》中。

人，對於他的批評，早在九泉之下的梅鷟當然已無法答辯。可是在毛奇齡之後的四庫館臣卻挺身出來替梅鷟答辯，《四庫全書總目》於梅鷟《尚書考異》條稱：

鷟是書則以安國《序》并增多之二十五篇悉雜取傳記中語以成文，逐條考證，詳其所出。如《左傳·莊公八年》「郕降於齊師」，莊公引《夏書》曰「臯陶邁種德」，下「德乃降」本屬莊公語，與《宣十二年》引《詩》曰「『亂離瘼矣，爰其適歸』，歸於怙亂者也夫」、《襄三十一年》引《詩》云「『靡不有初，鮮克有終』，終之實難」、《昭十年》引《詩》曰「『德音孔昭，視民不恌』，恌之謂甚矣」，語意一例，而古文誤連「德乃降」三字列於經。

四庫館臣舉出若干古文文例，以定「臯陶邁種德」與「德乃降」兩句不當相連爲經文。然而此條是否即符合四庫館臣所定之古文文例，亦在疑似兩可之間。因而此條是否能做爲證明《大禹謨》爲僞書的確證呢？

（三）考辨「同德度義，受有臣億萬，惟億萬心，予有臣三千惟一心」之文

僞《古文尚書·泰誓上》有「同力度德，同德度義，受有臣億萬，惟億萬心，予有臣三千惟一心」之文，梅鷟指出，此一段乃抄綴《左傳》而成。《左傳·昭公二十四年》：「召簡公、南宫嚚以甘桓公見王子朝，劉子謂萇弘曰：『甘氏又往矣。』對曰：『何害？同德度義,《泰誓》曰: 紂有億兆夷人,亦有離德。予有亂臣十人,同心同德。』」

萇弘講這番話的歷史背景,正是東周王室「王子朝作亂」之時。周景王之太子晉很賢明,但卻早卒。景王寵愛庶長子王子朝,欲立之,未果,而景王崩。國人立王子猛,即周悼王。王子朝稱兵作亂,攻殺王子猛。國人又立王子丐,即周敬王。王子朝不甘心,自立爲王。王子朝居王城,時人稱之爲「西王」; 而王子丐居狄泉,在王城之東,時人稱之爲「東王」。周室諸臣遂分爲兩党,附王子猛、王子丐者爲單穆公、劉文公諸人,附王子朝者爲召簡公、南宫嚚、甘桓公諸人。而萇弘是附隨於劉文公的。當甘桓公等人又一次去見王子朝時,劉文公擔心他們又會合謀做壞事,因而不無憂慮地説: 「甘氏又往矣。」萇弘勸慰他説,這没有什麽可擔心的。只有同心同德的人才能謀義。接著他引用《尚書·泰誓》中武王之語説: 「紂有億兆夷人,亦有離德。予有亂臣十人,同心同德。」意思説,商紂王有億兆民衆,兼有四夷,可是離心離德。而我有治臣十人,人雖少,但同心同德。梅鷟將此語與僞《古文尚書·泰誓》一一加以比對,并特别指出,「同德度義」一語本是「萇弘之所自言,亦略以爲經。」梅鷟説:

作《古文》者,無以飣餖成篇,并萇弘之所自言,亦略以爲經。……殊不知「受有臣億萬」即「紂有億兆夷人」,「惟「億萬心」即「離心」,「萬」字比「兆」字則變而少矣。「予有臣三千」即「予有亂臣十人」,「惟一心」即「同心」，「三千」比「十人」則變而多矣。「三千」，用《孟子》「虎賁三千人」也。

在上一條中，我們也許還不能確證「德乃降」之語一定是魯莊公之語。而在此一條中，我們完全可以認爲，「同德度義」一句確系萇弘之語，而被造僞者抄綴進僞《古文尚書·泰誓上》中。梅鷟關於此條的指摘是頗有説服力的。

（四）對《君陳》「惟孝友于兄弟」之文的質疑

《古文尚書·君陳》：「惟汝令德孝恭，惟孝友于兄弟，克施有政。」《尚書考異》作者以爲，此語乃抄撮《國語·周語》與《論語》而成，「《周語》單襄公曰：『晉襄公曰：驩，此其孫也，而令德孝恭，非此其誰也？』」《論語》：「《書》云：『孝乎惟孝，友于兄弟，施于有政。』」《尚書考異》作者於此只是指出其作僞之迹，并未作進一步的分析，但辨僞者所要揭明的意識是清楚的，即《論語》本以「孝乎惟孝」爲句，作僞者抄撮《論語》引《書》之語，而截去「孝乎」二字，而以「惟孝友于兄弟」爲句。《四庫全書總目》即以此條爲辯《古文尚書》之僞的有力證據之一，其《提要》説：

漢石經《論語》「孝于惟孝」，「惟孝」謂所孝之人，與下「兄弟」對文。包咸本「于」作「乎」。古文乃掇

「惟孝友于兄弟」，而截去「孝乎」二字，則《論語》「《書》云孝乎」，不能成辭。

關於《論語》以「孝乎惟孝」爲句的根據，可以找到許多資料。宋洪适《隸釋》載漢《石經論語殘碑》，所存九百七十一字中有「子曰：『《書》云：孝于惟孝，友于兄』（下闕）」之文。閻若璩《尚書古文疏證》卷一也指出：

《書》有句讀，本宜如是，而一旦爲晚出《古文》所割裂，遂改以從之者，《論語》「《書》云『孝乎惟孝，友于兄弟，施于有政』」三句是也。何晏《集解》引漢包咸注云：「『孝乎惟孝』，美大孝之辭。」是以「《書》云」爲一句，「孝乎惟孝」爲一句，「友于兄弟」爲一句。《晉書》夏侯湛《昆弟誥》：「古人有言：『孝乎惟孝，友于兄弟。』」潘岳《閑居賦序》：「『孝乎惟孝，友于兄弟』，此亦拙者之爲政也。」是其證也。僞作《君陳篇》者竟將「孝乎」二字讀屬上，爲孔子之言。歷覽載籍所引《詩》、《書》之文，從無此等句法。

而惠棟指出，「孝乎惟孝」原本作「孝于惟孝」，漢石經《論語》、包咸《論語章句》以及陸德明《經典釋文》等皆作「孝于惟孝」。晉人《古文尚書·君陳篇》問世後，後儒據以改「孝于」爲「孝乎」。他說：

子曰：「《書》云：『孝乎惟孝，友于兄弟。』」《釋文》作「孝于」，云：「一本作『孝乎』。」《唐石經》同。案：蔡邕《石經》亦作「于」，故包咸注云：「『孝于惟孝』，美大孝之辭。」後世儒者據晉世所出《君陳篇》改「孝于」爲「乎」，以「惟孝」屬下句。以今考之，若非《漢石經》及包氏《注》，亦安從而是正耶？（惠棟《九經古義》卷十六《論語古義》）

毛奇齡《古文尚書冤詞》卷七有「《論語》『《書》云：孝乎惟孝，友于兄弟』，今無『孝乎』字，何也」一節，毛氏以爲，「《論語》引《書》有四，無不改其詞，篡其句，易其讀者」。後儒「所引者系《論語》引《書》，而非古文《君陳》之原文也。」毛奇齡又於所作《論語稽求篇》卷一中討論此事，謂讀《論語》與讀《尚書》可以各行其是，句讀不同，可以「兩存之以備參考」。不可據此以定《古文尚書·君陳》之僞。

（五）考辨「后克艱厥后，臣克艱厥臣」之文

《古文尚書·大禹謨》中有「后克艱厥后，臣克艱厥臣」一句，梅鷟謂此語暗襲《論語》「爲君難，爲臣不易」之意。此兩語從字面上看，差別非常之大。梅鷟指出，前一句「后」，即「君」字之別名，「艱」即「難」字之换字也。後一句，「臣」用《論語》原字，「艱」即「不易」之減字。《論語·子路》魯定公問孔子：「一言而可以興邦，有諸？」孔子對曰：「言不可以若是其幾也，人之言曰：『爲君難，爲臣不易。』如知爲君之難也，不幾乎一言而興邦乎？」梅鷟提出懷疑説：「夫聖人教君，遠舍前聖之格言，而近述一時之方言，豈偶忘所

删述之經邪？抑豈定公質下，不可與入大禹之道，只可與述世俗之常邪？」梅鷟以爲，如孔子之時真有所謂《大禹謨》，當孔子答魯定公之問時，必定會直接引「后克艱厥后，臣克艱厥臣」二語，而不會引「人之言曰」云云，如此「遠舍前聖之格言，而近述一時之方言」，是不合常理的。在他看來，《大禹謨》「后克艱厥后，臣克艱厥臣」之語乃襲用《論語》「爲君難，爲臣不易」之意。

但實際上，孔安國《尚書傳》已先指出「后克艱厥后，臣克艱厥臣」亦即是《論語》「爲君難，爲臣不易」之意。《大禹謨》經文曰：「后克艱厥后，臣克艱厥臣，政乃乂，黎民敏德。」《孔氏傳》曰：「敏，疾也。能知『爲君難，爲臣不易』，則其政治，而衆民皆疾修德。」

按梅鷟的看法，僞造《古文尚書》之經文者與僞作孔安國《傳》者乃是一人。如是，則僞造《古文尚書・大禹謨》之人襲取《論語》「爲君難，爲臣不易」之意，而造作「后克艱厥后，臣克艱厥臣」之語，然後又作《傳》注明此即是《論語》某兩句之意，似乎造僞者太過倡狂了。

當然，我們并不能排除《古文尚書・大禹謨》爲僞作的可能。我們所要檢討的是梅鷟辨僞的根據是否合理。假如《論語》「爲君難，爲臣不易」的思想確實反映了某種真理性，那麽《論語》中的表述當然不會是唯一的表述。梅鷟以《大禹謨》此兩句與《論語》的思想相近，便斷定是《大禹謨》襲用《論語》之意，其方法和結論皆令人懷疑。至於孔子對魯定公之問時應該引古經之語，而不應該引「人之言曰」云云，也非一定之規。

（六）考辨「汝惟不矜，天下莫與汝争能，汝惟不伐，天下莫與汝争功」之文

梅鷟謂《大禹謨》中此語乃襲用《老子》之意。《老子》第二十二章說：「不自伐，故有功。不自矜，故長。夫唯不争，故天下莫能與之争。」第二十四章又說：「自伐者，無功；自矜者，不長。」梅鷟認爲，老子之術是所謂的「退一步法」，以退爲進，乃是一種「立地步、占便宜之術」，其氣象只是一種「行干禄氣象」，與聖賢大公無我、不計功謀利、盛德之至的氣象「若九地視九天之遠」。總之，梅鷟謂《大禹謨》舜命禹之言「汝惟不矜，天下莫與汝争能，汝惟不伐，天下莫與汝争功」云云，與道家老子之意重，既有諛詞，又有謀利計功之意，有陽示不欲，陰欲得之之意，非我聖賢大公無我之情懷。《大禹謨》果爲儒家删述之經典，必不如是之鄙下也。歷代儒者注釋《古文尚書・大禹謨》都没有提出「不矜」、「不伐」兩語不是儒家的精神境界。梅鷟此一理解實有較大的偏差。《大禹謨》此語雖與《老子》之語在字面上相近，但意境卻有很大的不同。《老子》教人確有「退一步法」之「將欲取之，必先予之」之意，其文語意是：你只要如此，便會如彼。而《大禹謨》中舜此言不是訓導之語，

而是表彰之語，是説禹雖然很有能力和功勞，卻不以能力和功勞誇耀於人。所以舜要將天子之位授給禹，因此《大禹謨》在此二語之後緊接著説：「予懋乃德，嘉乃丕績，天之歷數在汝躬，汝終陟元后。」有能而不自稱能，有功而不自居功，這種精神境界當然是很高的。

筆者以爲，梅鷟以詞旨相近，便以爲有蹈襲之嫌，此種考辨之方法頗值得檢討。如《論語·衛靈公》「子曰：『無爲而治者，其舜也與！』」我們不能因爲孔子也講「無爲而治」，便認爲孔子的精神境界與老子是相同的。

(七) 考辨「滿招損，謙受益」之文

《大禹謨》中益贊禹曰：「惟德動天，無遠弗屆。滿招損，謙受益，時乃天道。」梅鷟以爲，「滿招損，謙受益」之語蹈襲《周易·謙》卦之《彖傳》「天道虧盈而益謙」。今易「盈」字爲「滿」字，易「虧」字爲「損」字，所以新其字也。易「虧盈」爲「滿招損」，易「益謙」爲「謙受益」，所以奇其句也。他認爲這屬於「蹈襲而無當」，因爲「以上文觀之，舜稱禹不自滿假，不矜不伐矣，禹何弗謙之有」。在此處梅鷟對前文「不矜」、「不伐」之語做了正確的理解，認爲這是舜稱許禹的話，既然如此，「禹何弗謙之有？」何須有此「滿招損，謙受益」一番

話。這是「於上文無當」。而「以下文觀之，即引舜之至德要道所以感通神明者，謙又不足以言之也。是於下文無當」。梅鷟此論，又脱離當時之語境討論問題，因爲益之言并不是針對禹個人的謙德問題。當時益從禹征苗，苗不率服。益贊佐於禹，以爲苗民未可威服，宜持謙德以待苗民。欲禹還兵。益「贊」之者，是禹已先有此意。而且孔穎達《尚書正義》已經指出「滿招損，謙受益」之言是與《周易·謙》卦《彖傳》之言具有一致性。其言曰：

《易·謙卦·彖》曰：「天道虧盈而益謙。」……是「滿招損，謙受益」，爲天道之常也。益言此者，欲令禹修德息師，持謙以待有苗。

筆者以爲，因爲兩者詞旨相近，便斷言《大禹謨》蹈襲《周易》，不免有武斷之嫌。但以今人看來，《大禹謨》「滿招損，謙受益」之言淺顯易懂，而《周易·謙》卦彖辭「天道虧盈而益謙」之言晦澀難明。假如《大禹謨》先有此精粹之格言，而後出之《周易·彖傳》真拙於言辭者。

對於我們所列舉的第五、六、七條，明代陳第於所著《尚書疏衍》中一併回應説：

如《禹謨》「克艱」二語，謂本《論語》之「爲君難，爲臣不易」也。「不矜」、「不伐」謂本《老子》之「夫惟不争，故天下莫能與争」也。「滿招損，謙受益」，謂本《易》之「謙尊而光，卑而不可踰」也。不知宇宙殊時而一理，聖賢異世而同心，安得以其詞之相近也，而遽謂其相襲乎？①

陳第强調「宇宙殊時而一理，聖賢異世而同心」，此心此理，四海咸同，古今一揆，不應以詞旨相近，便遽謂某襲於某。其言合於事理，不屬無理狡辯。

四庫館臣認爲梅鷟考辨《古文尚書》之僞提出了兩條非常有力的證據，《四庫全書總目》於「《尚書正義》二十卷」條下謂：

孔《傳》之依託，自朱子以來，遞有論辨。……其灼然可據者，梅鷟《尚書考異》攻其注《禹貢》「瀍水出河南北山」一條，「積石山在金城西南羌中」一條，地名皆在安國後。

又於《尚書考異》五卷條下謂：

然如瀍水出穀城縣，兩《漢志》同。晉始省穀城入河南，而孔《傳》乃云瀍水出河南北山，又積石山在河關縣西南羌中，漢昭帝始元六年始置金城郡，而孔《傳》乃云積石山在金城西南。凡此之類，僞託顯然。傳既如是，則經亦可知，固不得以好爲異論責鷟矣。

考辨《古文尚書》之僞的策略，是將《孔氏序》、《孔氏傳》及《古文尚書》經文作爲一個

① 《尚書疏衍》卷一。

僞本的整體來看，先攻其薄弱之點作爲突破口，這個薄弱點即選在《孔氏傳》中。所謂「《孔氏傳》」，是晉人託名西漢孔安國爲《尚書》五十八篇(合今文《尚書》三十三篇和《古文尚書》二十五篇而言)所作的傳，這一部分被辨僞者稱爲「僞《孔傳》」，其中在《今文尚書·禹貢》的注中説瀍水「出河南北山」，又説「積石山在金城西南」，地名皆在西漢孔安國之後。由此證明，所謂「《孔氏傳》」，决非西漢人孔安國所作。「傳既如是，則經亦可知」，《孔氏傳》若被證僞，則作爲與《孔氏傳》一體的《古文尚書》經文也連帶證僞了。但遺憾的是，四庫館臣認爲梅鷟考辨《古文尚書》之僞所提出的這兩條鐵證，并不見於梅鷟任何版本的《尚書考異》，抑或《尚書譜》中。此兩條證據首先是由清代的閻若璩提出的，四庫館臣完全是張冠李戴。

後世學者對梅鷟考辨《古文尚書》的成績評價不一。清人朱琳《尚書考異跋》説：「先生則力辨其僞，曲證旁通，具有根據，後閻百詩《尚書古文疏證》、惠定宇《古文尚書考》，其門徑皆自先生開之。」而魏源《書古微·例言上》則説：「明人梅鷟始力攻古文，而義多武斷，考證尚疏，人多不信。其昌言排擊，盡發癥結者，則始於本朝閻若璩之《古文尚書疏證》；閻書已收入《四庫全書》，而惠棟、江聲、孫星衍、王鳴盛、段玉裁亦皆有疏證。」平心而論，以專著形式一一舉證，抉發《古文尚書》之僞，梅鷟《尚書考異》確實開風氣之先。但梅鷟絶大多數的舉證材料只是指出了蹈襲雷同的形迹，并没有充分十足的材料確證《古文尚書》一定是綴輯逸《書》而成的。因而其説尚不能折服於人，而爲學者所信從。

附論：關於「古文科斗書」的解讀

梅鷟有一通關於「科斗書」的宏論，載在《尚書譜》卷二，其論曰：

> 古文科斗書凡更幾變，而後至於周矣。周成王時史籀始爲籀文，則籀文者，周家之文也，時王之制度也。爲時陪臣不從時制文字，時王其謂我何？臣子之心，其意何居？夫子曰：「愚好自用，賤好自專，生今之世，反古之道，灾及其身者也。」子思子曰：「今天下書同文。」夫子、子思言之，而自食其言，有此理也乎哉？故吾以古文必非夫子、子思之所傳，成周天下一統，籀文顯行，反古文而不同今文，豈不駭人耳目哉？
>
> 吾意安國爲人，必也機警了悟，便習科斗文字，積累有日，取二十九篇之經既以古文書之，又日夜造作《尚書》十餘篇雜之經内，又裂出正經數篇以爲伏生老髦之誤合。始出欺人，曰：家有《古文尚書》，吾以今文讀之。是始以古文駕今文而取勝，終以今文定古文而徵實，其計可謂密矣。曾弗思聖祖哲孫曷嘗反古道、革時制，自食其言也哉！

《尚書考異》卷一於「古文二十五篇」條下謂：

> 《大禹謨》、《五子之歌》、《胤征》、《仲虺之誥》、《湯誥》、《伊訓》、《大甲》三篇、《咸有一德》、《説命》三篇、《泰誓》三篇、《武成》、《旅獒》、《微子之命》、《蔡仲之命》、《周官》、《君陳》、《畢命》、《君牙》、《冏命》。此二十五篇者，云皆科斗書。科斗，倉頡所制之字也，故曰「古文」。

孔壁《古文尚書》，相傳以「科斗文字」書寫，稱爲「科斗書」，此一説法究起於何時？先秦時期是否曾流行此一書體，漢以後有誰曾親眼見過「科斗」書體？此種書體爲何被稱爲「科斗」書？梅鷟的理解是否正確？我們將於下文加以考辨與討論。

秦統一天下以後，實行文字統一政策，即所謂的「書同文」，廢罷六國文字，强制推行秦小篆。在秦以後更爲流行的一種方便書寫的字體叫作隸書。漢晉時期在民間陸續發現一些出土文獻，這些文獻是用六國文字書寫的，由于其書體與周秦地区所使用的大篆、小篆書體有較大差異，漢晉時人已不能識讀，而稱之爲「古文」，後又以其字體形似「蝌蚪」，而稱之爲「科斗文」或「科斗書」。「科斗文」這個名稱究竟起於何時？實有待於考證。

司馬遷《史記》言及《古文尚書》，但不曾説《古文尚書》以科斗文書寫。班固《漢書》言及《古文尚書》，稱「皆古字也」，亦不曾説《古文尚書》以科斗文書寫。今傳本《古文尚書》孔安國《序》（又稱「《書大序》」）謂：

魯共王好治宫室，壞孔子舊宅以廣其居。於壁中得先人所藏古文虞夏、商、周之書及《傳》、《論語》、《孝經》，皆科斗文字。

但自清代閻若璩《尚書古文疏證》問世以後，學者多已認同今傳本《古文尚書》二十五篇爲晉人僞作，而《尚書》孔安國《序》并《傳》，皆被視爲晉人托西漢孔安國之名的僞撰，而被稱爲「僞孔序」和「僞孔傳」。若上面的引文，真爲西漢的孔安國所撰，那此條便是最早出現的「科斗文」的資料。然而此條資料既被視爲晉人僞作，其中所稱「科斗文字」云云，也頗受質疑。朝鮮丁若鏞（茶山）謂：

「科斗」之名不見小學。自鄭玄、盧植以來始有此稱。鄭云：「書出屋壁，皆象形文字，今所謂『科斗書』。」（本論杜林漆《書》，見《正義》）（《梅氏書平》二）

鄭玄之稱「科斗書」，爲孔穎達之疏解《尚書序》時所援引。孔穎達曰：

許慎《説文》言：「自秦有八體：一曰大篆；二曰小篆；三曰刻符；四曰蟲書；五曰摹印；六曰署書；七曰殳書；八曰隸書。……亡新居攝，以應制作，改定古文，使甄豐校定。時有六書：一曰古文，孔子壁内書也。二曰奇字，即古字有異者；三曰篆書，即小篆，下杜人程邈所作也；四曰佐書，秦隸書也；五曰繆篆，所以摹印也；六曰鳥蟲書，所以書幡信也。」由此而論，即秦罷古文而有八體，非古文矣。……孔子壁内古文即蒼頡之體，故鄭玄云：「書初出屋壁，皆周時象形文字，今所謂『科斗書』。」以形言之爲科斗，指體即周之古文。鄭玄知者，若於周時秦世所有，至漢猶當識之，不得云「無能知者」。……或以古文即大篆，非也。何者？八體六書自大篆，與古文不同。又秦有大篆，若大篆是古文，不得云「古文遂絶」。以此知大篆非古文也。

盧植之稱「科斗」，見於《後漢書》卷九十四《盧植傳》。盧植上書有云：

古文科斗，近於爲實，而厭抑流俗，降在小學。中興以來，通儒達士班固、賈逵、鄭興父子并敦悦之。注：「古文，謂孔子壁中書也。形似科斗，因以爲名。」

《後漢書》爲劉宋范曄著，唐章懷太子李賢爲之作注。章懷太子李賢爲唐高宗第六子，其注文顯然是信從孔穎達《尚書正義》之説。盧植上書在東漢靈帝熹平（一七二—一七八）年間，循其文義，則至少在東漢之時，「古文科斗」的説法已在學者間流行。

至西晉時，學者更趨熱衷於談「科斗文」，這大概是因爲晉武帝太康元年（二八〇）在汲縣界内舊冢中發現了大批的竹書，「皆簡編科斗文字」，而杜預得以親見其書。杜預《春秋經傳集解·後序》稱：

太康元年三月，……汲郡汲縣有發其界内舊冢者，大得古書，皆簡編科斗文字。發冢者不以爲意，往往散亂。科斗書久廢，推尋不能盡通。始者藏在秘府，余晚得見之。

古代談論「科斗文」的學者中，杜預明言曾親眼見到「科斗文」的實物，因此我們可以說，所謂「科斗文」并非空穴來風，先秦古書確曾用此文體書寫。正因爲如此，西晉以後學者談「科斗文」者便多了起來，以致有人將「科斗文」說成是上古蒼頡造字時所創之字體。《晉書》卷六十《索靖傳》謂：「（索靖）作《草書狀》，其辭曰：『聖皇御世，隨時之宜，倉頡既生書契，是爲科斗。』」而稍後的衛恒則明確指出漢武帝時魯恭王於孔子屋壁所得之古書，即是所謂「科斗書」。其所作《四體書勢序》稱：

漢武時，魯恭王壞孔子宅，得《尚書》、《春秋》、《論語》、《孝經》，時人以不復知有古文，謂之「科斗書」。漢世秘藏，希得見之。魏初傳古文者，出於邯鄲淳，恒祖敬侯寫淳《尚書》，後以示淳，而淳不別。至正始中立三字石經，轉失淳法，因科斗之名，遂效其形。

衛恒（？—二九一）指出曹魏初年邯鄲淳尚傳「古文科斗」書體，衛恒的祖父衛覬（敬侯）曾摹寫邯鄲淳的《古文尚書》，竟至以假亂真，邯鄲淳不能分別。但二十多年後，即到了正始（二四〇—二四九）年間，此學已失傳。魏正始三體石經中的所謂「古文體」已非真正的「古文體」，而是「因科斗之名，遂效其形」。閻若璩曾注意到衛恒《四體書勢序》的資料，其所著《尚書古文疏證》卷七謂：「晉衛恒作《書勢》，去漢逾遠，并謂『魯恭王得孔子宅書，時人已不復知古文，謂之科斗書。漢代秘藏，希得見』。恒曾見《書大序》與否，未可知。要彼時自有此種議論，散諸撰述，益徵《大序》不作於漢武之時決矣。」閻若璩似乎未注意到盧植在東漢熹平年間的上書中已有「古文科斗」的言論。而於此時則不可說「去漢逾遠」。

「科斗文」到底是怎樣的一種書體，大約晉以後的人已無緣得見，於是後人便望文生義，推想其字體之形狀。如宋朱長文《墨池編》說：

蝌蚪篆者，其流出于《古文尚書序》，費氏注云：「書有二十法，蝌蚪書是其一法，以其小尾伏頭似蝦蟆子，故謂之蝌蚪。」昔魯恭王壞孔子宅以廣宫室，得蝌蚪《尚書》。又《禮記》、《論語》足數十篇，皆蝌蚪文字。

《墨池編》所謂「費氏注」，概指南朝梁國子助教費甝，費甝曾撰《尚書義疏》十卷。其書今不傳。又宋夏僎《夏氏尚書詳解·尚書孔氏序》稱：

科斗，蝦蟆子也。言字形多頭粗尾細狀，腹團圓似科斗，故謂之「科斗書」，其字乃蒼頡本體，周猶爲之，故屋壁書所以皆科斗文字也。科斗文字，古人所爲，今人不用，故謂之古文。

而元代吾丘衍則以爲，「科斗文」書體的特點，是由書寫工具的特性所造成的，其所著《學古編》説：

科斗爲字之祖，象蝦蟆子形也。……上古無筆墨，以竹挺點漆書竹上，竹硬漆膩，畫不能行，故頭粗尾細似其形耳。

凡此所論，皆未見真古文，而爲懸揣之辭。近年出土并已整理出版的《郭店楚墓竹簡》與《上海博物館藏楚竹書》，其書體實際就是古人所謂的「科斗文」，然觀其書勢，并無所謂「竹硬漆膩，畫不能行」，「字形多頭粗尾細狀，腹團圓似科斗」的情形，而毋寧説是「粗細隨意，運筆自如」的。而所謂「科斗書」，以筆者之見，這是戰國文字中的一種筆畫書寫方法，運用於某一類字的末筆書寫上，寫出之效果極像小蝌蚪。由於這一類字出現的頻次較高，漢以後之人初不識簡文，只見滿篇有許多小蝌蚪，遂稱之爲「科斗書」。學者望文生義，稱之爲「蒼頡造字之本體」云云，純屬附會。

二〇〇六年五月十五日定稿於臺北縣深坑寓所

點校説明

一、整理者所見《尚書考異》有四個版本：一是文淵閣四庫全書本（以下簡稱「四庫本」）；二是孫星衍校刊平津館叢書本（以下簡稱「平津館本」）；三是臺北「故宮」所藏明抄本（以下簡稱明抄本）；四是明白鶴山房抄本。其中平津館本爲六卷本，其他三種爲五卷本。此次點校整理以平津館本爲底本，以四庫本和明抄本爲參校本。明白鶴山房抄本訛誤頗多，不作爲參校本。

二、《尚書考異》本文以及顧廣圻等人的序文，提及書名多作省略語，此次整理對文中所指特定書名加上書名號，如：

《考異》——《尚書考異》

《譜》——《尚書譜》

《古文》——《古文尚書》

《疏證》——《尚書古文疏證》

《左》——《左傳》

《國》——《國語》

《周語》——《國語・周語》

《孟》——《孟子》

《荀》——《荀子》

《老》——《老子》

《文》——《文子》

《莊》——《莊子》

《正義》——《尚書正義》

《百兩》——《尚書百兩篇》

孔《序》——孔安國《尚書序》

孔《傳》——孔安國《尚書傳》

《宣二年》——《左傳・宣公二年》

《前書》——《前漢書》

《漢志》——《漢書・藝文志》

《隋志》——《隋書·經籍志》

如此等等。

三、凡底本遇清帝名諱而避改他字者，皆徑改回原文，不出校記説明。

四、四庫本條目先後編次未歸條理，當爲草創之本。本書校記只標注其與平津館本文字差異之處，一般不説明其條目編次情況。

尚書考異序

《尚書》二十九篇之外，有張霸僞《書》，自漢時已罷黜不傳於世。後有晉梅賾之廿五篇，并託孔安國《序》、《傳》，謂之古文，六朝已來不能識別。《水經注》、《北堂書鈔》等俱引其文。唐傅仁均、僧一行至以僞《胤征》、《五子歌》詞考辨曆法。而孔氏穎達竟列爲《五經正義》。梅氏僞《書》矯誣五帝、三王，疑誤後學，實經學之一厄。

至宋吴氏棫及朱晦庵始覺其非真。朱氏疑《古文》易讀，言《書傳》是魏、晉間人作，託安國爲名，似與《孔叢子》同出一手，尚不能探索證據，折服人心也。

明梅氏鷟創爲《考異》，就僞《書》本文究其捃摭錯誤之處，條舉件繫，加總論於前，存舊文於後，於是閻氏若璩推廣爲《疏證》，惠氏棟、宋氏鑒皆相繼辯駁，世儒方信廿五篇孔《傳》之不可雜於二十九篇矣。然其書自唐列於學官，不敢公言廢斥，乾隆五十二年故紀相國昀校上四庫書，以梅氏鷟《考異》所言「孔安國《序》并增多之廿五篇，悉雜取傳記中語以成文，指摘皆有依據，其爲依託佐證顯然」奏，蒙高宗純皇帝睿鑒，始有定論。而海内窮經之士，若披雲霧覩天日矣。顧其書藏在祕閣，傳寫不易，今閻氏《疏證》及惠氏、宋氏之書皆有刊本，惟梅氏《考異》在前，反不行於世，予嘗憾焉。揚州鮑君均耆古敦素，屬爲開彫，嘉惠後學，因與顧君廣圻及鈕君樹玉，悉心讎校。案各本卷數、字句繁簡殊異，或梅氏成書時又有更定，兹得舊寫本，合取其長，録爲定本，共成六卷。

至梅氏以真《泰誓》爲僞作，則承馬氏融之誤；以孔壁真古文十六篇爲即張霸《書》，則承孔氏穎達之誤。雖非己説，亦千慮之失，後人已覺其非，不復删除條辨。

嗚呼！僞爲廿五篇者，晉之梅氏；指駁廿五篇者，明之梅氏。亂經之罪，即自一家發之，悖出悖入，豈非天道好還？聖人所以言矯誣之禍，甚於殺人也。

明人性靈，爲舉業所汩，一代通經之士甚少，惟以詞章傳世。如梅氏之守經據古，有功聖學，足稱一代名儒，不可使後學不見其書。今爲流布，以廣其傳，且以宣國家表章經學之指。其梅氏族望、官位，已詳顧君序中，兹不贅。

嘉慶癸酉歲三月廿二日，孫星衍序。

校定尚書考異序

《尚書》二十五篇之古文，東晉方出，經唐時以列於《五經正義》，先後數百年間，儒者罔覺爲僞。自南宋吴氏棫昌言攻之，下逮今日，而著書抉剔其罅漏者輩出，明旌德梅氏鷟其一也。予嘗求得鷟所撰《考異》讀之，歎其絶有佳者。蓋元吴氏澄雖有「采輯補綴，無一字無所本」之論，而羅列書傳以相證驗，實至鷟乃始近密，如言「人心」、「道心」出於《荀子》所引《道經》；言「舞干羽，有苗格」，出於《淮南子》；及言割裂《論語》與夫改竄《左傳》之失其本旨者，往往精確不磨，切中僞《古文》膏肓，卓然可傳也。但其書不甚顯於世，故著録家有五卷、四卷、一卷之不同，而書名或稱《考異》，或稱《譜》，文字亦彼此多寡分合互異。近孫伯淵先生蒐訪善本，詳加校正，將以刊布，固其宜哉！

或者曰：「閻氏若璩《疏證》言：『《尚書譜》讀之殊武斷，然當創闢弋獲時，亦足以驚作僞者之魄，採其若干條，散各卷中。』然則有《疏證》，殆可無此書已。」

予曰：「否！《疏證》第三卷言《大禹謨》、《泰誓》、《武成》，句句有本；言襲用《論語》、《孝經》、《易》、《書》、《詩》、《周禮》、《禮記》、《左》、《國》、《爾雅》、《孟》、《荀》、《老》、《文》、《列》、《莊》，其中採鷟語必多。今全集有録無書，然則鷟書之存，正可補《疏證》之缺，而烏可廢耶！且夫學問之道，無窮者也。是故有若梅氏此書之不知孔壁真古文逸十六篇，而誤信《正義》指作張霸《百兩》之類，俟閻氏正之；而梅氏、閻氏皆不知真《泰誓》伏、孔皆有，即《史記》所載、鄭康成所注之類，又俟惠徵君棟之《古文尚書考》出而後正之。然則凡其得之失之，皆一一不相掩，而梅氏此書，自無妨與閻、惠並行，以待後學之博觀也。」

鷟字某，正德癸酉舉人，官國子學正，見《旌德縣志》。閻氏又言：「其兄鶚，字幼鯀，一字百一，正德丁丑進士，撰述頗夥，亦疑《古文》。」今雖無所傳，當與鷟議論大致相同矣。

嘉慶壬申年十月望前一日，元和顧廣圻序，時寓江寧之孫忠愍公祠。

尚書考異原序*

《尚書》二十八篇，并《序》一篇，共二十九篇。秦博士伏生所傳，乃聖經之本真也。因暴秦焚書，藏於壁中，遭亂遺失，所存者止有此耳。伏生即以教於齊、魯之間，因爲《大傳》三篇。漢文時求治《尚書》者，無過於伏生，使太常掌故晁錯往受，傳之。蓋傳其文義講說，以發明正經云爾。景帝時所傳者，亦不過如此。

至武帝時，孔安國等專治《古文尚書》，滋多於此矣。故孔臧與孔安國書曰：「《尚書》二十八篇，儒者以爲上應二十八宿，不知又有《古文尚書》也。」可見武帝以前原無《古文尚書》，明矣。自安國《古文》未出之先，《尚書》正經單行於世，如日月之麗於天，無一蔽虧。及安國《古文》既出之後，分《堯典》「慎徽」以下爲《舜典》，分《皋陶謨》「帝曰來禹」以下爲《棄稷》；分《盤庚》爲三篇，分《顧命》「王若曰」以下爲《康王之誥》，凡復出者五篇，

---

* 平津館本無此序，據四庫本補。

又於其間離逖改削，竄易穿穴之變多，而《尚書》無完經矣。至其所治《古文》一十六篇者，多怪異之説，及經書所引，皆不在其内，以故當時老師宿儒尊信正經，不肯置對苟從，據理辨難，不肯奏立學官。雖以劉歆移書之勤，猶譁攻不已。其間或滅或興，信之者或一二，不信者恒千百。其書遂不顯行於世。然其遞遞相承，蓋可考也。此先漢真孔安國之僞書，其顛末大略如此。

至東晉時，善爲模倣窺竊之士，見其以訛見疑於世，遂蒐括羣書，掇拾嘉言，裝綴編排，日鍛月鍊，會稡成書。必求無一字之不本於古語，無一言之不當於人心，無一篇之不可垂訓誡。凡爲《書》者二十五篇，見詁訓之難通，遂改易其字；見意義之丁寧，遂刊落其語；見《棄稷》之不可以名篇，遂更爲《益稷》；見《盤庚》之上、中、下可以便己，《太甲》、《説命》、《泰誓》之上、中、下遂仍爲三篇；見報告之詞不可以離逖也，遂合「王出」以下爲《康王之誥》；又見「慎徽五典」不可突起爲《舜典》也，遂增「曰若」以下二十有八字，則愈巧矣，愈近理矣，無可得而滲漏矣，無可得而掎摭矣。雖英材間氣，亦尊信服膺之不暇矣。然不知自明者視之，則如泥中之鬬獸，蹤跡顯然，卒亦莫之掩也，甚者至於不恰懌哉！「采政忽」之類，直改易之，而無復置疑。「曰明都」、「弗肯構」、「弗肯穫」、「厥考翼」之經，直刊落之，而無復忌憚。顧使聖人之正經，反附麗僞書，以行於世。譬如成周東遷之主，氣象銷苶，惟列國是依，以列國爲命者也。不亦顛倒舛錯之甚也哉！此東晉假孔安國之僞書，其顛末大略如此。

愚每讀書至此，未嘗不嘆息痛恨於先儒也。夫所貴乎儒者之傳經，在能除聖經之蔽翳，使秕稗不得以雜嘉穀，魚目不得以混明珠，華丹不得以亂窈窕焉耳。今反崇信僞書，以囚奴正經。予畏聖人之言，故不得不是而正之，特作《考異》，使學者涣然知蔽塞之由，然後知余之恢復聖經，蓋有不得已焉，而非苟爲好辨者也！

尚書考異卷第一

史記儒林傳

伏生者，濟南人，故爲秦博士。孝文時欲求能治《尚書》者，天下無有，乃聞伏生能治，欲召之。是時伏生年九十餘，老不能行，於是乃詔太常，使掌故晁錯往受之。秦時焚書，伏生壁藏之。其後兵大起，流亡。漢定，伏生求其書，亡數十篇，獨得二十九篇，即以教於齊、魯之間。學者由是頗能言《尚書》，諸山東大師無不涉《尚書》以教矣。伏生教濟南張生及歐陽生，歐陽生教千乘兒寬。兒寬既通《尚書》，以文學應郡舉，詣博士受業，受業孔安國。兒寬貧無資用，常爲弟子都養。以試第次，補廷尉史，張湯以爲奏讞掾，後爲御史大夫。張生亦爲博士。而伏生孫以治《尚書》徵，不能明也。自此之後，魯周霸、孔安國，洛陽賈嘉，頗能言《尚書》事。孔氏有古文《尚書》，而安國以今文讀之，因以起其家。逸《書》得十餘篇，蓋《尚書》滋多於此矣。

今案：太史公當漢武帝時，僞説未滋，故其言多可信。如云伏生書出於壁藏，獨得二十九篇。又云即以教於齊、魯之間，山東大師無不涉《尚書》以教，歷歷皆可信。然則漢文帝時非無《尚書》也，求能治《尚書》者耳。山東諸大師非無治《尚書》者，皆伏生弟子而推隆於宗師云耳。晉人不知，遂創爲「失其本經，口以傳授」，其誕妄不足信，可知矣。今伏生書見在，古今所引者皆如此，昭然日星之明，「失其本經」者何篇？「以意屬讀者」何章何句也邪？又太史公未嘗言安國《古文》出於壁藏，既曰「頗能言」，又曰「蓋《尚書》滋多於此矣」，其言容有抑揚哉？

漢書藝文志

《尚書》古文經四十六卷，經二十九卷。《書》之所起遠矣，至孔子纂焉，上斷於堯，下訖於秦，凡百篇，而爲之《序》，言其作意。秦燔書禁學，濟南伏生獨壁藏之，漢興，亡失，求得二十九篇，以教齊、魯之間。訖孝宣世，有歐陽、大小夏侯氏立於學官。《古文尚書》者，出孔子壁中，武帝末魯共王壞孔子宅，欲以廣其宫，而得《古文尚書》及《禮記》、《論語》、《孝經》，凡數十篇，皆古字也。共王往入其宅，聞鼓琴瑟鐘磬之音，於是懼，乃止不壞。孔安國者，孔子後也，悉得其書，以考二十九篇，多得十六篇。安國獻之，遭巫蠱事，未列於學官。劉向以中古文校歐陽、大小夏侯三家經文，《酒誥》脱簡一，《召誥》脱簡二，率簡二十五字者，脱亦二十五字；簡二十二字者，脱亦二十二字。文字異者七百有餘，脱字數十。《書》者，古之號令，號令於衆，其言不立具，則聽受施行者弗曉。古文讀應爾雅，故解古今語而可知也。

今案：《漢書》與《史記》異者數處，「古文經四十六卷」，《史記》無此句；「孔子纂書，凡百篇，而爲之《序》」，《史記》無此句；魯共王壞宅，以書還孔氏事，《史記》不載；「孔安國得《古文尚書》，多十六篇，安國獻之，遭巫蠱事，未列於學官」，《史記》不載；「二十九卷」，《史記》作「二十九篇」，蓋一篇爲一卷也。《漢書》與《史記》不同者若此，宜從《史記》爲當。然百篇之序，《史記》班班可考。但孟堅以爲孔子爲之，晦翁不可也。

後漢書儒林傳

《前書》云：濟南伏生傳《尚書》，授濟南張生及千乘歐陽生，歐陽生授同郡兒寬，寬授歐陽生之子，世世相傳，至曾孫歐陽高，爲《尚書》歐陽氏學；張生授夏侯都尉，都尉授族子始昌，始昌傳族子勝，爲大夏侯氏學；勝傳從兄子建，別爲小夏侯氏學。三家皆立博士①。又魯人孔安國傳《古文尚書》,授都尉朝,朝授膠東庸譚,爲《尚書》古文學,未得立。

歐陽生傳伏生《尚書》,至歙八世,皆爲博士。

牟長習歐陽《尚書》,著《尚書章句》,皆本之歐陽氏,俗號爲《牟氏章句》。

宋登傳歐陽《尚書》。

張馴傳大夏侯《尚書》。

尹敏初習歐陽《尚書》,後受《古文》。

周防師事蓋豫,受《古文尚書》。

孔僖,魯國魯人也。自安國以下,世傳《古文尚書》。

楊倫師事司徒丁鴻,習《古文尚書》。

北海牟融習大夏侯《尚書》。

東海王良習小夏侯《尚書》。

沛國桓榮習歐陽《尚書》,榮世習相傳授,東京最盛。

① 博士,四庫本無。

扶風杜林傳《古文尚書》，林同郡賈逵爲之作訓，馬融作傳，鄭玄注解，由是《古文尚書》遂顯於世。

今案： 范蔚宗歷述伏生今文《書》及安國古文《書》傳授顛末，較然可尋，遂盡除去誕妄不經之説，使人得有所考，有以知晉人《古文》二十五篇，決非安國所傳之本，何其精詳而簡當也哉！ 班孟堅於是乎有愧矣，何者？ 伏生《書》傳之三家，皆得立，世固無疑。安國《書》獨不得立，世遂以爲流落人間，直至東晉始顯。今觀安國傳之數世，至孔僖世傳《古文尚書》，則其子孫之傳者也； 都尉朝、庸譚、尹敏、蓋豫、周防、丁鴻、楊倫、杜林、賈逵、馬融、鄭玄，則其弟子之相傳者也。 雖不得立之學官，而其家傳及弟子之相傳，正爲先漢之僞《古文》，而非晉人始出之《古文》明矣。

隋經籍志

漢濟南伏生口傳二十八篇，又河内女子得《泰誓》一篇獻之，伏生作《尚書傳》四十一篇，以授同郡張生，張生授千乘歐陽生，歐陽生授同郡兒寬，寬授歐陽之子，世世傳之，至曾孫歐陽高，謂之《尚書》歐陽之學。 又有夏侯都尉受業於張生，以授族子始昌，始昌傳族子勝，爲大夏侯之學。 勝傳子建，别爲小夏侯之學。 故有歐陽、大小夏侯三家並立，訖漢東京，相傳不絶，而歐陽最盛。初，漢武帝時，魯共王壞孔子舊宅，得其末孫惠所藏之書，字皆古文。孔安國以今文校之，得二十五篇，《泰誓》與河内女子所獻不同，又濟南伏生所誦有①五篇相合。安國並依古文，開其篇第，以隸古字寫之，合成五十八篇。其餘篇簡錯亂，不可復讀，並送之官府。安國又爲五十八篇作傳，會巫蠱事起，不得奏上，私傳其業於都尉朝，朝授膠東庸生，謂之《尚書》古文之學，而未得立。後漢扶風杜林傳《古文尚書》，同郡賈逵爲之作訓，馬融作傳，鄭玄亦爲之注，然其所傳惟二十九篇，又雜以今文，非孔舊本，自餘絶無師説。晉世祕府所存有《古文尚書》經文，今無有傳者。及永嘉之亂，歐陽、大小夏侯《尚書》並亡，濟南伏生之《傳》，惟劉向父子所著《五行傳》是其本法，而又多乖戾。至東晉豫章内史梅賾始得安國之《傳》，奏之時又闕《舜典》一篇，齊建武中吴興姚方興於大航頭得其書，奏上，比馬、鄭所注多二十八字，於是始列國學。梁、陳所講，有孔、鄭二家。齊代惟傳鄭義。至隋孔、鄭並行，而鄭氏甚微。自餘所存，無復師説。又有《尚書》逸篇出於齊、梁之間，考其篇目，似孔氏壁中書之殘缺者，故附《尚書》之末。

① 有，四庫本無。

今案：《隋志》雖約《史記》、兩《漢書》而爲之，然其言時與《史》、《漢書》乖戾者多。首以伏生口傳二十八篇，又河内女子得《泰誓》一篇，蓋以《泰誓》足二十九篇之數，遂使後人承訛踵誤，其失一也； 不志倪寬詣博士受業孔安國，其失二也； 不書尹敏初習歐陽《尚書》，後授《古文》，周防師事蓋豫受《古文尚書》，其失三也； 不書「孔僖，魯國魯人也，自安國以下，世傳《古文尚書》」，其失四也； 於「扶風杜林傳《古文尚書》，同郡賈逵爲之作訓，馬融作傳，鄭玄亦爲之注」下不書「由是《古文尚書》遂顯於世」，其失五也； 其下遂變文云「然其所傳惟二十九篇，又雜以今文，非孔舊本，自餘絶無師説」，其失六也； 又云「晉世祕府所存，有《古文尚書》經文，今無有傳者」，其失七也； 又其後不書王肅得見安國《古文尚書》及皇甫謐、梁柳、鄭沖等所傳安國《古文尚書》次第，其失八也。 所以有此八失者，蓋不知二十九篇本以《序》言而非僞《泰誓》，又不知都尉朝、庸生、倪寬、尹敏、蓋豫、周防、孔僖、杜林、賈逵、馬融、鄭玄所傳《古文》，同一張霸所作者，遂誤以都尉朝、庸生所傳者爲東晉梅賾所上，而以杜、賈、馬、鄭所傳者，然後爲張霸僞《書》故也。 夫《隋志》徒知都尉朝、庸生爲《尚書》古文學未得立者爲即梅賾所上，而不知孔僖紹孔安國以下世傳《古文尚書》實即十六篇張霸等所作之《古文》，而非二十五篇之《古文》，然則《隋志》之失昭昭矣。

伏生今文書二十九篇

《堯典》、《皋陶謨》、《禹貢》、《甘誓》、《湯誓》、《盤庚》、《高宗肜日》、《西伯戡黎》、《微子》、《牧誓》、《洪範》、《金縢》、《大誥》、《康誥》、《酒誥》、《梓材》、《召誥》、《洛誥》、《多方》、《多士》、《立政》、《無逸》、《君奭》、《顧命》、《呂刑》、《文侯之命》、《費誓》、《秦誓》，凡二十八篇，乃晁錯所受伏生《書》，以隸寫之。隸者，當時所行之字也，故曰「今文」。孔穎達曰：「《泰誓》本非伏生所傳，武帝之世始出而得行，史遷因以入於伏生所傳之內，故云二十九篇也。」蔡沈曰：「伏生本二十八篇，今加《泰誓》一篇，故爲二十九篇耳。」

鷟曰：孔氏、蔡氏皆瞽説也。《史記・儒林傳》言：「秦焚書，伏生壁藏之，其後兵大起，流亡。漢定，伏生求其書，亡數十篇，獨得二十九篇，即以教於齊、魯之間。」則伏生壁藏之時初不止①二十九篇，其後亡數十篇，獨得此耳。是二十九篇皆伏生壁藏者，安得謂今加《泰誓》一篇，故爲二十九篇哉！ 且伏生於漢定兵熄之時，得二十九篇，正高、惠之間，其後至文帝時，始授晁錯。然又更景帝至武帝末年，張霸僞《泰誓》始出，故馬融云：

① 止，原作「亡」，據明抄本、四庫本改。

「《泰誓》後出。」鄭玄《書論》亦云：「民間得《泰誓》。」《別録》曰：「民有得《泰誓》書於壁內者，獻之。與博士，使讀説之，數月皆起傳以教人。」伏生當漢初定之時，即以二十九篇教於齊、魯之間，安得謂太史遷在武帝之世見《泰誓》出事，得行，入於伏生所傳內，故爲史總之，并云伏生所出，不復曲別分析？云「民間所得」，其實得時不與伏生所傳同也哉！

《漢・藝文志》云：「書之所起遠矣，至孔子纂焉，上斷乎堯，下訖於秦，凡百篇，而爲之序，言其作意。秦燔書禁學，濟南伏生獨壁藏之。漢興，亡失，求得二十九篇，以教齊、魯之間。」

今案：《藝文志》所言，所以疏《史記・儒林傳》之言也。見百篇之書，共《序》爲百一篇，亡失者七十二篇，止求得二十九篇。二十九篇之內，二十八篇爲《尚書》經，而一篇爲《序》，其言明甚。東晉時，僞作孔安國《尚書傳》、《序》者亦知此意，故曰：「今所定者，增多伏生二十五篇。伏生又以《舜典》合於《堯典》，《益稷》合於《臯陶謨》，《盤庚》三篇合爲一，《康王之誥》合於《顧命》，復出此篇并《序》，凡五十九篇，爲四十六卷。」可見《書序》正在二十九篇之數內矣。馬融等所注二十九篇者，正謂此也。尚何言哉！試以《史記》考之，則百篇之序散見於夏、殷、周《本紀》中，雖不盡完備，然顛末可考，正可以見伏生二十九篇之經，乃并《序》言之，而非以僞《泰誓》矣。故曰：「孔氏、蔡氏皆瞽説也。」

尚書大傳三卷

《崇文總目》：「漢濟南伏勝撰，後漢大司農鄭玄注。伏生本秦博士，以章句授諸儒，故博引異言，援經而申證云。」晁氏曰：「勝，孝文時年且百歲，歐陽生、張生從學焉。音聲猶有訛誤，先後猶有差舛，重以篆隸之殊，不能無失。勝終之後，數子各論所聞，以己意彌縫其闕，而別作章句。又特撰大義，因經屬指，名之曰《傳》。劉向校書得而上之。」陳氏曰：「凡八十三篇。當是其徒歐陽、張生之徒，雜記所聞，未必當時本書也。」

今案：《伏生大傳》亦多虛辭濫説，故其後世多作僞書，非伏生之爲僞也，後之爲僞者由是而出也。卜子夏門人田子方流而爲莊周，況伏生乎！然大司農鄭玄爲之注，必其書多有可採者故也。「年且百歲」，乃授晁錯之時，今晁氏以爲歐陽生、張生當是時從學焉，則妄矣。當漢定求書，出其壁藏，即以教於齊、魯之間，年何嘗及百歲耶？且百歲之翁，音聲訛誤，先後差舛，又安能作《傳》三篇，都爲三卷者哉？又曰「勝終之後，數子各論所聞，以己意彌縫其闕，而別作章句，又特撰大義，因經屬指，名之曰《傳》」者，凡皆無徵不信之辭也。漢世之鄭玄，以大儒而爲之注；異世之晁氏，乃因晉人「失其本經」之言，而遂架空臆説，其亦無星之秤、無寸之尺，而欲以稱量事物，豈不繆哉！

古文二十五篇

《大禹謨》、《五子之歌》、《胤征》、《仲虺之誥》、《湯誥》、《伊訓》、《太甲》三篇、《咸有一德》、《説命》三篇、《泰誓》三篇、《武成》、《旅獒》、《微子之命》、《蔡仲之命》①、《周官》、《君陳》、《畢命》、《君牙》、《冏命》。此二十五篇者，云皆科斗書。科斗者，倉頡所製之字也，故曰「古文」。

吴氏曰：「伏生傳於既耄之後，而安國爲隸古，又特定其所可知者，而一篇之中、一簡之内，其不可知者蓋不無矣，乃欲以是盡求作書之本意與！夫本末先後之義，其亦可謂難矣。而安國所增多之書，今篇目具在，皆文從字順，非若伏生之書，詰屈②聱牙，至有不可讀者。夫四代之書，作者不一，乃至二人之手，而遂定爲二體乎？其亦難言矣。」

朱子曰：「《書》凡易讀者皆《古文》，豈有數百年壁藏之中，不能損一字者？」又曰：「伏生所傳皆難讀，如何伏生偏記其所難，而易者全不能記也？」又曰：「孔《書》至東晉

① 蔡仲之命，四庫本脱。
② 詰屈，四庫本作「佶曲」。

方出，前此諸儒皆未見，可疑之甚！」又曰：「《書序》伏生時無之，其文甚弱，亦不是前漢人文字，只似後漢末人。」又曰：「《小序》決非孔門之舊，安國《序》亦非西漢文章。」又曰：「先漢文字重厚，今《大序》格致極輕。」又曰：「《尚書》孔安國《傳》是魏晉間人作，託安國爲名耳。」又曰：「孔《傳》并《序》，皆不類西京文字氣象，與《孔叢子》同是一手僞書，蓋其言多相表裏，而訓詁亦多出《小爾雅》也。」

臨川吴先生曰：「漢儒所治不過伏生《書》及僞《泰誓》，共二十九篇。張霸僞《古文書》二十四篇雖在，而辭、義兼鄙，不足取重於世以售其欺。及梅賾二十五篇之《書》出，則凡傳記所引《書》語注家指爲逸《書》者，收拾無遺，既有證驗，而其言率依於理，比張霸僞《書》遼絶矣。析伏氏《書》二十八篇爲三十三篇①，以新出之《書》，通爲五十八篇，并《書序》一篇，凡五十九。有孔安國《傳》及《序》，世遂以爲真孔壁所藏也。唐初諸儒從而爲之疏義，自是之後，漢世大小夏侯、歐陽氏所傳《尚書》止有二十九篇者，廢不復行，惟此孔壁傳五十八篇孤行於世。伏氏《書》既與梅賾所增混淆，誰復能辨？竊嘗讀伏氏《書》，雖難盡通，然辭義古奥，其爲上古之《書》無疑，梅賾所增二十五篇，體製如出一手，采輯補綴，

① 篇，四庫本作「雜」，屬下句讀。

雖無一字無所本，而平緩卑弱，殊不類先漢以前之文，夫千年古書最晚乃出，而字畫略無脱誤，文勢略無齟齬，不亦大可疑乎？　夫以吴氏及朱子所疑者如此，顧澄何敢質斯疑，而斷斷然不敢信此二十五篇之爲古《書》，則是非之心不可得而昧也。　故今以此二十五篇自爲卷衺以别於伏氏之《書》，而《小序》各冠篇首者復合爲一，以寘其後。　孔氏《序》亦并附焉，而因及其所可疑，非澄之私言也，聞之先儒云爾。」

鷟案：　吴氏、朱子、吴先生三大儒之論如此，凡皆迥出常情，洞燭真僞，無所因襲之見，此所以爲豪傑聖賢也夫！　豈雷同附和、并爲一談，牢不可破者可企而及之哉？　然則不内炤於心，求其真是所在，而往往首鼠兩端，又或噤喑不敢出一聲者，正所謂昧其是非之本心者也，其不得罪於三先生者幾希矣。　吴先生文集中又嘗有詩云：　「先漢今文古，後晉古文今，若乃伏生者，遺像宜鑄金。」其所以寶愛聖經，而掊擊僞《書》者，何其嚴哉！

古文尚書十三卷

晁氏曰：　「漢孔安國以隸古定五十九篇之《書》，蓋以隸寫籀，故謂之『隸古』。　其書自漢迄唐，行於學官。　明皇不喜古文，改從今文，由是古文遂絶。　陸德明獨存其一二於《釋文》而已。　皇朝吕大防得本於宋次道、王仲至家，以較陸氏《釋文》，雖小有異同，而大體相類。觀其作字奇古，非字書傳會穿鑿者所能到，學者考之可以知制字之本也。」

夾漈鄭氏曰：「案：《易》、《詩》、《書》、《春秋》皆有古文，自漢以來盡易以今文，惟孔安國得屋壁之書，依古文而隸之，安國授都尉朝，朝授膠東庸生，謂之《尚書》古文之學。鄭玄爲之注，亦不廢古文，使天下後學於此一書而得古意，不幸遭明皇更以今文，其不合開元文字者，謂之『野書』。然易以今文，雖失古意，但參之古書，於理無礙，亦足矣。明皇之時，去隸書既遠，不通變古之義，所用今文，違於古義尤多。臣於是考今《書》之文，無妨於義者從今，有妨於義者從古，庶古今文義兩不相違，曰《書考》。迨《武成》而未及終編。又有《書辨訛》七卷，皆可見矣。」

馬端臨曰：「案：《漢·儒林傳》言：『孔氏有《古文尚書》，孔安國以今文讀之。』《唐·藝文志》有今文《尚書》十三卷，注言：『玄宗詔集賢學士衛包改古文從今文。』然則漢之所謂古文者，科斗書；今文者，隸書也。唐之所謂古文者，隸書；今文者，世所通用之俗字也。隸書，秦漢間通行，至唐則又變而爲俗書矣。何《尚書》猶存古文乎？蓋安國所得孔壁之書雖爲之傳，而未得立於學官。東京而後，雖名儒亦未嘗傳習，至隋唐間方顯，往往人猶以僻書奥傳視之，繕寫傳授者少，故所存者皆古物，尚是安國所定之隸書，而未嘗改以從俗字，猶今士大夫畜書之家有奇異之書，世所罕見者，必是舊本，且多古字是也。噫！百篇之《書》遭秦火而亡其半，所存者五十八篇，而其間此二十五篇者，書雖傳而字復不諧於俗，傳於漢者爲科斗書，傳於唐者爲隸書，皆當時之人所罕習者，蓋出自孔壁之後，又復晦昧數百年，而學者始得以家傳人誦也。」

今案： 鄭夾漈云「孔安國得屋壁之書，依古文而隸之，以授都尉朝，朝授膠東庸生，謂之《尚書》古文之學」，蓋正指隸書爲隋唐之古文，未嘗以科斗言也。晁氏又云「安國以隸寫籀，謂之『隸古』」，則知以隸爲古文者，乃晉人假安國之自稱已如此。馬端臨不知此意，言雖明而徒爲贅耳。至其餘所言者，則承訛踵誤，全無考證，皆妄説也。夫朝乃安國弟子，未曾授東晉《古文》也。僖乃安國數代曾孫，亦未曾授東晉時《古文》也。兒寬以親受學安國，亦未曾授①，太史公以親見安國，皆未曾見。而云「又復晦昧數百年」，則其未晦昧之前，所見者果何人耶？所傳者果何書耶？學者亦可以自悟矣。朱子曰：「孔《書》是東晉方出，前此諸儒皆不曾見，可疑之甚！」邁特之見，豈鼠肝蛙腹者所能及也耶？

① 授，原作「受」，據四庫本改。

朱子語録

「孔安國解經，最亂道。看得只是《孔叢子》等做出來」。因説《書》云：「某嘗疑孔安國《書》是假書。比①毛公《詩》，如此高簡，大段争事。漢儒訓釋文字，多是如此，有疑則闕。今此却盡釋之，豈有千百年前人説底話，收拾於灰燼屋壁中與口傳之餘，更無一字訛舛。理會不得，如此可疑也。兼《小序》皆可疑。《堯典》一篇，自説堯一代爲治之次序，至讓於舜方止，今却説是讓於舜後方作。《舜典》亦是見一代政事之終始，却説『歷試諸難』，是爲要受讓時作也。至後諸篇皆然。況他先漢文章重厚有力量，今《大序》格致極輕，却疑是晉、宋間文章，況孔《書》是東晉方出，前此諸儒皆不曾見，可疑之甚！」

今案：朱子之見誠爲超邁，朱子之言誠爲精當，但猶頗有放失者。愚請得而補之。《小序》在於二十九篇之數，又《史記》班班可考。孟堅以爲孔子所作，則因其流傳之久故也。是則雖非孔子親筆，然先秦戰國時講師所作無疑。晉人假孔安國《書》東晉方出，不惟前此諸儒皆不曾見，雖前此真孔安國亦不曾見，蓋安國子孫孔臧、孔僖遞遞相承，安國

① 比，四庫本作「如」。

諸弟子兒寬、庸生表表人望，安國諸友董仲舒、太史遷名世儒者，曾無一人一言及於二十五篇之内者，則亦不必置疑而的然可知其僞矣。又況蒐輯補綴，如泥中之鬭獸蹤跡形狀，亦焉能廋哉？ 朱子於先漢《小序》，盡力排之，不肯少恕；於東晉後出僞《書》，雖云「可疑之甚」，然不免表章尊顯，疑信相半，遂使蔡沈之徒，從厥攸好，違己所疑，豈匪過於放失而同染污俗之見也與！

孔安國尚書注十三卷

晁氏曰：「安國《古文尚書》至晉、齊間始顯，詳見《總論》。唐孝明不喜古文，以今文易之，又頗改其辭，如舊『無頗』，今改『無陂』之類是也。案：安國既定《古文》，會有巫蠱事，不復以聞，藏於私家而已。是以鄭康成注《禮記》、韋昭注《國語》、杜預注《左氏》、趙岐注《孟子》，遇引今《尚書》所有之文皆曰『逸《書》』。蓋未嘗見《古文》故也。然嘗以《禮記》較《說命》、《孟子》較《泰誓》，大義雖不遠，而文不盡同意者，安國以隸古定時失之耳。」

今案： 晁氏之言，多未詳悉。蓋考焉而不精，故語焉而不詳也。首言「安國《古文尚書》至晉、齊間始顯」，是以晉人僞安國之《古文》即爲先漢真安國之《古文》也，其言謬甚。論其義理，則先漢之《古文》不如東晉之《古文》尤爲近理，何者？ 先漢之僞紕漏顯然，其失易見。東晉之僞，無一書不蒐葺，無一字無所本，是非英才間世之大賢不能以出於一手置其疑，不能以平緩卑弱斥其非。世之陋儒，其智如虱不出裩襠，敝精神乎《爾雅》蟲魚之蹇淺，而略無超然獨得於牝牡驪黄之外之玄微，則其奔走服役之不暇，而遂爲膏肓沈痼之疾病，不亦宜哉！論其時歲，則先漢之《古文》實爲安國之家傳，而東晉之《古文》乃自皇甫謐而突出，何者？前乎謐而授之者曰鄭沖，曰蘇愉，曰梁柳，而他無所徵也。沖又受①之何人哉？沖、愉等有片言隻字可考證哉？此可知其書之杜撰於謐，而非異人，一也；後乎謐而上之者曰梅賾，而賾乃得之梁柳，柳即謐之外兄，此亦可知謐之假手於柳以傳，而非異人，二也。至其作《帝王世紀》也，凡《尚書》之言多創爲一紀以實之，此其用心將以羽翼是書，而使之可以傳遠，則其情狀不可掩矣，尚何疑哉？然則賈逵、鄭康成所注，正安國的傳之《古文》，於《禮記》、《國語》、《左傳》、《孟子》所引《尚書》之文，悉皆不載，故諸儒疑信相半，辨駁紛然。皇甫謐窺見此意，故所杜撰，特爲用心，然出於一手，終不可蓋，平緩卑弱，終不可掩者矣。唯②注先漢的傳《古文》，而未見東晉後出之《古文》，是以凡遇

① 受，原作「授」。明抄本原寫作「授」，後改爲「受」。四庫本作「受」。據明抄本及四庫本改。
② 唯，四庫本作「諸賢雖」。

所引皆曰「逸《書》」，蓋以此也。晁氏乃曰：「會有巫蠱事，不復以聞，藏於私家而已。」是以康成等未嘗見《古文》，誠爲可笑之至也。當是時，豈猶有秦人焚書之餘威，乃以安國與張霸等所作之十六篇者而次第①相承以至於塗惲也耶？「天之歷數在爾躬」一節，離爲三段，而僞增其上，「予小子履」一節，離爲二段，而亦僞增其上。心勞日拙，實允蹈之矣。乃曰「以《禮記》較《說命》，《孟子》較《泰誓》，大義雖不遠，而文不盡同」，是則真所謂「不能三年之喪，而緦小功之察」，不知務，甚矣哉！

孔安國尚書序

三墳、五典、八索、九丘。

今案： 此《序》皆依傍《左傳》、推尋《漢志》而爲之，惟其依傍《左傳》，故其包絡②略取以爲二十五篇之經者，皆此依傍之故智也。惟其推尋《漢志》，故託壁藏之說、隸古定之說、四十二卷之說、巫蠱未上之說，皆極推尋之周詳也。然「三墳、五典」之說，則用鄭玄。

① 次第，四庫本作「遞遞」。
② 絡，四庫本作「羅」。

《周禮》：「外史掌三皇五帝之書。」鄭玄云：「楚靈王所謂『三墳、五典』是也。」賈逵亦云：「三墳，三皇之書；五典，五帝之典。」「八索、九丘」，則用馬融之說。馬融云：「八索，八卦；九丘，九州之數也。」既曰「言大道」、「言常道」、「歷代寶之，以爲大訓」矣，又曰「討論墳典，斷自唐、虞以下」，則於「言大道」者盡見删去，於「言常道」者亦去其三，而於「歷代所寶，以爲大訓」者，亦爲寶非其寶，而不足以爲訓；所可寶訓，獨二典耳。豈夫子「信而好古」之義①哉？

程子覺其言之失，遂爲之分疏曰：「所謂大道，若『性與天道』之説，聖人豈得而去之哉？若言陰陽、四時、七政、五行之道，亦必至要之理，非如後世之繁衍末術也，固非常道，聖人所以不去也。或者所謂羲、農之書，乃後人稱述當時之事，失其義理，如許行爲神農之言，及陰陽、權變、醫方稱黄帝之説耳，此聖人所以去之也。『五典』既皆『常道』，又去其三，蓋上古雖已有文字，而制立法度爲治，有迹得以紀②載，有史官以識其事，自堯始耳。」審如程子之言，則外史所掌，玉石不分；而倚相所讀，疏稗並蓄，此又不通之論也。

① 義，四庫本作「意」。
② 紀，四庫本作「記」。

先儒又覺此言不足，爲之分疏，則曰：「《周禮》『外史掌三皇五帝之書』，周公所録必非僞妄，而春秋時三墳、五典、八索、九丘之書猶有存者，若果全備，孔子亦不應悉删去之，或其簡編脱落，不可通曉；或是孔子所見，止自唐虞以下，不可知耳。今亦不必深究其説也。蓋亦疑而不知從矣。」

殊不知吾夫子之贊《易》也，雖穆姜之言，亦在所取，況「八卦」之説，豈忍盡黜①？誦《詩》也，雖鳥獸草木之名，亦貴「多識」，況九州之地②志，豈忍盡除？誰謂聖人之聞孫也而有如此立論哉！

旁求儒雅，以闡大猷，濟南伏生，年過九十，失其本經，口以傳授，裁二十餘篇，以其上古之書，謂之「尚書」。百篇之義，世莫得聞。

「旁求」二字本出《楚語》白公子張之言，作《古文》者用此句法蓋屢矣。《湯誥》曰：「聿求元聖，與之勠力。」《伊訓》曰：「敷求哲人，俾輔于爾後嗣。」《太甲》曰：「旁求俊

① 黜，四庫本作「刊」。
② 地，四庫本無。

彦，啓迪後人。」《咸有一德》曰：「眷求一德，俾作神主。」《説命》曰：「俾以形旁求于天下。」又曰：「旁招俊乂，列于庶位。」

「大猷」二字，見《詩·小雅》「匪大猷是經」，彼注云：「猷，道也。」大道，即先王六籍是也。

「濟南伏生，年過九十，失其本經，口以傳授，裁二十餘篇」。此數句特爲横逸，全匪事實，蓋所以爲致隆於其《古文》之地而已矣。既曰「年九十矣」，而又云「過」者，謂其老耄之至，不無昏昧遺忘者也，豈若《古文》之出於安國壯年者乎？既曰「失其本經」矣，而又云「口以傳授」者，上句謂其倍文暗誦，全無本經可據，不無斷章缺句於其心也；下句謂其脣舌老梗，方言異音，不無「三豕」、「舉燭」於其口也，豈若《古文》之爲壁藏完本者乎？既曰「二十餘篇」矣，而又加之以「裁」云者，可見不惟《古文》二十五篇者非老耄之翁心所能暗記，口所能傳授，而其餘錯亂摩滅不可復知者，决非老耄之翁所能暗記傳授者矣，豈如①《古文》之猶有二十五篇，猶有錯亂摩滅不可復知之餘者乎？其言皆出於衛宏而失之，與《史》、《漢》書乖迕不合。衛宏《定古文尚書序》云：「伏生老不能正言，言不可曉，使其女

① 豈如，明抄本作「豈知」，四庫本作「伏生豈知」。

傳言教錯，齊人語多與潁川異，錯所不知凡十二三，略以其意屬讀而已。」衛宏者，正作僞之尤者也。朱子辨《詩經》「小序」云：「或以爲出於衛宏，或以首句出於夫子，而衛宏特增廣潤色之耳。」則其所由來久矣。夫伏生授晁錯時，固已年過九十矣。方其當漢定求書之時，正係子嬰「以組」①之際，否則還定三秦之日，否則即位氾水之間，何者？高祖之始入關也，約法三章而已，餘悉除秦苛法。伏生果何憚而不即出其壁中之藏耶？故《史記》、《漢書》皆云即以教於齊、魯之間。然則槩謂其「年過九十」，然後傳授其言，特爲横逸，全非事實矣。《史》、《漢》書皆云伏生爲秦博士，以秦時禁書，伏生壁藏之，漢定求其書，亡數十篇，獨得二十九篇。則今文二十九篇者，正伏生壁藏之本經也。然則反謂「亡其本經」者，其言又特爲横逸，全非事實矣。《史》、《漢》謂即以教於齊、魯之間者，言即以其壁中所得二十九篇教於齊、魯之間也，所傳授者本經，所講解發揮者出於伏生之口可也，豈有匿其壁出之本經，而「口以傳授」者邪？果如其言，以爲本經盡亡，則其教於齊、魯之間數十年之久，獨不能録出成帙，以相授與者邪？假使伏生不能録出，則齊、魯之間

① 姜案：謂秦王子嬰求降之時。《史記》高祖本紀：「沛公兵遂先諸侯至霸上，秦王子嬰素車白馬，係頸以組，封皇帝璽符節，降軹道旁。」

羣弟子之衆獨不能依其暗誦之口繕寫成經者邪？師既以口授，弟子亦以口受，泛泛乎如飄風之過耳，好音之供聽，果何爲哉？不特此耳，老師宿儒之女能傳二十九篇之言，以教晁錯，又不能録出父書，校讐精詳，使其言人人可知，然後授之，以遠别也①。顧②乃靳於一書，而句句傳言教錯，以自犯於「内言不出閫」之誡邪？然則槩謂伏生「口以傳授」者，其言又特爲横逸，全非事實矣。《隋·經籍志》謂伏生爲《尚書傳》四十一篇，以授同郡張生，源遠末分，端緒較然，此又何説哉？豈伏生能作四十一篇之傳，而不能寫二十九篇之經邪？吾意漢自惠帝除挾書之令，孝文求遺書於天下，則二十九篇之經已有之矣。特無治之者，與無有同。故孝文時，求能治《尚書》者，聞伏生能治，欲召之③時，伏生年九十餘，老不能行，於是詔太常使掌故晁錯往受之。蓋受其講解之説，以治經耳。餘皆衛宏及晉人附會之辭，《史》、《漢》書所不載者，不足據以爲信也。其所以必爲此妄説者，蓋不媒孽伏生傳授之短，則雖欲割伏生、孟子之《堯典》以分爲《舜典》，擅改伏生之真傳，以成其慝志，人孰信之哉？雖欲以平緩卑弱之辭氣而參列雄渾古奥之聖經，以牽掇補綴之碎錦而

① 姜案：謂男女有别，本當遠之。
② 顧，四庫本無。
③ 之，四庫本無。

儕輩純粹無瑕之美玉，人孰誦之哉？《皋陶謨》之割爲《益稷》，《盤庚》之割爲三篇，《顧命》之割爲《康王之誥》，一則以示其古文壁藏之真，一則以蓋其寂寥短章之失，一則以張其《太甲》三篇、《説命》三篇、《泰誓》三篇之本也，其情狀豈不昭昭乎？

「至魯共王好治宫室，壞孔子舊宅」至「悉以書還孔氏」。

上文曰：「我先人用藏其家書於屋壁。」《家語》云：「孔騰，字襄，畏秦法峻急，藏《尚書》、《孝經》、《論語》於夫子舊堂①壁中。」而《漢紀·尹敏傳》云：「孔鮒所藏。」二説不同，則未知其爲孔襄者乎，則未知其爲孔鮒者乎？孔襄至安國不過四世，孔鮒至安國不過五世，已不能保孔氏②舊宅。共王雖貴，良心猶存，亦不知有聖人舊宅之不當壞，此豈近於人情？又宅之壞不壞，固不克保，數傳之後，遂不覺有先人壁藏之經，此又豈近於人情？其曰：「王升孔子堂，聞金石絲竹之音，乃不壞宅。」又何其怪而迂邪！向爲何聲？豈其鬼邪？爲此説者欲以神其事耳，不知怪神之事，夫子所不道也。毋怪乎僞《泰

① 堂，四庫本無。
② 氏，四庫本作「子」。

誓》之言曰：「白魚入于王舟，有火飛于王屋，流爲烏，其色赤，其聲魄。」䙰縷①假之而不已也。秦自盧生入海求神仙，持圖讖以還曰：「亡秦者胡也。」又有遺滈池君之璧②曰：「明年祖龍死。」又稱夫子之言曰「有一男子升我堂，顛倒我衣裳」之説，臣不知以誣乎君，孫不知以誣乎祖？③於是《援神契》、《考靈耀》等書顯行於世，綿綿延延，至於東漢，目爲聖書。桓譚以非聖受責矣。其來也，豈一朝一夕之故哉？此蓋張霸所④僞經之時，造爲斯事，以示信於人，而班固誤信之。然《藝文志》云「聞鼓琴瑟鐘磬之音」，不過變易沛公欲屠魯，至城下聞弦誦之聲，爲其守禮義之國，乃不屠魯之意，以爲孔氏之人鼓之，而共王感焉云耳。至作僞《古文序》者删其「鼓」字，改作「聞金石絲竹之音」，始涉於怪耳。不然太史公親受業於孔安國，何故獨不載「共王壞宅」與夫「巫蠱事興，經術道塞」之事⑤，而但云《尚書》滋多於此矣，可見史遷之前僞《古文》雖出，而妄誕之辭猶未盛哉！

① 姜案：黄生《義府》曰：「『婁羅』，别作『䙰縷』，猶言委曲也。言夢中事委曲不能的知其故。」
② 遺滈池君之璧，四庫本作「滈池之璧」。
③ 「臣不知」至「誣乎祖」，四庫本作「臣不知爲矯詐徑以誣乎君，孫不知爲矯詐以誣乎祖」。
④ 所，四庫本作「作」。
⑤ 事，四庫本作「語」。

伏生又以《舜典》合於《堯典》，《益稷》合於《皋陶謨》，《盤庚》三篇合爲一，《康王之誥》合於《顧命》，復出此篇并《序》，凡五十九篇，爲四十六卷。

晉人以《舜典》合於《堯典》，歸咎伏生。如此，則何不先以「二十有八載，放勳乃殂落」爲「《堯典》曰」者歸咎《孟子》乎？又何不先以「有鰥在下」以起下文使不可斷、「放勳乃殂落」以承上文使不可截者，歸咎虞之史臣乎？先漢孔安國之古文曰《棄稷》，東晉僞孔安國之古文曰《益稷》，俱非也。恐人復效尤，又將「以於予擊石拊石」以下爲后夔哉①！《太甲》、《説命》、《泰誓》，古人所引者多矣。蒐羅不盡，將復有馬融輩之辨，首尾衡決，將莫掩文理之不貫，故不若分爲三篇，則盡於蒐羅，易於接續也。不析《盤庚》爲三篇，恐人以今文例之，而覺其非類矣。

《堯典》大旨在禪舜，故篇名《堯典》，而備載大舜之始末。《顧命》大旨在立元子釗，故篇名《顧命》，而備述康王之問答，然後於篇末而結之曰「王乃釋冕反喪服」，所以終《顧命》之意。晉人不歸咎周之史臣之元作一篇，而歸咎伏生以《康王之誥》合於《顧命》，何其桀驁不道一至於此哉？離遏聖經，僭妄矯誣，後之儒者，尚不覺悟，豈不謬哉！「復出此

① 哉，四庫本作「耳」。

篇」，吾今修之曰「復合此篇」。其下文曰「并《序》爲五十九篇」，此一句見晉人識見猶高於蔡沈、孔穎達遠矣。蓋《小序》之文班班見諸《史記》，而班固亦曰：「孔子爲之，序其作意。」正指《小序》爲二十九篇之數也。孔穎達、蔡沈不知此旨，猥以僞《泰誓》當之，其言出於《隋・經籍志》，而不覺其與東晉僞孔安國《序》文者背①而馳也。然則孔穎達、蔡沈爲東晉僞《書》區區將順之忠臣者，猶有所未至也，「爲四十六卷」一句，亦此人求合《漢書》以取信後人之意。

其餘錯亂摩滅，弗可復知，悉上送官，藏之書府，以待能者。

《汩作》、《九共》九篇、《槀飫》、《帝告》、《釐沃》、《湯征》、《汝鳩》、《汝方》、《夏社》、《疑至》、《臣扈》、《典寶》、《明居》、《肆命》、《徂后》、《沃丁》、《咸乂》四篇、《伊陟》、《原命》、《仲丁》、《河亶甲》、《祖乙》、《高宗之訓》、《分器》、《旅巢命》、《歸禾》、《嘉禾》、《成王政》、《將蒲姑》、《賄肅愼之命》、《亳姑》，凡四十二篇，今亡。謹案：周宣王時石鼓文摩滅不可讀，猶存一二，若「其魚維鱮，何以貫之，唯楊及柳」云云者，可考也。四十二篇之《書》藏之壁中，

① 者背，明抄本、四庫本皆作「悖」。

未及二三十年，遽盡不可讀，果何謂耶？以今文考定二十五篇，字字句句，無一脱誤，今於四十二篇之《書》，曾不能考定其片言半語以①傳後人，又何故耶？豈四十二篇之文更古於二十五篇者，不可以今文而考定之耶？又豈安國之疏略，不能依其本真繕寫副本遺之後人，而「悉上送官」，意果何爲哉？不惟安國之不能掇拾其格言以傳後人，至於《左傳》、《國語》、《孟》、《荀》、《禮記》諸書皆爲二十五篇之中蒐尋殆盡，此外不見遺珠，又何故邪？武帝好古之君，送官之後，不見詔天下能治古文者，想老而衰邪？蓋嘗考之，二十五篇之《書》補綴碎錦，疊穿屑玉，不遺餘力②矣，想亦氣憒力竭，不能復措辭者邪？試舉一二大者言之，如欲補《湯征》，則《孟子》、《荀子》諸書悉蒐入《仲虺之誥》與《湯誥》矣，此外更無可以援引充拓者，亦可知也。如欲補《賄肅慎之命》，則《左傳》諸書悉蒐入《旅獒》矣，此外更無可以援引充拓③者，又可知也。然則此數語俱爲假設之辭，全非事實，其情狀亦焉廋哉？何者？《史傳》、《漢志》皆無此數語。且前漢之末劉歆移書太常，請建《周官》、《左傳》、《古文尚書》，皆立博士，而其言亦云「《古文尚書》十六篇」，未嘗言二十五篇，

① 以，原作「少」，據四庫本改。
② 力，原作「方」，據四庫本改。
③ 兩「充拓」，四庫本作「擴充」。

可見晉人皆妄説也。①

柳貫作《仁山金氏行狀》，載其所作《尚書表注序》云：孔氏之壁藏復露，漢謂古文。古文竟漢世不列學官，後漢劉陶獨推今文之字與古文異同，是正文字七百餘事，號曰《中文尚書》，不幸而不傳於世。至東晉而古文孔《傳》始出，至蕭梁而始備。唐貞觀悉屏諸家，獨立孔《傳》。且命孔穎達諸儒爲之疏。但其出後，經師私相傳授，其間豈無傳説附會，所以《大序》不類西京，而謂出安國。《小序》事意多謬經文，而上誣孔子。②

會國有巫蠱事，經籍道息，用不復以聞，傳之子孫，以貽後代。

《史記》言「孔氏有《古文尚書》，而安國以今文讀之，因以起其家，逸《書》得十餘篇，蓋《尚書》滋多於此」，而未嘗言二十五③篇也。至《漢書》始言安國獻之，遭巫蠱事，未列

① 此下，四庫本有「能者非劉歆而誰」一句。
② 「柳貫作」至「上誣孔子」，四庫本無。
③ 二十五，四庫本作「五十九」。

於學官，而未嘗言承詔①作《傳》也。至東晉僞《序》始云：「悉上送官，藏之書府。」此語與《漢書》合。② 又云：「承詔爲五十九篇作《傳》，會巫蠱事，經籍道息，用不復以聞，傳之子孫，以貽後代。」此其言將以取信於我後之人，而不知其不可信者顯然也。夫云「遭巫蠱，未列於學官」，然已「悉上送官，藏之書府」，③故劉歆移書太常，請立學官，諄切不已，但云《古文尚書》十六篇，正與《史記》所載「逸《書》得十餘篇」者合，既未嘗以爲二十五篇，亦未嘗以爲五十九篇也。由是觀之，謂④五十九篇未列於學官，史遷⑤所不載者，此安說也。

既云「承詔爲五十九篇作《傳》」，漢武雖暴，未至有焚書禁學之令頒行天下，安國豈得廢閣詔，令《書傳》成而不復以聞者哉？⑥ 安國既不以聞矣，其後都尉朝，安國之弟子也，庸生輩受業於朝之弟子也，亦寂然未嘗言有安國之《傳》，何也？ 由是觀之，謂「安國承詔

① 「詔」下，四庫本有「爲五十九篇」。
② 此語與漢書合，四庫本無。
③ 此下，四庫本有「即《漢書》所謂安國獻之者是也」。
④ 此下，四庫本有「安國」。
⑤ 此下，四庫本有「劉歆」。
⑥ 此下，四庫本有「武帝雄才大略，表章經術，僞《泰誓》之紕漏顯然，猶且立之學官，謂因巫蠱息經籍，誣武帝甚矣。且」。

作《傳》，不復以聞」者，又①妄說也。

先儒之說，惟陳氏頗爲存疑，陳氏曰：「考之《儒林傳》，安國以《古文》授都尉朝，次第②相承，以及塗惲、桑欽，至東都則賈逵作《訓》，馬融、鄭玄作《傳》，注解，而逵父徽實受《書》於塗惲，逵傳父業，雖曰遠有源流，然而兩漢名儒皆未嘗實見③孔氏《古文》也。豈惟兩漢，魏晉猶然。凡杜征南以前所注經傳有援《大禹謨》、《五子之歌》、《胤征》諸篇，皆曰『逸《書》』，其援《泰誓》則云：『今《泰誓》無此文。』蓋伏生《書》亡《泰誓》，《泰誓》後出，或云『武帝末民有獻』者，或云『宣帝時河内女子得之』，所載『白魚』、『火烏』之神，實僞《書》也。然則馬、鄭所注④，豈真古文哉？故孔穎達謂賈、馬輩惟傳孔學三十三篇，即伏生《書》也。亦未得爲孔學矣。穎達又云王肅注《書》始似竊見孔《傳》，故於『亂其紀綱』，以爲太康時。皇甫謐得《古文尚書》於外弟梁柳，作《帝王世紀》，往往載之。蓋自太保鄭沖

① 又，四庫本作「此」。
② 「次第」，四庫本作「遞遞」。
③ 實見，原作「見實」，據四庫本改。
④ 注，四庫本作「解」。

授蘇愉，愉授梁柳，柳授臧曹，曹授梅賾。賾①爲豫章内史，奏上其書時，已亡《舜典》一篇。至齊明帝時，有姚方興者得於大航頭而獻之。隋開皇中搜索遺典始得其篇。夫以孔注歷漢末無傳，晉初猶得存者，雖不列學官而散在民間故耶？然終有可疑者。」

今案： 陳氏之説猶有未備②，蓋安國子孫次第③相承者，實先漢之《古文》，而非晉人之《古文》也。由是觀之，謂以晉人之《古文》、以晉人之作《傳》，而傳之安國子孫以貽後代者，又④妄説也。

舜典

《孟子》引《堯典》曰：「二十有八載，放勳乃徂落。」郲、魯相去地近，孟子生距孔子時未遠，思、曾⑤又適傳，豈孟子⑥所傳《尚書》顧脱「舜典」二字，必俟秦火之餘，數百年後士

---

① 賾，原闕，據四庫本補。
② 備，四庫本作「明」。
③ 次第，四庫本作「遞遞」。
④ 又，四庫本無。
⑤ 思曾，四庫本作「子思曾子」。
⑥ 孟子，原作「孔子」，據四庫本改。

壁所藏之本，然後增此二字邪？且伏生年已九十，當其傳鼂錯時，固在文、景世，考其生之辰，猶在秦火未燃①之前，今馬遷《史記》亦以「慎和五典」接於「堯善之」②之下，原③未嘗分，則伏生所傳之本，正孟子所讀之本。而安國所傳之本，決非孔壁所藏之本，安國所傳之本既非孔、孟相傳之本，則「舜典」二字決爲鴈增可知矣。

或曰：科斗字難寫，故多脱誤，而引經遺忘，諒讀不精熟耳。子不古文之信，壁藏之據，何哉？曰：吾子挾《古文》以刦伏生，據壁藏而麾④孟子似也。不曰壁藏乃東晉所上《古文》，亦宵夫諼説⑤者乎？當漢之初，唯張霸僞《泰誓》盛行，而羣儒譁而攻之焉耳。其他《古文》假云出於壁藏者，實豈與晉《古文》同者哉？馬遷博極羣書，考據精深，所作《本紀》，亦同今文《尚書》也，間或掇拾先漢《古文》耳，何有一言一字及此晉人⑥《古文》耶？

① 燃，原作「然」，據四庫本改。
② 慎和五典接於堯善之，原作「慎徽五典接於堯典」，據四庫本及《史記》改。
③ 原，四庫本無。
④ 麾，四庫本作「禽」。
⑤ 宵夫諼説，原作「肖夫緩説」，據四庫本改。姜案：宵夫諼説，意謂宵小之徒所作欺詐之説。
⑥ 此下，四庫本有「之」。

然方其造意增此二字之時，特不過如《皋陶謨》之復出《益稷》二字，蓋曰：簡衺①重大而②然也。初未嘗僞爲「曰若稽古」以下二十有八字，猶有使人合前段而觀其文理血脉之意。及姚方興既增二十有八字之後，而《舜典》遂與《堯典》抗而分爲二篇，愈遠愈失真矣。學者當知孔安國、皇甫謐③等增「舜典」二字，贗也，其爲聖經之害猶淺也；至姚方興增「曰若」以下二十有八字，贗之贗也，則其爲聖經之害益以深矣。所謂「彌近理而大亂真」者也，世之儒者何苦信此假飾之浮雲，蔽吾聖經之白日也邪？

曰若稽古，帝舜曰重華，協于帝。濬哲文明，温恭允塞，玄德升聞，乃命以位。

《古文》分「慎徽五典」以下爲《舜典》，而姚方興者云得此二十八字於大航頭，上之。自今觀之，蓋倣《堯典》首章而爲之也。幸其間紕繆顯然，有可得而指言者，何也？堯吁驩兜之薦共工而未去也，其後曰「流共工」、「放驩兜」④，所以終此文意；

① 衺，四庫本作「册」。
② 而，四庫本無。
③ 孔安國皇甫謐，四庫本作「張霸孔安國」。
④ 放驩兜，四庫本作「於幽洲」。

堯咈僉之薦鯀而未去也，其後曰「殛鯀于羽山」，所以終此文意；堯曰「我其試哉」，其後歷試諸難，又所以終此文意。舜大功二十，堯大功一。舜之功，皆堯之功也。孟子曰「堯、舜之知不偏知，仁不偏愛，急先務，急親賢」，可謂深知堯、舜者。此可見虞夏史臣之善觀堯、舜也，以堯、舜爲一體也。離而二之，不見史臣之本意矣，一可疑。

又篇首即曰「允恭克讓」，而「克讓」之實，正在「三載汝陟帝位」之言及「受終文祖」之事。離而二之，則「克讓」之言爲無徵虛設，「受終」之事爲無首突出矣，二可疑。

依《古文》分之，則篇名「堯典」，而訖於戒二女「欽哉」之語，於堯不得考其終。篇名「舜典」，而首「慎徽五典」之語，於舜不得考其始。依伏生《書》讀之，至「二十有八載，放勳乃殂落」，而後堯之終，血脉貫於前，而不可截「欽哉」以上爲《堯典》矣；起「有鰥在下曰虞舜」，而後舜之始，文理通於後，而不可截「慎徽以下」爲《舜典》矣。其文理接續，首尾一事，如此則堯、舜誠爲一人，《舜典》不必①别出矣。且既曰「虞舜」，而改曰「帝舜」，既曰「帝舜」，而猶未陟帝位，非經文典質之體，三可疑。

① 不必，原作「必不」，據四庫本改。

其曰「濬哲」云者，玄王相土之德也，是在《商頌·長發》。其曰「文明」云者，大人德普之天下也，是在《乾卦·文言》，又二字一篇之首①，以言堯也。曰「温恭」云者，古昔先民之傳也，是在《那》之四章。曰「允塞」云者，周宣王之猷也，是在《大雅·常武》。曰「玄德」云者，玄王之德也，亦在《長發》，又見《淮南子·鴻烈訓》。舜爲大聖人，固無待於叢集古今之美德，衣被而説合之也。若果如方興所言，吾將求其備，世未有「濬哲」而不「文明」者，亦未有「文明」而不「濬哲」者，四字長二字，蓋倣篇首「明文思」三字，而不覺其重複也。世未有「温恭」而非基衆德者，亦未有「允塞」而非備天道者，四字亦長二字，蓋倣篇首「欽」之一字，而不覺其繁蕪也。苟爲不然，則商之孝子順孫，竊取二字以頌始祖，而默寓其不足於「文明」、「温恭」、「允塞」之意，以示譏諷；周之忠臣義士竊取二字以美宣王，而默寓其不足於「濬哲」、「文明」、「温恭」之意，以示譏諷，豈詩人忠厚之旨哉？《乾》之大人止「文明」而尚欠六德，古之先民止「温恭」而亦欠六德，是詩人、孔子吐辭爲經者，尚猶有欠缺不完之處，不如方興之善觀聖人善言德行也，四可疑。

① 一篇之首，四庫本作「已見篇首」。

「乃」者，繼事之辭。《史記·伯夷列傳》「用乃試之於位」綴於「岳牧咸薦」之下，與經合，今「乃命以位」之「乃」字，實出《伯夷傳》而失其旨，何者？帝曰「俞，予聞」，未嘗即命以位，必曰「我其試哉」，必曰「詢事考言，乃言厎可績」。今以「乃命以位」綴於「玄德升聞」之下，不見帝堯慎重歷試之意，五可疑。

凡其可疑者如此，而彼且晏然居之不自疑者，其心必曰「吾世高曾，吾地至聖，吾文古，吾勢便，雖略取衆美，以無道行之，其誰敢不畏」故也。吾固以爲伏生《書》，獨得其本真。或者乃起而嘆曰：「子之言，誠與孟軻合，蔡《傳》中覺其『位』字之失，遂以職位爲之分疏。」不知方興之意，因下文「汝陟帝位」之「位」而言也，否則章首既言「帝舜」，而下文方言命以臣位邪？且一篇大事莫過「禪位」一節，豈方興之言及於職位而止邪？蓋蔡沈之意，不過區區爲方興將順之忠臣，不敢明指其僞，故如此耳，真所謂局促如轅下駒者也，吾無取乎爾！

雖然，此亦無難知者，弗思耳。夫得之於航頭之地者，果何所從來哉？匪從天降，匪從地出，匪龍馬所負，匪神龜所呈，非同器車忽出於山，非同白魚忽躍於舟，何所從來哉？雖出於大航頭不過數十年之近，非有神異也，此必好事者僞作以欺世，不待知者而後知。且又云：「方興伏法，未得行世，隋文帝開皇四年檢祕書，而後舉行方興所上。」則方興航頭得之之説，吾亦疑其非真，必開皇時人僞爲之者，復杜撰方興所得，以神奇其事，使人信之云耳。衷燕石而離狄乎荆山之璞，珍魚目而混廁乎明月之珠，竊獨悲夫世儒之陋也。①

① 「雖然」至「世儒之陋也」，四庫本無。

尚書考異卷第二

大禹謨

變亂聖經之體者，《大禹謨》是也。凡伏生《書》，典則典，謨則謨，誓則誓，典、謨、誓雜者，未之有也。今此篇自篇①首至「萬世永賴，時乃功」，謨之體也；自「帝曰：格，汝禹」至「率百官，若帝之初」，典之體也②；自「帝曰：咨，禹，惟時有苗弗率」至「七旬有苗格」，誓之體也。混三體而成一篇，吾故曰「變亂聖經之體者，《大禹謨》是也」。

雖然，不惟變亂之而已，而又反易之焉。《臯陶謨》禹之戒帝曰：「毋若丹朱傲」，舜③之命禹曰：「汝毋面從，退有後言」，交相儆戒如此。而此篇禹以「六府三事」自述，而帝

① 自篇，四庫本無。
② 也，四庫本無。
③ 舜，四庫本作「帝」。

以「地平天成，萬世永賴」歸功，是反易謨之體也。

《堯典》曰「乃言底可績」，「可」之一言，豈以舜之功爲有餘哉？正天子告臣之體，默寓儆勉之意。今此篇曰「惟汝賢懋，乃德嘉，乃丕績」，則諛禹之詞也。曰「人心惟危，道心惟微，惟精惟一」，則少禹之詞也。至於「詢事考言」，以爲慎重受禪之實事，曾無片語。是反易典之體也。

古者誓師而出，無敵於天下，今會后誓師，歷三旬之久，而苗民逆命，是苗之誓，茫無成筭，猶在《甘》、《湯》、《太》、《牧》之下也，而可乎？是反易誓之體也。吾故曰「不惟變亂之而已，而又反易之焉」，此之謂也。

曰若稽古，大禹曰文命，敷于四海，祇承于帝。

首句倣《堯典》、《臯陶謨》，雖兩倣之，而倣《臯陶謨》之意多，故不曰「帝禹」，而曰「大禹」。蓋此篇以謨稱故也。雖曰①以謨稱，然事體莫重於受禪，主意尤注於擬典故，即以「文命」二字，傚「放勳」二字，既傚「放勳」二字，又恐人得以躡其迹，下文「后克艱」二句復

① 曰，四庫本無。

轉而倣《皋陶謨》也。夫其變見出没至於如此，學者豈得容易窺之哉？「文命」二字，《史記》以爲禹名，而此不從之，以「敷于四海」綴其下者，亦此人善變見之一端也。猶「放勳」二字，《堯典》以爲至功之意，而後人乃引「放勳曰」，初何害於經邪？此人頗能深知曲折如此，宜其大肆手筆，以巍然擅尊於後世也歟！「敷于四海」約《禹貢》「東漸」數句之旨而成之①。「祇承于帝」之語，王耕野曰當合下節「曰」字點句。而此句倣《周誥》「靈承于旅」之句，其意必曰「靈」字固新奇，猶不若我「祇」字爲精切。且同彼用「靈」字，則蹈襲易見，故换作「祇」字，即後世作詩奪胎换骨之法也。

后克艱厥后，臣克艱厥臣。

「后克艱厥后」之言，於《皋陶謨》「允迪厥德」用其意，於孔子《論語》用其辭。「后」即「君」字之别名，「艱」即「難」字之换字也。「臣克艱厥臣」，於《皋陶謨》「謨明弼諧」用其意，於孔子《論語》用其辭，「臣」即《語》之「臣」字②，「艱」即「不易」字之減字也。有《皋陶謨》以

① 之，四庫本作「文」。
② 字，四庫本無。

爲繩墨，有聖人所引之言以爲活法，由是而作爲聖經以號召於天下，其誰則敢議！宜乎後之儒者皆俯首爲之服役、誦讀之不暇也。蓋至此而孔子亦在其範圍之内矣。何者？後聖人固宜讓前聖人也，雖然，吾則不能無言焉。夫聖人教君，遠捨前聖之格言，而近述一時之方言，豈偶忘所删述之經邪？抑豈定公質下，不可與入大禹之道，祇可與述世俗之常邪？以孔子爲必居一於此，二者吾有所不敢然也。

政乃乂，黎民敏德。

《康誥》曰：「乃其乂民。」又曰：「用康乂民。」又曰：「則罔政有①厥邦。」又曰：「不則敏德。」《立政》曰：「亦越我文王立政立事②，兹乃俾乂。」③

帝曰：「俞，允若兹嘉言，罔攸伏，野無遺賢，萬邦咸寧，稽于衆，舍己從人，不虐無告，不廢困窮，惟帝時克。」

---

① 姜案：有，《康誥》作「在」。
② 姜案：文王，《立政》作「周文王」。
③ 「政乃乂」至「兹乃俾乂」一段，四庫本無。

「俞」見前篇。「允」字亦見前篇。「若兹」見周誥諸篇。「嘉言」即「昌言」之别。「伏」字見《盤庚》「毋或敢伏，小人之攸箴」。「野無遺賢」見《詩・小序》。「萬邦咸寧」見《易大傳》。「稽于衆」見《召誥》「稽我古人之德」、「稽謀自天」之「稽」字。「舍己從人」、「無告」見《孟子》，《王制》亦曰「天民之窮而無告者」。「不虐」二字，即《洪範》「無虐」字；《文十五年》季文子曰：「君子之不虐幼賤。」「不廢」，「廢」字見「八柄」。① 「困窮」字凡二次用，一則《商書》「子惠困窮」。「惟帝」二字，見《臯陶謨》。「時克」倣「時舉」。此可見蒐集之大略。但「舍己從人」一句孟子蓋以言大舜樂善之誠，此則舜之言，而以惟堯能之，略不同耳。孟子大賢也，且生又後，安得與大舜争强，奪堯而②與舜？

益曰：「都，帝德廣運，乃聖乃神，乃武乃文，皇天眷命，奄有四海，爲天下君。」

《呂氏春秋》有「乃聖」、「乃神」之文。「聖」、「神」二字，又見《孟子》。「文武」二字見《詩》「文武惟后」。「皇天」字、「眷命」字，俱見《周書》。「奄有四海」見《詩》「奄有四方」，

---

① 姜案：《周禮・春官》「内史掌王之八枋（柄）之灋，以詔王治：一曰爵，二曰禄，三曰廢，四曰置，五曰殺，六曰生，七曰予，八曰奪。」

② 「而」下，四庫本有「即」字。

《伊訓》①又言：「罔以辟四方，皇天眷佑有商。」②

禹曰：「惠迪吉，從逆凶，惟影響。」

「景」字，古文無「彡」，唐玄宗天寶三載命集賢學士衛包改古文從今文時所增也。今從古文。「惠迪」二句，即「作善降之百祥，作不善降之百殃」意，「景響」二字，見《荀子》諸書。《荀子·富國篇》「三德者，誠乎上，則下應之如影響」，楊倞注：「響，讀爲嚮。」又曰：「其下應之如影響。」又《臣道篇》曰：「形下如影，齊給如響。」

益曰：「吁，戒哉！儆戒無虞，罔失法度，罔遊于逸，罔淫于樂，任賢勿貳，去邪勿疑，疑謀勿成，百志惟熙，罔違道以干百姓之譽，罔咈百姓以從己之欲，無怠無荒，四夷來王。」

《詩》曰：「用戒不虞。」以「儆」字代「用」字，以「無」字代「不」字。依《無逸》當亦作

① 姜案：下文所引乃《太甲中》之文。
② 「吕氏春秋」至「皇天眷佑有商」，四庫本注「闕」。

「罔淫于逸」，然句法雖同，而用《論語》「逸遊」與莊周「淫樂」字也①。「任賢」二句，見《戰國策》趙武靈王曰「《書》云『去邪勿疑，任賢勿貳』」、《禮》曰「疑事毋質」。「儆戒」一句，提其綱，下文三「罔」是儆戒其修諸身者，三「勿」是儆戒其施諸朝廷者，一「惟」是儆戒其凡間志慮者，又二「罔」是儆戒其施諸民者，二「無」是儆戒其始終者，末句，儆戒之效也。《僖二十年》臧文仲曰：「以欲從人，則可；以人從欲，鮮濟。」《漢書》徐偃矯制，不服辜，終軍詰之曰：「直矯作威福，以從民望，干名采譽。」今改「矯制」爲「違道」，改「民」字爲「百姓」，交錯用之，所以滅其蹤也。②

禹曰：「於，帝念哉！德惟善政，政在養民。水火金木土穀，惟修；正德、利用、厚生，惟和。九功惟敘，九敘惟歌。戒之用休，董之用威，勸之以九歌，俾勿壞。」

此一節全宗《左傳》。《文六年》郤文公曰：「命在養民。」《文③七年》郤缺言於宣子，引《夏書》止曰「戒之用休，董之用威，勸之以九歌，勿使壞」，而無上文一段。但其下釋之

---

① 也，四庫本無。
② 「漢書」至「所以滅其蹤也」，四庫本無。
③ 文，四庫本無。

曰：「九功之德，皆可歌也，謂之九歌。六府三事，謂之九功。水、火、金、木、土、穀，謂之六府；正德、利用、厚生，謂之三事。」今修飾其文於上如此。「惟修」，「修」字見《禹貢》。

今案：此章果有如上文數語，則郤缺決不訓釋於下，觀郤缺訓釋於下，則上文決無此長語。王耕野云：「『戒之』一句，誘之以賞也。『董之』一句，懼之以刑也。『勸之以九歌』，和之以樂也。三者並用，所以能使治功久而不壞也。」《襄二十八年》晏子曰：「夫民生厚而用利，於是乎正德以副之。」

帝曰：「俞，地平天成。①」

《僖二十四年》君子曰：「子臧之服，不稱也夫！《夏書》曰『地平天成』，稱也。」《文十八年》史克曰：「八愷治后土，地平天成；八元布五教，內平外成。」②

時乃功。

① 此下，四庫本有「六府三事允治，萬世永賴，時乃功」一句。

② 「八愷」至「內平外成」，四庫本作「地平天成又內平外成」。

《皋陶謨》曰：「迪朕德，時乃功。」下文曰：「刑期于無刑，民協于中，時乃功。懋哉！」《説命》下篇又變句法曰：「時乃風。」①

帝曰：「格！汝禹。朕宅帝位，三十有三載，耄期倦于勤，汝惟不怠，總朕師。」

「格汝」二字，見《堯典》「格汝舜」、《湯誓》「格爾衆庶」。「朕宅帝位，三十有三載」，《堯典》曰：「朕在位七十載。」堯十六即位，在位七十載，試舜三載，共八十九載。舜六十即位，而在位三十三載，蓋年九十三歲，則禹當攝位十有七年。此蓋因《孟子》「舜薦禹于天十有七年」故也。「耄期倦于勤」用《孟子》「堯老」之「老」字意。《曲禮》：「九十曰耄，百年曰期。」以爲耄則更有三載，以爲期則猶少七年，故二字兼舉。若《孟子》稱樂正子之爲人，既曰「善人」，又曰「信人」，而結之曰「二之中」是也。聖人辭氣，恐不如是之巧也。「倦于勤」三字，則可以決知其非大聖人之言矣。何也？與前後篇戒飭之辭背而馳故也。傳位，天下之大事，正欲禹之兢兢栗栗，日慎一日，顧乃首以「倦勤」之言唱之哉！此可決知其安也。曰：甚言己之老而衰，以示禹當傳位之意也。曰：非然也。「五十載，陟方乃

① 「時乃功」至「時乃風」，四庫本無。

死」。柳下惠曰：「舜勤民事而野死。」《祭法》亦以此爲言。則年百有十歲，非若前此九十三年之期也，而未嘗「倦勤」猶如此。且言與行違，而以此示人，尚何足謂之大舜哉！孔子曰：「不知老之將至云耳。」趙孟偷，人曰：「老將知而耄及之。」荀子《正論篇》有曰：「老衰而嬗，是又不然。血氣筋力則有衰，若夫知慮取舍則無衰。曰老者，不堪其勞事體也。是又畏事者之議也。」故曰：諸侯有老，天子無老。

禹曰：「朕德罔克，民不依。皋陶邁種德，德乃降。黎民懷之。」

此因《孟子》有「舜以不得禹、皋陶爲己憂」，又見下文皋陶陳謨故，意當時禹必讓皋陶也。王耕野先生云：「舜有臣五人，而天下治。而獨言皋陶，蓋謙己之功不及皋也。」①「民不依」，出於不情，非臣子所以對君父之語。《莊八年》公曰：「《夏書》曰：『皋陶邁種德。』德乃降。姑務修德，以待時乎？」

念兹在兹，釋兹在兹，名言兹在兹，允出兹在兹，惟帝念功。

---

① 「而獨言皋陶，蓋謙己之功不及皋也」，四庫本作「大禹又安得以無功而辭」。

《襄二十一年》臧武仲曰：「紇也聞之，在上位者洒濯其心，壹以待人，軌度其信，可明徵也。而後可以治人。夫上之所爲，民之歸也，上所不爲，而民或爲之，是以加刑罰焉，而莫敢不懲。若上之所爲，而民亦爲之，乃其所也，又可禁乎？《夏書》曰：『念茲在茲，釋茲在茲，名言茲在茲，允出茲在茲，惟帝念功。』將謂由己壹也，信由己壹，而後功可念也。」

《正義》曰：「此斷章爲義，故與①《尚書》本文稍殊也。」孔安國《傳》曰：「念此人在此功，廢此人在此罪，言不可誣，名言此事，必在此義，信出此心，亦在此義。言皋陶之德，以義爲主，所宜念之。」猶不敢與《內傳》太遠也。至蔡沈云：「念而不忘，固在於皋陶，舍之而他求，亦惟在于皋陶，名言於口，亦惟在於皋陶，誠發於心，亦惟在於皋陶。蓋反復思之，而卒無有易於皋陶者。惟帝深念其功，而使之攝位也。」殊不知《襄二十三②年》仲尼曰：「《夏書》曰『念茲在茲』，言順事恕施也。」仲尼辭氣，固非指皋陶。又《哀六年》孔子曰：「楚昭王知大道矣，其不失國也宜哉。《夏書》曰：『惟彼陶唐，帥彼天常，有此冀

① 與，原作「以」，據四庫本及《左傳正義》改。
② 三，原作「四」，故宮抄本同，據四庫本及《左傳》改。

方。』又曰『允出兹在兹』，由己帥常可矣。」孔子之意，正與臧武仲「由己壹也」相合，安得謂之斷章？晉人僞作孔安國《傳》者，猶有兢懼之意，與杜《注》不敢太遠，凡此曲折關紐，蔡沈一毫不知考據，方且晏然自以爲將順《古文》，善解文義，其亦剛愎不遜，犯「疑事無質，直而弗有」之戒者哉！

帝曰：「皋陶，惟兹臣庶，罔或干予正。汝作士，明于五刑，以弼五教，期于予治。刑期于無刑，民協于中，時乃功。懋哉！」

方欲禪禹，因禹讓①皋陶，而遂與皋陶言者，倣《堯典》「禹拜，稽首，讓于稷、契暨皋陶。帝曰：『俞，汝往哉！』」而其下因亦命棄、契、皋陶也。「惟兹臣庶」，孟子以爲舜告象之言，下文「汝其于予治」，此則曰「罔或干予正」，「干」字去一鈎作「干」，又止蹈襲一「予」字，何其神於變化邪！《堯典》命皋陶曰：「汝作士，五刑有服。」此則曰：「汝作士，明于五刑。」又皋陶「方施象刑，惟明」。《堯典》命皋陶之先，命契曰：「敬敷五教。」此則曰「以弼五教」。「弼」字又後篇「弼成五服」之「弼」。《孟子》曰：「舜命象

① 禹讓，四庫本作「薦」。

曰：『汝其于予治。』」此則曰「期于予治」，至此句而變化之神拙矣。改「其」字爲「期」字，音之同也。「于予治」三字終於蹈襲，則踪跡顯然矣，吾故曰「拙」。或曰：此人才思足以調易，其所以必露此三字者，將以嗤後世之無人也。「刑期于無刑」此下原有缺文①之言。「民協于中」，見《吕刑》「士制百姓于刑之中」。「時乃功」見《皋陶謨》。《淮南子·詮言訓》：「聽獄制中者，皋陶也。」

皋陶曰：「帝德罔愆，臨下以簡，御衆以寬，罰弗及嗣，賞延于世。宥過無大，刑故無小。罪疑惟輕，功疑惟重，與其殺不辜，寧失不經。好生之德，洽于民心，兹用不犯于有司。」

「愆」字見《詩》「不愆」。「臨下以簡」，見《論語》「居敬而行簡，以臨其民」。「御衆以寬」，見《論語》「寬則得衆」。「罰弗及嗣」，用《孟子》「罪人不孥」。「賞延于世」，用《孟子》「仕者世禄」。「宥過無大」二句，用《康誥》「人有小罪非眚」云云至「時乃不可殺」，又《堯典》「眚災肆赦，怙終賊刑」。「罪疑」二句，賢人以下忠厚之事，聖人似不止此。

---

① 此下原有缺文，四庫本無。

《左傳·襄二十六年》聲子曰：「《夏書》曰：『與其殺不辜，寧失不經。』」①《易》曰：「天地之大德曰生。」《孟子》曰：「不嗜殺人者能一之。」「民望之，若水之就下，沛然孰能禦之？」《荀子》：「哀公問舜冠，孔子不對。……曰：『其政好生而惡殺焉。』」所謂「好生之德，洽于民心」也。「有司」，臯陶自謂也，士師司刑。「不犯」者即上言「期于無刑，民協于中」也。

《襄二十六年》聲子曰：「善爲國者，賞不僭而刑②不濫，賞僭則懼及淫人，刑濫則懼及善人。若不幸而過，寧僭無濫，與其失善，寧其利淫。不僭不濫，此湯所以獲天福也。」《荀子·君臣篇》：「賞不欲僭，刑不欲濫。③賞僭，則利及淫人；刑濫則害及君子。若不幸而過，寧僭無濫。與其害善，不若利淫。」

帝曰：「俾予從欲以治，四方風動，惟乃之休。」

《荀子·大略篇》：「舜曰：『惟予從欲而治。』」以上三節，皆因《臯陶謨》「臯陶方祇

① 「左傳襄二十六年」至「寧失不經」，四庫本作「與其殺不辜二句見左傳二十五年聲子曰夏書云云」。
② 刑，四庫本作「罰」。
③ 賞不欲僭，刑不欲濫，四庫本作「賞不躬僭，刑不躬濫」。

厥敘，方施象刑惟明」敷演成文，帝以「民協于中」，歸美皋陶，皋陶以「好生之德，洽于民①心」歸美於帝，帝復以「俾予從欲以治，四方風動」歸休於皋陶，與《皋陶謨》中警戒之言殊不類。蓋彼之美皋陶者，因禹有「苗頑弗即工，帝其念哉」之語而云然，其意深遠矣。

帝曰：「來，禹，洚水儆予，成允成功，惟汝賢。克勤于邦，克儉于家，不自滿假，惟汝賢。②」

「洚水儆予」，見《孟子》。「成允成功」，見《襄五年》：「君子謂楚共王於是不③刑。己則無信，而殺人以逞，不亦難乎？《夏書》曰：『成允成功』。」杜注：「逸《書》。允，信也。言信成然後有成功。」《史·夏本紀》：「禹爲人敏給，克勤其德，不違其仁，可親。聲爲律，身爲度」云云，「爲綱爲紀，傷先人父鯀功不成受誅，乃勞心焦思，居外十三年，過家門不敢入，薄衣食，致孝於鬼神，卑宮室，致費於溝洫。」《襄二十九年》季札見舞《大夏》者曰：「美哉！勤而不德，非禹其誰能修之！」

① 民，四庫本作「人」。
② 克勤于邦克儉于家不自滿假惟汝賢，四庫本無。
③ 不，原作「失」，明抄本同，據四庫本及《左傳》改。

汝惟不矜，天下莫與汝争能。汝惟不伐，天下莫與汝争功。

老子曰：「不自伐，故有功。不自矜，故長。夫惟不争，故天下莫能與之争。」後章又曰：「自伐者無功，自矜者不長。」又曰：「以其不争，故天下莫能與之争。」夫聖賢不得已而有功，故功成而不自伐①，非爲天下之與我争功也。無所爲而多能，故能多而自不矜，非爲天下之與我争能也。智哉，老子！閃姦打訛，下將以上也，不足，將以無損也；不自大，將以成其大也。「將欲取之，必姑與之」。凡其所言，無非立地步、占便宜之術，與我聖賢大公無我、盛德之至，非爲生正行干禄氣象，不啻②若九地視九天之遠也③。至於反之之聖，無所爲而爲，與④計功謀利者亦不啻南北水火之闊越也。故其「不矜」、「不伐」之言未脱於口，而「天下莫與争」之句已迫於下效之來，若不俟其功之畢也。先儒謂「退一步法」者，可謂一言以蔽之矣。然則此人必借老子之言以爲出於舜之口者，何也？曰：其

---

① 不自伐，四庫本作「自不伐」。
② 不啻，四庫本作「固」。
③ 也，四庫本作「矣」。
④ 與，四庫本作「不」。

意以爲天下皆讓①其功，最其能，禹可以當天下而不必辭也。聖人禪受②氣象，似不若此。曰：聖人氣象果若何？曰「詢事考言，乃言厎可績」而已。曰「天之歷數在爾躬」而即以戒辭綴之曰「允執其中，四海困窮，天禄永終」而已。堯即舜，舜即堯，夫道一而已矣。決不如是之贅也。今除《堯曰》「舜亦以命禹」之數言，其外多爲稱美誇大之辭，果曰「亦以命禹」，決不如是之諛也。且面諛之中，而「謀利」、「計功」之意溢於言外，果曰「非攘」，決不如是之同也。

天之曆數在汝躬。③

堯曰：「咨，爾舜，天之曆數在爾躬。」④舜亦以命禹者，若是而已，何爲復增之曰：「來，禹，洚水儆予，成允成功，惟汝賢。克勤于邦，克儉于家，不自滿假。惟汝賢。汝惟不矜，天下莫與汝争能，汝惟不伐，天下莫與汝争功。予懋乃德，嘉乃丕績，天之曆數在汝

---

① 讓，四庫本作「服」。
② 受，故宫抄本與四庫本皆作「授」。
③ 天之歷數在汝躬，四庫本作「堯曰第二十」。
④ 此下，四庫本有「云云」二字。

躬，汝終陟元后。」堯曰：「允執厥中。」舜亦以命禹者，若是而已，何爲復增之曰：「人心惟危，道心惟微，惟精惟一，允執厥中。無稽之言勿聽，弗詢之謀勿庸。」堯曰：「四海困窮，天禄永終。」舜亦以命禹者，若是而已，何爲復增之曰：「可愛非君，可畏非民，衆非元后何戴？后非衆，罔與守邦。欽哉！慎乃有位，敬修其可願。四海困窮，天禄永終。惟口出好興戎，朕言不再。」《易》曰：「吉人之辭寡，躁人之辭多。」舜，大聖人也。豈其躁而不吉哉？韓子曰：「夫子與回言，不違。則其與衆人辨也有矣。」禹，「祗台德先」也，豈其衆人而不回若哉？大抵皆膠粘之飾辭耳，故其文多支離而不貫，補綴而可厭，諛佞而不莊，細冗而不切。

人心惟危，道心惟微，惟精惟一，允執厥中。

「允執厥中」，堯之言也，見《論語·堯曰第二十》。夫堯之一言至矣，盡矣，而舜復益之以三言者，先儒以爲所以明乎堯之一言必如是而後可庶幾也。

自今考之，惟「允執厥中」一句信爲聖人之言。其餘三言蓋出《荀子》，而鈔略掇拾膠粘而假合之者也。《荀子·解蔽篇》曰：「昔者舜之治天下也，不以事詔而萬物成，處一之危，其榮滿側，養一之微，榮矣而未知。故《道經》曰：『人心之危，道心之微，危微之幾，惟明君子而後能知之。』」荀卿稱「《道經》曰」，初未嘗以爲舜之言。作《古文》者見其首稱舜之治天下，遂改二「之」字爲二「惟」字，而直以爲大舜之言。楊倞爲之分疏云：「今《虞書》有此語，而云《道經》，蓋有道之經也。」其言似矣。至於「惟精惟一」，則直鈔略荀卿前後文字，而攘以爲己有，何哉？所謂「伯宗攘善」，其無後乎！荀卿子上文有曰：「心者，形之君也，出令而無所受令，故曰心容。其擇也無禁，必自見其物也雜博，其精之至也不貳。」又曰：「心枝則無知，傾則不精。」又曰：「有人也不能此，精於田，精於市，精於器之三技，而可使治三官，曰：精於道者也。」下文有曰：「好義者衆矣，而舜之獨傳者一也，自古及今，未嘗有兩而能精者也。」又曰：「蚊虻之聲聞，則挫其精，可謂危矣，未可謂微也。」此其「精」字、「一」字之所自來也。

或曰：《荀子》之言「精一」，以「精一」爲一。《古文》之言「精一」，以「精一」爲二。此正猶南北水火之不同也。初何害兩字之偶同哉？曰：非然也，自僞孔安國注《古文》云「危則難安，微則難明，故戒以精一，信執其中」，先儒因其注而推廣之，遂以「精」爲擇善、「一」爲固執，而有知、行兩者之分，若原作者之意，則正蹈襲荀卿之旨，而何異之有哉？正猶楊倞分疏「道經」二字而爲「有道之經」之意也。

夫《荀子》一書，引《詩》則曰「《詩》云」，引《書》則曰「《書》云」，或稱篇名者有之，何獨於此二語而獨易其名曰《道經》哉？若曰此二句獨美，故以爲「有道之經」，則出此二語之外，皆爲無道之經也而可乎？雖曰「《荀》疵」，不如是之悖也。

或曰：先儒釋「精一」，正與《大學》之「格致誠正」、《中庸》之「擇善固執」、《論語》之「博文約禮」、大《易》之學聚問辨，無不脗合，此其所以爲聖賢傳授心法之妙也。夫何疑之有哉？曰：聖人之言，平正通達，明白簡易，而其言之發也，未嘗不當。其可禪位之時，而授以《大學》之始教，其得爲時乎善乎？

耕野王先生之言曰：「堯命舜『允執其中』，其說見於《論語》。今推其意，若曰『咨！爾舜，天之曆數在爾躬』者，言己之禪位出於天，非有所私於汝也。『允執其中』，猶言汝好爲之。凡不中之事，慎不可爲也。『四海困窮，天祿永終』，言若所爲不中而致百姓困窮，則汝亦休矣。蓋古人授人以職位，必有警飭之辭，如舜命九官皆勉以『欽哉』之類，欲其知所戒懼而不敢縱恣云耳。大舜，聖人也，豈有蹈不中以亡天下？然古人兢業自持，日慎一日，訓飭之語，觀禹戒舜以『無若丹朱，好漫游，作傲虐』，則堯之戒舜，豈其過哉！中土呼事之當其可者謂之『中』，其不可者謂之『不中』，於物之好惡、人之賢不肖皆以『中』與『不中』目之。《孟子》所謂『中也養不中，才也養不才』，即是指人之賢、不肖言之也。其所謂『中』、『不中』，猶南方人言『可』與『不可』，『好』與『不好』耳。蓋其常言俗語，雖小夫賤隸皆能言之，初無所謂深玄①高妙也。傳者不察其『中』爲一方言，遂以爲此聖賢傳授心法也矣。夫所謂心法者，蓋言治心之法耳。其意以爲人能操存制伏此心，使之無過不及，然後能治天下。故聖賢以此相授，其説固若有理，且足以醒人耳目。然初學之士，於道未知向方，必有先知覺之士爲之開示蘊奥則可，舜自側微以至徵庸，觀其居家，則能化頑嚚傲狠者使不爲姦；命以職位，則能使百揆時敘②而四門穆穆。過者化，存者神，治天下如運諸掌。斯時蓋未聞『執中』之旨也，而所爲已如此，豈其冥行罔覺邪？抑天質粹美而暗合道妙邪？迨即位而後得聞心法之要，則其年已六十矣，然自授受③之後，未聞其行事有大異於前日者。是堯之所傳，不足爲舜損益也。舜生三十徵庸，即命禹治水，則禹生後舜不過十餘年耳，舜耄期而後授禹，則且八九十矣，使禹果可聞道，及此而後語之，不亦晚乎？且舜之稱禹，以『克勤克儉，不矜不伐』，而禹所陳『克艱』之謨，所論養民之政，皆判然於理、欲之間，而其言無纖毫過差者，豈猶昧於人心、道心，而行事不免有過不及之失者，必待帝舜告語而後悟邪？方其未聞也，其心不見有所損，及其既聞也，其心不見有所益，則

① 玄，原作「遠」，四庫本避清聖祖諱作「玄」，據改。
② 敘，原作「序」，據四庫本、《尚書》、《讀書管見》改。
③ 授受，原作「受授」，據四庫本及《讀書管見》改。

謂此爲傳授心法者，吾未敢以爲然也。仲虺告湯以『建中于民』，成王告蔡仲以『率自中，無作聰明亂舊章』。成湯，聖主；蔡仲，賢臣，猶或可以與此。盤庚告羣臣以『各設中于乃心』，盤庚之臣皆傲上，從康總于貨寶者亦得與聞心法之訓，何邪？蓋嘗論之，堯之告舜，僅曰『允執厥中』，而舜亦以命禹，則其辭一而已。當無所增損也。《禹謨》出於孔壁，後人附會，竊取《魯論・堯曰篇》載記而增益之，析四句爲三段，而於『允執其中』之上妄增『人心』、『道心』等語，傳者不悟其僞，而以爲實然，於是有傳心法之論。且以爲禹之資不及舜，必益①以三言然後喻。幾於可笑！蓋皆爲《古文》所誤耳，固無足怪也。不特此也，孔子告顔子②非禮勿視聽言動，蓋教學者不得不爾，而亦以爲傳授心法切要之言，非顔子之明健不得聞，不知今之教者於初學之士動作不循禮度者，將禁制之使不爲乎，抑姑聽之待其至顔子地位，而後約之以禮也？是其爲説，固有所不通耳。孟子敘堯舜至於孔子，以爲見而知之。韓昌黎謂堯傳之舜，舜傳之禹、湯、文、武、周公、孔子者，皆言其聖聖相承，其行事出於一律，若其轉相付授然耳，豈真有所謂口傳面命邪？道者，衆人公共之

① 益，原作「並」。據四庫本及《讀書管見》改。
② 「顔子」下，四庫本及《讀書管見》有「以」字。

物，雖愚不肖可以與知能行，而謂聖人私以相授者，妄也。湯、文、孔子相去數百歲，果如何以傳授也耶？若謂其可傳，則與釋氏之傳法、傳衣鉢者無以異，恐聖人之所謂道者不如是也。孔子告曾子以『吾道一貫』，此亦尋常之語言，而今人亦推崇以爲其師弟子密相授，而以爲曾子得『一貫』之妙，且以『一』與『貫』字相爲對待而訓釋之，如此爲『一』，如此爲『貫』，皆不成文理，何以知之？以曾子告門人以『夫子之道，忠恕而已矣』知之也。蓋夫子恐曾子以爲己之道施於己是一般，施於人又是一般，不知聖人之道退則修己，出則治人，成己爲忠，成物爲恕，人己雖有不同，而道則安有二致？故曰『吾道一以貫之』。門人不喻其意，而曾子曉之曰『夫子之道，忠恕而已矣』，政即其實以曉之。知忠恕出於一致，則知夫子之道果是『一以貫之』矣。此與子貢論多學而識，而告以『予一以貫之』者，語意不同。此則言我之道，是人己一貫，彼則言余之於學，非多學而識，乃一以貫之，猶所謂『通於一而萬事畢』云爾。」

衆非元后，何戴？后非衆，罔與守邦。

《周語》内史過曰：「《夏書》有之曰：『衆非元后，何戴？后非衆，無與守邦。』」

唯口出好興戎，朕言不再。

《緇衣》：「《説命》：『惟口起羞，惟甲胄起兵①。』」今上句用「唯口」字，下句用「興戎」字。合作一句，爲若《説命》之言取諸此者。

禹曰：「枚卜功臣，惟吉之從。」帝曰：「禹，官占，惟先蔽志，昆命于元龜，朕志先定，詢謀僉同，鬼神其依，龜筮協從。卜不習吉。」禹拜稽首，固辭。帝曰：「毋，惟汝諧。」

《哀十七年②》：「楚王與葉公枚卜，子良以爲令尹。」《十八年》君子曰：「惠王知志。《夏書》曰：『官占，惟能蔽志，昆命于元龜。』其是之謂乎？《志》曰『聖人不煩卜筮』，惠王其有焉。」蓋「右司馬③子國之卜也，觀瞻曰：『如志。』故命之也④。及巴師至，將卜師。王曰：『寧如志，何卜焉？』」此所謂「朕志先定」者也。

《洪範》曰：「汝則有大疑，謀及乃心，謀及卿士，謀及庶人，謀及卜筮。汝則從，龜

---

① 起兵，四庫本作「起戎」。
② 「十七年」，明抄本作「十六年」，誤。四庫本與平津館刻本皆不誤。
③ 右司馬，原作「司馬」，明抄本同，據四庫本及《左傳》改。
④ 也，四庫本無。

從，筮從，卿士從，庶民從，是之謂大同。」此所謂「詢謀僉同，鬼神其依，龜筮協從」。《左傳》曰：「卜不襲吉。」《周書》曰：「一習吉。」又石奭曰：「歲習其祥，祥習則行，不習則增修德，而改卜。」《堯典》曰：「禹拜稽首，讓于稷、契，暨臯陶。」「帝曰：俞，往哉！汝諧。」《儀禮》曰：「敢固以辭。」原思辭禄，子曰：「毋！」

帝曰：「咨！禹，惟時有苗弗率，汝徂征。」禹乃會羣后，誓于師曰：「濟濟有衆，咸聽朕命。蠢茲有苗，昏迷不恭，侮慢自賢，反道敗德。君子在野，小人在位。民棄不保，天降之咎。肆予以爾衆士，奉辭伐罪。爾尚一乃心力，其克有勳。」

「四罪而天下咸服」，在舜攝政之時、堯未徂落之先。其曰「竄」云者，與「分北」字同也。其曰「三危」者，與《禹貢》「三危既宅，三苗丕叙」之文同也。因臯陶「施象刑惟明」，而禹宅之於三危之地，故《吕刑》曰：「無世在下。」吴起曰：「禹滅之也。」豈有薦禹於天之後，而復有命禹「徂征」之事哉！《史記》：「禹會諸侯於塗山。」《詩》：「濟濟多士。」又曰：「蠢爾蠻荆。」《大誥》曰「今蠢」，「昏迷侮慢，反道敗德」，因臯陶「苗頑」之謂。賢否倒置者，頑之甚也。「民棄」、「天咎」者，頑之驗也。《湯誓》曰：「格！爾衆庶，悉聽朕言。」《大誥》曰：「予惟以爾庶邦，于伐殷逋播臣。」《左傳》：「仗義執言。」《吕刑》：「鰥寡有辭于苗。」《詩傳》：「同歌同日，欲其同心也。」《盤庚》曰：「顛越。」《胤征》亦曰「承王命徂征」，「其或不恭」，「昏迷于天象」，「今予以爾有衆，奉將天罰」，「爾衆士同力王室」。《哀二十三年》知瑶伐齊，曰：「以辭伐罪。」①

三旬苗民逆命。

伏生《書》廿有八篇，渾渾爾，灝灝爾，噩噩爾。典則典，謨則謨，誓則誓，誥則誥，如《堯典》一篇，述堯命羲和、放齊、驩兜、四岳及禪位之事，暨舜受禪、巡狩、命九官十二牧之事，綱領宏張，循循有序，固非史臣之有意於文治之盛，言之自不能不文也。《皋陶謨》一篇，君臣一堂之上，更相戒飭，陳謨之體又如此。《禹貢》、《洪範》、《顧命》各是一體，真如日月列星之施於天，山川岳瀆之經於地，非後世老於文墨者之所可企而及也。至於殷盤周誥，則又詰屈聱牙，有難以句者矣。若夫《古文》者，除《禹謨》一篇之外，餘自《五子之歌》而下，如出一律，間或有異者，不過改易增換，略加潤色，即爲一篇耳。非若《今文》之篇篇出於事實也。廿有五篇之中，獨《禹謨》一篇長，且多於他篇。若以振

① 「帝曰咨禹」至「以辭伐罪」，四庫本無。

發其奇異，而非寂寥短章之比也，最所用心者在此篇，最爲紕繆者亦在此篇。故雜三體而爲一，原其初意，專爲禹受禪而作，恃《堯曰》首章而發，意嫌其太寂寥，故首之以謨，終之以誓，自今觀之《皋陶謨》内①已備載禹之謨矣，而又有《大禹謨》篇，豈得不爲長文哉！

耕野王先生曰：「《禹謨》一篇出，殊與餘篇體製不類，又説者②其征苗之事，亦不可信」。

今案：征苗一段，雖爲篇長句多而設，然亦宜見此人之薈萃諸書，蹈襲而成文。今略舉一二。《戰國策》曰「禹祖入裸國」，《史記》吴起曰「昔者三苗氏，左洞庭，右彭蠡，修政不德，禹滅之」，遂以爲禹有征苗之事。文王伐崇，三旬弗降，遂有「三旬苗民逆命」之事。然禹決非輕於「奉辭伐罪」也，遂有益贊于禹之事。文王有「退修教而復伐之，因壘而降」，遂有「誕敷文德，舞干羽于兩階，七旬有苗格」之事。《僖十九年》子魚曰：「文王聞崇德亂而伐之，軍三旬而不降，退修教而復伐之，因壘而降。」宋子魚勸襄公退師，無闕

① 内，四庫本無。
② 殊與餘篇體製不類又説者，四庫本作「於僞作」。

而後動。①

益贊于禹曰：「惟德動天，無遠弗届。滿招損，謙受益，時乃天道。」

《詩》曰：「致天之届。」《易・謙》之《彖傳》曰：「天道虧盈而益謙。」下文有地道、人道、鬼神，共四句連類而發，所謂矢口爲經，决非因襲之語。今易「盈」字爲「滿」字，易「虧」字爲「損」字，所以新其字也。易「虧盈」爲「滿招損」，易「益謙」爲「謙受益」，所以奇其句也。藏形匿跡如此，然後以「時乃天道」束之於下，與《彖傳》繁簡順逆迥不同矣。自以爲龍蛇虎豹變見出没，人孰得而搏捕之哉？然總之不離一「天道虧盈而益謙」也。以此欺孩提乳臭者可矣，若以欺明鏡止水之賢人君子，烏乎可？且蹈襲而無當，以上文觀之，舜稱禹「不自滿假」、「不矜」、「不伐」矣，禹何弗謙之有？是於上文無當。以下文觀之，即引舜之至德

---

① 「今案」至「無闕而後動」一段，行文較亂，語意不清，不若四庫本爲優。兹録四庫本如下：

今案：征苗一段，雖爲欲廓長其篇句而設，然此人之會萃諸書，蹈襲而成文，亦不可不知也。今略舉一二。《戰國策》曰「禹袒入裸國」，《史記》吴起曰「昔者三苗氏，左洞庭，右彭蠡，修政不德，禹滅之」，遂有禹「徂征」之事。《僖十九年》子魚曰：「文王聞崇德亂而伐之，軍三旬而不降，退修教而復伐之，因壘而降。」又因文王伐崇，三旬弗降，遂有「三旬苗民逆命」之事。因子魚有勸襄公退師，無闕而後動，遂有益贊於禹之事。因文王有「退修教而復伐之，因壘而降」，遂有「誕敷文德，舞干羽於兩階，七旬有苗格」之事。

要道所以感通神明者，「謙」又不足以言也。是於下文無當。此之謂百孔千瘡耳①。

帝初于歷山，往于田，日號泣于旻天，于父母，負罪引慝，祗載見瞽瞍，夔夔齊②慄，瞽亦允若。

此因《堯典》「父頑」之「頑」③字，與《皋陶謨》「苗頑弗即工」之「頑」字相同，而遂蒐輯此二條以立言。萬章曰：「舜往于田，號泣于旻天。何爲其號泣也？」無「于父母」三字。則長息問於公明高曰：「舜往于田，則吾既得聞命矣，號泣于旻天、于父母則吾不知也。」則「舜往于田」、「號泣于旻天」、「于父母」此三句恐爲逸《書》，然亦未敢必，蓋以二人口氣無④《書》曰」之文故也。首以「帝初于歷山」者，因《史記》「耕于歷山，歷山之人皆讓畔」者故也。言「初」者，以見其後之化也，所以承上起下之辭也。此句乃晉人所增，當删。蓋既云「于歷山」，正以田而往也，與下句「往于田」三字⑤重複，有礙學者，讀慣不覺，細味之自見。

① 耳，四庫本無。
② 齊，原作「齋」據四庫本及《尚書・大禹謨》改。
③ 之頑，四庫本無。
④ 「無」下，四庫本有「引」字。
⑤ 往于田三字，四庫本作「往于二字」。

「負罪引慝」一句，亦晉人所增，當删。蓋因《孟子》下文「父母之不我愛，於我何哉」之意，而用此四字於二條之間，亦所以承上起下。「負罪」二字，用廉頗「負荆謝罪」之意。「引」之一字，若「引咎責躬」之「引」。「慝」之一字，用《詩》「之死矢靡慝」之「慝」。惟涉於心之思慮擬議，口之自責自艾，然後「祇載見瞽瞍，夔夔齊慄」者，是乃所以言賢人君子以下之事，非「由仁義行，非行仁義」者之所作爲也。辭雖貫穿，而意實侮舜矣，故曰「當删」。「號泣于旻天」之上加「日」字，乃此人之故知如此，聖化神矣，恒情罔測，禮家雖有「三諫號泣」之義①，然當耕而耕，日日號泣，亦非存心不他之義，不若萬章、長息無此字語，尤圓而活也。「祇載」三句，見《孟子》，且有「《書》曰」二字，此可知其必爲逸《書》無疑，當拈出而標注之，然後見後學尊經之意，不敢以魚目褻我明月夜光也。「瞽亦允若」，《孟子》書②有「瞍」字爲是，今此人節去「瞍」字者，因《堯典》有「瞽子」之文故也。當是時，四岳既居顯位，而復當堯天子之前，故言「瞽子」③無害，今舜既爲天子矣，禹、益皆其臣子，又非帝堯當

① 義，四庫本作「説」。
② 書，四庫本無。
③ 子，四庫本作「字」。

陽之時，瞽瞍爲天子之父，即後世之所謂「太上皇」也，公然以待「有鰥在下」者父之名稱①稱之，但知字之可據，而不知時地之不同，吾恐禹、益之心不惟不敢，亦愓然有所不忍乎！《記》曰「擬人必於其倫」，聖天子之父，亦既「允若」矣，「厎豫」矣，諄諄言之，以儕諸蠢，竄分北之苗，可謂其於倫乎哉？以明月夜光而投之以彈野雀，此逸《書》之不幸也，急於蒐葺而不知其上下文不從、字不順、句句失其職。《皋陶謨》之昌言，殆不類此。崇伯子之所以薦於天者，決知其不然。吾以爲晉人之誣伯益厚矣，安得不昌言以排之哉？或曰：伯益特借瞽以明至誠感應之機云耳，吾子何求之深也？曰：事體不例之甚，感父頑者，可以號泣祇載，施之苗頑，則不可。試即其言而例之，必曰「禹往于苗，日號泣于旻天，于有苗，負罪引慝，祇載見有苗，夔夔齊慄，苗亦允若」，然後爲至誠也，不敬，何以別乎？其辭氣之弊必至於此，且瞽之頑，乃舜在下時之不幸。此書之言，必②薦禹以後時所言，晉人欲取以神其説，不知其不當言也。此「班師」一段，皆暗用文王伐崇事，而失之遠甚，舜、禹感苗之誠久矣，與文王時勢之難者亦復不例之甚，若前此而誠猶有所未

① 稱，四庫本無。
② 必，四庫本作「又」。

至，文教猶有所未誕敷，必待益之交修不逮而後求諴，而後誕敷，則衛武公以下之事，湯、武亦不必然也。然則何足以爲舜、禹？吾故曰：「非益之言也，誣之者厚也。」益必不忍借聖天子「允若」之父，以例苗頑也。因父頑、苗頑二「頑」字之相同，而蒐輯此二條以立言者，果信也耶①？

至諴感神，矧茲有苗，禹拜昌言曰：「俞」。

「諴」字見《召誥》「其丕能諴于小民，今休。」「感神②」，用《孝經》「通於神明」句。「矧茲有苗③」，用《孝經》「達於邦家」意。「禹拜昌言曰『俞』」，全用《皋陶謨》語。上文曰：「惟德動天，無遠弗屆。」則下文宜舉遠於苗者以爲況，方與「無遠」二字相照應。顧乃引天子宫禁之内親父以爲況，此文義之不相照應者也。「親親而仁民」，順而易者；「苗民弗用靈」，逆而難者也。取順而易者以況，逆而難者將以嘲禹之不能格鯀耶？此豈近於人情？益果以禹之至諴不能感神格苗，何不昌言於未出師之前？及勞師費食三旬之久，

① 耶，四庫本無。
② 「神」下，四庫本有「明」字。
③ 有苗，四庫本無。

然後乃教禹以謙，又教以至誠，斯師也，謂之何哉？殆《左傳》所謂遷延之師者與！「禹拜昌言曰『俞』」者，拜「慎厥身修」至「邇可遠在兹」之「昌言」也。移於此，兹所謂惑者也。

班師振旅。

《左傳·襄十年》：「荀偃、士匄請班師。」《傳》又①曰：「出曰治兵，入曰振旅。」《荀子·成相篇》：「舜授禹，以天下。尚德推賢，不失序。外不避仇，内不阿親，賢者予。禹勞心力，堯有德，干戈不用三苗服。舉舜甽畝，任之天下身休息。」莊周曰：「舜舞干羽於兩階，而有苗服。」《淮南子·齊俗訓》：「當舜之時，有苗不服，於是舜修②政偃兵，執干戚而舞之，時天下大雨。」《氾論訓》：「舜干戚而服有苗。」許慎注：「舜之初，有苗叛，舜執干戚而舞於兩階之間，有苗服從之，以德化懷來也。」

帝乃誕敷文德，舞干羽于兩階，七旬有苗格。

---

① 傳又，四庫本作「又《傳》」。
② 修，四庫本作「齊」。

或曰：子之攻詰《古文》，不遺餘力矣。其亦有所據乎？自魏、晉以來，明智之士不可枚舉，悉皆尊信《古文》，而伏生《書》反附麗以行。至子之身而深距之，若無所據，則不免於侮聖言者矣，子獨且奈何哉？

應之曰：若①無所據而妄爲之説，小子何敢！吾所據者，匪從天降，匪從地出，即以伏生之本經而發僞《書》之墨守也。不然，則晉人三僞《書》反爲膏肓沈痼之疾，而伏生所傳者聖人之本經反爲千載之廢疾矣。予之汲汲於攻之者，將以針膏肓而起廢疾耳。予豈好辯哉？予不得已也。

《傳》曰：有功不賞，有罪不罰，雖堯南面而立，舜北面而朝，天下不可一朝居也。夫堯舜賞功之實，果何在哉？匪堯舉舜、舜舉十六相也耶？堯、舜罰罪之實，果何在哉？匪流共工、放驩兜、竄三苗、殛鯀也耶？故曰：「四罪而天下咸服。」

晉人竊取莊周之寓言，亂我聖經之正理。莊周②曰：「孫叔敖甘寢，而郢人投兵。」舜舞干羽於兩階，而有苗來格。晉人愚而受欺，以爲文德格遠，真聖人過化存神之事，於是

① 若，四庫本無。
② 兩「莊周」，原作「淮南子」，據明抄本及四庫本改。

攘臂蒐葺①，駕空紐捏，創爲征苗之誓，以拓②長一篇之文，而有「誕敷文德，舞干羽于兩階，七旬有苗格」之言，後之儒者不復致思，不加參考，遂至曲爲彌縫，兩可依違，寧使正經之蔽虧、諱言邪説之亂真，嗚呼，惜哉！真所謂「以華丹亂窈窕，以强辭奪正理」者矣。未嘗參互考訂，安能深知其爲膏肓沈痼之邪説，所以惑世而誣聖者耶？

考之《堯典》曰：「竄三苗于三危。」蔡沈③曰：「蓋其負固不服，乍臣乍叛，舜攝位時而竄逐之。」考之《臯陶謨》，禹曰：「苗頑弗即工，帝其念哉！」帝曰：「迪朕德，時乃功惟敍。」初未嘗有命禹「徂征」之事。帝又曰：「臯陶方祗厥敍，方施象刑惟明。」則帝以付臯陶之象刑，若五流有宅、五宅三居者是也。又安得有禹「徂征」之事？蔡沈曰：「禹攝位之後，帝命徂征，而猶逆命」，其違叛聖經、黨邪説，而助之攻正，一也。

考之《禹貢》曰：「三危既宅，三苗丕敍。」與《堯典》「竄三苗于三危」之文特相照應，與帝命臯陶爲士，五流有宅之刑，特爲互見，可見伏生聖經未嘗失其本經，非獨口以傳授而爲壁出之善本也明矣。今蔡沈言「禹治水之時，三危既宅，而舊都猶頑不即工」，爲乍臣

---

① 蒐葺，原作「收蒐」，明抄本同，據四庫本改。
② 拓，原作「演」，據四庫本改。
③ 沈，四庫本無。

乍叛之實，若果然者，則舜之竄爲徒竄。而史臣下文「四罪咸服」之言當削矣。此其違叛聖經、黨邪説，而助之攻正，二也。

「既宅」、「丕敘」之後，而舊都猶「頑不即工」，尚安得謂之「既宅」、謂之「丕敘」哉？且其負固全力之時，不假用兵，而可以宅之於三危之遠，顧於舊都遺落之種，乃敢阻兵，安忍而逆命抗衡於誓師之久，又不通之説矣。此其違叛聖經、黨邪説而助之攻正，三也。①

又考之《吕刑》曰：「苗民弗用靈，制以刑，惟作五虐之刑曰法，殺戮無辜，爰始淫爲

---

① 自「考之堯典曰」至「而助之攻正三也」，四庫本作：

考之《堯典》曰：「竄三苗于三危。」蔡沈曰：「蓋其負固不服，乍臣乍叛，舜攝位時而竄逐之。禹治水之時，三危既宅，而舊都猶頑不即工。」爲乍臣乍叛之實，若果然者，則舜之竄爲徒竄。而史臣下文「四罪咸服」之言當削矣。此其違叛聖經、黨邪説，而助之攻正，一也。

考之《臯陶謨》曰：「苗頑弗即工，帝其念哉！帝曰：『迪朕德，時乃功惟敘。』」初未嘗有命禹「徂征」之事。帝又曰：「臯陶方祗厥敘，方施象刑惟明。」則帝以付臯陶之象刑，若「五流有宅，五宅三居」者是也。又安得有禹「徂征」之事？蔡沈曰「禹攝位之後，帝命徂征，而猶逆命」，其違叛聖經、黨邪説，而助之攻正，二也。

考之《禹貢》曰：「三危既宅，三苗丕敘。」與《堯典》「竄三苗於三危」之文特相照應，與帝命臯陶爲士，五流有宅之刑，特爲互見，可見伏生聖經未嘗失其本經，非獨口以傳授而爲壁出之善本也明矣。今蔡沈言「既宅」、「丕敘」之後，「而舊都猶頑不即工」，尚安得謂之「既宅」、謂之「丕敘」哉？且其負固全力之時，不假用兵，而可以宅之於三危之遠，顧於舊都遺落之種，乃敢阻兵，安忍而逆命抗衡於誓師之久，又不通之説矣。此其違叛聖經、黨邪説而助之攻正，三也。

劓刵椓黥，越兹麗刑，并制罔差有辭，民興胥漸①，泯泯棼棼，罔中于信，以覆詛盟，虐威庶戮，方告無辜于上，上帝監民，罔有馨香德，刑發聞惟腥，皇帝哀矜庶戮之不辜，報虐以威，遏絶苗民，無世在下。」蔡沈曰：「《呂刑》之遏絶，通其本末而言。」所謂「本」者，非言舜之竄逐時乎？所謂「末」者，非言舜之分北時乎？夫當②「本」之時，既言有舊都之「頑」在，安得謂之遏絶哉？「末」之時既曰「來格」矣，又從而遏絶之，不幾③遏絶已降者乎？此其違叛聖經、黨邪説，而助之攻正，四也。

《呂刑》又曰：「皇帝清問下民，鰥寡有辭于苗。」又曰：「其今爾何懲，惟時苗民匪察于獄之麗，罔擇吉人，觀于五刑之中，惟時庶威奪貨，斷制五刑以亂無辜。上帝不蠲，降咎于苗，苗民無辭于罰，乃絶厥世。」曰「有辭于苗」、曰「無辭于罰」、曰「乃絶厥世」，皆與《堯典》、《皋陶謨》、《禹貢》合。而獨無一字及於「徂征」、「來格」之意與《禹謨》合者④。蔡沈猶不能辨，其有胸無心，亦已甚矣。此其違叛聖經、黨邪説，而助之攻正，五也。

① 漸，明抄本作「占」。
② 當，四庫本無。
③ 「幾」下，四庫本有「於」字。
④ 者，四庫本無。

至於《堯典》之末，而特書「分北三苗」一言者，是即《禹貢》「三危既宅，三苗丕敘」之意，匪有他也。蓋竄遷之時，有「頑不即工」者，皋陶以象刑謫遣之，禹於雍州即隨至而宅敘之，此其首尾照應，較然可尋，文理血脉貫通無間，安可以「徂征」、「來格」之文反易明徵之實迹哉？且人既「來格」，不可追其既往；革心向化之人，聖人必不「分北」之，聖人既「分北」之，則決非「來格」之人，「來格」之與「分北」，不啻冰炭之相反也。

學者將以「分北」爲是乎，將以「來格」爲是乎？如以「來格」爲是，則《大禹謨》爲真，《堯典》爲僞矣；如以「分北」爲是，則《堯典》爲真，《大禹謨》爲僞矣。《堯典》既爲僞，則《皋陶謨》、《禹貢》、《吕刑》皆不足信也，皆可删也。《大禹謨》爲僞，則《皋陶謨》、《禹貢》、《吕刑》皆昭如日月也，皆不可以附麗儕列於五十九篇之内也。二者必居一，於是安得倀倀茫茫爲無星之秤、無寸之尺，而兩可依違於其間，使千載而下舜、禹二大聖獨蒙「分北」已降之過者哉？夫使我二帝三王之正經，萬古如長夜，混玄珠於泥①沙，豈非吾儒之罪也哉？聖經如日，焉忍混之？吾嘗原晉人之心矣，以爲非勦取文王伐崇修教，因壘之②降，

① 泥，四庫本作「沈」。
② 之，四庫本作「而」。

不足以形容舜、禹過化存神之妙，殊不知「天地之大德曰生」，非不欲爲無秋之春也，然四時以序而行，不能即夏而爲春，故君子静觀天地震曜，殺戮之心是即天地生育養長之心，不必别求天地之心也。聖人，法天者也，賞以類天之生育養長，刑以類天地之震曜殺戮。故君子静觀聖人流放竄殛之心，是即聖人過化存神之心，不必别求聖人之心也，如必以流放竄殛之刑爲不足以盡聖人過化存神之妙，而必求「干羽」以爲奇，則吾將求其備。古之人所以大過人者無他焉，善推其所爲而已矣。故九經之序，由家以及朝廷，由朝廷以及其國，由國以及於天下。三苗，天下之荒服也；共工、驩兜、鯀，朝廷之臣也。

今既能誕敷而使一凶之來格矣，又何不誕敷而使共、兜、鯀三凶之勃化，尚何以流放殛爲哉？又何輿薪一羽不明不舉、不能忽然而使商均之洗心，尚何有不肖爲哉？①是則猛虎虺蛇之不能擾馴，不害其爲天地；工、兜、苗、鯀之不能格化，不害其爲聖人，而立異以紊聖經，即爲邪説也，昭昭矣。斯義也，晉人固不足以知之。蔡沈知其説之不通，曲爲文飾，又不自知其立説之乖剌也。其注《皋陶謨》曰：「威以象刑，而苗猶不服，然後禹以

① 「今既能」至「不肖爲哉」，四庫本作「今既能忽然而使有苗之來格矣，又何不忽然而使工、兜、鯀之勃化，尚何以流、放、殛爲？商均，傳家之子也，又何不忽然而使商均之洗心，尚何有不肖爲哉」。

征之，征之不服，以益之諫而又增修德教，及其來格，然後①分北之。」然則始之班師，將以誘苗之降，及其既格，即從而分北之②，是欺其不見而罔③之也，焉有仁人在位罔苗之事而可爲哉？猶自誇以爲知聖人兵刑之敘，與帝舜治苗之本末，豈非誣而可憐哉？於彼則曰「以益之諫，又增修德教④」，於此則曰「舜之文德，非自禹班師而始敷」，則彼所謂增修者，果何物也耶？注之上文既曰「苗之來格，非以舞干羽，而至干羽之舞，雍容不迫，有苗之至，適當其時」，則益之戒爲空言無補，而史臣之書⑤亦隨事劄記之常耳。下文復曰：「作史者因即其實以形容有虞之德，千載之下猶可以是而想其一時氣象。」夫奉辭不足以威敵，則其用兵也，誠爲兒戲！舞羽無關於向化，則其舞⑥也不過目觀如此氣象，尚何可想之有？此其言皆自相抵牾者也。且有苗之格既逆於三旬之「徂征」，又不爲「干羽」之

---

① 後，四庫本作「即從而」。
② 「然則始之班師」至「從而分北之」，四庫本無。
③ 罔，四庫本作「取」。
④ 教，四庫本無。
⑤ 「史臣之書」，四庫本作「作史者」。
⑥ 舞，四庫本作「文舞」。

速化，則其格也豈别有神兵以驅之耶？凡皆彌縫諂佞晉人之説①，而遑其兒童之見，無足取者，豈非無得於其心，故不得於言也耶？

分北三苗者，蓋以此一事特重大而難者也。當其竄逐之時，猶頑而未即工，必兼皋陶之明刑、禹之既宅二人之手，而後竄逐之事方終。故以分北之分總之於後，以見其重大而難耳。非謂竄逐者已至三危，而頑猶在舊都也。故吴起亦言：「三苗氏，左洞庭，右彭蠡，德政不修，禹滅之。」亦與伏生《書》合。所謂「滅之」者，正《禹貢》「宅之於三危」、《吕刑》「遏絶苗民，無世在下」之謂也。曷嘗有班師「來格」之事哉！曰「竄」、曰「分北」、曰「遷」、曰「象刑惟明」、曰「既宅丕敘」、曰「遏絶無世」，皆伏生《書》之本經也。曰「舞干羽于兩階」、「七旬有苗格」，則《大禹謨》之《古文》也、莊周②之寓言也。學者將從伏生《書》之本經乎，將從晉人之僞《書》乎？蔡沈中立其間，以既格而分北之。夫「格」者，傾心效順之謂也。彼既傾心效順，此已受其降，反因其「格」而擠陷之，擇其善者則分背之，此雖楚莊王、荀吴、孫武、吴起之所不爲也，而謂大聖人爲之乎？且曰「既宅」、曰

---

① 説，四庫本作「訛」。

② 莊周，原作「淮南」，據上文改。參見第一五五頁校記②。

「丕敘」，則決無逆命者矣。若猶有叛逆，則決不可謂之「既宅」、謂之「丕敘」矣。何蔡沈之不通文理一至此哉！蓋其胸中憒憒，愛惜魚目，而按劍明月之珠久矣。其不得罪於聖人者幾希！①

五子之歌

今案：《尚書序》與《五子之歌》本序不同，《尚書序》與《離騷》、《左傳》皆合。本序皆竊取《左傳》之文。《離騷》曰：「夏康娛以自縱，不顧難以圖後，五子用失乎家衖。」初未言「太康畋于洛汭，十旬弗反」也。以理推之，魏絳引羿以戒晉悼好田而不引太康；周史辛甲官箴王闕，宜取太康十旬之畋以爲箴可也，而其言亦止言在「帝夷羿，冒於原獸」，則太康非淫於田可知矣。況康既失邦，黎民咸貳，猶不顧而「畋于洛汭，十旬弗反」，言亦不情之甚。此蓋晉人蒐羅逸《書》以補此篇，見《襄四年》魏絳曰「夏訓有之，有窮后羿」，遂竊后羿之田，以爲太康之田。其曰「有窮后羿」一句，全用《左傳》文也。「因民」一句，《左傳》「因夏民以代夏政」也。「弗忍」二字，用《左傳》「其子不忍」。「食諸」二字，反用之也。「畋

① 自「分北三苗者」至「其不得罪於聖人者幾希」，四庫本無。

于」二字，用《左傳》「虞羿於田」之意也。「十旬弗反」，用《左傳》「淫於原獸」之意也。於此益見《小序》猶可信，而《古文》全是無當也。不曰「田」而曰「畋」，又用《離騷》「羿淫游以佚畋」。改「淫游」作「盤游」，改「佚」作「逸」。曰「有洛之表」者，疏《小序》「洛汭」二字。「傒于洛之汭」，即「須于洛汭」也。不曰「昆弟」而曰「厥弟」，以所繼立者仲，則其餘四人又仲康之弟，皆不當稱昆故也。不知昆之微子亦有不當立者。又《小序》但言「失邦」，不言「羿距」，又《左傳》「因夏民以代夏政」。言仲康、帝相之後，非太康時也。啓后疑存，故曰「御其母」。但賊方興衆以距其兄，而五人猶得御母以從，斯爲不可曉也已。其曰「母出」，又用楚辭「失家衖」之義歟！

因民弗忍

《昭二十六年》王子朝使告於諸侯曰：「王心戾虐，萬民弗忍。」

厥弟五人御其母①

① 「今案」至「厥弟五人御其母」，四庫本無。

《史》：「帝啓崩，子太康立，帝太康失國，昆弟五人，須于洛汭，作《五子之歌》。」①

民可近，不可下。民惟邦本，本固邦寧。

《周語》單襄公曰：「求蓋人其抑下滋甚，故聖人貴讓。且諺曰：『獸惡其罔，民惡其上。』《書》曰：『民可近也，而不可上也。』」今改「上」字爲「下」字。②《泰族訓》：「國主之有民也，猶城之有基，木之有根。根深則本固，基美則上寧。」

予視天下，愚夫愚婦，一能勝予。一人三失，怨豈在明，不見是圖。予臨兆民，懔乎若朽索之馭六馬。③

《中庸》：「夫婦之愚。」④《晉語》「知伯國曰：《夏書》有之曰『一人三失』云云。《周書》有之曰：『怨不在大，亦不在小。夫君子能勤小物，故無大患。』」《成十六年》單子

① 四庫本於此後有文如下：《襄四年》魏絳曰：「《夏訓》有之曰：有窮后羿」云云，此篇節取其後。曰「不修民事，而淫於原獸」，未曾言太康畋也。
② 此下，四庫本有「《淮南子·説林訓》『君子之居民上，若以朽索御奔馬』」。
③ 四庫本於此條衹録其中「一人三失，怨豈在明，不見是圖」數語。
④ 中庸夫婦之愚，四庫本無。

曰：「位於七人之下，而求掩其上，怨之所聚，亂之本也。多怨而階亂，何以在位？《夏書》曰『怨豈在明，不見是圖』，將慎其細也。今而明之其可乎？」《論語》曰：「以臨其民。」《淮南子》：「君子之居民上，若以朽索馭奔馬。」《召誥》：「曷其奈何弗敬？」①《文十八年》史克曰②：「傲狠明德，以亂天常。」

其二曰：訓有之，内作色荒，外作禽荒，甘酒嗜音，峻宇彫牆。

《越語》范蠡曰：「王其且馳騁弋獵，無至禽荒，宫中之樂，無至酒荒，肆與大夫觴飲，無忘國常。」《戰國策》：「儀狄作酒，禹飲而甘之。」《宣元年》：「晉靈公不君，厚斂以彫牆。」

其三曰：惟彼陶唐，有此冀方。今失厥道，亂其紀綱，乃底滅亡。③

《左傳·哀公六年》楚昭王有疾，不祭河。孔子曰：「楚昭王知大道矣，其不失國也

---

① 「論語曰」至「曷其奈何弗敬」，四庫本無。
② 曰，四庫本無。
③ 「其三曰」至「乃底滅亡」，四庫本作「第三章」。

宜哉！《夏書》曰：『惟彼陶唐，帥彼天常，有此冀方。今失其行，亂其紀綱，乃滅而亡。』」此語今以爲《五子之歌》第三章，但歌中無「帥彼天常」一句，下亦微異。「其行」，《歌》作「厥道」；「乃滅而亡」，《歌》作「乃厎滅亡」。杜預注：「逸《書》。『滅亡』，謂夏桀。唐、虞及夏同都冀州不易地，『而亡』，由於不知大道故。」孔穎達疏曰：「賈、服、孫、杜皆不見《古文》，以爲逸《書》，解爲夏桀之時，惟王肅云太康時也。案：王肅注《尚書》，其言多是孔《傳》。疑肅見《古文》，匿之而不言也。」

夫作《古文》者，以仲康復立故，以五子能明祖訓，然當作《歌》之時，羿雖距太康于河，猶未至於滅亡也，故改作「乃厎滅亡」，言其勢至於滅亡也。由「乃滅而亡」，則杜注以爲夏桀之時者爲當。由「乃厎滅亡」則未知，或爲太康之時，或爲夏桀之時也。孔疏此章於《尚書》絶無辨證之語，於《左傳》則曰：「此多『帥彼天常』一句，又字少異者，文經篆隸，師讀不同，故兩存之。」又曰「疑肅見《古文》，匿之而不言」，蓋疑《古文》爲王肅所擬也。

今案： 少「帥彼天常」一句，改「其行」爲「厥道」者，則故爲繆亂以惑學者；改「乃滅而亡」爲「乃厎滅亡」，則欲遷就其説以當太康之世。然不知此章之體，句句用韻，今「厥道」一句，獨不用韻，則其不知而妄改，卒亦莫能掩矣。以爲王肅所擬者，甚是。又恐作

《古文》者，見王肅之言而附會成書，亦未可知也。

其四曰：明明我祖，萬邦之君，有典有則，貽厥子孫，關石和鈞，王府則有。

《詩》：「明明天子。」又曰：「萬邦之方。」《周官》：「六典八則。」《詩》：「貽厥孫謀。」①《周語》單穆公曰：「《夏書》有之曰：『關石和鈞，王府則有。』」韋昭注：「逸《書》。」單穆公下文又曰：「且絶民用以實王府，猶塞川原而爲潢污也，其竭也無日矣。」

其五曰：嗚呼曷歸，予懷之悲，萬姓仇予，予將疇依？鬱陶乎予心，顔厚有忸怩。弗慎厥德，雖悔可追？②

《詩》：「奚其適歸，我心傷悲。」《史》：「撫我后也，虐我讎也。」《家語》：「夏商之民，親湯武而讎桀紂。」③《孟子》：「象曰：『鬱陶思君爾，忸怩。』」《詩》曰：「顔之厚矣。」又《晉語》：「平公射鴳，忸怩顔。」《詩》：「克慎其德。」《哀十六年》單平公曰：「悔

---

① 「詩明明天子」至「詩貽厥孫謀」，四庫本無。

② 「其五曰」至「雖悔可追」，四庫本只録「鬱陶乎予心，顔厚有忸怩」二句。

③ 「詩奚其適歸」至「親湯武而讎桀紂」，四庫本無。

其可追?」①

胤征

惟仲康肇位四海，胤侯命掌六師。羲和廢厥職，酒荒于厥邑。胤侯承王命徂征。

《史記》：「帝仲康時，羲和湎淫，廢時亂日，胤往征之。作《胤征》。」《詩》：「肇域彼四海。」天子六師，命掌六師者，命之爲司馬也。《堯典》：「咨！汝羲暨和。」蓋掌曆象授時之官也。胤侯如《呂刑》「三后」，由諸侯而入爲公卿也。「酒荒于厥邑」者，沈湎于酒也。《大禹謨》：「汝徂征。」

告于衆曰：嗟予有衆。

《大禹謨》：「濟濟有衆。」《甘誓》：「嗟，六事之人。」②

① 「詩克慎其德」至「悔其可追」，四庫本無。
② 「惟仲康肇位四海」至「六事之人」，四庫本無。

聖有謨訓，明徵定保。

《襄二十一年》祁奚曰：「《詩》云①：『惠我無疆，子孫保之。』《書》曰：『聖有謨勳，明徵定保。』」杜注：「逸《書》。言聖哲有謀功者，當明②定安之也。」又曰：「夫謀而鮮過，惠訓不倦者，叔向有焉。」杜注：「謀而③鮮過，有謨勳者④也。惠訓不倦，惠我無疆也。」孔穎達正義云：「此引『《書》曰』，《夏書·胤征》之文也。彼作『聖有謨訓』，此云『惠訓不倦』。」以爲晉人改《書》之「勳」爲「訓」，不可得而知也。以爲祁大夫改晉人之「訓」爲「勳」，亦不可得而知也。但「謀而⑤鮮過」，承「謨勳」而言；「惠訓不倦」，承「惠我無疆」而言，則我的然知杜注之是矣。然則晉人之改「勳」爲「訓」者，實因「惠訓」之「訓」字而改也。古人之引《詩》、《書》，必不奪《書》以與《詩》也。且「《書》曰」之上未有「夏」字，「訓」字不換，不可以入《胤征》。蔡氏不知考證，區區之小⑥忠，大忠之賊也。

① 云，四庫本作「曰」。
② 「明」下，四庫本有「信」字。
③ 而，四庫本無。
④ 者，四庫本無。
⑤ 而，四庫本無。
⑥ 小，四庫本無。

先王克謹天戒，人臣克有常憲，百官修輔，厥后惟明明。

董子曰：「天心仁愛人君，先出怪異以戒之。」「常憲」即「成憲」。《五子歌》又言：「明明我祖。」《詩》：「明明天子。」①

每歲孟春，遒人以木鐸徇于路，官師相規，工執藝事以諫，其或不恭，邦有常刑。

《襄十四年》師曠引《夏書》曰：「遒人以木鐸徇於路，官師相規，工執藝事以諫，正月孟春於是乎有之，諫失常也。」《周禮·小宰》：「正歲帥治官之屬，觀治象之法，徇以木鐸曰：『不用法者，國有常刑。』」

惟時羲和，顛覆厥德，沈亂于酒，畔官離次，俶擾天紀，遐棄厥司，乃季秋月朔，辰弗集于房，瞽奏鼓，嗇夫馳，庶人走，羲和尸厥官，罔聞知。

《詩》：「顛覆厥德，沈湎于酒。」「畔官」，違其職也。「離次」，失其位也。《洪範》「五紀」歲、日、月、星、曆數也，以其在天，故曰「天紀」。違棄其所主之事，即「畔官離次」也。

---

① 「先王克謹天戒」至「明明天子」，四庫本無。

《左傳·昭十七年》：「日過分而未至，三辰有災，於是乎百官降物，君不舉辟移時，樂奏鼓，祝幣，史用辭，故《夏書》曰：『辰不集於房，瞽奏鼓，嗇夫馳，庶人走。』此月朔之謂也。」《詩》：「善人載尸。」《書》：「若罔聞知。」

《政典》曰：「先時者，殺無赦！不及時者，殺無赦！」

《荀子·君臣篇》：「《書》曰：先時者，殺無赦！不逮時者，殺無赦！」今作《政典》。

今予以爾有衆，奉將天罰，爾衆士同力王室，尚弼予欽承天子威命。

《大誥》：「惟予以爾庶邦。」《甘誓》：「恭行天罰。」《周官》又言：「弼予一人。」《湯誥》：「欽承天道。」①

火炎崑岡，玉石俱焚。天吏逸德，烈于猛火。殲厥渠魁，脅從罔治。舊染污俗，咸與

① 「惟時羲和」至「欽承天道」，四庫本無。

惟新。①

《晉書·袁宏〈三國名臣贊〉》云：「滄海橫流，玉石同碎。」又《劉琨傳》「火炎崑岡」②，可見是晉人語。又《漢·董卓傳》論曰：「崑岡之火，自茲而焚。」《孟子》：「惟天吏則可以伐之。」《盤庚》：「惟汝逸③德。」《立政》：「庶習逸德之人。」《左傳》子産曰：「火烈人④望而畏之。」「渠魁」見《漢書》。「殲」見《左傳》。「脅從」，非首惡者也。《孟子》：「同乎流俗，合乎污世。」《大學》引《詩》：「周雖舊邦，其命惟新。」「舊染」，即舊邦之染也。⑤

威克厥愛，允濟；愛克厥威，允罔功。其爾衆士懋戒哉！⑥

今案：《左傳·昭二十三年》吴公子光曰：「吾聞之曰：『作事威克其愛，雖

---

① 「火炎崑岡」至「咸與惟新」，四庫本只録「火炎崑岡，玉石俱焚」二句。
② 火炎崑岡，四庫本作「同」。
③ 姜案：逸，當作「含」。
④ 姜案：人，當作「民」。
⑤ 「又漢董卓傳」至「舊邦之染也」，四庫本無。
⑥ 其爾衆士懋戒哉，四庫本無。

小必濟。』」而不云「《夏書》有之曰」，但改「其」字作「厥」字，改「雖小必」三字，爲「允」字。《泰誓》又言：「明誓衆士。」《召誥》：「其眷命用懋。」《大禹謨》又曰：「懋哉！」①

① 「泰誓又言」至「又曰懋哉」，四庫本無。四庫本另有文如下：《荀子·君臣篇》：「《書》曰：『先時者殺無赦，不逮時者殺無赦。』」（原注：今作《政典》。）《史記》：「帝仲康時，羲和湎淫，廢時亂日，胤往征之，作《胤征》。」

尚書考異卷第三

仲虺之誥

《定元年》薛宰曰：「薛之皇祖奚仲居薛，以爲夏車正，奚仲遷於邳，仲虺居薛，以爲湯左相。」

成湯放桀于南巢，惟有慙德，曰：「予恐來世，以台爲口實。」

《孟子》：「湯放桀。」《史記》：「放之於南巢。」①《左傳・襄二十九年》：「季札見舞韶濩者曰：『聖人之宏也，而猶有慚德，聖人之難也。』」《襄二十二年》公孫僑對晉人曰：「若不恤其患，而以爲口實。」《楚語》王孫圉曰：「使無以寡君爲口實。」

① 「孟子湯放桀」至「放之於南巢」，四庫本無。

仲虺乃作《誥》曰：「嗚呼！惟天生民有欲，無主乃亂。惟天生聰明時乂。有夏昏德，民墜塗炭。天乃錫王勇智，表正萬邦，纘禹舊服。兹率厥典，奉若天命。」

《樂記》：「人生而静，天之性也；感於物而動，性之欲也。」無主以治之，則强淩弱，衆暴寡，而亂矣。《中庸》：「爲能聰明睿知，足以有臨也。」《多方》：「有夏誕厥逸，乃大淫昏。」《詩》：「古帝命武湯。」《多方》又曰：「天惟時求民主，乃大降顯休命于成湯。」《詩》：「纘禹之緒。」《虞書》：「弼成五服。」「兹率禹之典，奉若天命而已。」①

夏王有罪，矯誣上天，以布命于下。帝用不臧，式商受命，用爽厥師。

《多士》：「嚮于時夏，弗克庸帝，大淫佚有辭。惟時天罔念聞，厥惟廢元命，降致罰。乃命爾先祖成湯革夏。」《詩》：「何用不臧。」《周書》：「爽邦由哲。」②

簡賢附勢，實繁有徒。肇我邦于有夏，若苗之有莠，若粟之有秕，小大戰戰，罔不懼于

---

① 「仲虺乃作誥曰」至「奉若天命而已」，四庫本無。
② 「夏王有罪」至「爽邦由哲」，四庫本無。

非辜。矧予之德言足聽聞。①

《孟子》曰：「子傲以我爲簡。」②《左傳・昭二十八年》叔游曰：「《鄭書》有之：『惡直醜正，實繁有徒。』」杜注曰：「《鄭書》，古書名。」因先漢之僞也多遺，故東晉《古文》之蒐也已嚴，雖《鄭書》亦攘以爲《商書》。③又《襄三十年》子産曰④：「《鄭書》有之：『安定國家，必大焉先。』」《襄三十年》過伯有氏，其門上生莠，子羽曰：「其莠猶在乎？」此其句法意義⑤不相類也⑥，但目擊「莠」字而發其獨智云耳⑦，則不可誣也。或曰：「子之捃摭亦已甚矣。⑧」曰：「非然也，『慙德』取於前，『苗莠』取於後，《仲虺之志》在其⑨中，其當

---

① 此條四庫本無「簡賢附勢」一句，而將「實繁有徒」與「肇我邦於有夏，若苗之有莠，若粟之有秕，小大戰戰，罔不懼於非辜。矧予之德言足聽聞」分列爲兩條。「若苗之有莠，若粟之有秕」又重出爲一條。評語亦從之。

② 孟子曰子傲以我爲簡，四庫本無。

③ 「因先漢之僞也多遺」至「雖鄭書亦攘爲商書」，四庫本作「張霸之僞也多遺，《古文》之蒐也已嚴」。

④ 襄三十年子産曰，原作「襄二十九年子太叔」，明抄本同，據四庫本及《左傳》改。

⑤ 「義」下，四庫本有「雖」字。

⑥ 也，四庫本無。

⑦ 云耳，四庫本無。

⑧ 亦已甚矣，四庫本作「無乃已甚乎」。

⑨ 其，四庫本作「於」。

時蒐竊之情固如此也。」孔子①曰:「若其不具,②用秕稗也。」《亢倉子·農道篇》「凡苗之患,先生者美米,後生者爲秕。不知耨者,去其兄而養其弟,不收其粟而收其秕。」《史記》:「桀乃召湯而囚之夏臺,已而釋之。」《詩》:「戰戰兢兢。」伯冏③又言:「小大之臣。」《呂刑》:「殺戮無辜。」又言:「方告無辜于上。」《左傳》:「渾良夫叫天無辜。」《論語》:「有德者必有言。」④

惟王不邇聲色,不殖貨利。德懋懋官,功懋懋賞。用人惟己,改過不吝。克寬克仁,彰信兆民。

《孟子》:「伯夷耳不聽惡聲,目不視惡色。」《老子》:「五聲令人耳聾,五色令人目盲。」《論語》:「賜不受命,而貨殖焉。」《史》有《貨殖傳》。「德懋懋官」,官惟其人,賢者在位也。「功懋懋賞」,賞不可以無功濫也。《禹謨》又言:「時乃功,懋哉!」「用人惟己」,

① 「孔子」上,四庫本有「又定公夾谷之會」一句。
② 若其不具,四庫本無。
③ 姜案:指《古文尚書·冏命》。
④ 「詩戰戰兢兢」至「有德者必有言」,四庫本無。

人之有技，若己有之也。「過而不改，是謂過矣」、「過則勿憚改」、「寬則得衆」，帝王之道也。「仁者宜在高位」，《易》曰：「寬以居之，仁以行之。君德也。」「彰信兆民」，「萬邦作孚」也。①

乃葛伯仇餉，初征自葛，東征西夷怨，南征北狄怨。曰：「奚獨後予？」攸徂之民，室家相慶。曰：「徯予后，后來其蘇！」民之戴商，厥惟舊哉！「乃」字用《夏書》「乃季秋月朔」之「乃」。此一節全是約《孟子》之言，但增「攸徂之民，室家相慶」二句，以爲承上起下之辭。又增「民之戴商，厥惟舊哉」二句，以爲繳結之語耳。②

佑賢輔德，顯忠遂良。③**兼弱攻昧，取亂侮亡，推亡固存，邦乃其昌。**《詩》：「保佑命之。」《易》：「天之所佑者，順也。」《周禮》：「鄉大夫三年則大比，

① 「惟王不邇聲色」至「萬邦作孚也」，四庫本無。
② 「乃葛伯仇餉」至「以爲繳結之語耳」，四庫本無。
③ 佑賢輔德顯忠遂良，四庫本無。

考其德行道義，而興賢者。」鄭注：「賢謂有德行者，賢是德盛之名，德是資賢之實。」《詩序》云「忠臣、良士」，皆是善也。佑、輔、顯、遂，善善而固其存也。①《襄三十年②》：「《仲虺之志》云：『亂者取之，亡者侮之，推亡固存，國之利也。』」引「志」爲「誥」，改「國之利也」爲「邦乃其昌」③。《洪範》曰「邦其昌」，此增一乃字。④《宣十二年》：「隨武子曰：兼弱攻昧，武之善經也。《仲虺》有之⑤曰『取亂侮亡』，兼弱也。《汋》曰『於鑠王師，遵養時晦』，耆昧也。《武》曰：『無競惟烈。』撫弱耆昧，以務烈所，可也。」《襄十四年》中行獻子曰：「《仲虺》有言曰：『亡者侮之，亂者取之，推亡固存之道也。』」兼并，周武王之事，以爲仲虺之言，其蹤跡之顯著如此。⑥而《正義》者乃疏之曰⑦：「傳⑧取彼之意，而改爲⑨之

---

① 「詩保佑命之」至「善而固其存也」，四庫本無。
② 三十年，原作「二十九年」，故宮抄本同。據四庫本與《左傳》改。
③ 改國之利也爲邦乃其昌，四庫本作「改國之利爲邦乃昌」。
④ 「洪範曰」至「增一乃字」，四庫本無。
⑤ 之，四庫本作「言」。
⑥ 「兼并」至「其蹤迹之顯著如此」，四庫本無。
⑦ 而正義者乃疏之曰，四庫本作「正義曰」。
⑧ 傳，四庫本作「此傳」。
⑨ 爲，四庫本無。

辭，非本文也。」乃蔡沈則全然罔覺矣。①

德日新，萬邦惟懷；志自滿，九族乃離。王懋昭大德，建中于民，以義制事，以禮制心，垂裕後昆。

《盤銘》曰：「苟日新。」上二句，即《孟子》「苟能充之，足以保四海也」。下二句，即《孟子》「不能充之，無以保妻子也」。《孟子》又曰：「得道者多助，多助之至，天下順之。失道者寡助，寡助之至，親戚叛之。」《宥坐》之「器滿則溢」，《詩》「民之靡盈」。「懋昭大德」，則「日新」之極矣。「建中于民」，即舜之用中于民。「以義制事」，見《荀子》書。《易》曰：「義以方外，敬以直內。」《詩》：「以保我後生。」②

予聞曰：「能自得師者王，謂人莫己若者亡，好問則裕，自用則小。」

《荀子・堯問篇》：「楚莊王曰：不穀謀事而當，羣臣莫能逮，是以憂也。其在《中

---

① 乃蔡沈則全然罔覺矣，四庫本無。

② 「德日新」至「以保我後生」，四庫本無。

蘬之言》也曰：『諸侯自爲得師者王，得友者霸，得疑者存，自爲謀而莫己若者亡。』今以不穀之不肖，而羣臣莫吾逮者，國幾於亡乎？是以憂也。」今改「諸侯」字爲「能」字，改「自爲謀而」四字爲「謂人」二字，又摘去「得友者霸，得疑者存」二句，其取舍之意，亦有識矣。而於下文，即横奪周公之言之意，以與仲虺，蓋不可也。周公謂伯禽之傅曰：「盍志而子美德乎？」對曰：「其爲人寬，好自用，以慎，三者，其美德也已。」周公曰：「嗚呼！以人惡爲美德乎？君子好以道德，故其民歸道，彼其寬也，出無辨矣，汝又美之。彼其好自用也，是所以窶小也。君子力如牛，不與牛争力；走如馬，不與馬争走；知如士，不與士争知。彼争者，均者之器也，汝又美之。彼其慎也，是其所以淺也。聞之曰無越踰不見士，見士問①曰：『無乃不察乎？』不聞②則物少至，少至則淺，彼淺者，賤人之道也，汝又美之。」又「好問」字，見《中庸》。「裕」字，見《今文書》，即「淺」字之反也。楊倞注「中蘬」即「仲虺」，蓋見《古文》摘取其語而云然也。細玩之，恐非一人。

或曰：荀卿之言恒疵而不淳，吾子奚隆於荀？應曰：吾非淳荀子，其先後之序、

① 問，原作「周」，四庫本同，據《荀子》改。
② 聞，原作「問」，四庫本同，據《荀子》改。

蹈襲之情，則誠有如此焉耳。《左傳》仲孫湫亦以「殖有禮，覆昏亂」爲霸王之器，豈可以爲非蹈襲？

嗚呼！慎厥終，惟其始。殖有禮，覆昏暴。欽崇天道，永保天命。

《表記》「子曰：『事君慎始而敬終。』」《閔元年》齊仲孫湫曰：「魯不棄周禮，未可動也。君其務寧魯難而親之，親有禮，因重固，間攜貳，覆昏亂，霸王之器也。」又《晉語》公孫固曰：晉文子「殆有禮矣，樹於有禮，必有艾。《詩》①曰『湯降不遲，聖敬日躋』，降，有禮之謂也。」其意以「殖有禮，覆昏暴」，天之道也，而「欽崇」之，正「永保天命」之事也。何「慚德」之有？來世何「口實」之有？《傳》以爲《仲虺》終言王者，非也。②

湯誥

王歸自克夏，至于亳，誕告萬方。

① 詩，四庫本作「語」，誤。

② 「其意」至「非也」，四庫本無。

《周書·多方·小序》：「成王歸自奄，在宗周，誥庶邦，作《多方》。」又《多方》本篇「王來自奄，至于宗周。」《史記》：「自契至湯八遷，湯始居亳，從先王居。」

王曰：「嗟爾萬方有衆，明聽予一人誥：惟皇上帝，降衷于下民，若有恒性，克綏厥猷惟后。」

《盤庚》曰：「有衆咸造。」又曰：「綏爰有衆。」《顧命》：「王若曰：『庶邦侯甸男衛，惟予一人釗報誥。』」《甘誓》：「嗟六事之人。」《湯誓》：「悉聽朕言。」《盤庚》：「明聽朕言。」《泰誓》又云：「西土有衆。」《費誓》：「言聽命。」①《晉語》梁由靡曰：「以君之靈，鬼神降衷。」《吴語》夫差曰：「今天降衷於吴。」《内傳》劉子曰：「民受天地之中以生。」《左傳》：「天誘其衷。」《中庸》曰：「天命之謂性。率性之謂道，修道之謂教。②」

夏王滅德作威，以敷虐于爾萬方百姓，爾萬方百姓罹其凶害，弗忍荼毒，並告無辜于

---

① 「甘誓」至「言聽命」，四庫本無。

② 率性之謂道脩道之謂教，四庫本無。

上下神祇。天道福善禍淫，降災于夏，以彰厥罪。

《晉語》韓宣子曰：「上下神祇，無不徧諭也。」《史記》「夏桀不務德，而殘傷百姓，百姓不堪。」《左傳》①：「渾良夫叫天無辜。」《論語》：「禱爾於上下神祇。」②然此一段大概③修節《呂刑》之④文，彼皆論苗，移以加之桀，彼曰⑤「弗用靈」，「滅德」也。「制以刑，惟作五虐之刑曰法」，「作威」也。「殺戮無辜，爰始淫爲劓刵椓黥」，所謂「敷虐于爾萬方百姓」也。「虐威庶戮方告無辜于上」者，所謂「爾萬方百姓罹其凶害，弗忍荼毒，並告無辜于上下神祇」也。

又於下文有曰：「上帝不蠲，降咎于苗」者，所謂「天道福善禍淫，降災于夏，以彰厥罪」也。但恐桀之鬼笑於地下曰：「以數苗者數己，何居？」苗之鬼赧於地下曰：「己罪終不可湔，收桀連坐，奚忍？」君子斷之曰：「桀之罪⑥固不減于苗，但盜獄辭，罔中於信，

① 左傳，四庫本作「哀公十七年」。
② 論語禱爾於上下神祇，四庫本無。
③ 然此一段大概，四庫本作「此一段」。
④ 之，四庫本無。
⑤ 彼曰，四庫本無。
⑥ 罪，四庫本作「惡」。

故桀不能如苗之無辭於罰。」《牧誓》：「俾暴虐于百姓。」《金縢》曰：「今天動威，以彰周公之德。」今則反用之曰「降災于夏，以彰厥罪」，所謂「是可忍也，孰不可忍也」。「天道」一句又見於《國語》。①《多方》曰：「誕作民主。」又曰：「告爾有方多士。」《微子》：「天毒降災荒殷邦。」《多士》：「弗弔昊天，大降喪于殷。②」

肆台小子，將天命明威，不敢赦。敢用玄牡，敢昭告于上天神后，請罪有夏。聿求元聖，與之戮力，以與爾有衆請命。

《湯誓》：「非台小子。」《皋陶謨》曰「天明威」，上文「天命有德」。《多士》：「我有周佑命，將天命明威，致王罰。」《論語》：「予小子履，敢用玄牡，敢昭告于皇皇后帝，有罪不敢赦。」今皆不通文理，妄爲改竄。以「不敢赦」移居「敢用玄牡」之上。又以「有罪」變作「請罪」字，於下稱伊尹爲「元聖」，徧考古今帝王之辭，無若然者。獨有③《孟子》④：「伊

---

① 「孰不可忍也」至「國語」，四庫本無。
② 「大降喪于殷」下，四庫本有「我有周佑命將天明威，致王罰」。
③ 「湯誓非台小子」至「獨有」，四庫本無。
④ 「孟子」下，四庫本有「曰」字。

尹，聖之任者也。」《漢書》①：「臣與將軍，戮力而攻秦。」「有衆」字見《盤庚》。《淮南子·氾論訓》高皇帝云：「以與百姓請命於皇天。」《漢書》賈捐之曰：「賴漢初興，爲百姓請命。」湯曰②：「予聞有視水見形，視民知治否？③」伊尹曰：「明哉！言能聽，道乃進。君國子民，爲善皆在王官。勉哉，勉哉！」湯曰：「汝不能敬命，予大罰殛之，無有攸赦。」又伊尹既醜有夏，復歸于亳。入自北門，乃遇汝鳩、汝方，作《汝鳩》、《汝方》。既絀夏命，作《湯誥》。④

上天孚佑下民，罪人黜伏，天命弗僭。賁若草木，兆民允殖。

《孟子》：「天降下民。」《洪範》：「惟天陰騭下民。」《史記》：「桀走南巢。」《大誥》：「天命不僭，卜陳惟若茲。」《論語》：「辟諸草木。」《盤庚》：「底綏四方。」⑤

---

① 漢書，四庫本作「高祖曰」。
② 姜案：「湯曰」至「作湯誥」，《史記·殷本紀》之文。
③ 「予聞」至「知治否」，四庫本作「予有言，人視水見形，視民知治否」，與《史記》略同。
④ 「又伊尹」至「作湯誥」，四庫本作「又伊尹云云，汝鳩、汝房。既繼夏命，作《湯誥》」。
⑤ 「上天孚佑」至「底綏四方」，四庫本無。

俾予一人，輯寧爾邦家，兹朕未知獲戾于上下，慄慄危懼，若將隕于深淵。

《詩》：「邦家之光。」《論語》：「獲罪於天。」《詩》：「昊天不惠，降此大戾。」又：「戰戰兢兢，如臨深淵。」《左傳》芋尹蓋對吴人曰：「隕深淵。」《湯誓》稱「朕」，稱「台小子」，稱「予一人」，今因克夏，汰然以天子之稱自稱。①

凡我造邦，無從匪彝，無即慆淫，各守爾典，以承天休。

《周語》單子曰：「先王之令有之曰：『天道賞善而罰淫，故凡我造國，無從匪彝，無即慆淫，各守爾典，以承天休。』」今離間其文，又改「賞善」爲「福善」、「罰淫」爲「禍淫」，以易文可據而改之也，置②之於前。然後增以「降災于夏」至「若將隕于深淵」一段，乃復接「凡我造邦」五句③。「邦」字《周語》作「國」。以《論語》之文間於《國語》之文，復以《國語》之文間於《論語》之文。何若斷絶本書之文，以成其慝志！既改避其言，又改避其意，使人不可躡其蹤。殊不知自智者燭之，付之一哂耳。且單子稱「先王之令有之」，而不言

① 「俾予一人」至「以天子之稱自稱」，四庫本無。
② 置，原作「寘」，據四庫本改。
③ 五句，四庫本作「云云」。

《書》云」，則取之入於湯之《誥》，吾亦有所不敢信也。又若①從單子引「先王之令」②，則「匪彝」、「慆淫」，所謂「淫」也。宜承上天罰淫之法。③「各守爾典」，則不從「匪彝」，不④即「慆淫」，所謂善也，故以承上天賞善之休。若從晉人離間之文⑤，則以有夏爲淫，義俱不貫矣。智者宜審之！

爾有善，朕弗敢蔽。罪當朕躬，弗敢自赦。惟簡在上帝之心，其爾萬方有罪，在予一人。予一人有罪，無以爾萬方。

上文既以《國語》間之，此復用《論語》之文，「帝臣不蔽」，今改作「爾有善，朕弗敢蔽」。「罪當朕躬」，即「罪在朕躬」。而「有罪不敢赦」之句移於上，乃以「弗敢自赦」爲文，舛紊重複不自覺也。吁！⑥吾讀晉人僞《湯誥》，而知蔡《傳》之叛夫子、蔑《論語》、悖先師也。

① 若，四庫本作「曰」。
② 「令」下，四庫本有「言」字。
③ 宜承上天罰淫之法，四庫本無。
④ 不，四庫本無。
⑤ 之文，四庫本作「其文之義」。
⑥ 「上文既以」至「吁」，四庫本無。

《堯曰第二十章①》載成湯請命伐桀之辭②曰：「予小子履，敢用玄牡，敢昭告于皇皇后帝，有罪不敢赦，帝臣不蔽，簡在帝心，朕躬有罪，無以萬方，萬方有罪，罪在朕躬。」如是而已。晉人改之曰：「肆台小子，將天命明威不敢赦。」去《論語》之「履」字者，以湯自名「天乙」，以明示《論語》之訛也。取「有罪不敢赦」之句③而進之「敢用玄牡」之前，其意將以急承上文，出於不得已，猶之可也。「皇皇后帝」改作「上天神后」，因上文已有「惟皇上帝」，欲變文耳，似亦出於不得已，猶之可也。若乃離遏其文，增以「請罪有夏」至「以承天休」一段，何橫哉！「帝臣不蔽」，對上帝之辭也，「爾有善，朕弗敢蔽」，對衆之辭也。「有罪不敢赦」，移置於遠，則肆爲「罪當朕躬，弗敢自赦」之言，《論語》無此「自赦」之文也。惟「簡在上帝之心」一句，增三字。「其爾萬方有罪，在予一人。予一人有罪，無以爾萬方」，則又顛倒其文矣。凡皆不信夫子、蔑棄《論語》之意也。蔡沈曾不注其異同，考據得失，其意亦將挾《古文》以令《論語》也。此非叛夫子、蔑《論語》而何？又蔡《傳》已有「罪不敢以自恕」，鄒季友曰：「朱子《大學或問》：『恕字可以施人，不可施於已。』以『自恕』訓『自赦』似亦

① 章，四庫本無。
② 辭，四庫本作「詞」。
③ 句，四庫本作「意」。

未的。」此非悖先師而何？又《金縢》一篇，朱子作《傳》，文義精密。蔡沈一切反之，載在文集可考也。當改者，亦當三年無改。今師説是而必欲改以逞己説，沈亦忍矣哉！《周語》内史過曰：「其在《湯誓》：『予一人有罪，無以萬夫，萬夫有罪，在予一人。』」韋昭注：「《湯誓》，商《書》，伐桀之誓也。今《湯誓》無此言，則已散亡矣。」

今案：《論語》「朕躬有罪，無以萬方，萬方有罪，罪在朕躬」。

嗚呼！尚克時忱，乃亦有終。

《盤庚》：「欽念以忱，爾忱不屬。」《詩》：「靡不有初，鮮克有終。」①

伊訓

惟元祀十有二月乙丑，伊尹祠于先王。奉嗣王祗見厥祖，侯甸羣后咸在，百官總己以聽冢宰。伊尹乃明言烈祖之成德，以訓于王。②

① 「嗚呼」至「鮮克有終」，四庫本無。

② 此條四庫本録「惟元祀十有二月乙丑」一句，繫於《湯誥》一篇之末，加評語：「《漢書·律曆志》言：『商十二月乙丑朔旦，冬至。』」

《漢書·律曆志》："商十二月乙丑朔旦，冬至。"趙東山曰："《漢志》據《三統曆》，即《書·伊訓篇》'太甲祀于先王，以冬至越茀行事。'其所引《書》辭有序，皆與僞孔氏《書·伊訓篇》語意不合。且言日不言朔，又不言即位，則事在即位後矣。以證殷周不改月，可乎？"《論語》："百官總已，以聽於冢宰。"《詩》："嗟嗟烈祖。"①

古有夏先后，方懋厥德，罔有天災。山川鬼神，亦莫不寧，暨鳥獸魚鼈咸若。

《宣三年》王孫滿曰："昔夏之方有德也，使民知神姦，故民入川澤山林，不逢不若，用能協於上下，以承天休。桀有昏德，鼎遷於商。"《小雅》曰："方懋爾惡。"《頌》："懷柔百神，及河喬獄。"《大雅》："白鳥翯翯，麀鹿濯濯，於牣魚躍。"《孟子》："樂其有麋鹿魚鼈。"②

于其子孫弗率，皇天降災，假手于我有命，造攻自鳴條，朕哉自亳。

---

① "趙東山曰"至"嗟嗟烈祖"，四庫本無。
② "頌懷柔百神"至"樂其有麋鹿魚鼈"，四庫本無。

《詩》：「商之子孫。」《盤庚》：「乃話民之弗率。」①《晉語》驪姬曰：「無必假手於武王。」《左傳·隱十一年》鄭莊公曰：「天禍許國，鬼神實不逞於許君，而假手於我寡人。」《孟子》引《伊訓》曰：「天誅造攻自牧宮，朕載自亳。」《史記》：「湯修德，諸侯皆歸，湯遂率兵以伐夏桀，桀走鳴條，遂放而死。」②

惟我商王，布昭聖武，代虐以寬。

《詩》：「宣昭義問。」「古帝命武湯。」《多方》：「乃惟成湯，克以爾多方，簡作民主。」「胥惟虐於民」，夏之虐也；「厥民刑用勸」，「代虐以寬」也。

今王嗣厥德，罔不在初。立愛惟親，立敬惟長。始于家邦，終于四海。

《召誥》：「今王嗣受厥命，我亦惟茲二國命，嗣若功，王乃初服。嗚呼！若生子，罔不在厥初生，自貽哲命。」今去「厥」字與「生」字，止取「罔不在初」。《禮記》：「立愛自親

① 「詩商之子孫」至「乃話民之弗率」，四庫本無。
② 「孟子引」至「遂放而死」，四庫本無。四庫本有「《史記》伊尹作《伊訓》，作《肆命》，作《徂后》」一句。

始，教民睦也；立教自長始，教民順也。」《孝經》：「夫孝，始於事親，終於事君。」《詩》：「刑于寡妻，至于兄弟，以御于家邦。」此言「家邦」、「四海」，即《大學》「國」、「家」、「天下」之序也。然此用《孝經》「德教加於百姓，刑於四海」也。①

嗚呼！先王肇修人紀，從諫弗咈，先民時若，居上克明，爲下克忠，與人不求備，檢身若不及，以至于有萬邦，兹惟艱哉！

楊雄云：「上世之士，人綱人紀。」《荀子·君臣篇》曰：「《書》曰：『從命而不拂，微諫而不倦，爲上則明，爲下則遜。』」下文又曰：「敬而不順者，不忠者也。」《淮南子·氾論訓》②：「君子不責備於一人。」《法言》：「蠢迪檢神。」《亢倉子·訓道篇》：「君子檢身常若過。」班彪《王命論》：「見善如不及，用人惟由己，從諫如順流。」《詩》曰：「惟先民是程。」

敷求哲人，俾輔于爾後嗣。

① 「惟我商王」至「刑於四海也」，四庫本無。
② 「訓」下，四庫本有「下」字。

《詩》：「罔敷求先王。」又：「惟此哲人。」《酒誥》：「在今後嗣王。」①

制官刑，儆于有位。曰：「敢有恒舞于宮，酣歌于室，時謂巫風。敢有殉于貨色，恒于遊畋，時謂淫風。敢有侮聖言，逆忠直，遠耆德，比頑童，時謂亂風。惟茲三風十愆，卿士有一于身家必喪，邦君有一于身國必亡。臣下不匡，其刑墨！具訓于蒙士。」②

《堯典》：「鞭作官刑。」《周禮·秋官》：「司寇以刑百官。」《盤庚》「由乃在位」，言作官府之刑，以儆戒百官也。舞不可恒，歌不可樂，酒而酣，巫以歌舞事神。《周禮》有男巫、女巫。「殉貨」，聚斂積實也。「殉色」，女寵溢尤也。「恒遊」，從流上下也。「恒畋」，從獸無厭也。《無逸》云「于遊于畋」，荒淫無度之風如此。③《論語》：「狎大人，侮聖人之言。」《鄭語》史伯曰：「惡角犀豐盈，而近頑童窮固，拒逆直之規而不納，疏遠耆年有德者而不親。」④《吴

---

① 「《詩》罔敷求先王」至「在今後嗣王」，四庫本無。

② 「制官刑」至「具訓于蒙士」，四庫本於此條祇録作「敢有侮聖言，逆忠直，遠耆德，比頑童，時謂亂風」。

③ 「堯典」至「荒淫無度之風如此」，四庫本無。

④ 「論語」至「而不親」，四庫本作：「《論語》『侮聖人之言』。《鄭語》史伯曰『惡角犀豐盈，而近頑童窮固焉比謀』」。姜案：「焉比謀」爲衍文。

語》子胥曰：「今王播棄黎老，而孩童①焉比謀。」是爲荒亂之風俗如此。後漢②樊儵言：「郡國舉孝廉，率取年少能報恩者，耆宿大賢多見廢棄。」三風其綱，十愆其目。《孟子》：「諸侯不仁，不保社稷；卿大夫不仁，不保宗廟。」《孝經》：「匡救其惡。」《左傳》：「匡其不逮。」墨，五刑之輕者。注疏謂：「鑿其額，涅以墨。司刑所謂墨刑五百者也。」《易》曰：「童蒙」。③

嗚呼！嗣王祗厥身，念哉！聖謨洋洋，嘉言孔彰。惟上帝不常，作善，降之百祥；作不善，降之百殃。爾惟德罔小萬邦咸慶，爾惟不德罔大墜厥宗。④

《酒誥》：「在今後嗣王。」《無逸》：「治民祗懼。」《皋陶謨》：「慎厥身。」又曰：「念哉！率作興事。」《夏書》：「聖有謨勳。」《漢書》：「洋洋晁董之對。」《中庸》：「洋洋乎！」《禹謨》又曰：「嘉言罔攸伏。」《詩》：「亦孔之昭。」⑤《康誥》曰：「惟命不于

① 童，四庫本作「提」。
② 後漢，四庫本作「先漢」。
③ 「三風其綱」至「易曰童蒙」，四庫本無。
④ 「嗚呼」至「爾惟不德罔大墜厥宗」，四庫本録作「惟上帝不常，作善，降之百祥；作不善，降之百殃」。
⑤ 「酒誥」至「詩亦孔之昭」，四庫本無。

常。」《詩》曰：「天命靡常。」《易》①：「積善之家，必有餘慶；積不善之家，必有餘殃。」《漢書・吴王濞②傳》：「天子制詔將軍：『蓋聞爲善者天報以福，爲非者天報以殃。』」《易③》曰：「善不積，不足以成名；惡不積，不足以滅身。小人以小善爲無益而弗爲也，以小惡爲無傷而弗去也。故惡積而不可揜。罪大而不可解。」劉玄德戒子曰：「勿以惡小而爲之，勿以善小而不爲。」④

太甲上

惟嗣王不惠于阿衡。

「惠」字，因《孟子》「余弗狎於不順」故翻出。《詩》：「實惟阿衡。」

伊尹作《書》曰：「先王顧諟天之明命，以承上下神祇，社稷宗廟，罔不祗肅，天監厥

---

① 「易」下，四庫本有「曰」字。

② 濞，四庫本無。

③ 「易」下，四庫本有「繫辭」二字。

④ 「小人以小」至「小而不爲」。四庫本無。

德，用集大命，撫綏萬方。」

《大學》引《太甲》曰：「顧諟天之明命。」無「先王」二字。「上下神祇」，見《論語》誄辭。「社稷宗廟」見《孝經》。《大雅》云：「天監在下，聿修厥德，有命既集。」《頌》「綏萬邦」，改「邦」爲「方」，增「撫」字。

惟尹躬克左右厥辟宅師，肆嗣王丕承基緒。

《頌》：「實惟阿衡，實左右商王。」今改爲伊尹，故曰「尹躬」。又改「商王」爲「厥辟」。今案：此句不辭之甚，匪伊尹口氣。《大雅》云：「殷之未喪師。」《酒誥》：「在今後嗣王。」①

惟尹躬先見于西邑夏，自周有終，相亦惟終。其後嗣王，罔克有終，相亦罔終。嗣王戒哉！祗爾厥辟，辟不辟，忝厥祖。②

① 「惟嗣王不惠于阿衡」至「在今後嗣王」，四庫本無。
② 「嗣王戒哉」至「忝厥祖」，四庫本無。

《緇衣》：「《尹吉》曰：『惟尹躬天見於西邑夏，自周有終，相亦惟終。』」鄭氏曰：「《尹吉》，亦《尹誥》也。『天』當爲『先』字之誤。」《古文》正作「先」。蓋用鄭注也。鄭又云：「今天絶桀，以其自作孽，天絶之也。」去夏就殷者，「相亦罔終」也。又《古文》凡難接處，用「戒哉」之文。《説命》「惟口起羞」四句之下，亦曰：「王惟戒茲」，以有「惟」字故也。上文「厥辟」，稱成湯；此「厥辟」，指太甲也。《坊記》子云：「父子不同位，以厚敬也。《書》云：『厥辟不辟，忝厥祖。』」①

王惟庸，罔念聞。②

《説命》：「王庸作書以告。」庸，用也。《朱子語録》云：「此六字只作一句讀，『庸』如『王庸作書』之『庸』。」今蔡《傳》「庸，常也。太甲惟若尋常於伊尹之言，無所念聽」，而不知此二句乃效《無逸》「昔之人無聞知」、《多方》「誕作民主，罔可念聽。」《多士》曰：「惟時

---

① 「緇衣尹吉曰」至「忝厥祖」，四庫本無。

② 王惟庸罔念聞，四庫本作「祗爾厥辟。辟不辟，忝厥祖。王惟庸，罔念聞」。其評語爲：《坊記》子云：「父子不同位，以厚敬也。《書》云：『厥辟不辟，忝厥祖。』」

天罔念聞。」則其蹈襲之縱顯然矣。豈亦以「惟」字在「時天」之上而别釋耶？當從朱子爲是。①

先王昧爽丕顯，坐以待旦。旁求俊彦，啓迪後人。②

《昭三年》叔向引讒鼎之銘曰：「昧旦丕顯，後世猶怠。」孟子曰：「周公坐以待旦。」《説命》：「旁求於天下。」《書》曰：「佑啓我後人。」③

無越厥命以自覆，慎乃儉德，惟懷永圖。若虞機張，往省括于度則釋。

《緇衣》：「《太甲》曰：『無越厥命以④自覆也。若虞機張，往省括于厥⑤度則釋。』」無「慎乃」二句，而多「也」字，多「厥」字。「乃」字，《商書》多用之，如「齊乃位」、「度乃口」之

---

① 「説命王庸作書以告」至「當從朱子爲是」，四庫本無。
② 旁求俊彦啓迪後人，四庫本無。
③ 「説命旁求於天下」至「佑啓我後人」，四庫本無。
④ 厥命以，四庫本作「云云」。
⑤ 厥，四庫本無。

類。《左傳》：「儉，德之共也。」《金縢》曰：「惟永終是圖。」①

欽厥止，率乃祖攸行，惟朕以懌，萬世有辭，王未克變。

《虞書》：「安汝止。」《詩》：「率由舊章。」《盤庚》曰：「乃祖乃父。」《詩》：「戎醜攸行。」《史記》：「舜讓于德弗懌。」《論語》：「齊一變至於魯。」②

茲乃不義，習與性成，予弗狎于弗順。③

《孟子》曰：「不仁不義。」又曰：「夫豈不義而曾子言之。」④孔子曰：「少成若天性，習慣如自然。」《賈子》曰：「習與智長，故幼⑤而不媿；化與心成，故中道若性。」公孫丑曰：「伊尹曰：『予不狎於不順。』」此作「弗」字。⑥

---

① 「無慎乃二句」至「惟永終是圖」，四庫本無。
② 「欽厥止」至「齊一變至於魯」，四庫本無。
③ 乃，四庫本作「惟」。弗順，四庫本作「不順」。
④ 「孟子曰」至「曾子言之」，四庫本無。
⑤ 幼，四庫本作「切」，誤。
⑥ 此作弗字，四庫本無。

營于桐宮，密邇先王其訓，無俾世迷，王徂桐宮居憂，克終允德。

公孫丑曰：「放太甲於桐。」《吴語》董褐曰：「孤以下密邇於天子。」居於桐宮①，處仁遷義。又《成十六年》叔聲伯曰：「以魯之密邇仇讎。」《史記》：「帝太甲既立，三年不明，暴虐不遵湯法，亂德，於是伊尹放之於桐宮。三年，伊尹攝行政當國，以朝諸侯。帝太甲居桐宮三年，悔過自責反善，於是伊尹迺迎帝太甲，而授之政。帝太甲修德，諸侯咸歸。殷百姓以寧，伊尹嘉之。迺作《太甲訓》三篇，褒帝太甲，稱太宗。」《君奭》曰：「我不以後人迷。」②《晉語》寺人勃鞮曰：「伊尹放太甲，而卒以爲明王。」又曰：「佐③相以終，克成令名。」

太甲中

惟三祀，十有二月朔，伊尹以冕服奉嗣王歸于亳。

上篇言「居憂」，此言「三祀」，見其爲三年之喪也。「朔」者，月正元日。「十有二月」

---

① 桐，四庫本無。
② 君奭曰我不以後人迷，四庫本無。
③ 佐，四庫本作「左」，誤。

者，見殷不改月也。「冕服」者，除喪吉服也。徂桐宮，放太甲也。「歸于亳」者，太甲賢，復反之也。殷不改月，則孔子何爲言「行夏之時」？① 《周語》內史興曰：「太宰以王命冕服，史贊三命而後即冕服。」又前篇內史過曰：「夫晉侯，非嗣也。」

作書曰：「民非后，罔克胥匡以生；后非民，罔以辟四方。皇天眷佑有商，俾嗣王克終厥德，實萬世無疆之休。」②

《國語》：「《夏書》有之：『衆非元后何戴？后非衆罔與守邦。』」《盤庚》曰：「不能胥匡以生。」《大禹謨》曰：「皇天眷命。」使嗣王能終其德者，言皇天眷佑，若使之也。太甲方知改過日新，而即謂之「克終厥德」，與下文太甲「圖惟厥終」之言有相乖戾，非聖人慮終之語也。③ 《表記》「民非后」四句，「罔」作「無」，「克」作「能」，「胥匡以生」作「胥以寧」。④

---

① 「上篇言」至「行夏之時」，四庫本無。
② 皇天眷佑有商俾嗣王克終厥德實萬世無疆之休，四庫本無。
③ 「國語夏書有之」至「非聖人慮終之語也」，四庫本無。
④ 胥匡以生作胥以寧，四庫本作「無『匡』，『生』作『寧』」。

王拜手稽首曰：「予小子不明于德，自厎不類，欲敗度，縱敗禮，以速戾于厥躬。天作孽，猶可違，自作孽，不可逭。既往背師保之訓，弗克于厥初，尚賴匡救之德，圖惟厥終。」

《洛誥》：「王拜手稽首。」《康誥》曰：「克明德。」《詩》：「不明爾德。」又曰：「克明其德。」《左傳》曰：「非我族類。」①《昭十年》子皮曰：「《書》曰：『欲敗度，縱敗禮。』」②我之謂矣。夫子知度與禮，我實縱欲而不能自克也。」《酒誥》曰：「惟民自速辜。」「天作孽」四句，見《孟子》引。又③《緇衣》太甲曰：「天作孽，可違也。」去「猶」字，增「也」字。末句④「不可以逭」。《論語》：「既往不咎。」《周官》三公：大師、大保；三少：少師、少保。《國語》：「師保以臨之。」《繫辭》：「如臨師保。」《詩》：「靡不有初，鮮克有終。」《孝經》：「匡救其惡。」⑤《僖二十六年》展喜曰：「彌縫其闕，而匡救其災。」《冏命》

① 「洛誥」至「非我族類」，四庫本無。
② 欲敗度縱敗禮，四庫本作「云云」。
③ 「酒誥曰」至「又」字，四庫本無。
④ 「句」下，四庫本有「作」字。
⑤ 「論語既往不咎」至「匡救其惡」，四庫本無。

又曰：「實賴左右前後有位之士，匡其不及。」《金縢》：「惟永終是圖。」①

伊尹拜手稽首曰：「修厥身，允德協于下，惟明后。先王子惠困窮，民服厥命，罔有不悅。並其有邦厥鄰，乃曰：傒我后，后來無罰。②」

《洛誥》：「周公拜手稽首。」《皋陶謨》曰：「慎厥身修。」《舜典》又曰：「重華協于帝。」《胤征》又曰：「厥后惟明明。」《中庸》曰：「子庶民。」「並其有邦」，即「厥鄰」也。《孟子》兩引「傒我后」，一則曰「后來其蘇」，一則曰「后來其無罰」。③《淮南子·修務訓》：「湯夙興夜寐，以致聰明，輕賦薄斂，以寬民氓，布德施惠，以振困窮，弔死問疾，以養孤孀。百姓親附，政令流行。」上篇「昧爽丕顯，坐以待旦」，即夙興夜寐之句也。《召誥》：「越厥民茲服厥命。」

王懋乃德，視乃厥祖。

《詩》曰：「方茂爾惡。」凡屢用「懋」字，《伊訓》：「方懋厥德。」《冏命》：「懋乃后

① 金縢惟永終是圖，四庫本無。
② 並其有邦厥鄰乃曰傒我后后來無罰，四庫本無。
③ 「洛誥」至「后來其無罰」，四庫本無。

德。」《頌》曰：「嗟嗟烈祖。」①

「奉先思孝，接下思恭。② 視遠惟明，聽德惟聰。」

《論語》：「致孝乎鬼神。」《詩》：「永言孝思。」《論語》：「臨之以莊。」又曰：「恭己正南面。」又曰：「恭則不侮。」《文侯之命》：「追孝于前文人。」③《周語》單穆公曰：「故必聽和而視正，聽和則聰，視正則明。聰則言聽，明則德昭。」《論語》④：「可謂明也已」、「可謂遠也已。」又：「視思明，聽思聰。」⑤

朕承王之休無斁。

《君奭》：「丕承無疆之恤。」《周官》又曰：「萬邦惟無斁。」⑥

---

① 「王懋乃德」至「嗟嗟烈祖」，四庫本無。
② 奉先思孝，接下思恭，四庫本無。
③ 「論語致孝乎鬼神」至「追孝于前文人」，四庫本無。
④ 「論語」上，四庫本有「右」字。
⑤ 又視思明，聽思聰，四庫本無。
⑥ 「朕承王之休無斁」至「萬邦惟無斁」，四庫本無。

太甲下

伊尹申誥于王曰：「嗚呼！①惟天無親，克敬惟親。民罔常懷，懷于有仁。鬼神無常享，享于克誠。天位艱哉！」

《易》：「重巽以申命。」②《僖五年》宫之奇曰：「鬼神匪人實親，惟德是依。故《周書》曰：『皇天無親，惟德是輔。』杜注：「逸《書》。」又曰：『黍稷匪馨，明德惟馨。』又曰：『民不易物，惟德繄物。』」《旅獒》凡四處，用此一③節。《詩》：「天位殷適」，上文「不易惟王」。④

「德惟治，否德亂。與治同，道罔不興。與亂同，事罔不亡。」終始慎厥與，惟明明后。」⑤

---

① 伊尹申誥于王曰嗚呼，四庫本無。

② 易重巽以申命，四庫本無。

③ 一，四庫本無。

④ 「《詩》天位殷適」至「不易惟王」，四庫本無。

⑤ 「德惟治」至「惟明明后」，四庫本無。

《周書·蔡仲之命》①曰:「皇天無親,惟德是輔。民心無常,惟惠之懷。爲善不同,同歸於治。爲惡不同,同歸于亂。爾其戒哉!愼厥初,惟厥終,終以不困。不惟厥終,終以困窮。」②首四句,即《太甲》下篇首四句,「爲善不同」四句,即「德惟治」六句,小出入。其下文初終之戒,即「終始愼厥與」之意。此可見其出於一手一律之意。又下文「無作聰明亂舊章」,與「罔以辨言亂厥③政,罔以側言改厥度」字樣句法,雖閃避多方,而情狀終不可掩也。《襄二十五年》太叔文子曰:「君子之行,思其終也,思其復也。《書》曰:『愼始而敬終,終以不困。』」杜注:「逸《書》。」正義曰:「《蔡仲之命》云:『愼厥初,惟厥終,終以不困。』此所引者蓋是彼文。學者各傳所聞,而字有改易,或引其意而不全其文,故不同也。」蓋「愼厥初」即「愼始」,「惟厥終」即上文「思其終」,故爲謬亂,何不同之有?

先王惟時懋敬厥德,克配上帝。今王嗣有令緒,尚監茲哉!④

---

① 周書蔡仲之命,原作「蔡仲命」,據四庫本改。
② 「曰皇天無親」至「終以困窮」,原無,據四庫本補。
③ 厥,四庫本作「舊」。
④ 今王嗣有令緒尚監茲哉,四庫本無。

《詩》曰：「聿修厥德。」又曰：「克配上帝。」「今王」二字見《周誥》。《頌》：「纘禹之緒。」①

若升高必自下，若陟遐必自邇。②

《中庸》曰：「辟如行遠必自邇，辟如登高必自卑。」《詩》：「陟彼崔嵬。」《堯典》：「陟方乃死。」皆以言升高之意，則不若《中庸》「行」字之妥也。③

無輕民事，惟難無安，厥位惟危，慎終于始。

《孟子》曰：「民事不可緩。」《荀子·議兵》及《禮論》皆言「慎終如始，終始如一」。《襄十年》魏絳曰：「抑臣願君，安其樂而思其終也。」

有言逆于汝心，必求諸道；有言遜于汝志，必求諸非道。

---

① 「今王」至「纘禹之緒」，四庫本無。
② 若陟遐必自邇，四庫本無。
③ 「詩陟彼崔嵬」至「字之妥也」，四庫本無。

《史記》趙良①曰：「良藥苦口利於疾，忠言逆耳利於行。」又曰：「甘言華也，忠言實也。」臧孫曰：「季孫之愛我，疾疢也。孟孫之惡我，藥石也。美疢不如惡石，夫石猶生我。疢之美，其毒滋多。」《論語》：「法語之言能無從乎？改之爲貴。巽與之言能無説乎？繹之爲貴。」

弗慮胡獲？弗爲胡成？一人元良，萬邦以貞。

《左傳》：「不索何獲？」孟子曰：「思則得之，不思則不得也。」《荀子》曰：「道雖邇，不行不至；事雖小，不爲不成。」《禮・文王世子》引《語》曰：「樂正司業，父師司成，一有元良，萬國以貞。」作古《語》而不云「《商書》曰」。又「人」字作「有」字。「邦」字作「國」字。鄭玄注：「一，一人也。」玄之意以世子一人有元良，則萬國以正矣。此人直用玄注「一人」二字，而删去「有」字。又曰：「教諭而德成。」又曰：「德成而教尊。」《孟子》：「有爲者。」又曰：「爲之而已矣。」

今案：「爲」字因「業」字生出。若「胡成」之「成」字，偶同於古《語》耶？其亦以覺後

① 姜案：「趙良」當爲「張良」。《史記・留侯世家》有「忠言逆耳利於行，毒藥苦口利於病」之語。

人之不知者，而示之以筆端之變化鼓舞者耶？然則後之人偃然而信之，恬不知怪者，過矣！

君罔以辯言亂厥政，臣罔以寵利居成功，邦其永孚于休。

《秦誓》「惟截截善諞言」，孔安國注：「惟察察便巧善爲辯佞之言，使君子回心易辭。」此與《周官》「唐虞建官惟百」亦以其注「平章百姓」爲百官之姓而知之。噫！人孰知其「辯言」之出於「諞言」，「百官」之出於「百姓」耶？《老子》曰：「持而盈之，不如其已。富貴而驕，自遺其咎。功成名遂身退，天之道。」又曰：「功成而不處。」此不以寵利居成功之謂也。《君奭》曰：「厥基永孚于休。」①

咸有一德

伊尹既復政厥辟，將告歸，乃陳戒于德曰：「嗚呼！天難諶，命靡常，常厥德，保厥位，厥德靡常，九有以亡。」

① 「有言逆於汝心」至「厥基永孚于休」，四庫本無。

「既」字，用《金縢》「既克商」之「既」，「復政厥辟」用《洛誥》「復子明辟」之句。《洛誥》之言，基禍漢室漢儒之咎也。作僞《書》者循漢儒誤解之失，而改「子」字爲「政」字，改「明」字爲「厥」字。然後來宋儒之注，亦未爲得。曰：「子者，親之也；明辟者，尊之也。」則其後皆單稱「孺子」、「沖子」者，以周公爲不尊成王可乎？此皆不精覈之過也。其下文云：「大相東土，其基作民明辟。」又云：「孺子來相宅，亂爲四方新辟。」正釋此「明辟」二字之意。欲其君於土中，非偏安西土之比。故曰「明辟」。欲其君於新邑四方道里之中，故曰「四方新辟」。故特發此二例，不然何他篇絶不稱「明辟」邪？①《君奭》曰：「天命不易，天難諶。」《詩·大雅》曰：「天難諶斯。」又曰：「天命靡常。」

夏王弗克庸德。慢神虐民。②

《中庸》：「庸德之行。」又以承上文「常德」。又《多士》：「是弗克庸帝。」改「帝」爲「德」。「大淫佚有辭」，以「慢神虐民」易之。「惟時天罔念聞，厥惟廢元命，降致罰」，約以

---

① 「洛誥之言」至「絶不稱明辟邪」，四庫本無。

② 慢神虐民，四庫本無。

「皇天弗保」四字。「乃命爾先祖成湯革夏」，則又敷衍爲「啓迪有命」至「爰革夏正」。又曰：「罔顧于天顯民祇，惟時上帝不保。」，故易之以「慢神虐民，皇天不保」。①

皇天弗保，監于萬方，啓迪有命，眷求一德，俾作神主。②

《大雅》：「皇矣上帝，監觀四方。」《多士》：「上帝不保。」《詩》：「乃眷西顧。」又云：「求民之莫。」又云③：「百神爾主矣。」此篇凡用「一德」者四，倒用「德惟一」者一，單用「一」字者四，單用「德」字者八，以「德惟一」照出「德二三」者一。皆非漢人以前文體。④

惟尹躬暨湯，咸有一德。

《緇衣》「《尹吉》曰：『惟尹躬及湯，咸有一德。』」鄭氏曰：「吉，讀爲告，告，古文『誥』，字之誤也。《尹告》，伊尹之告也。」《書序》以爲《咸有一德》今亡。古文「一」作

---

① 易之以慢神虐民，皇天不保，四庫本作「易慢神云云」。

② 四庫本將「皇天弗保，監於萬方」與「眷求一德，俾作神主」分作兩條，評語亦從之。

③「多士」至「又云」，四庫本無。

④「此篇凡用」至「皆非漢人以前文體」，四庫本無。

「壹」。①《史記》「伊尹作《咸有一德》，咎單作《明居》」，皆在湯崩之先。司馬貞曰：「《尚書》『伊尹作《咸有一德》』，在太甲時。太史公記之於斯，謂成湯之日。其言又失次序。」

非天私我有商，惟天佑于一德，非商求于下民，惟民歸于一德。

《楚辭》：「皇天無私阿兮，覽民德焉錯輔。」《多士》：「我有周佑命。」又曰：「我其敢求位。」

德惟一，動罔不吉。德二三，動罔不凶。

《成八年》季文子曰：「霸主將德是以，而二三之，其何以長有諸侯乎？」引《詩》：「女也不爽，士貳其行。士也罔極，二三其德。」②

今嗣王新服厥命，惟新厥德，終始惟一，時乃日新。

---

① 「惟尹躬暨湯」至「古文一作壹」，四庫本作「惟尹云云」。

② 「引詩」至「二三其德」，四庫本無。

《詩》：「其命惟新。」《荀子・議兵篇》：「慎終如始，終始如一。夫是之謂大吉。」湯之盤銘曰：「苟日新。」《禮論》又曰：「君子敬始而慎終，終始如一。」《召誥》曰：「越厥後王後民，茲①服厥命。」《召誥》又曰：「今王嗣受厥命。」又曰：「王乃初服。」《漢書・王莽傳》曰：「日新其德。」又曰：「包其終始，一以貫之。」②

任官惟賢材，左右惟其人，臣爲上爲德，爲下爲民，其難其慎，惟和惟一。

《孟子》曰：「賢者在位，能者在職。」《王制》曰：「任官然後爵之。」《論語》曰：「舉賢才。」《文王世子》曰：「設四輔及三公，不必備，惟其人。」伊尹曰：「使是君爲堯舜之君，使是民爲堯舜之民。」其難者如不已也，其慎者不可不謹與也。「惟和」者，齊景公曰：「惟遽與我和乎？」晏子曰：「和如和羹。」又《周官》：「庶官乃和。」

德無常師，主善爲師，善無常主，協于克一。

① 茲，四庫本作「祗」，誤。
② 「漢書王莽傳」至「一以貫之」，四庫本無。

《論語》：「仲尼焉不學，何常師之有？」又曰：「三人行，必有我師焉，擇其善者而從之。」又曰：「予一以貫之。」

俾萬姓咸曰：「大哉王言！」又曰：「一哉王心！」克綏先王之禄，永底烝民之生。

《孟子》：「王曰：『大哉言乎！』」《荀子》曰：「用心一也。」《大誥》曰：「克綏受茲命。」《盤庚》曰：「底綏四方。」①

七世之廟，可以觀德。萬夫之長，可以觀政。

《吕氏春秋》②引《商書》曰：「五世之廟，可以觀怪。萬夫之長，可以生謀。」高誘曰：「逸《書》。」今以「德」字易「怪」字，以「觀政」易「生謀」字，以「七世」字③易「五世」字。案《禮》：「祖有功，宗有德。」《漢書・韋賢傳》王舜、劉歆議曰：「《禮記・王制》及《春秋穀梁傳》，天子七廟，諸侯五，大夫三，士二。其文曰：『天子，三昭三穆，與太祖之廟而七。

① 「任官惟賢材」至「底綏四方」，四庫本無。
② 「吕氏春秋」下，四庫本有「第十三卷」四字。
③ 字，四庫本無。

諸侯，二昭二穆，與太祖之廟而五。』故德厚者流光，德薄者流卑。七者，其正法數，可常數者也。宗不在數中，宗，變也。苟有功德則宗之，不可預爲設數。故於殷太甲爲太宗，大戊曰中宗，武丁曰高宗。周公爲《無逸》之戒，舉殷三宗以勸成王。由是言之，宗，無數也。然則所以勸帝者之功德博矣。」今因其後有論殷三宗之説，遂約爲此二句①。又《孟子》：「子貢曰：『見其禮而知其政，聞其樂而知其德。』」

后非民罔使，民非后罔事，無自廣以狹人。

《孟子》曰：「伊尹曰：『何事非君？何使非民？』」②

匹夫匹婦，不獲自盡，民主罔與成厥功。

《孟子》：「匹夫匹婦，有不與被堯舜之澤者，若己推而納之溝中。」

---

① 遂約爲此二句，四庫本作「勦入此四句」。

② 「后非民罔使」至「何使非民」，四庫本無。

説命上

王宅憂，亮陰三祀，既免喪，其惟弗言。羣臣咸諫于王曰：「嗚呼！知之曰明哲，明哲實作則，天子惟君萬邦，百官承式。王言惟作命；不言，臣下罔攸稟令。」王庸作書以誥曰：「以台正于四方，台恐德弗類，兹故弗言。恭默思道，夢帝賚予良弼，其代予言。乃審厥象，俾以形旁求于天下。」説築傅巖之野惟肖，爰立作相。王置諸其左右。命之曰：「朝夕納誨，以輔台德。若金，用汝作礪；若濟巨川，用汝作舟楫；若歲大旱，用汝作霖雨。啓乃心，沃朕心。若藥弗瞑眩，厥疾弗瘳；若跣弗視地，厥足用傷。」①

《楚語》白公子張曰：「昔殷武丁能聳其德，至於神明，以入于河，自河徂亳，於是乎三年，默以思道，卿士患之曰：『王，言以出令也，若不言，是無所稟令也。』武丁於是作書曰②：『以余正四方，余恐德之不類。兹故不言。』如是而又以象夢求四方之賢聖，得傅説

---

① 「命之曰」至「厥足用傷」，四庫本無。

② 四庫本於此下有如下一段文字：《呂氏春秋》十八卷：高宗，天子也。即位諒闇，三年不言。卿大夫恐懼患之，高宗乃言曰。

以來，升以爲公，使①朝夕規諫。曰：『若金，用女作礪；若津水，用女作舟；若大旱，用女作霖雨。啓乃心，沃朕心。若藥不瞑眩，厥疾不瘳。若跣弗視地，厥足用傷。』若武丁之神明也，其聖之叡廣也，其知之不疢也，猶自謂未乂。故三年默以思道，既得道，猶不敢專制，使以象旁求聖人。既得以爲輔，又恐其荒失遺忘②，故使朝夕規誨箴諫。曰：『必交修予，無余棄也。』今君或者未及武丁，而惡規諫者，不亦難乎？」

《喪服四制》：「《書》云：『高宗諒闇，三年不言。』此之謂也。然而曰『言不文』者，謂臣下也。」《史記》：「帝武丁即位，思復興殷，而未得其佐，三年不言，政事決定於冢宰。以觀國風。武丁夜夢得聖人名曰説，以夢所見視羣臣百吏，皆非也。於是乃使百工營求之，得説於傅險中，是時説爲胥靡，築於傅險，見於武丁。武丁曰：『是也。』得而與之語，果聖人。舉以爲相，殷國大治。故遂以傅險姓之，號曰『傅説』。」《坊記》：「《高宗》云③：

---

① 使，四庫本作「而使」。

② 忘，四庫本作「亡」，誤。

③ 云，四庫本作「云云」，誤。鄭玄注謂：「高宗，殷王武丁也。名篇在《尚書》。」孔穎達《禮記正義》謂：「『高宗云』者，此《尚書·説命》之篇，論高宗之事，故言『高宗云』。『高宗』非書篇之名。」又謂：「鄭云『名篇在《尚書》』，則是《高宗》篇上有此二言。與《書》之文不同者，鄭不見《古文》。《尚書序》有《高宗之訓》，此經有『高宗云』，謂是《高宗之訓》篇有此語，故云『名篇在《尚書》』。」

『三年其惟不言，言乃讙。』」《吕氏春秋》：「高宗，天子也。即位諒闇，三年不言。卿大夫恐懼患之，高宗乃言曰：『以余一人正四方，余唯恐言之不類也。兹故不言。』」①

今案：「恭默思道」，乃「諒闇」之注釋，晉人誤以爲經，且以爲高宗自言，尤非。「其代予言」一句，《國語》、《禮記》及《吕氏春秋》皆無之。晉人蓋因《論語》「聽于冢宰三年」之語而造此一言也。觀下之「爰立作相」，蓋以此相當冢宰也。其他悉皆攘竊之辭。《昭六年》叔向曰：「《書》曰：『聖作則。』」杜注：「逸《書》。」②

惟暨乃僚，罔不同心以匡乃辟，俾率先王，迪我高后，以康兆民。

《詩》：「及爾同僚。」《盤庚》：「暨予一人猷同心。」《論語》：「一匡天下。」《詩》：「率由舊章。」《盤庚》：「乃話民之弗率。」「迪高后。」《武成》又云：「以濟兆民。」《畢命》又云：「以康四海。」「率乃祖考之攸行，昭乃辟之有義。」

---

① 「吕氏春秋」至「兹故不言」，四庫本在上文「武丁於是作書曰」之下。

② 「今案」至「逸書」，四庫本無。

欽予時命，其惟有終。

《堯典》：「欽若。」《詩》：「時周之命。」又：「鮮克有終。」

説復于王曰：「惟木從繩則正，后從諫則聖。后克聖，臣不命其承，疇敢不祇若王之休命？」

《孟子》：「有復于王者曰。」又云：「繼之以繩以爲直，不可勝用也。」《記》：「繩墨之於曲直，繩誠陳不可欺以直。」《漢書》：「從諫如轉圜。」任痤曰：「主聖則臣直。」《堯典》曰：「疇咨。」《多方》：「我惟祇告爾命。」《詩》：「對揚王休。」①

説命中

惟説命總百官。

《論語》：「百官總己，以聽于冢宰。」②

---

① 「惟暨乃僚」至「對揚王休」，四庫本無。
② 「惟説命總百官」至「以聽於冢宰」，四庫本無。

明王奉若天道，建邦設都。樹后王、君公，承以大夫、師長。不惟逸豫，惟以亂民。①

《墨子・尚同篇》云：「先王之書《相年之道》有之曰：『夫建邦設都，乃作后王君公卿大夫師長，非富貴佚而錯之，將以爲萬民興利除害，富貧安危治亂也。』」下文又云：「非正以治民也。」《孝經》：「昔者明王。」《堯典》：「欽若昊天。」《漢書》：「王者順成天命。」《周易》：「建萬國。」《詩》：「設都于禹之績。」又《武成》：「建邦啓土。」《左傳》邾文公曰：「天生民而樹之君。」《内則》：「后王命冢宰，降德于衆兆民。」《楚詞・橘頌》：「后王嘉樹。」《孟子》：「君一位，公一位。」「大夫、師長」見《周禮》。「逸豫」已見《五子之歌》，此重出。《周書》：「亂爲四輔。」《顧命》：「其能而亂四方。」《洛誥》：「亂爲四方新辟。」②

惟天聰明，惟聖時憲，惟臣欽若，惟民從乂。

《今文》：「天聰明自我民聰明。」《漢書》：「上天聰明。」《論語》：「惟堯則之。」《中

---

① 「明王奉若天道建邦設都」、「承以大夫師長」，四庫本無。

② 「墨子尚同篇云」至「亂爲四方新辟」，四庫本作「《左・文十三年》，邾文公曰『天生民而樹之君，以利之也』」。

庸》：「憲章文武。」「欽若」二字，見《堯典》。「政乃乂」見《禹謨》。①

惟口起羞，惟甲胄起戎，惟衣裳在笥，惟干戈省厥躬。王惟戒茲，允茲克明，乃罔不休。

《緇衣》：「《兑命》曰：『惟口起羞，惟甲胄起兵，惟衣裳在笥，惟干戈省厥躬。②』」正同。但「戎」字作「兵」。鄭氏曰：「兑，當作説，謂殷高宗之臣傅説也，作書以命高宗，《尚書》篇名也。羞，猶辱也。裳，朝祭之服也。『惟口起辱』，當慎言語也。『惟甲胄起兵』，當慎軍旅之事也。『惟衣裳在笥』，當服以爲禮也。『惟干戈省厥躬』，當己不尚害人也。」《古文》因鄭有二「慎」字，總之曰「王惟戒茲。」③

惟治亂在庶官，官不及私昵，惟其能。爵罔及惡德，惟其賢。慮善以動，動惟厥時。有其善，喪厥善；矜其能，喪厥功。惟事事乃其有備，有備無患。無啓寵納侮，無恥過作

① 「惟天聰明」至「見禹謨」，四庫本無。
② 「惟口起羞」至「惟干戈省厥躬」，四庫本作「惟口云云厥躬」。
③ 「鄭氏曰」至「王惟戒茲」，四庫本無。

非。惟厥攸居，政事惟醇。黷于祭祀，時謂弗欽。禮煩則亂，事神則難。

《緇衣》：「《兑命》曰：『爵無及惡德，民立而正，事純而祭祀，是爲不敬。事煩則亂，事神則難。』」《荀子·君子篇①》：「古者刑不過罪，爵不踰德。刑罰不怒②罪，爵賞不踰德。亂世不然，刑罰怒罪，爵賞踰德。以族論罪，以世舉賢。」下文又曰：「以義制事，則知所利矣。」《顔淵》曰：「願無伐善，無施勞。」《老子》曰：「自伐者無功，自矜者不長。」子夏③曰：「小人之過也必文。」子曰：「過而不改，是謂過矣。」《孟子》曰：「今之君子，過則順之，豈徒順之，又從而爲之辭。」《定元年》士伯曰：「啓寵納侮，其此之謂矣。」正義曰：「傅説進戒於王云：『無啓寵納侮。』古有此言，故曰：『其此之謂矣。』」

説，乃言惟服。乃不良于言，予罔聞于行。④

《詩》曰：「我言惟服。」趙良⑤曰：「良藥苦口利於病，忠言逆耳利於行。」「子路有聞

① 君子篇，四庫本作「性惡篇」，誤。
② 怒，原作「恕」，據四庫本及《荀子》改。
③ 子夏，原作「子貢」，據四庫本及《論語》改。
④ 乃不良于言予罔聞于行，四庫本無。
⑤ 姜案：「趙良」當爲「張良」。辨見前。

未之能行，唯恐有聞。」①

說拜稽首曰②**：「非知之艱，行之惟艱。」**

《昭十年》子皮曰：「非知實難，將在行之。」

王忱不艱，允協于先王成德。

《今文》：「棐忱。」又曰：「忱恂于九德之行。」《多士》：「聽念于先王勤家。」③

說命下

王曰：「來，汝說。台小子舊學于甘盤。既乃遯于荒野，入宅于河，自河徂亳，暨厥終罔顯。」

《皋陶謨》：「帝曰：『來，禹。汝亦昌言。』」《湯誓》：「匪台小子，敢行稱亂。」《君

① 「趙良曰」至「唯恐有聞」，四庫本無。
② 說拜稽首曰，四庫本無。
③ 「王忱不艱」至「聽念于先王勤家」，四庫本無。

奭》：「在武丁，時則有若甘盤。」而下文即云：「率惟兹有陳，保乂有殷，故殷禮陟配天，多歷年所。」是甘盤之有功于高宗，可謂大矣。今以爲舊學。「遯于荒野，入宅于河，自河徂亳」，廢學如此，且以爲「厥終罔顯」者何也？急於崇重傅説之學，故無暇爲甘盤計也。《無逸》曰：「舊勞于外，爰暨小人，作其即位。」故撰此數語。

爾惟訓于朕志，若作酒醴，爾惟麴糵；若作和羹，爾惟鹽梅。爾交修予，罔予棄，予惟克邁乃訓。

《盤庚》：「今我既羞告汝于朕志。」「若作酒醴」四句，見《國語》。又曰：「必交修予，毋予棄也。」《左傳》引「臯陶邁種德」。《立政》：「用邁①相我國家。」《召誥》：「惟日其邁。」《詩》：「我日斯邁。」

説曰：「王，人求多聞，時惟建事，學于古訓，乃有獲。事不師古，以克永世，匪説攸聞。」

---

① 姜案：邁，《尚書·立政》作「勱」。

《論語》：「多聞闕疑。」又曰：「多聞，擇其善者而從之。」《詩》：「古訓是式。」《語》：「先難後獲。」「事不師古，以克永世」，秦博士淳于越之言也。①

惟學遜志，務時敏，厥修乃來。允懷于兹，道積于厥躬。惟斆學半，念終始典于學，厥德修罔覺，監于先王成憲，其永無愆，惟説式克欽承，旁招俊乂，列于庶位。

《文王世子》引《兑命》曰：「念終始典于學。」《學記》曰：「古之王者，建國君民，教學爲先。《兑命》曰：『念終始典于學。』其斯之謂乎！」《學記》又曰：「故教學相長也，《兑命》曰：『斆學半。』其斯之謂乎！」又引《兑命》曰：「敬遜務時敏，厥修乃來。」鄭康成注曰：「兑命，當作『説命』。」②改「學」爲「斆」者，用《盤庚》「斆于民」。《詩》：「不愆不忘。率由舊章。」《孟子》曰：「遵先王之法，而過者未之有也。」《太甲》：「旁求俊彦。」《皋陶謨》曰：「俊乂在官。」《無逸》曰：「是叢于厥身。」③

---

① 「王曰來汝説」至「秦博士淳于越之言也」，四庫本無。

② 鄭康成注曰兑命當作説命，四庫本無。

③ 「詩不愆不忘」至「是叢于厥身」，四庫本無。

王曰：「嗚呼！說。四海之内咸仰朕德，時乃風。」

《大禹謨》：「帝曰：『俾予從欲以治，四方風動，惟乃休。』」《孟子》：「聞伯夷、柳下惠之風。」伊尹獨不言「風」。范仲淹《嚴陵記》：「先王之德，山高水長。」李泰伯請改「德」爲「風」，仲淹幾於下拜。傅説在焉而曰「風」，或者未妥帖者乎？

股肱惟人，良臣惟聖。

《皋陶謨》：「股肱喜哉！元首起哉！」股肱備而成人，似也。「良臣」一句不成辭，少「輔」字與「君」字故也。①

昔先正保衡，作我先王，乃曰：「予弗克俾厥后惟堯，舜其心愧耻，若撻于市。」一夫不獲，則曰「時予之辜」。佑我烈祖，格于皇天，爾尚明保予，罔俾阿衡專美有商。

《雲漢》之詩曰：「羣公先正。」《緇衣》引逸《詩》曰：「昔吾有先正，其言明且清。」《詩》：「以作六師。」《孟子》曰：「伊尹曰：『我豈若使是君爲堯舜之君哉？』」上句曰

① 「王曰嗚呼」至「少輔字與君字故也」，四庫本無。

「予弗克俾厥后惟堯舜」①，乃伊自言口氣②。下文③遽曰「其心」，於文理口氣皆不妥帖。北宫黝「思以一毫挫于人，若撻之于市朝。④」「匹夫匹婦有不與被堯舜之澤者」，今約爲「一夫不獲」四字，「若己推而納之溝中」，今約爲「時予之辜」四字。《後漢》⑤：「詔曰：『昔之爲政，一物不得其所，若己爲之。』」《無逸》曰：「作其即位。」《孟子》引《書》：「佑啓我後人。」《詩》：「實左右商王。」⑥《君奭》曰：「在昔成湯既受命時，則有若伊尹格于皇天，在太甲時則有若保衡。」《詩》曰：「嗟嗟烈祖。」《顧命》：「爾尚明時朕言，用敬保元子釗。」⑦《後漢書》傅毅作《迪志》詩曰：「於赫我祖，顯于殷國，二迹阿衡，克光其則。」注曰：「阿衡，伊尹也。《古文尚書》曰：『爾尚明保予，罔俾阿衡專美有商。』故曰『二迹』也。言傅説功比伊尹，而能光大其法則也。」《詩》又曰「爰作股肱」，《書》則曰「股肱惟人」。

---

① 俾厥后惟堯舜，四庫本作「云云」。
② 乃伊自言口氣，四庫本無。
③ 文，四庫本作「又」。
④ 若撻之于市朝，四庫本作「若撻於市」。
⑤ 後漢，四庫本作「《後漢書·質帝本紀》」。
⑥ 「孟子引書」至「實左右商王」，四庫本無。
⑦ 顧命爾尚明時朕言用敬保元子釗，四庫本無。

《詩》又曰「俊乂式序」，《書》則曰「旁招俊乂」。因《詩》用《周頌》「式序在位」之文，《書》則曰「列于庶位」。《詩》又曰「啓我童昧」，《書》則曰「啓乃心」。《詩》又曰「清我濯溉」，《書》則曰「沃朕心」。蔡沈曰：「沃，灌溉也。」

惟后非賢不乂，惟賢非后不食。其爾克紹乃辟于先王，永綏民。説拜稽首曰：「敢對揚天子之休命。」

《君奭》：「巫咸乂王家。」《論語》：「事君敬其事而後其食。」《易》：「不家食，吉。」《詩》：「紹庭上下，綏萬邦。」《堯典》：「禹拜稽首。」《詩》：「對揚王休。」《三國志·鍾繇傳》注：「案《漢書·郊祀志》孝宣時，美陽得鼎，有刻書曰：『王命尸臣官兹栒邑。尸臣拜手稽首曰：敢對揚天子之丕顯休命。』」①

① 「惟后非賢不乂」至「敢對揚天子之丕顯休命」，四庫本無。

尚書考異卷第四

泰誓上

《尚書注疏》：「《尚書》遭秦而亡，漢初不知篇數，武帝時有太常蓼侯孔臧者，安國之從兄也，與安國書云：『時人惟聞《尚書》二十八篇，取象二十八宿，謂之信然，不知其有百篇也。』」①然則漢初惟有二十八篇，無《泰誓》矣。後得僞《泰誓》三篇，諸儒多疑之。馬融《書序》曰：『《泰誓》後得，案其文似若淺露。又②云：「八百諸侯不召自來，不期同時，不謀同辭，及火復于上，至于王屋，流爲雕，五至以穀俱來。」舉火神怪，得無在子所不語中乎？又《春秋》引《泰誓》曰「民之所欲，天必從之」；《國語》引《泰誓》曰「朕夢協朕卜，襲于休祥，戎商必克」；《孟子》引《泰誓》曰「我武惟揚，侵于之疆，取彼凶殘，我伐用張，于

① 「也」下，四庫本有「云云」二字。
② 阮校：案「又」字疑當爲「文」。

湯有光」；孫卿引《泰誓》曰「獨夫受」；《禮記》引《泰誓》曰「予克受，非予武，惟朕文考無罪；受克予，非朕文考有罪，惟予小子無良」。今文《泰誓》皆無此語，吾見書傳多矣，所引《泰誓》而不在《泰誓》者甚多，弗復悉記，略舉五事以明之，亦可知矣。』王肅亦云：『《泰誓》近得，非其本經。』馬融惟言後得，不知何時得之。《漢書》婁敬説高祖云：『武王伐紂，不期而會盟津之上者八百諸侯。』僞《泰誓》有此文，不知其本出何書也。武帝時，董仲舒對策云：『《書》曰：「白魚入于王舟，有火復于王屋，流爲烏。」周公曰：「復哉！復哉！」』今引其文，是武帝之時已得之矣。李顒《集注尚書》於僞《泰誓》篇每引『孔安國曰』，計安國必不爲彼僞《書》作《傳》，不知顒何由爲此言？梁王兼而存之，言『本有兩《泰誓》，古文《泰誓》伐紂時事，聖人取爲《尚書》；今文《泰誓》觀兵時事，《别録》之以爲《周書》。』此非辭也，彼僞《書》三篇，上篇觀兵時事，中、下二篇亦伐紂時事，非盡觀兵時事也。且觀兵示弱即退。復何誓之有？設有其誓，①不得同以《泰誓》爲篇名也。」

惟十有三年春，大會于孟津。

---

① 「然則漢初」至「設有其誓」，四庫本無。

《洪範》訪道，猶奉商正朔而稱祀，此在誅紂之後也。紂未誅之先、方伐之之時，遽已改祀而爲年乎？沛公汜水，猶在誅秦滅項之後，曾以武王而不如沛公乎？注家以因箕子之辭爲之解説，祇見其惑也。

王曰：「嗟我友邦冢君，越我御事庶士，明聽誓。」

《牧誓》：「王曰：『嗟我友邦冢君御事。』」無「越我」二字。《召誥》：「敢以王之讎民百君子，越友民。」《康誥》：「越厥邦厥民，越厥小臣外正。」《大誥》「越爾御事」、「越尹氏、庶士御事」、「越予小子考翼」、「越予沖人」，蓋用《大誥》也。①

惟天地萬物父母，惟人萬物之靈。亶聰明，作元后，元后作民父母。

此一節全出《後漢書·劉陶傳》②：「陶上疏曰：『臣聞③人非天地無以爲生，天地非人無以爲靈。是故帝非人不立，人非帝不寧。』」其曰「人非天地無以爲生」，即「天地萬

① 「惟十有三年春」至「蓋用大誥也」，四庫本無。
② 「傳」下，四庫本有「曰」字。
③ 臣聞，四庫本無。

物父母」一句之所從出也。「天地非人無以爲靈」即「惟人萬物之靈」一句之所從出也。「帝非人不立」即「亶聰明，作元后」二句之所從出也。「人非帝不寧」即「元后作民父母」一句之所從出也。此人收葺逸書，見陶疏下文有云「目不視鳴條之師，耳不聞檀車之聲」，遂攘此而點化成文，正猶「使疾其民以盈其貫」本中行桓子之言也。因下文引《周書》曰「殪戎殷」，遂攘以爲「商罪貫盈」之句，皆因收拾逸《書》故也。《古文尚書》直至東晉時出，劉陶、范曄實未嘗見《古文》，非劉陶、范曄之蹈襲明甚。

《易傳》曰：「乾，天也，故稱乎父。坤，地也，故稱乎母。」遂以「天地，萬物父母」奪換「人非天地無以爲生」之句，其氣象較之陶語宏大不侔，然實孔聖之語，劉陶之意，武王初未嘗及此語也。①《禮運》云②「人者，天地之心」，遂以「惟人萬物之靈」奪換「天地非人無以爲靈」之句，其語意較之陶語亦精密不侔，然實《禮運》之語，劉陶之語，非武王當時之語也。

① 「也」下，四庫本有「云人者」三字，疑爲衍文。
② 云，四庫本作「曰」。

《祈父》云：「亶不聰。」《中庸》曰①：「聰明②睿知足以有臨也。」又於《孟子》所引「天降下民，作之君，作之師」，遂以「亶聰明作元后」奪换「帝非人不立」之句，其氣象較之陶語亦開爽英邁，但遺「非人不立」四字意耳，然實詩人、《中庸》之詞，劉陶之語③，亦非武王當時實語也。《詩》云：「樂只君子，民之父母。」《孟子》云：「爲民父母行政。」又因《孟子》兩「作」字，又襲《洪範》「天子作民父母」之「作」，遂以「元后作民父母」奪换「人非帝不寧」之句，其辭氣較之陶語亦大不侔，然皆蒐略詩人、《孟子》、《洪範》之言，而非武王當時實語也。非謂武王不能爲此語，但聖人之言，語意自然渾成，不似僞爲者之摭拾如此也。昔朱子與侍郎林栗談《西銘》，栗曰：「首言『乾稱父，坤稱母』，是以天地爲父母。繼又言『大君者，吾父母』，吾不知其言爲何如也。蓋以爲『汨彝敘』之意，有兩父母之相駁故也。」朱子曰：「言『大君者吾父母之宗子』，非謂大君吾④父母也，侍郎以理學名家，如此看書豈不爲人所笑？」栗曰：「我正欲爲人所笑。」明日劾朱子，而朱子力乞奉祠以去。

① 曰，四庫本作「云」。
② 「聰明」下，四庫本有「睿智」二字。
③ 語，四庫本作「詠」。
④ 吾，四庫本作「爲」。

其后朱子亦自悔其當時詞氣之出，招拳惹踢，初無怨栗之心也。自今觀之，栗之談《西銘》誠謬矣，若如僞《泰誓》者首言「天地，萬物父母」，下文即言「元后作民父母」，自相乖剌，以「天地，父母」爲是，則元后失之亢而僭，以「元后，父母」爲是，則天地失之卑而淩，蓋徒知《易傳》、《洪範》、《孟子》之可據，而不知聖賢之言各有攸當，不至於「汨彝敘」而反相駁也。由是言之，反不若劉陶之言平正通達而不相悖。「黄帝正名百物」①，豈其如此！武王吐辭爲經，又豈若然哉？

今商王受弗敬上天，降災下民，沈湎冒色，敢行暴虐，罪人以族，官人以世，惟宫室臺榭陂池侈服，以殘害于爾萬姓，焚炙忠良，刳剔孕婦。

《史記》：「帝紂資辨捷疾，聞見甚敏，材力過人，手格猛獸，知足以距②諫，言足以飾非，矜人臣以能，高天下以聲，以爲皆出己之下。好酒淫樂，嬖於婦人，愛妲己，惟妲己之言是聽。於是使師涓作新淫聲，北里之舞，靡靡之樂，賦税以實鹿臺之錢，而盈鉅橋之粟，

① 姜案：語出《禮記·祭法》。
② 距，四庫本作「拒」。

狗馬奇物①充仞宮室，益廣沙丘苑臺。」②「慢於鬼神，大冣樂戲③於沙丘，酒池肉林，使男女倮相逐其中，爲長夜之飲，百姓怨望，諸侯有叛，乃重刑辟，有炮烙之法，醢九侯、鄂侯，囚西伯羑里，用費中、惡來，廢商容，剖比干，囚箕子。」又《周本紀》④武王「聞紂昏亂暴虐滋甚，殺王子比干，囚箕子；太師疵、少師强抱其樂器而奔周，武王徧告諸侯曰：『殷有重罪，不可以不畢伐。』十一年十二月戊午，師畢渡盟津，諸侯咸會。曰：『孳孳無怠。』武王乃作《泰誓》，告于衆庶：『今殷王紂乃用其婦人之言，自絶于天，毁壞其三正，離逿其王父母弟，乃斷棄其先祖之樂，乃爲淫聲，用變亂正聲，怡説婦人。故今予發維共行天罰。勉哉！夫子，不可再，不可三。』」

《荀子·君子篇⑤》：「以族論罪，以世舉賢。故一人有罪，三族皆夷，德雖如舜，不免刑均，是以族論罪也。先祖當賢，子孫必顯，行雖如桀紂，列從必尊，此以世舉賢也。以族

① 狗馬奇物，四庫本作「貨物」。
② 四庫本於此下有一「云」字。
③ 冣樂戲，原作「最樂戲」，據《史記·殷本紀》改。徐廣曰：「冣，一作聚。」四庫本作「晏樂戈虚」，誤。
④ 又周本紀，四庫本作「《周本紀》又」，誤。
⑤ 君子篇，四庫本作「性惡篇」，誤。

論罪，以世舉賢，雖欲無亂，得乎哉？」此因「行雖如桀紂」之句，故蒐入《誓》辭。但荀之意本借紂以明此語，匪謂紂即「官人以世」者也。飛廉善走，惡來善馭，其知政而任之也。初何「世」之有？① 上文「刑罰不怒②罪，爵賞不踰德」，爲《説命》縮取。下文「以義制事」，爲《仲虺之誥》略取。《淮南子·本經訓》：「帝有桀紂，爲璇室、瑶臺、象廊、玉牀，紂爲肉脯酒池，燎焚天下之財，罷苦萬民之力③，刳諫者，剔孕婦，攘天下，虐百姓。」又《主術訓》：「衰世則不然，竭百姓之力以奉耳目之欲，志專在于宫室、臺榭、陂池、苑囿。」又曰：「紂殺王子比干而天下怨，斮朝涉者之脛而萬民叛，再舉而天下失矣。」又前《俶真訓》：「逮至夏桀、殷紂，燔生人，辜諫者，爲炮烙，鑄金柱，剖賢人之心，折才士之脛，醢鬼侯之女，菹梅伯之骸。」

皇天震怒，命我文考，肅將天威，大勳未集。

《洪範》：「帝乃震怒。」《詩》：「文王受命，有此武功。」《坊記》引《泰誓》曰：「惟朕

---

① 姜案：惡來爲飛廉之子。梅鷟意謂惡來雖爲飛廉之子，然兩人皆以個人能力而得任用，非由世襲得官。

② 怒，原作「恕」，明抄本同，據四庫本及《荀子》改。

③ 力，四庫本作「命」，誤。

文考無罪。」《詩》：「畏天之威。」《君奭》：「誕將天威。」《論語》：「文王三分天下有其二。」《武成》又曰：「我文考文王克成厥勳，惟九年大統未集，予小子其承厥志。」

肆予小子發，以爾友邦冢君，觀政于商，惟受罔有悛心，乃夷居弗事上帝神祇，遺厥先宗廟弗祀，犧牲粢盛，既于凶盜，乃曰：「吾有民有命，罔懲其侮。」

「友邦冢君」，見《牧誓》。又爲伊尹言：「萬夫之長，可以觀政。」《盤庚》：「罔有逸言。」《論語》：「原壤夷俟。」《牧誓》：「昏棄厥肆祀弗荅，昏棄厥遺王父母弟不迪。」《微子》：「攘竊神祇之犧牷牲。」《西伯戡黎》：「王曰：我生不有命在天。」

天佑下民，作之君，作之師。惟其克相上帝，寵綏四方。有罪無罪，予曷敢有越厥志。

此一節見《孟子》，但文字少異。「天佑」，《孟子》作「天降」。「惟曰其助上帝」。「綏」作「之」。「無罪」之下有「惟我在」三字。而下句無「予」字，作「天下曷敢有越厥志。」但引作「《書》曰」，而無「《泰誓》曰」字。①

---

① 「皇天震怒」至「而無泰誓曰字」，四庫本無。

同力度德，同德度義。受有臣億萬，惟億萬心。予有臣三千，惟一心。①

《成二年》君子曰：「《泰誓》所謂『殷兆民離，周十人同』者，衆也。」《昭二十四年左傳》：「召簡公、南宮嚚以甘桓公見王子朝，劉子謂萇弘曰：『甘氏又往矣。』對曰：『何害？同德度義，《泰誓》曰：「紂有億兆夷人，亦有離德。余有亂臣十人，同心同德。」』」杜氏注曰：「言唯同心同德，則能謀義。子朝不能，於我何害？紂衆億兆，兼有四方，不能同德，終敗亡。武王言我有治臣十人，雖少，同心也。今《泰誓》無此語。」杜注所謂「今《泰誓》」，指前漢僞《泰誓》也。

今案：萇弘之言，正因《泰誓》「同心同德」之言，故言同德者②，則能度義。今甘桓公雖見子朝，不過如紂之離德者耳，雖有億兆，亦奚以爲？蓋「同德」與「離德」相對，義③自明白。故下又勸其「務德，無患無人」。作《古文》者，無以飣餖成篇，并萇弘之所自言，亦略以爲經。④又生「同力度德」之言於上，則以「力鈞者度德，德鈞者度義」，竊取王子朝「年

---

① 「同力度德」、「受有臣億萬」至「惟一心」，四庫本無。

② 同德者，四庫本作「惟同德者」。

③ 義，四庫本作「意」。

④ 姜案：梅鷟謂「同德度義」乃萇弘之所自言，非《尚書》之文。

鈞以德，德鈞以卜」之義。又《襄三十年》穆叔「年鈞擇賢，義鈞則卜」之意，而與①《泰誓》「離德」、「同德」之義背馳矣。於是遂移萇弘所引之本文於中篇，而改曰：「受有臣億萬，惟億萬心，予有臣三千，惟一心。」則并「同力度德」之言，飣餖四五句矣。此其湊合補綴之大略如此也。嘗考之《淮南子·兵略訓》：「兵靜則固，專一則威，分決則勇。心疑則北，力分則弱。故紂之卒百萬之心，武王之卒三千人皆專而一。故千人同心，則得千人力；萬人異心，則無一人之用。」故其言有所本矣。殊不知「受有臣億萬」即「紂有億兆夷人」，惟「億萬心」即「離心」，「萬」字比「兆」字則變而少矣。「予有臣三千」即「予有亂臣十人」，「惟一心」即「同心」，「三千」比「十人」則變而多矣。「三千」，用《孟子》「虎賁三千人」也。中篇之末曰「乃一德一心」，又改「同」字爲「一」字，亦何用如此之重複耶？劉炫不知，反據《古文》以規杜注。噫，劉炫過矣。《襄二十八年》叔孫曰：「武王有亂臣十人，崔子其有乎？」又《襄二十九年》子太叔曰：「弃同即異，是謂離德。」②

---

① 與，四庫本作「於」。

② 姜案：此條自「成二年君子曰」至「是謂離德」，原列於《泰誓中》。

商罪貫盈，天命誅之。予弗順天，厥罪惟鈞。

《湯誓》曰：「有夏多罪，天命殛①之。」又曰：「予畏上帝，不敢不正。」《宣六年》中行桓子曰：「使疾其民以盈其貫，將可殪也。」因下文引《周書》曰「殪戎殷」，故知②「商罪貫盈」，猶不學面牆③之類。

予小子夙夜祇懼，受命文考。類于上帝，宜于冢土。以爾有衆，厎天之罰。

《王制》：「天子將出征，類乎上帝，宜乎社，造乎禰。」《詩》太王「乃立冢土」。《王制》又曰：「受命于祖。」

天矜于民，民之所欲，天必從之。爾尚弼予一人，永清四海，時哉弗可失。④

《詩》：「矜此下民。」《襄三十一年》穆叔曰：「《泰誓》云：『民之所欲，天必從

---

① 殛，四庫本作「誅」。

② 知，四庫本作「言」。

③ 不學，四庫本無。姜案：《古文尚書·周官》有「不學牆面」之語。《論語》：「人而不爲《周南》、《召南》，其猶正牆面而立也與！」

④ 「天矜于民」、「爾尚弼予一人」至「時哉弗可失」，四庫本無。

之。』」《昭元年》子羽亦引①。杜預注：「今《尚書・泰誓》亦無此文。故諸儒疑之。」孔氏《正義》曰：「今《尚書・泰誓》謂漢魏諸儒馬融、鄭玄、王肅等所注者也。惟東晉《泰誓》則傳記②所引《泰誓》，悉皆有之。」《周語》單襄公亦引此二句。《鄭語》史伯亦引此二句。又《周官》亦曰：「弼予一人。」「時哉弗可失」，乃蒯通告韓信之言。③

泰誓中

惟戊午，王次于河朔。羣后以師畢會，王乃狥師而誓。④

《莊三年》：「凡師一宿爲舍，再宿爲信，過信爲次。」此止舍之名也。《序》：「一月戊午渡孟津。」此戊午，止河北。河北去牧野四百餘里。戊午次河，而《牧誓》言「甲子殺紂」相去纔六日耳。疑「戊午次河朔」之語非是。且與《序》文「戊午」之日重複。

---

① 「引」下，四庫本有「泰誓云云」四字。
② 惟東晉泰誓則傳記，四庫本作「記傳」。
③ 「此二句」至「乃蒯通告韓信之言」，四庫本無。
④ 「惟戊午」、「羣后」至「狥師而誓」，四庫本無。

嗚呼！西土有衆，咸聽朕言。

《牧誓》：「逖矣西土之人。」《湯誓》：「格！爾衆庶，悉聽朕言。」①

我聞吉人爲善，惟日不足；凶人爲不善，亦惟日不足。

《易》曰：「吉人之辭寡。」《文十八年》史克曰：「四門穆穆，無凶人也。今行父雖未獲一吉人，去一凶矣。」《小雅》曰：「降爾遐福，維日不足。」

今商王受力行無度，播棄黎②老，昵比罪人，淫酗肆虐，臣下化之，朋家作仇，脅權相滅。無辜籲天，穢德彰聞。

《牧誓》：「今商王受。」《論語》：「行有餘力。」《孟子》：「子力行之。」「工不信度。」《多士》：「惟爾洪無度。」③《吴語》申胥曰：「今王播棄黎④老，而孩提焉比謀。」《牧

① 「此止舍之名也」至「悉聽朕言」，四庫本無。
② 黎，四庫本作「犂」。
③ 「牧誓今商王受」至「惟爾洪無度」，四庫本無。
④ 黎，四庫本作「犂」。

誓》：「四方之多罪逋逃，是崇是長，是信是使。」《微子》：「我用沈酗于酒，小民方興，相爲敵讎，乃罔畏畏，咈其耇長、舊有位人。用乂讎斂，召敵讎不怠。」《召誥》：「以哀籲天。」《康誥》：「顯聞于天。」《湯誥》又曰：「並告無辜于上下。」①《僖九年》郤芮曰：「亡人無黨，有黨必有讎。」②《桓七年》楚鬬廉曰：「師克在和，不在衆。商、周之不敵，君之所聞也。成軍以出，又何濟焉？」杜注：「商，紂也；周，武王也。」《傳》曰：「武王有亂臣十人，紂有億兆夷人。」

惟天惠民，惟辟奉天。有夏桀弗克若天流毒下國。天乃佑命成湯，降黜夏命。

《洪範》：「惟天陰騭下民。」董子曰：「人君承天意以從事。」《古文》又曰：「奉若天命。」《多士》：「我有周佑命，致王罰，敕殷命終于帝。」又曰：「有夏不適逸。弗克庸帝。厥惟廢元命，降致罰，乃命爾先祖成湯革夏。」③

① 「牧誓四方之多罪逋逃」至「並告無辜「于上下」，四庫本無。
② 「有讎」下，四庫本有「此因《微子篇》『方興，相爲敵仇』之言」一句。
③ 「惟天惠民」至「成湯革夏」，四庫本無。

惟受罪浮于桀，剥喪元良，賊虐諫輔，謂己有天命，謂敬不足行，謂祭無益，謂暴無傷。厥監惟不遠，在彼夏王。天其以予乂民。①

《表記》：「惟欲行之，浮於名也。」《文王世子》：「一有元良。」《史記》：「紂曰：『我聞聖人之心有七竅。』剖比干而視之。」「剥」字用「剖」字之意。「喪」字用「出去」之意。《微子之命》稱曰「元子」。《西伯戡黎》：「我生不有命在天。」上篇：「弗敬上天。」《微子》：「攘竊神祇之犧牷牲。」《詩》：「殷監不遠，在夏后之世。」②又《國語》③太子晉引《詩》曰：「殷監惟不遠，近在夏后之世。」《立政》：「以乂我受民。」又：「玆乃俾乂。」④

朕夢協朕卜，襲于休祥，戎商必克。

《昭六年》史朝曰：「筮襲于夢，武王所用也。」杜注：「《外傳》云：『《泰誓》曰：「朕夢協朕卜，襲于休祥，戎商⑤必克。」此武王辭。』」

① 「惟受罪浮于桀」至「謂暴無傷」、天其以予乂民，四庫本無。
② 「表記」至「在夏后之世」，四庫本無。
③ 國語，四庫本作「《周語》」。
④ 「立政」至「玆乃俾乂」，四庫本無。
⑤ 朕夢協朕卜襲于休祥戎商，四庫本作「云云」。

今案：《外傳》，《國語》是也，《周語》單襄公①云。其下云：「以三襲也。」

受有億兆夷人，離心離德。予有亂臣十人，同心同德。雖有周親，不如仁人。

《襄二十九年》子太叔曰：「棄同即異，是謂離德。」《成公二年》臧宣叔曰：「《泰誓》所謂『商兆民離，周十人同』。」《昭二十四年》萇弘曰：「紂有億兆夷人，亦有離德；予有亂臣十人，同心同德。」《論語》：「武王曰：『予有亂臣十人。』又曰：『雖有周親，不如仁人。』」

天視自我民視，天聽自我民聽。百姓有過，在予一人，今朕必往。

《孟子》：「《泰誓》曰：『天視自我明視，天聽自我民聽。』」《論語》曰：「百姓有過，在予一人。」《湯誓》曰：「夏德若茲，今朕必往。」

我武惟揚，侵于之疆，取彼兇殘，我伐用張，于湯有光。

---

① 公，四庫本作「子」。

《孟子》「我伐」作「殺伐」，「取彼兇殘」作「則取于殘」。

勗哉夫子！罔或無畏，寧執非敵，百姓懍懍，若崩厥角。嗚呼！乃一德一心，立定厥功，惟克永世。

《牧誓》：「勗哉夫子！」《孟子》：「無畏寧爾也，若崩厥角稽首。」今敢改削其文如此！然「寧爾」之言，王言也，不可易也。「一德一心」，即「同心同德」之謂。《詩》：「耆定爾功。」《秦本紀》：「以克永世。」①

泰誓下

時厥明，王乃大巡六師，明誓衆士。

「厥明」者，「戊午」之明日也。《詩》：「六師及之。」《胤征》又云：「爾衆士同力王室。」

① 「受有億兆夷人」至「以克永世」，四庫本無。

王曰：「嗚呼！我西土君子，天有顯道，厥類惟彰。」

《牧誓》：「西土之人。」《孟子》：「君子實玄黃于篚，以迎其君子。」《康誥》：「弗念天顯。」《孝經》：「則天之明。」《左傳》：「以象天明。」孔《傳》：「其義類惟明。」《詩》：「而秉義類。」《易》：「知微知彰。」

今商王受狎侮五常，荒怠弗敬，自絶于天，結怨于民。

《論語》：「狎大人，侮聖人之言。」《甘誓》：「威侮五行，怠棄三正。」以「狎」字代「威」字，以「常」代「行」。下句用「怠」字。而以「弗敬」字易「三正」字，欲人迷其蹤也。《詩》：「無遏爾躬。」《西伯戡黎》：「惟王淫戲，用自絶。」《戰國策》燕昭王曰：「我有結怨，深怒于齊。」①

斮朝涉之脛，剖賢人之心，作威殺戮，毒痛四海，崇信姦回，放黜師保，屏棄典刑，囚奴

① 「時厥明」至「深怒于齊」，四庫本無。

正士，郊社不修，宗廟不享。①

《史記》：「冬月見朝涉水者，謂其脛耐寒，斬而視之。比干强諫，紂怒曰：『吾聞聖人心有七竅。』剖比干，觀其心。」《洪範》：「惟辟作威。」《吕刑》：「殺戮無辜。」②《牧誓》：「惟四方之多罪逋逃，③是崇是長，是信是使。」今④摘取「崇信」二字。《襄十四年》劉定公曰：「師保萬民。」《正義》引《泰誓》曰：「放黜師保。」《詩》「咨汝⑤殷商，雖無老成人，尚有典刑。曾是莫聽。」《論語》：「箕子爲之奴。」⑥《史記》：「紂囚箕子爲奴。」《牧誓》：「昏棄厥肆祀弗答。」《微子》：「攘竊神祇之犧牷牲用，以容將食無災。」⑦《宣四年》王孫滿曰⑧：「商紂暴虐。」其下有「姦回昬亂」之句。《襄二十三年⑨》閔馬父曰：「姦回

---

① 「斮朝涉之脛」至「毒痡四海」、「郊社不修」至「宗廟不享」，四庫本無。「崇信姦回」至「囚奴正士」，四庫本重出。
② 「史記」至「殺戮無辜」，四庫本無。
③ 惟四方之多罪逋逃，四庫本無。
④ 今，四庫本無。
⑤ 汝，四庫本作「爾」。
⑥ 「曾是莫聽」至「箕子爲之奴」，四庫本無。
⑦ 「牧誓」至「以容將食無災」，四庫本無。
⑧ 曰，四庫本無。
⑨ 二十三，原作「三十三」，據四庫本、《左傳》改。

不軌，禍倍下民可也。」《中庸》：「宗廟享之。」①

作奇技淫巧，以悦婦人。

《王制》曰：「作淫聲、異服、奇技、奇器以疑衆，殺。」《月令》：「毋或作爲淫巧以蕩上心。」《漢書·禮樂志》曰：「《書序》：『殷紂斷棄祖宗之樂，乃作淫聲，用變亂正聲，以悦婦人。』」

上帝弗順，祝降時喪，爾其孜孜，奉予一人，恭行天罰。

《多士》：「上帝不保。」《公羊傳》：「子路死，子曰：『天祝予！』」《甘誓》：「予惟恭行天之罰。」《多方》：「天降時喪。」又曰：「天惟降時喪。」②

古人有言曰：「撫我則后，虐我則讎。」獨夫受，洪惟作威，乃汝世讎。

---

① 中庸宗廟享之，四庫本無。

② 「上帝弗順」至「天惟降時喪」，四庫本無。

《荀子·議兵篇》：「暴國之君，其民之視我，歡若父母。反顧其上，若仇讎。」又曰：「湯武之誅桀紂，若誅獨夫。故《泰誓》曰『獨夫紂』，此之謂也。」《淮南子·道應①訓》尹佚曰：「四海之内，善之，則吾畜也；不善，則吾讎也。昔夏商之民②反讎桀紂，而臣湯武。」《多方》：「洪惟圖天之命。」《洪範》：「作威作福。」③《淮南子·兵略訓》「決獄無辜，殺戮無罪。」又曰：「武王伐紂，東面而迎歲，至汜而水，至共頭而墜，彗星出而授殷人其柄。當戰之時，十日亂於上，風雨擊於中。」

樹德務滋，除惡務本。肆予小子誕以爾衆士，殄殲乃讎。④

《哀元年》伍⑤員曰：「臣聞之，樹德莫如滋，去疾莫如盡。」又《戰國策》秦客卿造曰：「《詩》云：『樹德莫如滋，除害莫如盡。』」《詩》：「惟予小子。」《大誥》：「肆予告我友邦君。」又曰：「誕敢紀其敘。」《洛誥》：「誕保文武受命。」《盤庚》：「我乃劓殄滅之，無遺

① 應，四庫本作「廣」。
② 民，《淮南子》作「臣」。
③ 「多方」至「作威作福」，四庫本無。
④ 「肆予小子」至「殄殲乃讎」，四庫本無。
⑤ 伍，原作「五」，據四庫本及《左傳》改。

育。」《胤征》：「殲厥渠魁。」①

爾衆士其尚迪果毅，以登乃辟，功多有厚賞，不迪有顯戮。

《宣二年②》君子曰：「戎昭果毅以聽之之謂禮，殺敵爲果，致果爲毅。易之，戮也。」「易之」，即「不迪」之別名也。

嗚呼！惟我文考，若日月之照臨，光于四方，顯于西土。惟我有周誕受多方。

《禮》：「惟朕文考。」《詩》：「日居月諸，照臨下土。」《堯典》：「光被四表。」《詩》：「居岐之陽，在渭之將，萬邦之方，下民之王。文王受命，有此武功，既伐于崇，作邑于豐。」皆「顯于西土」之實也。《多方》曰：「惟我周王，克堪用德，簡畀殷命，尹爾多方。」③

予克受，非予武，惟朕文考無罪。受克予，非朕文考有罪，惟予小子無良。

① 「詩惟予小子」至「殲厥渠魁」，四庫本無。
② 二年，原作「元年」，據四庫本及《左傳》改。
③ 「嗚呼惟我文考」至「尹爾多方」，四庫本無。

《坊記》：「子云：『善則稱親，過則稱己，則民作孝。《泰誓》曰：「予克紂，非予武，惟朕文考無罪。紂克予，非朕文考有罪，惟予小子無良。」①』」二「受」字皆作「紂」。

武成

惟一月壬辰，旁死魄，越翼日癸巳，王朝步自周，于征伐商。

《天問》：「夜光何德，死則又育？」《前漢書・律曆志》：「《周書・武成篇》：『惟一月壬辰，旁死霸。若翼日癸巳，武王乃朝步自周，于征伐紂。』」「魄」作「霸」，古字同。「越」作「若」，「王」字上多「武」字。②

厥四月哉生明，王來自商，至于豐，乃偃武修文，歸馬于華山之陽，放牛于桃林之野，示天下弗服。

---

① 「紂非予武」至「惟予小子無良」，四庫本作「云云」。
② 「惟一月壬辰」至「王字上多武字」，四庫本無。

《樂記》曰：「武王克殷，反①商，未及下車。而封黄②帝之後於薊，封帝堯之後於祝，封帝舜之後於陳。下車而封夏后氏之後於杞，投殷之後於宋，封王子比干之墓，釋箕子之囚，使之行商容而復其位。庶民弛政，庶士倍禄。濟河而西，馬散之華山之陽而弗復乘，牛散之桃林之野而弗復服車，甲衅而藏之府庫而弗復用。倒載干戈，包之以虎皮，將帥之士使爲諸侯，名之曰建櫜，然後天下知武王之不復用兵也。」

今案：《記》言「弗復乘馬服牛」，而《古文》獨言「示天下弗服」者，欲以一「服」字兼馬牛言，欲與《記》小異也。又《史記》：「縱馬于華山之陽，放牛于桃林之墟，偃干戈振兵釋旅，示天下不復用也。」

丁未，祀于周廟，邦甸侯衛，駿奔走，執豆籩。越三日庚戌，柴望大告武成。

《禮記·大傳》：「牧之野，武王之大事也。既事而退，柴於上帝，祈於社，設奠於牧室，遂率天下諸侯執豆籩③、駿奔走，追王太王、亶父、王季歷、文王昌。」

① 反，原作「及」，據四庫本及《禮記》改。
② 黄，原作「皇」，據四庫本及《禮記》改。
③ 豆籩，四庫本作「籩豆」。

既生魄，庶邦冢君暨百工受命于周。

「既生」即《天問》之「又育」也，又見《汲冢周書》。《牧誓》：「友邦冢君。」《堯典》：「允釐百工。」《大誥》：「予惟以爾庶邦。」又曰：「爾庶邦君。」《多方》：「乃有不用我降爾命。」①

惟先王建邦啓土，公劉克篤前烈，至于太王肇基王迹，王季其勤王家，我文考文王，克成厥勳，誕膺天命，以撫方夏，大邦畏其力，小邦懷其德，惟九年大統未集，予小子其承厥志。②

《周語》祭公謀父曰：「昔我先王后稷③，以服事虞夏。」又曰：「我先王不窋。」此所以稱后稷爲「先王」也。又韋昭注：「商亦稱契爲玄王。」《詩》曰④：「即有邰家室。」又《魯頌》曰：「奄有下國。」故言「建邦啓土」也。《大雅》曰：「篤公劉。」故言「克篤前

---

① 「既生魄」至「乃有不用我降爾命」，四庫本無。

② 「厥志」下，四庫本有「厎商之罪，告於皇天后土、所過名山大川」。

③ 先王后稷，四庫本作「先世后稷」。姜案：《國語·周語》「昔我先王世后稷」，韋昭注曰：「后，君也。稷，官也。父子相繼曰世，謂棄與不窋。」梅鷟稱「此所以稱后稷爲『先王』」，蓋誤解《國語》。

④ 曰，四庫本作「云」。

烈」也。《魯頌》曰：「實惟太王，實始翦商。」又曰：「纘太王之緒。」《綿》詩「廟」、「室」、「門」、「社」。《中庸》：「追王太王。」故曰「肇基王迹」也。又曰「以王季爲父」、「父作之」，《詩》曰「帝作邦作對」、「則篤其慶」、「受禄無喪」，《中庸》曰「追王太王①王季」。《禮記》引《泰誓》曰「朕文考無罪」，《文王有聲》曰「遹觀厥成」，又《詩》、《書》所稱「文王受命」、「假哉天命」、「宅天命」、「以受方國」、「王赫斯怒」，整旅遏密、伐肆、絶忽、戡黎等，「大邦畏其力」也。虞、芮睹揖讓之風，遂讓争田爲閒田，漢南諸侯聞之，歸者四十餘國，「小邦懷其德」也。「惟九年」者，以「蹶厥生」之年爲受命元年也。故注疏家遂有文王聽虞、芮之訟②，諸侯歸之，改稱元年，至九年而卒也。「大統未集」者，「三分天下有其二」也。《記》引《書》曰「惟予小子無良」，故稱「予小子」。《中庸》曰：「武王達孝，善繼人之志。」今改作「承厥志」者，不宜全寫《中庸》也。但《中庸》所謂「志」者，制禮作樂之志，此所謂「志」，欲集「大統」之志，雖能用《中庸》之文，而不免墮於史家西伯「陰行善」之云，則語

① 太王，四庫本無。
② 訟，四庫本作「頌」。

圓而意悖矣。①

歐陽修知中間不再改元爲注家之非，而不知「誕膺天命」、「惟九年」乃《武成》古文之非也。《襄三十年》北宫文子云：「《周書》數文王之德曰：『大國畏其力，小國懷其德。』言畏而愛之也。」《史記》：「追尊古公爲太王，公季爲王季。蓋王迹自太王興之②。武王即位，脩文王緒業，九年，武王上祭于畢，東觀兵至於盟③津。武王自稱『太子發』，言奉文王以伐，不敢自專，乃告司馬、司徒、司空諸節：『齊信栗哉！予無知，以先祖有德，臣小子受先公功，畢立賞罰，以定其功。』」《禮記·祭統》孔悝銘曰：「其勤公家。」又衛彪傒曰：「后稷勤周。」

厎商之罪，告于皇天后土，所過名山大川，曰：「惟有道曾孫周王發，將有大正于商。」

① 「矣」下，四庫本有「《哀二年》衛太子禱曰：『曾孫蒯聵敢昭告於皇祖文王云云。以集大事，無作三祖羞。』『告於皇天』與《泰誓》『類於上帝』相應。『告於后土』，與《泰誓》『宜於冢土』相應」一段。
② 之，四庫本無。
③ 盟，四庫本作「孟」。

《湯誓》：「致天之罰。」《微子》：「我祖厎遂陳于上。」《詩》：「敦商之旅。」《泰誓》：「厎天之罰。」《多士》：「明致天罰。」①「告于皇天」與《泰誓》「類于上帝」相應。「告于后土」與《泰誓》「宜于冢土」相應。「有道」指太王、王季等。《金縢》曰：「惟爾曾孫發。」《湯誓》：「余畏上帝，不敢不正。」《左傳》蒯聵禱祖，自稱「曾孫」。②

今商王受無道，暴殄天物，害虐烝民，爲天下逋逃主萃淵藪。③

《史記》：「天下起兵，共誅無道。秦物不聊生，民失其性。故爲無道也。」④《昭七年》芋尹無宇曰：「昔武王數紂之罪，以告諸侯曰：『紂爲天下逋逃主萃淵藪⑤，故夫致死焉。』」《史記》：「殷之末孫紂，殄廢先王明德，侮蔑神祇不祀，昏暴商邑百姓，其章⑥顯聞

---

① 「湯誓致天之罰」至「明致天罰」，四庫本無。
② 「有道指太王」至「自稱曾孫」，四庫本無。
③ 「暴殄天物」至「萃淵藪」，四庫本無。
④ 「史記天下起兵」至「故爲無道也」，四庫本無。姜案：《史記》似無此語。
⑤ 天下逋逃主萃淵藪，四庫本作「云云」。
⑥ 章，四庫本作「彰」，誤。

于天皇①上帝。武王更大命革殷，受天明命。」

予小子既獲仁人，敢祇承上帝，以遏亂略，②華夏蠻貊，罔不率俾。

《論語》：「雖有周親，不如仁人。」《書》云：「祇承于帝。」《詩》：「式遏寇虐。」③《襄三十年》北宮文子曰：「蠻夷帥服。」

恭天成命，肆予東征，綏厥士女，惟其士女，篚厥玄黄，昭我周王，天休震動，用附我大邑周。

《甘誓》：「恭行天之罰。」《詩》：「昊天有成命。」《孟子》：「有攸不爲臣。東征，綏厥士女，篚厥玄黄，紹我周王，見休惟臣，附于大邑周。」其異同如此。④

---

① 天皇，四庫本作「皇天」，誤。

② 「予小子」至「以遏亂略」，四庫本無。

③ 「論語雖有周親」至「式遏寇虐」，四庫本無。

④ 「恭天成命」至「其異同如此」，四庫本無。

惟爾有神，尚克相予，以濟兆民，無作神羞。

《襄十八年》荀偃禱曰：「齊環棄好背盟，淩虐神主，曾臣彪率諸侯以討焉。其官臣偃實先後之，苟捷有功，無[①]作神羞。官臣偃無敢復濟，惟爾有神裁之。」《哀二年》衛太子禱曰：「曾孫蒯聵敢昭告皇祖文王、烈祖康叔、文祖襄公，以集大事，無作三祖羞。」《顧命》：「用奉恤厥若，無遺鞠子羞。」[②]

《尚書注疏》：「此篇敘事多而王言少，[③]惟辭又首尾不結。體裁異於餘篇。『無作神羞』以下，惟告神，其辭不結，文義不成，非述作之體。案《左傳》荀偃禱河云：『無作神羞，其官臣偃，無敢復濟，惟爾有神裁之。』蒯聵禱祖云：『無作三祖羞，大命不敢請，佩玉不敢愛。』彼二者於『神羞』之下，皆更申己意。此經『無作神羞』下更無語，直是與神之言，猶尚未訖。且冢君百工，初受周命，王當有以戒之，如《湯誥》之類。宜應説其除害，與民更始，創以爲惡之禍，勸以行道之福。不得大聚百官，惟誦禱辭而已。欲征則殷勤誓衆，既克則空話禱神。聖人有作，理必不爾！竊謂『神羞』之下，更合有言，簡編斷絶，經失其

---

① 無，四庫本作「毋」。
② 「哀二年」至「無遺鞠子羞」，四庫本無。
③ 「王言少」下，四庫本有「云云」二字。

本，所以辭不次耳。或初藏之日，已失其本，或壞壁得之，始有脱漏。故孔稱五十八篇以外，錯亂磨滅不可復知，明是見在諸篇，亦容脱錯。但孔此篇首尾具足，既取其文，爲之作《傳》，耻云有所失落，不復言其事耳。」①

《周語》伶州鳩曰：「王以二月癸亥夜陳未畢而雨，②所以優柔容民也。」

既戊午，師逾孟津，癸亥陳于商郊，俟天休命。甲子昧爽，受率其旅若林，會于牧野，罔有敵于我師，前徒倒戈，攻于後以北，血流漂杵。一戎衣天下大定。③

《漢·律曆志》：「《序》曰：『一月戊午，師度于孟津，至庚申，二月朔日也，四日癸亥至牧野，夜陳。甲子昧爽而合矣。』故《外傳》曰：『王以癸亥夜陳。』《武成篇》曰：『粤若來三月，既死霸，粤五日甲子，咸劉商王紂。』」今案：《古文》用《漢書》「甲子昧爽」句，故難用此。顏師古曰：「今文《尚書》之辭。」④

① 「惟辭又首尾不結」至「不復言其事耳」，四庫本無。
② 「雨」下，四庫本有「云云至」三字。
③ 一戎衣天下大定，四庫本無。
④ 「漢律曆志」至「今文尚書之辭」，四庫本無。

《周語》伶州鳩曰：「王以二月癸亥夜陳未畢而雨，以夷則之上宮畢之。」則「戊午」者，一月也。又曰：「王以黃鍾之下宮①布戎於牧之野。」《牧誓》曰：「時甲子昧爽，王朝至于商郊牧野。」《詩》曰：「殷商之旅，其會如林，矢于牧野，維予侯興。」《史記》：「陳師牧野，紂聞武王來，亦發兵七十萬人至，武王使師尚父與百夫致師，以大卒②馳紂師。紂師③雖衆，皆無敵之之④心，欲武王亟入。紂師皆倒⑤兵以戰，以開武王，武王⑥馳之，紂兵皆崩畔。」

《孟子》曰：「以至仁伐至不仁，而何其血之流杵也。」故首曰：「盡信《書》不如無《書》。」《中庸》：「一戎衣而有天下。」⑦

① 宮，四庫本作「官」，誤。
② 卒，四庫本作「率」，誤。
③ 紂師，原無，據四庫本及《史記》補。
④ 之，四庫本無。
⑤ 倒，原作「到」，據四庫本及《史記》改。
⑥ 武王，原無，據《史記》補。
⑦ 「孟子曰」至「一戎衣而有天下」，四庫本無。

乃反商政，政由舊。

《家語》：「反商之政。」《樂記》：「乃反商。」《律曆志》：「《武成篇》曰：『惟四月既生霸，粤六日庚戌，武王燎于周廟，翼日辛亥，祀于天位，粤五日乙卯，乃以庶國祀馘于周廟。』」師古曰：「亦今文《尚書》也。」①

釋箕子囚，封比干墓，式商容閭，散鹿臺之財，發鉅橋之粟，大賚于四海，而萬姓悦服。

《史記》：「命召公釋箕子之囚；命畢公釋百姓之囚、表商容之閭；命南宫括散鹿臺之財、發鉅橋之粟，以振貧弱萌隸；命閎夭封比干之墓；命宗祝享祀于軍，乃罷兵西歸行狩，記政事，作《武成》。」

列爵惟五，分土惟三，建官惟賢，位事惟能，重民五教，惟食喪祭，惇信明義，崇德報功，垂拱而天下治。

爵五等：公、侯、伯、子、男；禄三品：公侯方百里，伯七十里，子男五十里，皆見

① 「乃反商政」至「亦今文尚書也」，四庫本無。

《孟子》。王制：賢者在職，能者在位，亦見《孟子》。「所重民食喪祭」，見《論語》。孔穎達曰：「《論語》無『五教』字，録《論語》者自略之耳。」此正「譌言《古文》僞，寧道孔聖誤」者也。「五教」字、「惟」字宜删去。管仲曰：「君以禮與信屬諸侯。」又曰：「德刑禮義，無國不記。」《公羊傳》：「齊桓之信義明。」《詩》：「無封靡于爾邦，惟王其崇之。念兹戎功，繼序其皇之。」①《前漢書·薛宣傳》：「馮翊垂拱蒙成。」王褒曰：「雍容垂拱，永永萬年。」《後漢書·孝章八子傳》②：「清河王廢，日仰恃明主垂拱受成。」

旅獒

《宣二年③》：「公嗾夫獒。」杜注：「猛犬也。」《説文》：「嗾，使犬也。」服虔作「噉」。《尚書》傳曰④：「獒，大犬也。」《爾雅》⑤：「狗，四尺爲獒。」《説文》云：「犬，知人心可

① 「爵五等」至「繼序其皇之」，四庫本無。
② 「傳」下，四庫本有「曰」字。
③ 二年，原作「元年」，明抄本同，據四庫本及《左傳》改。
④ 曰，四庫本作「云」。
⑤ 「爾雅」下，四庫本有「云」字。

使者。」馬融云：「獒，作豪，酋豪也。」鄭玄云：「獒，讀曰豪。云西戎無君，名强大有政者爲『酋豪』。國人遣其酋豪來獻，見于周也。」孔穎達譏之曰：「良由不見《古文》，妄爲此說。」①

惟克商，遂通道于九夷八蠻，西旅厎貢厥獒，太保乃作《旅獒》，用訓于王曰：「嗚呼！明王慎德，四夷咸賓，無有遠邇，畢獻方物，惟服食器用。王乃昭德之致于異姓之邦，無替厥服，分寶玉于伯叔之國，時庸展親。人不易物，惟德其物」。

《魯語》陳惠公使人以隼如仲尼之館問之②，仲尼曰：「隼之來也遠矣，此肅慎氏之矢也。昔武王克商，通道於九夷八蠻，使各以其方賄③來貢，使無忘職業。於是肅慎氏貢楛矢石砮，其長尺有咫。先王欲昭其令德之致遠也，以示後人，使永監焉。故銘其括曰『肅慎氏之貢矢』，以分太姬配虞胡公而封諸陳。古者分同姓以珍玉，展親也。分異姓以遠方之職貢，使無忘服也。故分陳以肅慎氏之貢。」

① 「馬融云」至「妄爲此說」，四庫本無。
② 之，四庫本無。
③ 賄，四庫本作「物」，誤。

《晉語》范文子曰：「夫王者成其德，而遠人以其方賄歸之。」《楚語》申叔時曰①：「蠻夷戎翟，②其不賓也久矣。」《僖七年》：「諸侯官受方物。」《僖五年》宮之奇曰：「民不易物，惟德繄物。」今③改「民」爲「人」，改「繄」爲「其」。

德盛不狎侮。狎侮君子，罔以盡人心。狎侮小人，罔以盡其力。

《表記》：「子曰：『狎侮死焉而不畏也。』」《論語》：「狎大人，侮聖人之言。」《左傳》：「君子勞心，小人勞力。」④

不役耳目，百度惟貞。

孟子曰：「耳目之官不思而蔽于物。」陶潛云：「自以心爲形役。」《樂記》：「百度得數而有常。」《昭元年》子產云：「茲心既爽，昏亂百度。」

---

① 曰，四庫本無。
② 蠻夷戎翟，原作「四方小國」，四庫本作「蠻夷戎狄」，據《國語》改。
③ 今，四庫本無。
④ 「論語狎大人」至「小人勞力」，四庫本無。

玩人喪德，玩物喪志。

德盛不狎侮，故戲弄人者喪德也。役耳目者以小害大、賤害貴，故係「玩物者喪志」也。《老子》曰：「不見可欲，使心不亂。」

志以道寧，言以道接。

志於道，則不玩物矣，故曰「寧」。應以道，則不狎侮矣，故曰「接」。

不作無益害有益，功乃成。不貴異物賤用物，民乃足。

《老子》曰：「吾是以知無爲之有益。」又曰：「功成名遂。」孔氏曰：「游觀徒費時日，故爲無益；奇巧世所希有，故爲異物；德盛爲有益，器用爲用物。」《漢書》曰：「家給人足。」《王制》鄭注：「質則用物貴，淫則侈物貴。」①《淮南子·精神訓》：「不貴難得之貨，不器無用之物。」又曰：「貴遠方之貨，珍難得之財。」《老子》曰：「難得之貨令人行妨。」②

① 「不役耳目」至「淫則侈物貴」，四庫本無。
② 「老子曰」至「難得之貨令人行妨」，四庫本無。

犬馬非其土性不畜。

《僖十五年》：「晉侯與秦戰，乘小駟，鄭入也。慶鄭曰：『古者大事必乘其産，生其水土而知其人心，安其教訓而服習其道，惟所納之，無不如志。今乘異産以從戎事，及懼而變，將與人易。亂氣狡憤，陰血周作，張脉僨興，外彊中乾，進退不可，周旋不能，君必悔之。』」

珍禽奇獸不育於國，不寶遠物則遠人格，所寶惟賢則邇人安。

《史記》：「遠方珍怪之物。」《王制》：「用器不中度，不粥於市」。「禽獸魚鼈不中殺，不粥於市。」周穆王得白狐白鹿，而荒服因以不至。① 趙簡子曰：「楚之白珩猶在乎？其爲寶也幾何？」王孫圉對曰：「楚所寶者觀射父、左史倚相。若白珩，先王之所玩，何寶之焉？」《大學》曰：「楚國無以爲寶，惟善以爲寶。」

嗚呼！夙夜罔或不勤，不矜細行，終累大德，爲山九仞，功虧一簣。

---

① 姜案：白狐，當作「白狼」。《史記》：「穆王得四白狼四白鹿以歸，自是荒服者不至。」

《詩》：「夙夜匪懈。」「夙興夜寐」。《論語》：「古之矜也廉。」「子夏曰：『大德不踰閑。』」《論語》：「辟如爲山。」《孟子》：「掘井九仞。」《論語》：「未成一簣。」

允迪茲，生民保厥居，惟乃世王。

《皋陶謨》：「允迪厥德。」《盤庚》：「汝罔能迪。」又：「各長於厥居。」「敢恭生生，鞠人謀人之保居，敘欽。」《吕刑》：「無世在下。」《洛誥》：「四方其世享。」古器物銘：「世世永保用享。」《梓材》：「欲至于萬年，惟王子子孫孫永保民。」①

微子之命

《左傳·僖七年》：「許男面縛銜璧，大夫衰絰，士輿櫬。楚子問諸逢伯，對曰：『昔武王克殷，微子啓如是。武王親釋其縛，受其璧而祓②之，焚其櫬③，禮而命之，使復其

---

① 「珍禽奇獸不育於國」至「惟王子子孫孫永保民」，四庫本無。
② 祓，四庫本作「被」，誤。
③ 櫬，四庫本作「概」，誤。

所。」』《史記·宋①世家》云：「微子開②者，帝乙之首子，紂庶兄。武王克紂③，微子乃持其祭器，造於軍門，肉袒面縛，左牽羊，右把茅，膝行而前以告，於是武王乃釋微子，復其位④。成王誅武庚，乃命微子代殷之後，國於宋。」夫微子手縛於後，故⑤口銜璧，又焉得牽羊把茅，此史遷之妄也⑥。「之命」二字擬《文侯之命》。⑦

王若曰：「猷，殷王元子。」

「王若曰猷」，見《大誥》等篇。「殷王元子」，見《召誥》「有王雖小，元子哉」。蓋微子乃帝乙之長子，故云爾也。又首呼此四字者，若《康誥》呼「小子封」之類是也。《哀公九年》：「陽貨以《周易》筮之，遇《泰》之《需》，曰：『微子啓，帝乙之元子也。』」

① 宋，四庫本作「宗」，誤。
② 開，四庫本作「啓」。
③ 紂，四庫本作「殷」。
④ 位，四庫本作「伍」，誤。
⑤ 「故」下，四庫本有「以」字。
⑥ 也，四庫本作「耳」。
⑦ 「之命」至「文侯之命」，四庫本無。

惟稽古，崇德象賢，統承先王，修其禮物，作賓于王家，與國咸休，永世無窮。

《僖二十四年》皇武子曰：「宋，先代之後也，於周爲客。天子有事，膰焉。有喪，拜焉。」《文二年》：「謂之崇德。」《昭二十五年》宋樂大心曰：「我不輸粟，我於周爲客，若之何使客？」改「客」作「賓」者，用「虞賓在位」之字，取「利用賓于王」之句也。《郊特牲》：「繼世以立諸侯，象賢也，以官爵人，德之殺也。」又曰：「天子存二代之後，猶尊賢也，尊賢不過二代。」「崇德」，又見《武成》。《詩》「既有淫威」、「常服黼冔」、「祼將于京」、「有客有客，亦白其馬」，又「不顯亦世」。《君奭》：「我受命無疆惟休。」《顧命》：「用敷遺後人休。」①

嗚呼！乃祖成湯，克齊聖廣淵，皇天眷佑，誕受厥命，撫民以寬，除其邪虐，功加于時，德垂後裔。

此段稱成湯之德，以起下文封微子之意。「乃祖」②字，見《盤庚》。「齊聖廣淵」，見《左

---

① 「詩既有淫威」至「用敷遺後人休」，四庫本無。
② 乃祖，原作「乃祖乃父」，據四庫本改。

傳》稱「八愷」也①。「皇天眷佑」、「誕受厥命」，見《周書》。「撫民以寬」，用《論語》「寬則得衆」。又伊尹言：「代虐以寬，兆民永懷。」「功加于時」者，伐罪救民之功也。「德垂後裔」者，崇德奉祀之永也。②

爾惟踐修厥猷，舊有令闻③，恪慎克孝，肅恭神人。

《文元年左傳》：「踐修舊好。」《詩》：「令聞不已。」微子不忍成湯之殄祀，抱祭器而歸周。《盤庚》：「恪謹天命。」《左傳》子木曰：「能歆神人，宜其光輔五君以爲盟主也。」④

予嘉乃德，曰篤不忘。上帝時歆，下民祇協，庸建爾于上公，尹兹東夏。⑤

見《左傳·僖公十二年》王曰：「舅氏，予嘉乃勳，應乃懿德，謂督不忘，往踐乃職，無

---

① 也，四庫本無。
② 「撫民以寬」至「崇德奉祀之永也」，四庫本無。
③ 聞，四庫本作「間」，誤。
④ 「詩令聞不已」至「以爲盟主也」，四庫本無。
⑤ 「上帝時歆」至「尹兹東夏」，四庫本無。

逆朕命。」蓋周襄王命管仲之辭也。今摘①去「勳應乃懿」四字，改「謂」字爲「曰」字，而直至篇末方曰：「往哉惟休②，無替朕命。」《詩》：「上帝居歆。」神歆享其祀，民敬和其令。王者之後稱「公」，正此東土之華夏。《多方》篇云：「殷侯尹民。」又曰：「尹爾多方。」③

欽哉！往敷乃訓，慎乃服命。率由典常，以蕃王室。弘乃烈祖，律乃有民，永綏厥位。毗予一人，世世享德，萬邦作式，俾我有周無斁。④

《堯典》曰：「欽哉！」《立政》：「是訓用違，明乃服命。」「服」乃上公之服，「命」者上公之九命。見《禮》。⑤《僖二十八年》：「敬服王命，以綏四國。」《詩》：「率由舊章。」「典常」即「舊章」也。⑥《左傳》⑦・襄二十九年》子展曰：「堅事晉楚，以蕃王室。」又《蔡仲之

---

① 摘，四庫本作「節」。
② 休，四庫本作「林」，誤。
③ 「詩上帝居歆」至「尹爾多方」，四庫本無。
④ 「欽哉」至「率由典常」、「弘乃烈祖」至「俾我有周無斁」，四庫本無。
⑤ 「堯典曰」至「見禮」，四庫本無。
⑥ 「詩率由舊章」至「舊章也」，四庫本無。
⑦ 左傳，四庫本無。

命》亦用此句。

嗚呼！ 往哉惟休，無替朕命。

《堯典》：「往哉！ 惟汝諧。」《多方》云：「天惟式教我用休。」《立政》：「休兹。」《詩》：「無廢朕命。」《左傳》：「無逆朕命。」①

蔡仲之命

「蔡仲」二字，見《左傳·定四年》春三月，「其子蔡仲改行帥德」，乃祝佗之言也。「之命」二字，見《左傳》曰「見諸王而命之以蔡，其命書云」也。又《微子之命》、《康王之誥》皆效文武之命如此。

今案： 祝佗之言，可以見《周書》四篇逸者三篇：一《伯禽》；二《唐②誥》；三《蔡仲》是也。獨《康誥》一篇存耳。或曰：伯禽者，注云周公世子。時周公惟遣伯禽之國，故

① 「嗚呼」至「無逆朕命」，四庫本無。
② 唐，四庫本作「康」，誤。

皆以附伯禽。蓋指上文分器而言也。子謂之逸《書》可乎？曰：非然也。此注家之淺陋也。其上文「分魯公以大路大旅①」，而後綴之曰：「命以伯禽。」與下文「分康叔以大路少帛②」而云③命以《康誥》、「分唐叔以大路密須之鼓④」而云⑤命以《唐誥》同一例也。彼二篇爲《書》之篇名，而「伯禽」獨不爲《書》之篇名乎？蓋若《太甲》、《盤庚》、《微子》之類，直以名篇，而其體則誥也。不然，魯公即伯禽也。上言「分魯公」而下文又言「命以伯禽」，復成何等文理哉！《伯禽》與《康誥》、《唐誥》同爲誥之篇名，不辨可知矣。但今百篇之序不言「伯禽」者，同一⑥注家之誤也。不然，其意以爲删之而不必序也，觀《唐誥》不序可見。然封伯禽、唐叔⑦，其誥決不苟。當爲逸《書》。或曰：如吾子之言，三篇皆逸，而《蔡仲之命》爲後人所補，則後人何以獨不補《伯禽》、《唐誥》？曰：周之誥，大抵多出於周公，其言閎肆廣大，非

① 大旅，四庫本作「云云」。
② 大路少帛，四庫本作「云云」。
③ 四庫本無此「云」字。
④ 以大路密須之鼓，四庫本作「云云」。
⑤ 云，四庫本無。
⑥ 一，四庫本無。
⑦ 叔，四庫本作「誥」，誤。

包涵宇宙胸襟不能及也。觀諸《康誥》體製，則後人之掇拾飣餖安可比並？是以略而不敢補耳。唯蔡仲則《左傳》之文略具本末，可以湊合成篇。然自識者視之，直爲兒戲耳！而亦足以籠蔽數千百年①之耳目，獨何哉？篤信古書之過，遂至於受欺也。或曰：上文「命以伯禽」等凡有數「命」字，而其下則謂之誥，然則蔡仲雖有「命諸王」、「命書云」二「命」字，亦當除去「之命」二字，而但名曰《蔡仲》，亦誥體耳。曰：子之言得之。

惟周公位冢宰，正百工。羣叔流言。

「惟」字效《洪範·召誥》。此周公一條極無見識②，壞大體，昧王綱，悖天理，惑千載。使人不知有王。③由是後之蠢蠢拗執、不顧義理者，遂作詩云：「假使當年身便死，一生真僞有誰知！」④而聖人之心始無以暴於天下，顧⑤以爲周公完名幸於不遽没元身故⑥耳，

---

① 千百年，故宫抄本作「數數十百」，四庫本作「十百萬」。
② 此周公一條極無見識，四庫本作：「『周公』二字極用的無識見」。
③ 使人不知有王，四庫本無。
④ 假使當年身便死，一生真僞有誰知，四庫本作「假使當年周公身死，則一生之真有誰知哉」。
⑤ 顧，四庫本無。
⑥ 元身故，四庫本作「其身」。

而爲善者因以怠矣。人亦孰知古文僞《書》之害一至此哉！或者驚曰：敢問何故？曰：考諸祝佗之言，則孰真孰僞，孰得孰失，昭然若數一二矣。佗曰：「管蔡啓商，惎間王室。」八字之間，知大體，提王綱，循天理，明千載。管、蔡之罪不容誅，而周公心事落落，青天白日矣。傳雖賢人以下之言，然乃當時之耳聞目擊者，故能得其實也。僞《書》假托聖人之口，人亦不疑而信之，遂以聖人爲真見疑於上下，亦無可奈何，則豈不害天理而無忌憚之甚哉！管叔，兄也；周公，弟也。對周公而稱羣叔，則其思慮之不到，不顧文理之抵牾者①也。其曰「位冢宰，正百工，而羣叔流言」者，則其知慮之所到欲以發明周公未嘗踐祚之大義也。「冢宰」字見《周禮》，「百工」字見《虞書》，又三字一②句，擬《周禮》句③法。「羣叔」字改《金縢》「管叔及其羣弟」之「弟」字也，《金縢》稱「管叔」者，對武王既喪而言也。

乃致辟管叔于商，因蔡叔于郭鄰，以車七乘，降霍叔于庶人，三年不齒。

① 者，四庫本無。
② 一，明抄本與四庫本皆作「二」，誤。
③ 句，四庫本作「文」。

《昭元年》子太叔曰：「周公殺管叔，而蔡蔡叔，夫豈不愛王室故也。」上「蔡」字說文作𣏟，從殺下米。𣏟𣏟，散之也。周公之心，明白正大，當時雖披堅執鋭之人亦知之。故曰：「周公東征，四國是皇，哀我人斯，亦孔之將。」則其不爲一己之流言而致辟管叔、而囚蔡、而降霍可知矣。曷？觀諸《大誥》及以下八篇，則當時管、蔡啓商王室蠢蠢，誠爲大變故，祝佗之言得當時之事實，僞《書》者因《金縢》之言而不考之以下文「罪人斯得」之故，又不參之以《大誥》及《詩·東山》、《破斧》之篇而失之，遂以周公爲真若爲己而誅管、蔡等，何其曖昧褊狹而不顧道理一至此哉！祝佗曰：「王於是乎殺管叔而蔡蔡叔。」其言又孰真孰僞，孰得孰失，亦昭然若數一①二矣。其所以必改祝佗之言者何居？恃《金縢》爲之證故也，而天下之大勢昏如無知矣。祝佗但云「殺管叔」，而此增「致辟于商」四字，「致辟」者因《金縢》「我之弗辟」而誤也，「弗辟」之「辟」即「避」字也。因其上文有「我」字，遂以爲周公「致辟」也。果如所言周公「致辟」，則《大誥》所稱「王若曰」，皆爲周公僭稱「王」也。假曰非僭，亦不免於詐稱「王」矣，曾謂聖人而僭且詐乎哉？② 又《襄二十五年》

① 一，四庫本作「上」。誤。
② 「果如所言」至「僭且詐乎哉」，四庫本無。

子産曰：「惟罪所在，各致其辟。」此其用字之所從來也。① 「于商」之「商」字乃易「監殷」之「殷」字也。「蔡」者，放也。拘囚則殛矣。「郭鄰」，「蔡」之换字也。《傳》無霍叔一節，此增之者，以終《金縢》之「羣弟」及此篇上文之「羣叔」也。又《史記》同。「三年不齒」，見《周禮·大司寇》。

今案：「以車七乘」下，《傳》猶有徒七十人，今删之者，以見其文辭富盛，不必盡用《傳》文，且又拘于上下句，法欲其齊整故也。是其用心勤矣，然以爲有一字之關於名教則否。

蔡仲克庸祗德，周公以爲卿士，叔卒，乃命諸王，邦之蔡。

《傳》有「其子」二字，而此删之者，蓋此增霍叔一事，則未知其爲蔡叔之子乎，未知其爲霍叔之子乎？故删此二字也。獨曰「蔡仲」二字，庶幾人得以蔡字而貫於蔡叔云耳。《傳》有「改行帥德」之言，而此易以「克庸祗德」者，不欲盡同《傳》文，故易彼之②四字於「王

---

① 其用字之所從來也，四庫本無。

② 之，四庫本無。

若曰」之下也。但自今觀之，「王若曰」之下果有此四字，則祝佗必不攘爲己之言，四字既出祝佗之言①，則「王若曰」之下決無此四字。曰「克庸祇德」云者，倣「克明俊德」、「克慎明德」之類也。「祇德」見《吕刑》。又「庸庸祇祇」，各删其一字，見《康誥》也。《傳》有「周公舉之，以爲己卿士②」，而此删去「舉之」與「己」三字，不欲盡同《傳》文。又③因以示經文簡質，使後之儒者讀之歆艶侈張曰：「經文簡古，非《傳》文可比④。」又若爲己卿士，非同升諸公之意，不宜爲作命也。⑤蓋讀至於「叔卒」，而其文拙矣。「仲」之上既無「其子」字，「叔」之上又無「乃父」字，有若鴈行然者，而子顧若兄，父顧若弟，幾於「汨彝敘」，豈不拙甚矣哉！想其人猶傲然得志，必曰：聖之經，古之文⑥，其疇敢不以意會，而欲致疑其害意之文辭邪？《傳》無「叔卒」二字，而此增之者，顯經之得而《傳》之缺文也。「卒」之一言，

① 言，四庫本作「口」。
② 士，四庫本無。
③ 又，四庫本作「人」，誤。
④ 「比」下，四庫本有「也」字。
⑤ 「又若」至「爲作命也」，四庫本無。
⑥ 聖之經古之文，四庫本作「聖經古文」。

因祝佗①下文「考」字而得之，《傳》有「見諸王而命之以蔡，其命書曰」，今以「命」易「見」，以「邦」易「命」，而刪去六字者，其智②與上文刪去「舉之」與「己」三字意同。

王若曰：「小子胡，惟爾率德改行，克慎厥猷，肆予命爾侯于東土。往即乃封，敬哉！爾尚蓋前人之愆，惟忠惟孝，爾乃邁迹自身，克勤無怠，以垂憲乃後，率乃祖文王之彝訓，無若爾考之違王命。」

《傳》但云「王曰」，而此增「若」字者，效前後經文「王若曰」也。「小子胡」者，效「小子封」也。《傳》但有「胡」字，而此加「小子」者亦以異《傳》文附今文也。《傳》無「惟爾」二字，「率德」③字在「改行」下，「率」字，《傳》作「帥」。「克慎厥猷」，擬《詩》「克慎其德」，又《文侯之命》「克慎明德」。前句用其體，此句④用其字，下文有「大小謀⑤猷」、肆「予命爾侯于東土」，效「肆爾在茲東土」。「往即乃封，敬哉」，即《康誥》「往哉封，勿替敬典」也。「爾尚」二

① 祝佗，四庫本無。
② 智，四庫本作「知」。
③ 「率德」下，四庫本有「二」字。
④ 句，四庫本無。
⑤ 謀，四庫本無。

字見《酒誥》。「蓋前人之愆」，見《魯語》臧文仲曰「孟孫善守矣，其可以蓋穆伯，而守其後于魯乎」。「惟忠惟孝」用《孝經》意，效「惟君惟長」句①。又「邁迹」即「邁種德」之「邁」字。「自身」即「躬行」意。「克勤」字凡三見。「無怠」字凡四見。「垂憲乃後」凡再見。「率乃祖文王之彝訓」，「率」字用《詩》「率由」字，然自犯上文「率德」之「率」。「彝訓」二字見《酒誥》，此句又因下文②「爾考」一句③而翻出也。《傳》但有「毋若爾考之違王命」也，而此上文增加者亦若《禹謨》增加《論語》文也。

皇天無親，惟德是輔。民心無常，惟惠之懷。爲善不同，同歸于治。爲惡不同，同歸于亂。爾其戒哉！④

《左傳·僖五年》宫之奇曰：「鬼神非人實親，惟德是依。故⑤《周書》曰：『皇天無親，惟德是輔。』」又伊尹告太甲曰：「惟天無親，克敬惟親。民罔常懷，懷于有仁。鬼神

① 句，四庫本無。
② 文，四庫本作「句」。
③ 一句，四庫本無。
④ 四庫本將此條與下一條合併爲一條。
⑤ 「鬼神非人」至「惟德是依故」，四庫本無。

無常享，享于克誠。天位艱哉！德惟治，否德亂。與治同道罔不興，與亂同事罔不亡。」①

慎厥初，惟厥終，終以不困。

《太甲》又曰：「終始慎厥與。」②《左③·襄二十五年》太叔文子曰：④「《書》曰：『慎始而敬終，終以不困。』」⑤

懋乃攸績，睦乃四鄰，以蕃王室，以和兄弟，康濟小民。

《畢命》又曰：「惟公懋德，嘉績多于前王。」《文侯之命》：「有績予一人。」《左傳》：「親仁善鄰。」又秦楚「方睦」。子展曰：「以蕃王室。」周公慨二叔之不咸，故作《常棣》。

---

① 「又伊尹告」至「罔不亡」，四庫本作「注曰：『逸《書》。』《正義》曰：『《蔡仲之命》文也。』首四句即《太甲》下篇首四句，『爲善不同』即『德惟治』六句，小出入。其下文初終之戒即『終始慎厥與』之意，此可見其出於一手一律之意。又下無『作聰明亂舊章』與『罔以辨言亂舊政，罔以側言改厥度』字樣，句法雖避多方，而情狀終不可掩也」。

② 太甲又曰終始慎厥與，四庫本無。

③ 左，四庫本無。

④ 「曰」下，四庫本有「君子之行，思其終也，思其復也」一句。

⑤ 「不困」下，四庫本有「杜注：『逸《書》。』《正義》曰：『《蔡仲之命》云：「慎厥終，終以不困」，此所引者蓋是彼文學者各傳所聞而字有改易，或引其意而不全其文，故不同也。』蓋『慎厥初』即『慎始惟厥終』，即上文『思其終』。故爲謬亂，何不同之有」一段。

今又以告仲，「以和兄弟」也。粘皮著骨之見耳。《無逸》曰：「咸和萬民。」

率自中，無作聰明亂舊章。詳乃視聽，罔以側言改厥度。則予一人汝嘉。

《詩》：「率由舊章。」《盤庚》：「設中于乃心。」《詩》「不識不知，順帝之則」，「作聰明以亂舊章」之反也。《王制》：「悉其聰明。」「罔以辨言亂舊政」，又伊尹告太甲之言。「予一人汝嘉」，見《左傳》。《文侯之命》：「若汝予嘉。」

王曰：「嗚呼！小子胡，汝往哉！無荒棄朕命。」

《堯典》：「往哉！汝諧。」《詩》：「無廢朕命。」①

---

①「懋乃攸績」至「無廢朕命」，四庫本無。

尚書考異卷第五

周官

此篇因《周禮》一書劉歆欲與《古文尚書》同立學官，而河間獻王所得止五篇，《冬官》雖亡，不知其實，蓋散亂於五官之中，實未全亡，顧乃取《考工記》以補《冬官》之缺。東晉時人窺見此意，特作《周官》一篇以示後世，使知《冬官》不亡之意。又見「三公三孤」與「三公三少」相當，而無當於六官，故首言公孤以示後人，使知公孤無定位，無專職，乃六卿兼官之意。其後戒勑之語，不過故爲訓體，而欲人默識此意於言語文字之外。此其作書之本意也。不然則「冢宰掌邦治」以下五條皆依傍《周禮》原文，獨「司空」一條改作「掌邦土云云」，以示人皆紊入「司徒」一官之中，所當取出易置之意哉？雖然，晉人知其一，不知其二。《堯典》司徒之職，「敬敷五教」而已。而《大雅》「乃召司徒」、「縮板以載」，則周之先王蓋又使之董治宫室者矣。況孤位雖當公之下，然遍考經中殊無「三孤」之效，則直以當古之「三少」，吾亦未敢以爲必然也。其辨詳見於後。①

惟周公②撫萬邦，巡侯甸，四征弗庭，綏厥兆民。六服羣辟，罔不承德，歸于宗周，董正治官。

《蔡仲之命》及此篇，皆惟周公發端，置成王於何地哉？程子曰：「周公之功固大矣，然亦臣子之分所當爲。」昭乎哉言也！以周公而撫萬邦，巡侯甸，四征不庭，綏厥兆民，亦若舜攝位之事，不知周公初未嘗承王命「汝陟帝位」之言，亦未嘗有「受終文祖」之事，一旦而即行帝舜攝位之所爲，則其餘不足觀也已。武王崩，流言興，公避居東土三年，則吾聞之矣。曰「巡狩侯甸」者，此妄説也。作詩貽王，迎公以歸，奉王命大誥于征伐殷蠢，其後命魯公伐淮夷，則吾讀之矣。曰「四征不庭」者又妄説也。「六服」與《周禮》九服不同也，近者先承德也。宗周，鎬京也。歸者，周公歸也。董正治事之六官。孔穎達曰：「周制無萬國，惟伐淮夷，非四征，大言之耳。」案：古文《周官》云「惟周王」，而籥言「惟周

① 「此篇因」至「見於後」，四庫本無。

② 公，《古文尚書·周官》作「王」。

公」，蓋據誤本也。①

王曰：「若昔大猷，制治于未亂，保邦于未危。」

《詩》：「惟大猷是經。」②《老子》曰：「爲之於未有，治之於未亂。」《易》曰：「危者有其安者也。」「其亡其亡，係于苞桑。」③

唐虞稽古，建官惟百，内有百揆四岳，外有州牧侯伯，庶政惟和，萬國咸寧。夏、商官倍，亦克用乂，明王立政，不惟其官，惟其人。

《堯典》：「曰若稽古。」又曰：「允釐百工。」孔安國《傳》：「工，官。」又「平章百姓。」孔安國《傳》亦曰：「百姓，百官。」可見「建官惟百」之言與孔《傳》脗合。而《古文》與《傳》同出於一人之手無疑也。於是《大禹謨》亦曰：「率百官若帝之初。」《堯典》「納于百揆」、「四岳曰：否德忝帝位」、「咨十有二牧」。又曰：「日覲四岳羣牧，班瑞于羣后」、巡

---

① 「惟周公」至「誤本也」，四庫本無。
② 詩惟大猷是經，四庫本無。
③ 「易曰」至「係于苞桑」，四庫本無。

狩，肆覲東后、南后、西后、北后，五載之後，羣后四朝。而不言百官也。是其官亦不但以百計矣，而以「百工」、「百姓」之言，遂以「惟百」爲唐、虞建百①之數，論特未定，非成王、周公之言，殆東晉人之言也。《堯典》：「庶績咸熙。」《易》：「萬國咸寧。」「夏、商官倍」，謂二百也，亦無明文。「禹會諸侯於塗山，執玉帛者萬國」。《康誥》：「乃非德用乂。」今文有「立政」篇。《文王世子》：「惟其人。」

今予小子，祗勤於德，夙夜不逮，仰惟前代時若，訓迪厥官。

《金縢》：「予小子新命于先②王。」《多方》云：「祗告爾命。」又：「克勤乃事。」《呂刑》：「以教祗德。」又曰：「罔不惟德之勤。」《無逸》：「非天攸若。」《梓材》：「王啓監。」《盤庚》：「汝罔能迪。」又曰：「迪高后。」③

立太師、太傅、太保，兹惟三公，論道經邦，燮理陰陽，官不必備，惟其人。少師、少傅、

---

① 姜案：百，疑爲「官」字之訛。
② 姜案：先，《金縢》作「二」。
③ 「唐虞稽古」至「迪高后」，四庫本無。

少保，曰三孤。貳公弘化，寅亮天地，弼予一人。①

《周禮·司服》：「王爲三公六卿錫衰。公之服，自衮冕而下如王之服。孤之服，自希冕而下如子男之服。卿大夫之服自玄冕而下如孤之服。」《典命》：「王之三公八命，卿六命，大夫四命，公之孤四命。」《巾車》：「孤乘夏篆，卿乘夏縵，大夫乘墨車。」《司常》：「王建太常，諸侯建旂，孤卿建旜，大夫士建物。」《射人》：「掌國之三公孤卿大夫之位，三公北面，孤東面，卿大夫西面。其摯：三公執璧，孤執皮帛，卿執羔，大夫鴈。孤卿大夫以三耦，相孤卿大夫之灋儀。」《司士》：「三公北面東上，孤東面北上，卿大夫西面北上，孤卿特揖。」《太僕》：「掌三公孤卿之弔勞，王不眂朝，則辭於三公及孤卿。②」《弁師》：「及孤卿大夫之冕。」《小司寇》：「三公及州長百姓北面。」《朝士》：「左九棘，孤卿大夫位焉，面三槐，三公位焉。」

《賈子》曰：「昔者成王幼，在襁抱之中。召公爲太保，周公爲太傅，太公爲太師。保，保其身體。傅，傅之德義。師，道之教訓。此三公之職也。於是爲置三少，

---

① 「立太師」至「弼予一人」，四庫本作「三公三孤」。
② 「卿」下，四庫本有「也」字。

皆上大夫也。曰少保，少傅，少師。是與太子宴者也。故迺孩提有識，三公三少固①明孝仁禮義以道習之。」《文王世子》曰：「太傅，審父子君臣之道以示之。少傅，奉世子以觀太傅之德行而審喻之。太傅在前，少傅在後。入則有保，出則有師。是以教喻而德成也。師也者，教之以事而喻諸德者也。保也者，慎其身以輔翼之而喻諸道者也。《記》曰：『虞、夏、商、周有師保，有疑丞。設四輔及三公，不必備，惟其人。』②」

今案：《周禮》「孤」厠於三公之下、卿大夫之上，而無三孤之數。賈子有三公、三少之數，而非三孤之稱。今太師、太傅、太保曰三公；少師、少傅、少保曰三孤，則正用賈生《保傅》之篇，而特改「三少」之「少」字，當③《周禮》之「孤」字耳。蓋《周官》一篇，全是約《周禮》一書而成之。《周禮》三公及三孤無定位，無專職，乃六卿之兼官也。故周公、召公皆以太師、太保兼領冢宰。延及宣王之世，王命卿士、太師、皇父，猶率舊也。蓋得其人，可

① 固，四庫本作「因」。
② 「唯其人」下，四庫本有「語使能也」四字。
③ 當，四庫本作「從」。

以兼則兼之，不得其人，不可以兼則直虛其位，①不輕任也。故《周禮》一書於公、孤不言所掌，不詳所統，因服位儀等而偶道及之耳。作《古文》者亦窺見此意，故首爲《周禮》分疏②，以三公三孤先言之於六卿之上，其義如此③。《王制》鄭注：「三公之田三。」又曰：「三爲三孤之田。」則「三公」、「三孤」蓋用鄭注也。《考工記》：「坐而論道，冢宰以經邦國。」陳平曰：「宰相上佐天子，理陰陽順四時。」《王制》鄭氏注云：「三孤之田不副者，以其無職，佐公論道耳。」④班固《燕然山銘》曰：「寅亮聖明，登翼王室，納于大麓，惟清緝熙。」《大禹謨》：「以弼五教。」⑤

冢宰掌邦治，統百官，均四海。

孔穎達曰：「此經言六卿所掌之事，撮引《周禮》爲之總目，或據《禮》文，或取《禮》意，雖言有小異，義皆不殊。《周禮》云：『乃立天官冢宰，使帥其屬而掌邦治，以佐王均

① 「其位」下，四庫本有「而」字。
② 疏，四庫本作「數」，誤。
③ 「如此」下，四庫本有「也」字。
④ 「王制鄭注」至「佐公論道耳」，四庫本無。
⑤ 大禹謨以弼五教，四庫本無。

邦國。治官之屬，太宰卿一人。六典：一曰治典，以經邦國，以治官府，以紀萬民。』馬融云：『冢，大也。宰，治也。大治者，兼萬事之名也。』鄭玄云：『變冢言大，進退異名也。百官總焉，則謂之冢。列職於王，則稱大。冢者，大之上也。山頂曰冢。』是解『冢』、『大』異名之意。《太宰職》云：『三曰禮典，以統百官。』馬融云：『統，本也。百官，是宗伯之事也。』此『統百官』在『冢宰』之下，當以冢尊故。統治百官爲冢宰之事，治官、禮官俱得統之也。《周禮》云：『以佐王均邦國。』此言『均四海』，故《傳》辨之『均平四海之内邦國』，與孔意不異。」案：所引《尚書正義》非元文，鷟用己意增竄之也。以下各條放此。

今案：孔穎達首數語，深得晉人作《書》本意。蔡沈所不及。

司徒掌邦教，敷五典，擾兆民。

《正義》曰：「《周禮》云：『乃立地官司徒，使帥其屬而掌邦教，以佐王安擾邦國。』《大宰職》云：『二曰教典，以安邦國，以教官府，以擾萬民。』鄭玄云：『擾，亦安也，言饒衍之。』《傳》亦以『擾』爲『安』。『五典』即『五教』也，布五常之教，以安和天下之人民，使大小協睦也。《舜典》云：『契爲司徒，敬敷五教。』《周禮》司徒掌十有二教：『一曰以祀禮教敬，則民不苟；二曰以陽禮教讓，則民不爭；三曰以陰禮教親，則民不怨；四曰以樂禮教和，則民不乖；五曰以儀辨等，則民不越；六曰以俗教安，則民不偷；七曰以刑教中，則民不暴；八曰以誓教恤，則民不怠；九曰以度教節，則民知足；十曰以世事教能，則民不失職；十有一曰以賢制爵，則民慎德；十有二曰以庸制禄，則民興功。』鄭玄云：『有虞氏五，而周十有二焉。』然則十有二細分五教，爲之『五教』。可以常行謂之『五典』。『五典』，謂父義、母慈、兄友、弟恭、子孝也。」

宗伯掌邦禮，治神人，和上下。

《正義》曰：「《周禮》云：『乃立春官宗伯，使帥其屬而掌邦禮，以佐王和邦國。』宗，廟也。伯，長也。宗，廟官之長，故名其官爲『宗伯』。其職云：『掌建邦之天神、人鬼、地祇之禮。』又主吉、凶、賓、軍、嘉之五禮。吉禮之別十有二，凶禮之別有五，賓禮之別有八，軍禮之別有五，嘉禮之別有六，總之有三十六禮，皆在宗伯職掌之文。文煩不可具載。《大宰職》云：『三曰禮典，以和邦國，以統百官，以諧萬民。』其職又有以玉作六瑞，以等邦國；以禽作六贄，以等諸臣。是以和上下尊卑等列也。」

司馬掌邦政，統六師，平邦國。

《正義》曰：「《周禮》云：『乃立夏官司馬，使帥其屬而掌邦政，以佐王平邦國。』《太宰職》云：『四曰政典，以平邦國，以正百官以均萬民。』其職主戎馬之事，有掌征伐統正六軍，平治王邦四方國之亂者。天子六軍。軍，師之通名也。案其職掌九伐之灋：馮弱犯寡則眚之，賊賢害民則伐之，暴内陵外則壇之，野荒民散則削之，負固不服則侵之，賊殺其親則正之，放弑其君則殘之，犯令陵政則杜之，内外亂、鳥獸行則滅之。」

司寇掌邦禁，詰姦慝，刑暴亂。

《正義》曰：「《周禮》云：『乃立秋官司寇，使帥其屬而掌邦禁，以佐王刑邦國。』其職云：『刑邦國，詰四方。』《太宰職》云：『五曰刑典，以詰邦國，以刑百官，以糾萬民。』馬融云：『詰，猶窮也。窮四方之姦也。』孔以『詰』爲『治』，是主寇賊法禁治姦慝之人，刑殺其强暴作亂者。夏官主征伐，秋官主刑殺。征伐亦殺人，而官屬異時者，夏司馬討惡，助夏時之長物；秋司寇刑姦，順秋時之殺物也。《周禮》云『掌邦刑』，此云『掌邦禁』者，避下『刑暴亂』之文，故云『掌邦禁』。」

司空掌邦土，居四民，時地利。

《正義》曰：「《周禮·冬官》亡。今補之曰：『乃立冬官司空，使帥其屬而掌邦事，以佐王富邦國。』案：此增竄廿四字，非。《小宰職》云：『六曰冬官，掌邦事。』又云：『六曰事職，以富邦國，以養萬民。』馬融云：『事職掌百工器用耒耜弓車之屬。』與此主土居民全不相當。《冬官》既亡，不知其本。《禮記·王制》記司空之事云：『量地以制邑，度地以居民。』足明《冬官》本有主土居民之事也。《齊語》云：『管仲制法，令士、農、工、商四民不雜。』即此居民使順天時、分地利，授之土也。土則地利爲之名，以其吐生百穀，故曰『土』也。《周禮》云『事』，此云『土』者，爲下有『居四民』，故云『土』，以居民爲急故也。」

愚案：《古文》改宗伯之統百官入冢宰，其意蓋以百官惟天官得以統之，而不知惟禮可以爲國。古人又曰：「禮之立國，與天命敵。」故聯屬緫統，正宗伯之職也。若冢宰之治官府，則統之之意已在其中矣。況經於天官、地官，獨以官府異之，宗伯以下方皆言百官。晉人不知精微之義，誠妄改也。司寇亦改邦國百官萬民，而曰「詰姦慝，刑暴亂」者，以見明慎用獄之意，不淫刑以逞也。殊不知流、放、竄、殛，皆在朝之臣列也。弄兵潢池，皆萬民之赤子也。姦慝暴亂，謂非吾之百官兆民之不職者而何？於此見聖人之作《周禮》有下車泣罪之誼，有反躬自責之仁。而僞《書》之妄改者，不過申、韓之慘覈；張、杜之深文耳。可不戒哉！司空不曰「邦事」，而曰「邦土」；曰「居四民，時地利」者，其意欲蒐其紊於《司徒》者，而復還之於《司空》之篇也。孔《疏》以爲出於《王制》、取諸管氏書者得之。其曰「四民之居」明是出於《管子》之書無疑。然不知周之先公先王命官之制，其所沿革，大抵多與古昔有不盡同，如「乃召司空」，「其繩則直」而召之也；「乃召司徒」，「縮板以載」而召之也，奈何欲以虞之「五教」改易周之「十二教」，又謂司徒之官職專教民者哉！所謂知其一不知其二者也。

六卿分職，各率其屬，以倡九牧，阜成兆民。

《周禮》曰：「設官分職。」又：「使帥其屬以佐王。」今變之曰：「以倡九牧。」《南風之歌》：「可以阜吾民之財。」

六年五服一朝，又六年王乃時巡，考制度于四岳。諸侯各朝于方岳，大明黜陟。

《大行人》周制：「十有二歲王巡狩殷國。」「時巡」者，又用《舜典》春東、夏南、秋西、冬北之時也。「考制度于四岳」，如虞帝巡狩然也。《頌》曰：「敷天之下，裒時之對。」又曰：「式序在位，薄言震之，莫不震疊。」①

王曰：「嗚呼！凡我有官君子，欽乃攸司，慎乃出令，令出惟行，弗惟反。以公滅私，民其允懷。」

《酒誥》：「庶士有正，越庶伯君子。」《泰誓》又云：「我西土君子。」《詩》：「敬爾在公。」②《漢書·劉向傳》上封事引《易》曰：「渙汗其大號」，「言號令如汗，汗出而不反者也。今出善令未能踰時而反，是反汗也。」又曰：「出令則如反汗，用賢則如轉石，去佞則如拔山。」《後漢書·胡廣傳》：「政令惟汗，往而不反。」《文六年》臾駢曰：「以私害公。」《漢書》賈捐之薦楊興曰：「狥公絕私，則尹翁歸。」

學古入官，議事以制，政乃不迷。其爾典常作之師，無以利口亂厥官。蓄疑敗謀，怠忽荒政，不學牆面，莅事惟煩。③

---

①「冢宰掌邦治」至「莫不震疊」，四庫本無。
②「酒誥」至「敬爾在公」，四庫本無。
③「政乃不迷」至「莅事惟煩」，四庫本無。

《論語》：「好古敏以求之。」[1]《襄三十一年》子產曰：「僑聞學而後入政。」此五句用其意。《昭六年》叔向曰：「昔先王[2]議事以制，不爲刑辟。」此句畧略也，因有「先王」二字故也。所謂蒐羅已[3]甚者也。

《秦始皇本紀》：「事不師古。」《孟子》：「作之師。」《論語》：「惡利口之覆邦家者。」「小不忍則亂大謀。」《孟子》：「及是時，明其政刑。」又：「及是時，般樂怠敖。」《論語》：「不爲《周南》、《召南》，其猶正牆面而立。」《說命》：「禮煩則亂。」[4]

戒爾卿士，功崇惟志，業廣惟勤，惟克果斷，乃罔後艱。

《詩》：「皇父卿士。」漢光武云：「有志者事竟成。」《老子》曰：「勤而行之。」《易》曰：「所以崇德而廣業也。」古語：「斷而必行，鬼神避之。」《詩》：「無有後艱。」[5]

---

① 論語好古敏以求之，四庫本無。
② 先王，原作「先生」，據四庫本與《左傳》改。
③ 已，四庫本作「以」，誤。
④ 「秦始皇本紀」至「禮煩則亂」，四庫本無。
⑤ 「戒爾卿士」至「無有後艱」，四庫本無。

位不期驕，禄不期侈，恭儉惟德，無載爾僞。作德心逸日休，作僞心勞日拙。①

《戰國策》平原君引公子牟與應侯曰：「貴不與富期而富至，富不與梁肉期而梁肉至，梁肉不與驕奢期而驕奢至，驕奢不與死亡期而死亡至，累世以前坐此者多矣。」《孟子》曰：「侮奪人之君，惡得爲恭儉，恭儉豈可以聲音笑貌爲哉？」約二書之旨以成②辭，誠亦妙矣哉！《襄三③十年》君子曰：「《詩》曰『淑慎爾④止，無載爾僞』，信之謂也。」杜注：「逸《詩》。」晉人見《詩》無此二句，遂攘⑤以爲《書》。

「作德」承「恭儉」言，「作僞」承聲音笑貌僞爲之「恭儉」言。《孟子》言：恭，則能以禮接下，不驕也。儉，則取民有制，不侈也。禮接下，取有制，則心逸而日見休美矣。實驕而僞爲不驕，實侈而僞爲不侈，蓋遮籠絡，其心焦然不寧，則日見其拙敗矣。《老子》曰：「吾有三寶：二曰儉，三曰不敢爲天下先。儉故能廣，不敢爲天下先故能成器長。」⑥

① 作德心逸日休作僞心勞日拙，四庫本無。
② 「成」下，四庫本有「四」字。
③ 三，四庫本作「二」，誤。
④ 爾，四庫本作「敬」，誤。
⑤ 「攘」下，四庫本有「取」字。
⑥ 「作德」至「故能成器長」，四庫本無。

居寵思危，罔不惟畏，弗畏入畏。

《老子》：「富貴而驕，自貽其咎。」又曰：「寵爲下，得之若驚。」又曰：「侯王無以貴高，將恐蹷。」其句法有曰：「多易必多難，聖人猶難之，故終無難。」又：「聖人不病，以其病病，是以不病。」一則以三「難」字牽連用之，一則以四「病」字牽連用之。《老子》之句法多如是，而此亦以三「畏」字牽連用之。二「畏」一句，又見《吕刑》：「雖畏勿畏。」①

推賢讓能，庶官乃和，不和政厖。

劉向封事曰：「舜命九官，濟濟相讓，和之至也。衆賢和於朝，則萬物和於野。」又曰：「雜遝②衆賢，罔不肅和，崇推讓之風，以銷分争之訟。」又曰：「此皆不和，賢不肖易位之所致也。」《左傳》狐突曰：「服其身則衣之純，厖涼冬殺。」梁餘子養曰：「不獲而厖，命可知矣。」③

---

① 「居寵思危」至「雖畏勿畏」，四庫本無。
② 遝，四庫本作「還」，誤。
③ 「左傳」至「命可知矣」，四庫本無。

舉能其官，惟爾之能；稱匪其人，惟爾不任。

《荀子·仲尼篇》曰：「擅寵於萬乘之國，必無後患之術，莫若好同之。援賢博施除怨而無妨害之。能耐任之，則慎行此道。能而[①]不耐任，且恐失寵，則莫若早同之。推賢讓能，而安隨其後。如是有寵則必榮，失寵則必無罪，是事君者之寶[②]，而必無後患之術也[③]，故知者之舉事也，滿則慮嗛，平則慮險，安則慮危。」

上文「罔後艱」，即無後患之謂。案：《周官》全是節寫荀卿此章。[④]

王曰：「嗚呼！三事暨大夫，敬爾有官，亂爾有政，以佑乃辟，永康兆民。萬邦惟無斁。」

《詩》：「三事大夫。」今用詩人之言，而增「暨」字於其間，蓋以「三事」兼言三公三孤之事也。「大夫」者，上大夫六卿也。蔡《傳》以爲即《立政》之「三事」者，非也。豈有近舍公孤，而遠及於《立政》「任人、準夫、牧」之三事邪？且六卿分職，均舉而至，此則單舉「任

---

① 而，四庫本無。
② 「寶」下，四庫本有「也」字。
③ 也，四庫本無。
④ 「上文罔後艱」至「荀卿此章」，四庫本無。

人、準夫、牧」，亦非文體矣。蓋蔡沈徒知「三事」之出於《立政》，而不知「三事大夫」一句，則全取諸《詩》而非取諸《立政》，則思慮豈不到此哉？先入之説爲主，故蔽錮而不悟耳。《顧命》曰：「其能而亂四方。」《洛誥》：「亂爲四方新辟。」《詩》：「以佐戎辟。」今改「佐」爲「佑」，改「戎」爲「乃」。《文侯之命》：「永綏在位，惠康小民。」今改「惠」爲「永」，改「小」爲「兆」。《中庸》：「近之則不厭。」《詩》：「在此無斁。」①

君陳

鄭康成云「君陳，周公之子」，不知何所據。鄭公博極群書，必有據也。果如此言，則君陳以子繼周公之後，而畢公以叔父繼君陳之後，其序紊矣。②

惟爾③令德孝恭，惟孝友于兄弟，克施有政，命汝④尹兹東郊，敬哉！

---

① 「王曰嗚呼」至「在此無斁」，四庫本無。
② 「鄭康成云」至「其序紊矣」，四庫本無。
③ 爾，四庫本作「汝」。
④ 汝，四庫本作「爾」。

《國①語》單襄公曰："晉襄公曰：'驩此其孫也，而令德孝恭，非此其誰？'"②《論語》："《書》曰：'孝乎惟孝，友于兄弟，施于有政。'"今作"克施"。《左·定四年》："祝佗謂萇弘曰：'以尹天下。'"《皋陶謨》："敬哉有土。"③

昔周公師保萬民，民懷其德，往慎乃司，兹率厥常，懋昭周公之訓，惟民其乂。

《襄十四年》劉定公曰："昔伯舅太公右我先王，股肱周室，師保萬民，世胙太師，以表東海，今余命爾環，兹率舅氏之典，纂乃祖考，毋忝乃舊，敬之哉！毋廢朕命。""兹率"，即《左傳》"兹率"字。但易"典"字爲"厥常"。《酒誥》："聰聽祖考之彝訓。"《康誥》："用康乂民。"《堯典》："有能俾乂。"④

我聞曰："至治馨香，感于神明，黍稷非馨，明德惟馨。"爾尚式時周公之猷訓，惟日

① 國，四庫本作"周"。
② "誰"下，四庫本有"也"字。
③ "左定四年"至"敬哉有土"，四庫本無。
④ "兹率"至"有能俾乂"，四庫本無。

孜孜，無敢逸豫。①

《吕刑》曰：「罔有馨香德，刑發聞惟腥。」《大禹謨》曰：「至誠感神。」②《僖五年》宫之奇言③：「《周書》又曰：『黍稷匪馨，明德惟馨。』」其上文曰：「鬼神非人實親，惟德是依④。」下文曰：「若晉取虞，而明德以薦馨香，神其吐之乎？」即「至治馨香，感于神明」之謂。然則其所謂「我聞」者，曷聞也⑤，聞諸宫之奇而已。《湯誓》：「爾尚輔予一人。」《多方》：「爾尚宅爾宅。」《君牙》又曰：「乃惟由先正舊典時式。」《君奭》：「我式克至於今日休。」《皋陶謨》：「予思日孜孜。」《康誥》：「無康好逸豫。」⑥

凡人未見聖，若不克見。既見聖，亦不克由聖。爾其戒哉！爾惟風，下民惟草。⑦

---

① 「爾尚式時」至「無敢逸豫」，四庫本無。
② 「吕刑曰」至「至誠感神」，四庫本無。
③ 言，四庫本無。
④ 依，四庫本作「輔」，誤。
⑤ 也，四庫本作「哉」。
⑥ 自「湯誓」至「無康好逸豫」，四庫本無。
⑦ 「爾其戒哉」至「下民惟草」，四庫本無。

《緇衣》：「《君陳》云①：『未見聖，若己弗克見。既見聖，亦不克由聖。』」鄭氏曰：「克，能也。由，用也。」《尚書》無「己」字。《論語》：「君子之德風，小人之德草，草上之風必偃。」孔子，聖人也，豈有不引「《書》云」，而攘以爲己吐哉？以此觀之，一節之中，但「爾其戒哉」一句，乃晉人杜撰，以承上接下，餘皆蒐與襲。②

圖厥政，莫或不艱，有廢有興。出入自爾師虞，庶言同則繹。③

《老子》曰：「圖難於其易。」④《緇衣》：「君陳曰：『出入自爾師虞，⑤庶言同。』」無「則繹」二字。《孟子》：「國人皆曰賢，然後察之」、「國人皆曰可殺，然後察之。」「則繹」之謂也。《論語》：「繹之爲貴。」《立政》：「克由繹之。」⑥

---

① 云，四庫本作「曰」。
② 「鄭氏曰」至「餘皆蒐與襲」，四庫本無。
③ 「圖厥政」至「有廢有興」，四庫本無。
④ 老子曰圖難於其易，四庫本無。
⑤ 出入自爾師虞，四庫本作「出入之」。
⑥ 「孟子」至「克由繹之」，四庫本無。

爾有嘉謀嘉猷，則入告爾后于内，爾乃順之于外，曰：斯謀斯猷惟我后之德，嗚呼！臣人咸若時，惟良顯哉！

《坊記》子云：「善則稱君，過則稱己。則民作忠。《君陳》曰：『爾有嘉謀嘉猷，則入告爾君于内，女乃順之于外，曰：此謀此猷惟我君之德，於乎！是惟良①顯哉！』」但「后」字皆作「君」，「斯」字②作「此」，無「臣人咸若時」一句，而末句增「是」字。《皋陶謨》：「咸若時，惟帝其難之。」③

王曰：「君陳，爾惟弘周公丕訓，無依勢作威，無倚法以削。寬而有制，從容以和。」

篇内凡言「周公訓」者三。《康誥》：「弘于天。」又：「乃服惟弘王。」《洪範》曰：「無有作威。」《荀子》曰：「寬而不慢。」《左傳》曰：「政寬則民慢，慢則濟之以猛。」《立政》：「率惟謀，從容德。」

---

① 「嘉猷則入告」至「是惟良」，四庫本作「云云」。
② 「字」下，四庫本有「皆」字。
③ 「皋陶謨」至「惟帝其難之」，四庫本無。

殷民在辟，予曰辟，爾惟勿辟，予曰宥，爾惟勿宥。惟厥中。

《禮·文王世子》：「有司讞于公，其死罪則曰：『某之罪在大辟。』其刑罪則曰：『某之罪在小辟。』公曰：『宥之。』有司又曰：『在辟。』公又曰：『宥之。』有司又曰：『在辟。』及三宥不對，走出。」《呂刑》：「士制百姓于刑之中。」又：「故乃明于刑之中。」「惟良①折獄，罔非在中。」

有弗若于汝政，弗化于汝訓，辟以止辟，乃辟。

《無逸》：「非天攸若。」又曰：「非民攸訓。」《左傳》：「五典克從，無違教也。」《史記》：「成康之世，刑措不用四十餘年。」又三字接連句法，擬《老子》。②

狃于姦宄，敗常亂俗，三細不宥。

《堯典》：「寇賊姦宄。」《左傳》：「以亂天常。」《太甲》：「欲敗度，縱敗禮。」《微

---

① 良，原作「艮」，據《尚書》改。
② 「王曰君陳」至「擬老子」，四庫本無。

子》：「用亂敗厥德于下。」《王制》：「一道德以同俗。」《康誥》：「乃惟終，自作不典式爾，有厥罪小，乃不可不殺。」①

爾無忿疾於頑，無求備於一夫。

《周禮・司刺》：「一宥曰不識，三赦曰蠢愚。」《多士》：「子惟率肆矜爾，非予罪。」又曰：「爾乃尚有爾土，爾乃尚寧幹止。」又：「爾厥有幹有年于茲洛，爾小子乃興從爾遷。」《多方》曰：「自作不和，爾惟和哉！爾室不睦，爾惟和哉！」是皆無忿疾之意，然未嘗目之曰「頑」也。目之曰「頑」者，《古文》而已。②《周語》富辰曰：「今以小忿棄之。」先正亦説其目爲「頑民」之非，有辨周公謂魯公曰：「無求備於一人。」今改「人」爲「夫」。③

必有忍，其乃有濟。有容，德乃大。

---

①「狃於姦宄」至「乃不可不殺」，四庫本無。

②「周禮司刺」至「古文而已」，四庫本無。

③「先正亦説」至「今改人爲夫」，四庫本作：「《論語》曰：『無求備于一人。』富辰又曰：《書》有之曰：『必有忍也，若能有濟。』注：『若，猶乃也。』」

《周語》富辰曰：「《書》有之曰：『必有忍也，若能有濟也①。』」注：「若，乃②也。」孔子曰：「小不忍則亂大謀。」《左傳》：「魯以能忍爲國，忍其大，不忍其小，何居？」又古語：「忍之少時，福禄無期。」又曰：「忍事敵災星。」又曰：「忍過事堪喜。」洪裕寬綽，足以有容，德之大也。褊狹固滯，其德貶矣。③

簡厥修，亦簡其或不修；進厥良，以率其或不良。

《王制》：「修六禮以節民性。」「一道德以同俗。」「上賢以崇德，簡不肖以絀惡。」「命鄉簡不帥教者。」又曰：「大樂正論造士之賢者，以言于司馬曰：『進士。』司馬辨論官材，論進士之賢者，以告于王。」④

惟民生厚，因物有遷，違上所命，從厥攸好，爾克敬典在德，時乃罔不變，允升于大猷，

---

① 也，四庫本無。
② 「乃」上，四庫本有「猶」字。
③ 「孔子曰」至「其德貶矣」，四庫本無。
④ 「簡厥修」至「以告於王」，四庫本無。

惟予一人膺受多福，其爾之休終有辭於永世。

《成公十六年》申叔時曰：「民生厚而德正。」《孟子》曰：「人少則慕父母，知好色則慕少艾，有妻子則慕妻子，仕則慕君。」《大學》曰：「其所令反其所好，而民不從。」《君奭》：「其汝克敬德。」《康誥》：「汝亦罔不克敬典。」「勿替敬典。」《王制》：「命鄉簡不帥教者以告，不變，右鄉移之左，左鄉移之右。不變，移之郊之遂，屏之遠方。」《易》曰：「允升大吉。」《詩》：「匪大猷是經。」《盤庚》：「惟予一人有佚罰。」古祝詞：「膺受多福。」《吕刑》：「鰥寡有辭于苗。」①

畢命

《史記》：「康王命作策，畢公分居里，成周郊，作《畢命》。」

惟十有二年六月，庚午朏，越三日壬申，王朝步自宗周，至于豐，以成周之衆，命畢公保釐東郊。

① 「孟子曰」至「鰥寡有辭于苗」，四庫本無。

《漢・律曆志》云：「康王《畢命》、《豐刑》曰：『惟十有二年六月庚午朏，王命作策書《豐刑》。』」①

《洪範》：「惟十有三祀。」《召誥》：「越若來三月，惟丙午朏，越三日戊申。」又上文云：「王朝步自周，則至於豐。」

蔡沈曰：「此僞作者傳聞舊語，得其年月，不得以下之辭，妄言作《豐刑》耳。不知《豐刑》之言何所道也。」

今案： 蔡氏謂《豐刑》爲僞作者，似矣。然謂僞作者傳聞得其年月，不得以下之辭，何所據而知之哉？愚則以爲，《豐刑》，先漢之僞書。《畢命》，東晉之僞書。僞《畢命》者以《豐刑》之年月可以欺人而用之，其下文未妥，而修改之云耳。②

嗚呼！父師，惟文王、武王敷大德于天下，用克受殷命。

《微子》：「父師。」《洛誥》：「禋于文王、武王。」《大誥》：「敷前人受命。」《顧命》：

① 「漢律曆志云」至「王命作策書豐刑」，四庫本無。
② 「蔡沈曰」至「而修改之云耳」，四庫本無。

「昔君文王、武王。」《易》：「天地之大德曰生。」《詩》：「敷天之下。」其句法蓋擬《酒誥》「明大命于妹邦」。《君奭》：「惟時受有殷命哉！」《多方》：「簡畀殷命，尹爾多方。」然周稱太師、太保，未見有同殷稱「父師」者。①

惟周公左右先王，綏定厥家，毖殷頑民，遷於洛邑，密邇王室。式化厥訓，既歷三紀，世變風移，四方無虞，予一人以寧。②

《襄十四年》劉定公曰：「昔伯舅太公右我先王」，改作「左右」字，而《君陳》篇内又③用其「師保萬民」一句，又用「茲率」字。《詩》：「綏萬邦，克定厥家。」④《洛誥》：「伻來毖殷。」《大誥》：「天亦惟用勤毖我民。」又：「無毖于恤。」又：「天閟毖我成功所。」《詩》：「予其懲而毖後患。」僞作《書》者，以「後患」指殷頑民也。⑤《多士》曰：「予惟時其遷居西爾。」又曰：「今朕作大邑于茲洛。又今爾惟時宅爾邑，繼爾居，爾厥

① 「嗚呼父師」至「同殷稱父師者」，四庫本無。
② 「式化厥訓」至「予一人以寧」，四庫本無。
③ 内又，四庫本無。
④ 詩綏萬邦克定厥家，四庫本無。
⑤ 「又無毖于恤」至「指殷頑民也」，四庫本無。

有幹有年于兹洛，①爾小子乃興從爾遷」此于洛之事也。《商書》：「密邇桐宫。」②《周本紀》武王曰：「毋遠天室。」《多士》又曰：「移爾遐逖。」《君陳》：「弗化于汝訓。」今云：「式化厥訓。」成王初立時已遷殷民，至康十二年方命畢公亦不止三紀矣。「世變風移，四方無虞」，言殷民不叛也。《詩》：「王心載寧。」③《皇明文衡》載國初先正④有辨「頑民」之説。

道有升降，政由俗革。不臧厥臧，民罔攸勸。⑤

《襄二十九年》叔向曰⑥：「宋之樂，其以宋升降乎？」《檀弓》：「子思曰：『道隆則從而隆，道污則從而污。益之損之，與時宜之。』」《論語》：「舉善則勸。」⑦

① 今爾惟時宅爾邑繼爾居爾厥有幹有年于兹洛，四庫本作「云云」。
② 「此于洛之事」至「密邇桐宫」，四庫本無。
③ 「君陳」至「王心載寧」，四庫本無。
④ 載國初先正，四庫本無。
⑤ 不臧厥臧民罔攸勸，四庫本無。
⑥ 曰，四庫本無。
⑦ 「檀弓」至「舉善則勸」，四庫本無。

惟公懋德，克勤小物，弼亮四世，正色率下，罔不祗師言，嘉績多於先王。予小子垂拱仰成。

《商書》古文：「方懋厥德。」①《晉語》知伯國曰：「夫君子能勤小物，故無大患。」《淮南子·道應訓》：「武王之佐五人。許慎注謂「周公、召公、太公、畢公、毛公」也。武王於五者不能一事焉，然而垂拱受成功焉，善乘人之資也。」《公羊傳》：「孔父正色而立于朝。」《周官》又云：「寅亮天地，弼予一人。」四世，兼文王之世言之。《左傳》：「予嘉乃績。」②

王曰：「嗚呼！父師，今予祗命公以周公之事，往哉！」

《襄十四年》劉定公曰：「今予③命女環」。下文「弗率訓典」又變「茲率舅氏之典」。

《堯典》曰：「往哉！」④

---

① 商書古文方懋厥德四庫本無。姜案：此「《商書》古文」謂《伊訓》篇。
② 「周官又云」至「予嘉乃績」，四庫本無。
③ 予，四庫本作「余」。
④ 堯典曰往哉，四庫本無。

旌別淑慝，表厥宅里，彰善癉惡，樹之風聲，弗率訓典，殊厥井疆，俾克畏慕，申畫郊圻，慎固封守，以康四海。①

《君陳》、《畢命》二篇，乃因《多士》、《多方》等篇，故②有「毖殷」、「遷洛」之云。而《洛誥》有③「周公在洛惟七年」，故《君陳》有「懋昭周公之訓」、「爾尚式時周公之猷訓」、「爾惟弘周公丕訓」。今《畢命》又言：「祇命公以周公之事。」④《緇衣》⑤曰：「有國者章善擅惡，以示民厚，則民情不貳。」又曰：「故君民者，章好以示民俗，慎惡以御民之淫，則民不惑矣。」《表記》：「先王謚以尊名節，以壹惠，恥名之浮於行也。故君子不自大其事，不自尚其功，以求處情。過行弗率，以求處厚。彰人之善，而美人之功，以求下賢。」「旌」、「淑」，即「章好」之謂。「別」、「慝」，即「慎惡」之謂。表其宅里，如鄭康成「後世稱之，通德里」之類。⑥《左傳⑦・文六年》：「君子

① 四庫本於此條外，又別出「彰善癉惡」與「樹之風聲，弗率訓典」兩條。
② 故，四庫本無。
③ 而洛誥有，四庫本無。
④ 「故君陳」至「以周公之事」，四庫本無。
⑤ 「緇衣」下，四庫本有「子」字。
⑥ 「又曰故君民者」至「通德里之類」，四庫本無。
⑦ 左傳，四庫本無。

曰：『並建聖哲，樹之風聲。』」又曰：「告之訓典。」不用「過行弗率」，而用「弗率訓典」，蓋「訓典」在《尚書》當用，而「過行」二字恐踵者得之也。季孫葬昭公於塋外，仲尼溝而一之，此殊井疆於死者也。命鄉簡不帥教者，移之左右，移之郊遂，此殊井疆，使不得與善者雜處也。畏爲惡之禍，慕爲善之福，皆勸民之政也。《左傳》：「大國一圻。」即王畿之畿也。王畿翼翼，四方之極，則四海康矣。①

政貴有恒，辭尚體要，不惟好異。商俗靡靡，利口惟賢，餘風未殄。公其念哉！

《論語》：「人而無恒，不可以作巫醫。」《易》曰：「不恒其德。」《論語》：「辭達而已矣。」「尚體要」，則不華靡矣。畏政不純久，異言非體要。《漢書》張釋之曰：「今以嗇夫口辨而超遷之，臣恐天下隨風靡，爭口辨無其實，餘風尚存，所當化誨也。」②

世禄之家，鮮克由禮。以蕩陵德，實悖天道。敝化奢麗，萬世同流。③

---

① 「不用過行弗率」至「則四海康矣」，四庫本無。
② 「政貴有恒」至「所當化誨也」，四庫本無。
③ 「以蕩陵德」至「萬世同流」，四庫本無。

《孟子》："仕者世禄。"《禮記》："隆禮由禮，謂之君子。"《論語》："今之狂也蕩。"《國語》："蔑有德。"①《昭二十年》叔孫昭子曰："然則戴桓也汰侈，無禮已甚，亂所在也。"《晉語》叔向曰："桓子驕泰奢侈，貪欲無藝，略則行志，假貸居賄。郤昭子恃其富寵，以泰於國，其寵大矣，一朝而滅，莫之哀也，惟無德也。"《晉語》叔孫穆子曰："此之謂世禄，非不朽也。"《左·莊二十四年》御孫曰："儉，德之共也。侈，惡之大也。"《左傳》："天道遠。"《孟子》："天地同流。"②

兹殷庶士，席寵惟舊。怙侈滅義，服美于人，驕淫矜侉，將由惡終。雖收放心，閑之惟艱。

因周公有誥殷《多士》之篇，故言"殷庶士"，"庶士"即"多士"也。"舊"，即"舊染污俗"之"舊"。③《昭元年》子産對叔向曰："子晳無禮，而好陵人，怙富而卑其上④。"前⑤此"徐

---

① "孟子"至"蔑有德"，四庫本無。
② "左傳"至"天地同流"，四庫本無。
③ "因周公有誥"至"即舊染污俗之舊"，四庫本無。
④ 上，原作"下"，據四庫本與《左傳》改。
⑤ "前"上，四庫本有"又"字。

吾犯之妹美，子皙盛飾入，布帛而出」。又①子皙疾，子產數之曰：「人誰不死，凶人不終命也。」《襄二十七年》：「慶封之車美，叔孫曰：『服美不稱，必以惡終。美車何爲？』」《二十八年》叔孫穆子曰：「善人富謂之賞，淫人富謂之殃，天其殃之也，其將聚而殲旃？」又石碏曰：「驕、奢、淫、佚，所自邪也。四者之來，寵禄過也。」②

《孟子》曰：「仁，人心也。義，人路也。」繼之曰：「放其心而不知求，舍其路而弗由，哀哉！」言人知心之爲心，不知仁之爲心，故名③「仁」爲「人心」，使人知仁之切於日用不可須臾放也。今放仁而不知求，是即放其心而不知求矣。人知路之爲路，不知義之爲路，故名「義」爲「人路」，使人知義之切於所行而不可須臾舍也。今舍義而弗由，是即舍路而弗由矣。豈不可哀之甚哉！蓋「放心」者，「放仁」之喻，猶「舍路」者，「舍義」之喻，匪即以心爲仁也。若即以心爲仁，是猶即以路爲義矣。以譬喻爲理，可乎哉？以喻爲理，尚不可況，直指譬喻爲真而忘其爲喻，④文理不貫而前後舛錯，其爲不可也明矣。《孟子》下

---

① 「又」下，四庫本有「后」字。
② 「又石碏曰」至「寵禄過也」，四庫本無。
③ 名，四庫本作「曰」。
④ 四庫本於此下有一「則」字。

文又曰「人有鷄犬，放則知求之。有放心，而不知求者」，亦接上文「放仁」而言也。言仁猶心之切，匪若鷄犬爲外物之比。知求外物之鷄犬，而不知求切身之仁，不知輕重之類甚矣。

又曰「學問之道無他，求其放心而已矣」，亦承上文，言求放仁而已矣。匪直以譬喻爲真而即謂之「求放心」也。若以喻爲真而即以爲①「求放心」，則文理不貫，前後舛錯矣。古人之文，非若後人之對仗，下文止言「求放心」，而不復②言「由正路」者，省文也。言此則彼可以類推矣，是亦曰「人有舍路而不由者，學問之道無他，由其舍路而已矣」，是一貫也，豈可以譬喻爲真而即謂之由舍路哉！作僞《書》者肆攘無饜，巧於蓋遮，至此則忘《孟子》之上文，而獨剽賊其下文「放心」二字。又於《孟子》前篇「閑先聖之道」，下文亦有「正人心」之説，又剽賊「閑」之一字，綴以「惟艱」云。③由是後世大儒雖英雄豪傑之士亦爲其所蔽錮，皆以爲真「求放心」，遂使孟夫子文辭前後乖剌分爲兩截，此不亦不善攘書，兩截④者之

① 以爲，四庫本作「謂之」。
② 復，四庫本作「知」。
③ 云，四庫本作「之文也」。
④ 兩截，四庫本無。

過也哉！

或曰：吾子言《孟子》之文不容兩截，是也。遂以《古尚書》爲攘《孟子》，恐未必然也。然則吾子果何所據而决知其出於《孟子》而不善攘哉？曰：其所攘者，不一而止也。曰「稽於衆，舍己從人」；曰「不虐無告」；曰「朕宅帝位三十有三載」；曰「耄期倦于勤」；曰「惟兹臣庶罔或干予正」；曰「罰弗及嗣，賞延于世」；曰「好生之德，洽于民心」；曰「可愛非君，可畏非民」；曰「萬姓仇予」；曰「鬱陶乎予心，顔厚有忸怩」；曰「成湯放桀」；曰「坐以待旦」；曰「營于桐宫」；曰「王徂桐宫」；曰「任官惟賢才」；曰「匹夫匹婦，不獲自盡」；曰「説築傅巖之野」；曰「無耻過作非」；曰「監于先王成憲，其永無愆」；曰「予弗克俾厥后惟堯舜，其心愧耻，若撻于市，一夫不獲，則曰時予之辜」；曰「元后作民父母」；曰「罪人以族，官人以世」；曰「厥監惟不遠，在彼夏王」；曰「獨夫受」；曰「大告武成」；曰「攻於後以北，血流漂杵」；曰「建官惟賢，位事惟能」；曰「列爵惟五，分土惟三。」①曰「所寶惟賢」；曰「爲山九仞」；曰「恭儉惟德，無載爾僞」；曰「惟民生厚，因物有遷」；曰「萬世同流」；曰「怵惕」；曰「格其非心」。其

① 曰列爵惟五分土惟三，四庫本無。

所攘者，豈特「放心」而止哉！惟「放心」二字①，不顧乖剌《孟子》之本旨，蒙蔽後儒之聰明，吾是以發其辯②如此。若夫「洚水儆予」之類，則蒐羅無遺，所以要信於後人，非蹈襲之比，但改竄易置，穿穴之變多，時與孟夫子所引者相背而馳，亦非復《尚書》之本經，其侮聖言而無忌憚者多矣，仁人君子欲盡忠於聖人而恢復乎本經者，其精擇之哉！

資富能訓，惟以永年。惟德惟義，時乃大訓。不由古訓，于其何訓？③

庶士資富，乃世禄之家，而能訓之，可以終其性命矣。蜀先主戒子曰：「惟德惟義，可以服人。」④周之訓，「丹書敬義」是也。故今亦以「德義」承上文，與「蕩陵德」、「侈滅義」正相反也。不由古訓，將以何者爲訓乎！

王曰：「嗚呼！父師，邦之安危，惟茲殷士。不剛不柔，厥德允修。」

---

① 二字，四庫本作「之攘」。
② 其辯，四庫本作「摘」。
③ 「于其何訓」，《尚書》作「于何其訓」。
④ 姜案：蜀先主此言，《資治通鑑》作「惟賢惟德，可以服人。」

《秦誓》「邦之杌隉」、「邦之榮懷」，今約以「邦之安危」一句，惟在兹殷多士。考《多士》篇末言「爾攸居」，至康王十二年「命畢公保釐」之時，將四紀矣，非止三紀而已。猶以爲安危係之者，僞辭也，非康王之命也。既言「世變風移」矣，又言「餘風未殄」，自相矛盾者也。殷之多士從武庚鄙我周邦，曰「予復」之意，正《孟子》所謂「故家遺俗」者，故周公面命之辭，則曰「非我小國敢弋殷命」，又曰「非我有周秉德不康寧」，又言「爾先祖成湯革夏，俊民甸四方，自成湯至于帝乙，罔不配天其澤，在今後嗣王，誕罔顯于天。上帝不保，降若兹大喪」。但言紂之無道，自絶于天耳。初未嘗言殷庶士之無禮蔑義。且驕淫矜侉，亂之本也，其亡也無日，周公何故與之言「我小國敢弋殷命」哉！以周公面命之辭，而較之東晋僞古之篇，何啻雪之見晛，不覺自消者哉！且周公當時以夏之俊民比之，至康王時已在四紀之後，猶以自不式時大訓，而謂之「頑民」何耶？①

惟周公克慎厥始，惟君陳克和厥中，惟公克成厥終。三后協心，同底于道。道洽政治，澤潤生民。四夷左衽罔不咸賴。予小子永膺多福。

① 「資富能訓」至「而謂之頑民何耶」，四庫本無。

《洛誥》、《多士》、《多方》所作皆周公爲遷洛之事①也，故曰「克慎厥始」。《多方》曰：「時惟爾初不克敬于和，則無我怨。」故曰「君陳克和厥中」。君陳想齒、德俱尊於畢公者，故能胤②周而先畢，然經傳別無明文，其故何哉？細考之以「既見聖，弗克由聖」，惟周公可當「聖」字，故以之繼周公歟？三后協心，先後不同遠矣，亦擬不於其倫者，雖有《吕刑》之「三后」可據，然周公之勳莫之與京，同列於稱，可謂不辭。且畢公在焉，而曰「后」、曰「協心」、曰「道政」、曰「澤」，又賴及於四裔，多福膺於在己，似非所以命曾大翁之禮也。要之，有類於晉時作文之體。③《襄十四年》劉定公曰：「王室之不壞，繄伯舅是賴。」

公其惟時成周，建無窮之基，亦有無窮之聞，子孫訓其成式惟乂。

「惟時成周」，即東郊之地也。《漢書》：「建不拔之基。」《詩》：「令聞不已。」「子孫訓其成式惟乂」，即「是訓是行」之謂。④

---

① 作皆周公爲遷洛之事，四庫本作「毖殷者皆周公」。
② 胤，原作「亂」。據四庫本改。
③ 「三后協心」至「有類於晉時作文之體」，四庫本無。
④ 「公其惟時成周」至「即是訓是行之謂」，四庫本無。

嗚呼！罔曰弗克，惟既厥心；罔曰民寡，惟慎厥事。①欽若先王成烈，以休于前政。

以世臣元老，而戒之以「罔弗克」，當盡「厥心」；又戒之以「罔曰民寡」，當「慎厥事」；又戒之以「欽若先王成烈」；又戒之「以休于前政」。似非藐藐幼孫所以對曾大翁者之言語氣象，疑後世之强作解事者爲之。不然何周公謂之「俊民」，而此篇直謂之「頑民」哉？② 劉定公曰：「纂乃祖考，無忝乃舊。」③

《畢命》考

師曠曰：「師延靡靡之樂，武王伐紂，師延投濮水死，故聞此聲必於濮水之上也。」《樂記》曰：「五者皆亂，迭相陵，謂之慢。」又曰：「桑間濮上之音，亡國之音也。其政散，其民流，誣上行私，而不可止也。」

① 「嗚呼」至「惟慎厥事」，四庫本無。
② 「以世臣元老」至「直謂之頑民哉」，四庫本無。
③ 此下，四庫本有「《畢命》考」一節，據補。

君牙

王若曰：「嗚呼！君牙，惟乃祖乃父，世篤忠貞，服勞王家，厥有成績，紀于太常。」

《盤庚》：「乃祖乃父。」又曰：「世選爾勞。」《金縢》成王曰：「昔公勤勞王家。」《文侯之命》：「有績予一人。」《洛誥》：「其自時中乂，萬邦咸休，惟王有成績。」①《周禮·司勳》：「凡有功者，銘書於王之太常，祭於大烝，司勳詔之。」

惟予小子，嗣守文武成康遺緒，亦惟先王之臣，克左右亂四方。心之憂危，若蹈虎尾，涉于春冰。

《詩》：「惟②予小子，未堪家多難。」③《中庸》：「纘太王、王季、文王之緒。」④「惟予」二字，見《顧命》。「小子」亦見《顧命》。「嗣守文武」四字，亦見《顧命》。《文侯之命》：

① 「盤庚乃祖乃父」至「惟王有成績」，四庫本無。
② 姜案：惟，《毛詩》作「維」。
③ 詩惟予小子未堪家多難，四庫本無。
④ 纘太王王季文王之緒，四庫本作「曰纘緒」。

「亦惟先正克左右，昭事厥辟。」①《顧命》曰：「爾②先公之臣，服于先王。」又曰：「其能而亂四方。」《詩》曰：「心之憂矣。」《易》曰：「履虎尾。」《詩》曰：「如履薄冰。」又《荀子・君臣篇》「狎虎則危，災及其身」，而引《詩》曰「不敢暴虎」一節至③「如履薄冰」。《老子》：「若冬涉川。」④

今命爾予翼，作股肱心膂。纘乃舊服，無忝祖考。弘敷五典，式和民則。爾身克正，罔敢弗正。民心罔中，惟爾之中。

「予翼」見《臯陶謨》及《周書》。《周語》太子晉曰：「謂其能爲禹股肱心膂，以養物豐⑤民人也」。《襄十四年》劉定公曰「纂乃祖考，無忝乃舊」，今改作「纘乃舊服，無忝祖考」。凡劉定公之言，用之不一而止。下文「乃惟由先正⑥舊典」即變「茲率舅氏之典」。

---

① 「文侯之命」至「昭事厥辟」，四庫本無。
② 爾，四庫本作「汝」，誤。
③ 至，四庫本無。
④ 老子若冬涉川，四庫本無。
⑤ 豐，四庫本作「農」，誤。
⑥ 正，原作「王」，據四庫本及《尚書》改。

「率乃祖考之攸行」又用「率」字。《皋陶謨》：「勑我五典五惇哉！」《堯典》：「敬敷五教在寬。」《左傳》：「和民則。」《詩》：「有物有則。」《論語》：「子帥以正，孰敢不正？」《書》又言：「率自中。」《商書》古文又言：「建中于民。」倪寬言：「惟天子建中和之極。」①

夏暑雨，小民惟曰怨咨；冬祁寒，小民亦惟曰怨咨。厥惟艱哉！思其艱，以圖其易，民乃寧。

《緇衣》：「《君雅》曰：『夏日暑雨，小民惟曰怨資，冬祁寒，小民亦惟曰怨。』」上句多「曰」字，②下句無「資」字。鄭注：「雅，《書序》作『牙』，假借字也。《君雅》，周穆王司徒作，《尚書》篇名也。資，當爲『至』，齊、魯之語，聲之誤也。」《古文》「雅」作「牙」，「資」作「咨」，連上文，無「曰」字。下句亦有「咨」字。孔氏曰：「鄭不見《古文尚書》。」③《老子·

---

① 「皋陶謨」至「建中和之極」，四庫本無。
② 上句多曰字，四庫本無。
③ 「鄭注」至「鄭不見古文尚書」，四庫本無。

爲無爲章》：「圖難於其易。」《漢書》：「民以寧一。」①

嗚呼！丕顯哉文王謨！丕承哉武王烈！佑啓我後人，咸以正罔缺。爾惟敬明乃訓，用奉若於先王對揚文武之光命，追配于前人。

《孟子》作「佑啓我後人，咸以正無缺」，然非若《緇衣》明言《君雅》之篇，則亦未知其的在何篇？《孟子》上文極論周公相武王之事，而引此「《書》曰」者，竊疑其爲周公發，非爲君牙言耳。《詩》：「敬明其德。」《漢書》：「奉若天道。」《詩》：「對揚王休。」《説命》又曰：「對揚天子之休命。」

王若曰：「君牙，乃惟由先正舊典時式。民之治亂在茲，率乃祖考之攸行，昭乃辟之有乂。」

《詩》：「昔吾有先正。」又：「羣公先正。」《君陳》亦曰：「爾尚式時周公之猷訓。」《孟子》：「天下之生人矣，一治一亂。」皋陶曰：「念茲在茲。」《詩》：「率由舊章。」「乃

---

① 漢書民以寧一，四庫本無。

祖」見《盤庚》。《詩》：「戎醜攸行。」《文侯之命》：「用會紹乃辟。」《康誥》：「用康乂民。」①

冏命

《史記》：「穆王閔文武之道缺，乃命伯臩，申誡太僕國之政，作臩命。」周公作《立政》歎「綴衣虎賁，知恤者鮮」。故此篇特作命書，致隆於陪僕暬御之臣，故首以《立政》「宅丕后」之文。②

王若曰：「伯冏，惟予弗克于德，嗣先人宅丕后，怵惕惟厲，中夜以興，思免厥愆。」

《康誥》曰：「克明德。」《立政》曰：「宅乃事，宅乃牧，宅乃準，茲惟后矣。」《乾》九三：「夕惕若厲。」《孟子》言：「周公其有不合者，仰而思之，幸而得之，坐以待旦。」《詩》宣王欲早起，問：「夜如何？其夜未央。」又：「夙興夜寐。」《秦誓》：「則罔所愆。」

---

① 「嗚呼丕顯哉文王謨」至「用康乂民」，四庫本無。
② 「周公作立政」至「宅丕后之文」，四庫本無。

《易》：「無咎者，善補過也。」

昔在文武，聰明齊聖。小大之臣咸懷忠良，其侍御僕從罔匪正人，以旦夕承弼厥辟。出入起居，罔有不欽；發號施令，罔有不臧。下民祗若，萬邦咸休。

《詩》：「昔在中葉。」《中庸》：「聰明睿知。」《小序》：「堯聞之聰明。」《左傳》史克稱八愷「齊聖廣淵」。《微子之命》：「乃祖成湯，克齊聖廣淵。」既全以與成湯，今又分「齊聖」二字以言文、武。《仲虺之誥》：「小大戰戰。」「咸懷忠良」者，《孟子》「左右前後皆薛居州」也。「旦夕承辟」者，「有違即弼」也。出則警，入則蹕，起居注。《漢書》：「號令文章，焕然可述。」《洛誥》：「萬邦咸休。」《易》：「萬國咸寧。」《盤庚》：「罔有不欽。」《詩》：「何用不臧。」①

惟予一人無良，實賴左右前後有位②之士，匡其不及，繩愆糾繆，格其非心，俾克紹先

---

① 「王若曰伯冏」至「何用不臧」，四庫本無。

② 有位，四庫本無。

烈。今予命汝作大正，正于羣僕侍御之臣，懋乃后德，交修不逮。

《禮記》引《泰誓》曰：「惟予小子無良」。《顧命》：「惟予一人釗報誥。」《孟子》曰：「左右前後皆薛居州也。」①又②：「惟大人爲能格君心之非」。《楚語》引衛武公曰：「朝夕以交戒我。」史老引武丁曰：「必交修予，無予棄也」。賈子曰：「選天下之端士孝弟博聞有道術者以衛翼之，左右前後皆正人也。」後文又曰：「太傅匡其不及。」《周官》又言：「有官君子。」《史》：「左準繩。」《周禮》：「以糾萬民。」《詩》：「弗念厥紹。」《宰夫》：「八職：一曰正，掌官灋以治要。」春官宗伯有車僕，夏官司馬有大僕、祭僕、御僕、隸僕、戎僕、齊僕、道僕、田僕之類，而正爲之長。大御，中大夫。周禮大御最長。穆王欲伯冏正於羣僕、侍御之臣，欲其率下也。「懋乃后德」者，《詩》：「方懋爾惡。」《仲虺之誥》又言：「德懋懋官。」「王懋昭大德。」《伊訓》：「方懋厥德。」③

慎簡乃僚，無以巧言令色便辟側媚，其惟吉士。

① 「顧命」至「皆薛居州也」，四庫本無。
② 又，四庫本作「《孟子》曰」。
③ 「周官又言」至「方懋厥德」，四庫本無。

《詩》：「及爾同僚。」《春秋傳》：「同官爲僚。」《王制》：「簡不帥教者。」《多方》：「簡畀殷命。」又：「迪簡在王庭，尚爾事，有服在大僚。」《皋陶謨》：「巧言令色孔壬。」《論語》：「巧言令色，鮮矣仁。」又：「友便辟。」《洪範》：「人用側頗僻。」《論語》：「寧媚於竈。」《立政》：「庶常吉士。」①

僕臣正，厥后克正。僕臣諛，厥后自聖。后德惟臣，不德惟臣。

《帝歌》曰：「股肱喜哉！元首起哉！」《詩》：「具曰予聖。」所聞皆正言，所見皆正事。王誰與爲不善？不然反是。

爾無昵於憸人，充耳目之官，迪上以非先王之典。

《立政》：「國則罔有立政，用憸人。」又：「繼自今立政，其勿以憸人。」《泰誓》：「昵比罪人。」「充耳目之官」，不「慎簡乃僚」也。啓迪在上「以非先王之典」，以異端進者也。

---

①「慎簡乃僚」至「庶常吉士」，四庫本無。

非人其吉，惟貨其吉，若時瘝厥官，惟爾大弗克祗厥辟，惟予汝辜。

「庶常吉士」見《立政》。又「吉人之辭寡」見《易·繫辭》。《呂刑》曰：「惟貨。」此言不求吉人，而惟求吉貨，誠如是，則曠官之刺興矣。「大弗克祗」者，則漢法大不敬也。《酒誥》：「越尹人祗辟。」又曰：「惟民自速辜。」故曰：「惟予汝辜。」

王曰：「嗚呼，欽哉！永弼乃后於彝憲。」

「欽哉」，正經屢見之。《皋陶謨》：「予違汝弼。」《洛誥》：「汝受命篤弼。」《大誥》：「弼我丕丕基。」《酒誥》：「聰聽祖考之彝訓。」①

① 「僕臣正」至「聰聽祖考之彝訓」，四庫本無。

尚書考異卷第六

伏生所傳聖人之經，爲晉人假壁藏古文之名擅改者多矣。此聖經之一厄也，不可得而知矣。猶幸徐廣、司馬貞等諸賢人君子及唐人之《正義》略存一二，尚可考者，謹列於左。

堯典

辯章百姓。

司馬貞曰：「『辯』字，《古文尚書》作『平』」。史遷作「便」。此文蓋讀「平」，爲浦耕反。「平」既訓「便」，因作「便章」。其今文作「辯①章」，古「平」字亦作「便」音，婢緣反，「便」則訓「辯」，遂爲「辯章」，鄒誕生本亦同也。

① 辯，四庫本作「便」。

辯秩東作。

司馬貞曰："古文作『平秩』"。《史》作"便程"。

申命羲叔宅南交。

"南交"下舊有"曰明都"三字。鄭注云："南交下三字摩滅，故以意補之也。"僞《古文》直無此三字。僞孔安國《傳》曰："南交者，夏與春交也。"司馬貞曰："孔注未是。然則冬與秋交何故下無其文，且東嵎夷，西昧谷，北幽都，三方皆言地而夏獨不言地，乃云與春交，斯不例之甚也。然南方之①地有名『交趾』者，或古文略舉一字名地，南交則是交趾無疑也。"

今案：小司馬之辨極有功於聖經，可見僞《書》、僞《傳》私見妄削，非出藏壁之實②。蔡沈不述鄭注"南交下三字有磨滅"之故，及晉人任意削去之罪，其頓忘伏生《書》之爲聖經，甚矣，罪豈眚災也邪③！失其本經、口以傳授者，猶有磨滅之形跡。僭號古文、目爲藏

---

① 之，四庫本作"有"。

② "實"下，四庫本有"矣"字。

③ 邪，四庫本作"耶"。

壁者，顧無三字之影響，而乃挾以自是，箝結後人之頰舌，晉人何其僭而狠也哉！蔡沈攘奪小司馬之注以作《傳》，而不著其辯①，以康成注爲陳氏，而不考其所由來。② 又不知《古文》之非出於藏壁者，不公不明，真小黠而大癡者歟！

辯在伏物③。

《大傳》當如此。司馬貞以爲太史公據之而作「便在伏物④」。晉⑤《古文》作「平在朔易」。今以上文例之，知其如此。

舜讓於德不怡。

史遷「怡」作「懌」。《古文》改「不怡」作「弗嗣」。徐廣曰：「今文作『怡』，『怡』即『懌』也。」司馬貞曰：「謂辭讓於德不堪，所以心意不說懌也。」又前「納于大麓」，司馬貞亦譏

---

① 辯，四庫本作「辨」。
② 姜案：蔡沈《書集傳》云：「南交，南方交趾之地。陳氏曰：南交下當有『曰明都』三字。」
③ 伏物，四庫本作「朔易」。
④ 物，四庫本作「生」，誤。
⑤ 晉，四庫本作「書」，誤。

孔注之非。其尊信聖經，真賢人君子之用心也。何者？作「怡」，則下文「受終」文脉方可貫，蓋心雖不安而不得已也。若既曰「弗嗣」，而下文即曰「受終」，乖剌①甚矣。何先儒之不察邪②？又《顧命》：「王不釋。」《古文》乃改作「不懌」。

眚災過赦。

史遷亦同。《古文》作「眚災肆赦」。鄭玄注：「眚災，爲人作患害者也。過失雖有害，則赦之。」則今文「肆」作「過」無疑矣。玄注③下句又云：「怙其姦邪，終身以爲殘賊，則用刑之。」又《襄九年》：「晉居疾於虎牢，肆眚圍鄭。」《古文》用此「肆」字。

惟刑之謐哉！

徐廣曰：「《今文》如此。《爾雅》云：『謐，静也。』」故《史記》作「静」。司馬貞曰：「《古文》作『恤哉』。且《今文》是伏生口誦，『卹』、『謐』聲近，遂作『謐』也。」

---

① 剌，故宫抄本無。四庫本作「則」，誤。
② 邪，四庫本作「耶」。
③ 「注」下，四庫本衍「然」字。

今案：「謐」字，誠聖人之言，「恤」字不過常人之見耳。小司馬此言猶徇常情者也。或問：何以言之？曰：言「謐」則恤意在其中，言「恤」則啓後世故縱之失。

黎民祖饑。

徐廣曰：「今文作『祖』。祖，始也。」史遷作「始」。司馬貞曰：「古文作『阻饑』。孔氏以爲『阻，難也』。『祖』、『阻』聲相近，未知誰得？」

今案：晉人因《孟子①》「險阻既遠」之「阻」，而改「祖」字。後儒以爲出於壁藏而信之，獨小司馬兩存置疑，不逞臆决，不苟附和，真篤信聖學之用心也。然則後儒者又小司馬之罪人乎？

典樂教穉子。

鄭玄曰：「國子也。」司馬貞曰：「《尚書》作『胄子』。孔安國曰：『穉、胄聲相近。』」馬亦曰：「胄，長也。」則前漢僞《古文》已改此字矣，不待晉人僞《古文》而後改也。

① 子，四庫本作「氏」。

臯陶謨

采政忽以出内五言。

《史記》作「來始滑」。《尚書》「滑」字作「曶」，音「忽」。鄭玄曰：「曶者，臣見君所秉，書思對命者也，君亦有焉。以出内政教於五官。」司馬貞曰：「《古文尚書》作『在治忽』。今文作『采政忽』，先儒各隨字解之。今《史記》云『來始滑』，於義無所通。蓋『來』、『采』字相近。『滑』、『忽』聲相亂，『始』又與『治』相似，因誤爲『來始滑』。今依今文音『采政忽』三字。劉伯莊云『聽諸侯能爲政及怠忽者』是也。『五言』，謂仁、義、禮、智、信五德之言。鄭玄以爲『出納政教五官』，非也。」

今案：「采」者，如古之諸侯采詩以貢於天子之采，天子受之而列於樂官，於以考俗尚之美惡，與夫政治之得失，則其政其忽皆可以采取而分擇矣。故曰「采政忽」。晉人但見《舜典》有「在璿璣玉衡」之「在」字，即以易伏生之「采」，淺近平易而不艱澀矣，殊不知惟其艱澀而難明也，吾固以爲真；惟其淺近而平易也，吾固以爲僞。而先儒不明真僞之過小，屏棄聖經之罪大矣。

作繪。

《今文》作「繪」，馬、鄭本皆如此。《古文》作「會」。蓋亦以其古字通用而改之也。

自我五禮五庸哉！

馬本傳伏生《書》如此。《古文》作「有庸」。

天明威自我民明威。

馬本傳伏生如此。《古文》上句「威」字作「畏」。蔡沈依《古文》而注云：「古文『威』作『畏』。」何其舛哉！

奏庶根食鮮食。

馬本如此。注云：「根生之食，謂百穀。」《古文》作「艱食」。鄭玄云：「稷教人種菜蔬，艱阨之食。」則考之《古文》宜用鄭本。①

① 則考之古文宜用鄭本，四庫本作「則《古文》用鄭本」。

禹貢

鳥夷皮①服。

鄭玄曰：「東北之民賦食鳥獸者。」《古文》作「島夷」。馬融、王肅亦同作「島」。則漢時僞者已改此字矣。《史記》作「鳥」。

濟、河，惟沇州。

鄭玄曰：「言沇州之界，在此兩水之間。」史遷同。《古文》作「兗」。

作十有三年乃同。

馬、鄭本皆作「年」，《古文》作「載」。

厥土赤識墳。

① 皮，四庫本作「卉」。

埴，鄭作「識①」。徐、鄭、王皆讀曰「熾」。《古文》作「熾」，與馬本同。

彭蠡既都。

鄭玄云：「南方謂『都』爲『瀦』。」則是水聚會之義。史遷作「都」。司馬貞曰：「《古文尚書》作『瀦』。」則亦因鄭注而改是字也。

瑶⿰王貫篠簜。

馬本如此。韋昭：「⿰王貫，音貫。」《古文》作「琨」。

均于江海。

鄭本作「松」，曰：「松，當爲沿。」馬融作「均」。《史記》同。《古文尚書》作「沿」，亦因鄭玄讀而即改之也，雖似，吾甚以爲不可也。

---

① 識，四庫本作「戠」。

杶榦栝柏。

杶,《古文》作「櫄」。榦,本又作「幹」。

導開及岐。

馬本如此。《古文》作「岍」。

至于陪尾。

《漢書》作「横尾」。

滎播既都。

司馬貞曰:「《古文尚書》作『滎波』,此及《今文》並云『滎播』,『播』是水播溢之義。滎是澤名,故《左傳》云『狄人及衛戰於滎澤』。鄭玄云:『今塞爲平地,滎陽人猶謂其處爲滎播。』」

今案: 小司馬之説,援引精當,信而有徵。可見《古文》之擅改《今文》,與土風自來相傳之稱謂悉不合矣。先儒素以經學自負者,其能免於不克傳疑之失乎? 馬、鄭、王本皆作「縈播」。

和夷厎績。

「和」又①作「龢」。鄭云：「讀曰洹。」

三百里納秸服。

「秸」本或作「稭」，工八反。馬云：「去其潁，音鞂。」

甘誓②

天用巢絶其命。

馬本如此。《玉篇》：「子小反。」古文作「劋」。

① 又，四庫本作「本」。
② 甘誓，四庫本無。

五子之歌①

太康尸位以逸豫。

「逸」本又作「佾」。「豫」本又作「忬」。音同。

乃盤遊無度。

「盤」本或作「槃」。

胤征

工執藝事以諫。

「藝」本又作「埶」。

俶擾天紀。

① 《五子之歌》、《胤征》二篇，據四庫本補。

「俶」，本又作「佅」，亦作「叔」。

盤庚

《左傳》引此篇云《盤庚之誥》。馬云：「不云《盤庚誥》何？非但録其誥也。取其徙而立功，故以《盤庚》名篇。」則馬氏猶未嘗分爲三篇，從伏生舊也。鄭玄云：「《盤庚》上篇是盤庚爲臣時事。」《史記》云：「盤庚崩，弟小辛立，殷復衰。百姓思盤庚，乃作《盤庚》三篇。」則史遷、鄭玄皆已依先漢《古文》也。

盤庚①小序

將始宅殷。

《汲冢古文》云：「盤庚自奄遷于殷。」束晳云：「《尚書序》：『盤庚五遷，將治亳殷。』」孔子壁中《尚書》云：「將始②宅殷。」實③與《古文》不同也。孔穎達云④：「孔子壁

---

① 盤庚，原無，據四庫本補。
② 始，四庫本作「治」。
③ 實，四庫本作「是」。
④ 云，四庫本作「曰」。

内①之《書》，安國先得其本。此『將治亳殷』，不可作『將始宅殷』，『亳』字摩滅，容或爲『宅』。壁内之《書》，安國先得。『治②』皆作『亂』，其字與『始③』不類，無緣誤作『始』字，知束晳不見壁中之《書》，妄爲説耳。」

今案：晉人以「亳殷」爲一，在河南。束晳以殷在河北，與亳異。穎達篤信晉《書》，譏彈束晳。然束晳之言得之，而穎達非也。

若顛木之有由枿。

馬云：「顛木而肄生曰枿。」晉《古文》作「蘖」，《説文》④作欁。「由」，《説文》作「甹」。

不昏作勞。

馬本、晉《古文》同。鄭本作「暋」，勉也。

---

① 内，四庫本作「中」。
② 治，故宫抄本與四庫本皆作「始」，乃沿《尚書注疏》之誤。
③ 始，故宫抄本與四庫本皆作「治」，乃沿《尚書注疏》之誤。
④ 説文，四庫本作「本」。

予不掩爾善。

「掩」本又作「弇」。

誕告用亶。

馬云：「亶，丁但反。誠也。」晉人[①]作「亶」。

高宗肜日

《爾雅》云：「又祭也。周曰繹。商曰肜。夏曰復胙。」

西伯戡耆

耆[②]，《古文》作「黎」。伏生《尚書大傳》作「耆」。「戡」，《説文》作「戈」。

① 晉人，四庫本作「《書》」。
② 耆，原作「晉」。據四庫本改。

微子小序

殷既錯天命。

馬云：「錯，廢也。」

用乂稠歛。

馬云：「稠，數也。」鄭本、晉《古文》作「讐」。

自清。

馬云：「潔也。」晉《古文》作「靖」。

牧誓

《説文》「牧」作「坶」，音「母」。

千夫長，百夫長。

鄭玄注：「師帥、旅帥。」玄意以《周禮》二千五百人爲師，師帥皆中大夫；五百人爲旅，旅帥皆下大夫；[①]百人[②]爲卒，卒長皆中士。晉人修之曰「師帥、卒帥」，可見非先漢孔安國矣。

弗禦克奔，以役西土。

馬氏曰[③]：「禦，禁也。役，爲也。」晉人作「迓」。

洪範

明作哲。

孔穎達曰：「『哲』字，王肅及《漢書·五行志》皆云『悊』，智也。鄭[④]本作『哲』，則讀爲『哲』。」晉人僞《傳》云「照了」也。

---

① 旅帥皆下大夫，四庫本作「旅有帥」。
② 百人，四庫本作「夏」，誤。
③ 曰，四庫本作「云」。
④ 鄭，原作「定」，據《尚書注疏》改。

亡侮煢獨，而畏高明。

馬本如此。晉人作「無虐」。「畏」，鄭音「威」。

時人斯其惟皇之極。

穎達曰：「此經或言『時人德』。鄭、王諸本皆無『德』字，孔《傳》亦不以『德』爲義。定本無『德』，疑衍字也。」

曰哲時燠若。

今案：《詩·小雅》：「或哲或謀。」作「哲」爲是。但伏生、晉人本皆作「晢」，音「制」，以「照晢」釋之。惜乎蔡沈之不能存疑也。

曰舒恒燠若。

晉人作「豫」，鄭、王本皆作「舒」。鄭注：「舉遲也。」王肅云：「舒，惰也。」以對「照皙」，故爲「遲惰」也。下文「急」，①鄭云：「急促自用也。」

旅獒小序②

西旅獻獒。③

馬云：「作豪，酋豪也。」鄭云：「獒，讀曰豪。西戎無君，名④强大有政者爲『酋豪』，國人遣其酋豪來獻，見於周也。」孔穎達譏之曰：「良由不見古文，妄爲此説。」

金縢小⑤序

王、鄭皆云：「縢，束也。」鄭又云：「凡藏秘書，藏之於匱，必以金緘其表，是秘密之書，皆藏於匱，非周公始造此匱，獨藏此書也。」

---

① 下文急，四庫本無。
② 小序，四庫本無。
③ 西旅獻獒，四庫本無。
④ 君名，原作「專屬」，據四庫本與《尚書注疏》改。
⑤ 小，四庫本無。

武王有疾不豫。

馬本如此。僞《古文》無「不豫」二字。

王有疾弗豫。

「豫」本又作「忬」。

植璧秉珪。

晉人《傳》云：「植，置也。」孔穎達曰：「鄭云：『植，古置字。』故云『置也』。」

惟爾元孫某。

晉人《傳》云：「元孫，武王也。某，名。臣諱君，故曰『某』。」孔穎達曰：「《泰誓》、《牧誓》皆不諱『發』，而此獨諱之。孔惟言『臣諱』，不解諱之意。鄭玄云：『諱之者，由成王讀之也。』意雖不明，當謂成王開匱得書，王自讀之，至此字口，改爲『某』，史官録爲此篇，因遂成王所讀，故諱之。《牧誓》王自稱者，令入史，制爲此典，故不須諱之。」

我之弗辟。

馬、鄭音「避」。謂「避居東都」。晉人《傳》云：「辟，法也。以法治[①]三叔也。」

對曰信。噫！

「噫」，馬本作「懿」，猶「億」也。

惟朕小子其親迎。

馬本如此。晉人作「新逆[②]」。

盡起而築之。

本亦作「筑」，謂築其根。馬云：「築，拾也。」鄭、王皆云「拾也」。孔[③]潁達曰：「禾

---

① 治，四庫本作「法」，乃沿《尚書注疏》之誤。

② 逆，四庫本作「迎」，誤。

③ 孔，四庫本無。

爲大木所偃者①，起其本，拾下禾，無所亡失。」

大誥小序

陳壽云：「皋陶之謨，略而雅。周公之誥，煩而悉。何則？皋陶與舜、禹共談，周公與羣臣矢誓也。」其意或然。但《君奭》、《康誥》與召公、康叔語，其辭亦甚委悉，抑亦當時設言自好煩復也。管、蔡導武庚爲亂，此篇略於管、蔡者，蓋②難以伐弟爲言，故專説武庚罪③耳。「誥」本亦作「弃」。

三監及淮夷叛。

鄭云：「三監，管、蔡、霍也。」晉人《傳》云：「管、蔡、商。」蓋見《大誥》一篇，專爲殷小腆而誥，故改④之如此。此⑤非晉人之僞《傳》而何？然鄭之説自有《孟子》「監殷」可

---

① 偃者，四庫本作「揠」，誤。
② 蓋，明抄本作「有」，四庫本作「公」。
③ 罪，明抄本作「之罪」，四庫本作「叛」。
④ 改，四庫本作「收」。
⑤ 此，四庫本無。

證，僞《傳》非是。

大誥繇爾多邦。

馬本如此。晉人作「猷①大誥爾多邦」。鄭、王本「猷」皆在「誥」下。《漢書》王莽攝位，東郡太守翟義叛莽，莽依此作《大誥》，其書亦「猷」在「誥」下。

天降害于我家，弗少延。

馬本如此。晉人「害」作「割」，「弗」作「不」，「延」字讀屬下句。馬、鄭皆以「延」上屬爲句。②

若考作室，既底法，厥子乃弗肯堂，矧弗肯構？厥考翼，其肯曰「予有後弗棄基」？厥父菑，厥子乃弗肯播，矧弗肯穫？厥考翼，其肯曰「予有後弗棄基」？

---

① 猷，四庫本無。

② 馬、鄭皆以延上屬爲句，四庫本無。

定本「肯構」、「肯穫」①之上皆有「弗」字，晉人删去。鄭、王本於「肯構」之下亦有「厥考翼」一經，晉人删去。孔穎達曰：「治田、作室，爲喻既同②。故以此經結上二事。取③喻既同，不應重出。蓋先儒見下有而上無，謂其有脱而妄增之。」孔穎達既逞其臆見如此，蔡沈略不置思而即從之，遂使聖人之經爲晉人所塗抹者凡一十有四字。嗚呼，惜哉！吾嘗反覆讀之，反覆思之，伏生之《書》誠出於壁藏，而晉《書④》之僞自不可蓋也。夫作室必由堂而後構，治田必由播而後穫，既不肯堂，構於何所？既不肯播，穫於何物？未有不克⑤堂而猶可望之以肯構，不肯播而猶可望之以肯穫也。故當依定本「肯構」、「肯穫」之上皆有「弗」字然後爲是，其辭氣不可斷絶，與「厥考翼」一經相爲唱和，故此一經決不可少，乃聖人之本經，穎達以爲先儒之妄增，則非矣。晉人不知全章之大勢，錯認「乃」字與「矧」字若相唱和，其意以爲「堂」、「播」之始者輕者尚不肯爲，況構、穫之終者重者其肯爲之乎？如此則二

① 肯構、肯穫，明抄本作「『肯堂』、『肯構』」，四庫本作「『肯堂』、『肯穫』」。
② 既同，明抄本作「同也」。四庫本作「也同」。
③ 取，明抄本作「則」，誤。
④ 書，四庫本同，明抄本作「人」。
⑤ 克，四庫本作「肯」。

句辭氣雍容，可以暫歇，故直削去「厥考翼」一經而不顧也。殊不知聖人之本經若曰乃既不肯堂，矧又不肯構，則「厥考翼，其肯曰我有後弗棄基者」乎？言必不以不肯堂、不肯構者①之子爲有後不棄基者也。下條亦然。此其辭氣，安可妄削哉！疏家專門黨同伐異，不足責也。蔡沈游於文公之門，所當虚心平氣，發潛經之幽光，然後爲有功於文公。今晉人曰「伏生失其本經，口以傳授」，則諾；《古文》出之壁藏，定爲五十九篇，則諾。如此等處，直削經文，蒙蔽後學，皆其大者，茫不知②覺，是其胸中憒憒亦已久矣。吾請有以曉之。《甘誓》曰：「左不攻於左，汝不共命。右不攻于右，汝不共命。御非其馬之正，汝不共命。」凡三用「汝不共命」，以上二「汝不共命」爲後儒妄增可乎？此猶其在《夏書》者。《牧誓》曰：「不愆于六步、七步，乃止齊焉，夫子勗哉！不愆於四伐、五伐、六伐、七伐，乃止齊焉，勗哉夫子！尚桓桓，如虎如貔，如熊如羆，于商郊，弗迓克奔，以役西土。勗哉夫子！」凡一用「夫子勗哉」，二用「勗哉夫子」。以上二句爲後儒妄增又可乎？此猶其在誓言者。《召誥》曰：「相古先民有夏，天迪從子保，面稽天若，今時既墜厥命。今相有殷，

①者，四庫本無。
②知，四庫本作「之」。

天迪格保，面稽天若，今時既墜厥命。」凡兩用「今時既墜厥命」，不可以爲重複而當削一句也。又其下文曰：「我不敢知曰，有夏服天命，惟有歷年；我不敢知曰，不其延。惟不敬厥德，乃早墜厥命。我不敢知曰，有殷受天命，惟有歷年；我不敢知曰，不其延。惟不敬厥德，乃早墜厥命。」則其言之重複，殆有甚焉。若曰夏、殷二事，立言也同，但以後章「惟不敬厥德，乃早墜厥命」結上二事可矣，則其侮聖言也，豈不甚哉！何以異於是？

洛誥

乃洪大誥治。

一本作「周公迺洪大誥治」。

酒誥

成王若曰：「明大命於妹邦。」

馬本如此。注云：「言成王者，未聞也。俗儒以爲『成王骨節始成，故曰成王。』或曰：『以成王爲少成二聖之功，生號曰成王，没因爲謚。』衛、賈以爲『戒成康叔以慎酒，成就人之道也，故曰成。』此三者，吾無取焉，吾以爲後録《書》者加之，未敢專從，故曰：『未聞也。』」「妹邦」，馬云：「即牧養之地①。」朱子嘗曰：「漢儒釋經之例，多曰『未詳』，有曰『未聞』，孔安國句句要解過，獨與漢儒異，殆謂此等處也。」「成王」二字，馬氏特曰「未聞」，疑之而不敢删。晉人直删二字，正猶《論語》之「雖少必作」直改之爲「坐」，「子樂」直改之爲「曰」，非不可者，但以爲尊信《論語》，則亦妄人而已矣。蔡沈親炙朱子，言諄諄而聽藐藐，亦爲不善變矣。孔穎達曰②：「馬、鄭、王本以文涉三家而有『成』字。鄭玄云：『成王，所言成道之王』，三家云『王年長，骨節成』，皆爲妄也。」穎達言三家謂習歐陽、大小夏侯三家者也。穎達專門，凡與孔安國異者，皆譏爲妄言耳。

今案：「成王」二字見篇中「自成湯咸至于帝乙，成王畏相。」又云「助成王德顯」，故於篇首即言以古先成王之道戒之云耳。晉人不知此義而删去者，非也。

杍材

馬氏曰：「古作『梓』字。治木器曰『梓』，治土器曰『陶』，治金器曰『冶』。」晉人③於上

---

① 「地」下，四庫本有「也」字。
② 曰，四庫本無。
③ 晉人，四庫本作「者文」，誤。

篇「成王」字，因馬氏以爲後加直删去，況今馬氏有「古作梓」之言乎！

合由以容。①

一本作「合由以庸。」

皇天既附中國民。

馬本如此。晉人作「付」。②

召誥

敢以王之雠民、百君子。

「雠」或作「酬」。

① 此條據四庫本補。

② 「皇天既附」至「晉人作付」，四庫本無。

洛誥

戊辰①，王在新邑。

馬本與晉人如此點句。鄭云：「王在新邑烝祭。句。」

多士②

非我小國敢翼殷命。

馬本如此。晉人作「弋」，義同。鄭玄、王肅本皆作「翼」。注③亦云：「取也。」鄭云：「猶驅也，非我周敢驅取爾殷之王命。」雖訓爲「驅」，亦爲「取」義。

嚮于時④，夏弗克庸帝，大淫屑有辭。

---

① 戊辰，明抄本與平津館刻本皆作「戊申」，誤。據四庫本與《洛誥》改。
② 多士，四庫本無。
③ 注，四庫本作「王」。
④ 四庫本於此下衍一「下」字。

馬本如此。「時」字絶句。「屑」，過也。晉人作「佚」，又作「佾」。

無逸

儼①恭寅畏。

馬本如此。晉人作「嚴②」。

文王俾服，即康功田功。

馬本如此。俾，使也。晉人「俾」作「卑」。

自朝至于日中昃。

本亦③作「仄」。

---

① 儼，明抄本與四庫本皆作「嚴」。
② 嚴，明抄本與四庫本作「儼」。
③ 亦，四庫本無。

君奭小序

召公爲保，周公爲師。

馬、鄭云：「保氏、師氏，皆大夫官名①。」晉人云：「保，太保；師，太師也。」

迪見勗聞于上帝。

馬本如此。勗，勉也。晉人作「冒」。

多方

不克終日勸于帝之攸。

馬本如此。攸，所也。晉人作「迪」。

因甲于内亂。

① 名，四庫本無。

鄭、王皆以「甲」爲「狎」。王云：「狎習災異於内外爲禍亂。」鄭云：「習爲鳥獸之行於内爲淫亂。」晉人僞《傳》曰：「外不憂民，内不勤德，因甲於二亂之内。」《正義》曰：「『夾』①聲近『甲』②，古人『甲』與『夾』③通用。夾於二事之内④而爲亂行⑤。」

爾罔不克臬。

馬本如此。晉人作「臬」。

賄息慎之命小序

息慎來賀。

馬本如此。晉人作「肅慎」。

---

① 夾，四庫本作「甲」，誤。
② 甲，四庫本作「夾」，誤。
③ 甲與夾，故宫抄本作「『夾』與『甲』」，誤。
④ 内，四庫本作「間」，誤。
⑤ 「行」下，四庫本衍「也」字。

王俾榮伯。

俾，必爾反。馬本作「辨」。

顧命

王不釋。

馬本如此。注云：「疾不解也。」晉人作「懌」，蓋用《史記》「舜讓於德不懌」之文，其意以爲彼作「弗嗣」，而此用「不懌」，則於文意兩得其當，可以易伏生本經而無疑也。然而愚則以爲於彼此文意兩失①其當，顧乃以之易伏生本經，斯其所以爲無忌憚之尤者也。

洮頮水。

頮，《説文》作「沬」，云：「古文作頮。」《説文》之所稱「古文」者，謂馬、鄭等所傳者。

① 失，四庫本作「得」，誤。

憑玉几。

《説文》「凴」作「凭」，云：「依倚也。」《字林》同，父冰反。

在後之詞。

馬本如此，云：「共也。」晉人作「侗」。

成王崩。

馬本如此，注：「安民立政，曰成。」晉人無「成」字。

四人騏弁。

馬本：「騏，青黑色也。」晉人作「綦」，從鄭、王本也。鄭玄云：「青黑曰綦。」王肅云：「綦，赤黑色。」

王三宿三祭三詫。

馬本：「詫，丁[1]故反。奠爵。」《説文》同。字亦作「宅」。晉人作「咤」。王肅亦以「咤」爲三奠爵。鄭云：「徐行前曰『肅』，却行曰『咤』。王徐行前，三祭，又三却，復本位。」

康王之誥小序

《正義》：「伏生以此篇合於《顧命》共爲一篇，後人知其不可分而爲二。馬、鄭、王本此篇『自高祖寡命』以上内於《顧命》之篇；『王若曰』以下始爲《康王之誥》。諸侯告王，王報誥諸侯，而使告、報異篇，失其義也。」

成王崩，康王既尸天子。

馬本如此。晉人無「成王崩」三字。

王若曰。

---

① 丁，四庫本作「下」，誤。

馬、鄭、王本從此以下爲《康王之誥》。又云：「與《顧命》差異敘。歐陽、大小夏侯同爲《顧命》。」

吕刑

鴟義姦宄。

馬云：「鴟，輕也。義，本亦作誼。」

皇帝①。

《古文》作「君帝」。孔穎達曰：「君，宜作皇。」後又曰：「君帝，帝堯②。」

折民惟刑。

馬、鄭、王皆音「悊」。馬云：「智也。」

---

① 「皇帝」下，四庫本有「清問下民」四字。

② 「堯」下，四庫本有「也」字。

于有邦有土。

馬本如此。于，於也。晉人作「吁」。

惟貨惟求。

馬云：「有求請，賕也。」晉人作「來」。

文侯之命小序

王賜晉文侯。

馬本如此。晉人「王」上有「平」字，「賜」作「錫」。

父義和。

馬云：「能以義和諸侯，本作[①]誼。」鄭玄讀「義」爲「儀」。儀、仇，皆匹也。故名仇，字儀。

① 作，四庫本作「祚」，誤。

費誓

東郊不開。

舊讀皆作「開」，馬本作「闢」。

秦誓

惟截截善偏言。

馬本如此，云：「截截，辭語截削省要也。偏，少也，辭約指明，大辨佞之人。」晉人作「諞」，音「辨」。

四庫全書經部二尚書考異提要

臣等謹案：《尚書考異》五卷，明梅鷟撰。鷟，旌德人，正德癸酉舉人，官南京國子監助教，終鹽課司提舉。世傳《古文尚書》孔安國《傳》，出於東晉梅賾，賾自言「受之臧曹，曹受之梁柳，柳受之蘇愉，愉受之鄭沖」。宋吴棫、朱子、元吴澄皆嘗辨其僞，然但據其「難」、「易」以決真僞，未及一一盡核其實。鷟是書則以安國《序》并增多之二十五篇悉雜取傳記中語以成文，逐條考證，詳其所出，如《左傳·莊公八年》郕降于齊師，莊公引《夏書》曰「臯陶邁種德」，下「德乃降」本屬莊公語，與《宣十二年》引《詩》曰「『亂離瘼矣，爰其適歸』，歸于怙亂者也夫」、《襄三十一年》引《詩》云「『靡不有初，鮮克有終』，終之實難」、《昭十年》引《詩》曰「『德音孔昭，視民不恌』，恌之謂甚矣」語意一例，而《古文》誤連「德乃降」三字列於經。又《昭十七年》「夏六月，日有食之」，太史引《夏書》曰「辰不集于房，瞽奏鼓，嗇夫馳，庶人走」，申之曰「此月朔之謂也。當夏四月，是謂孟夏」。而《古文》乃因《月令》季秋之月，日在房，繫之季秋月朔。漢石經《論語》「孝于惟孝」，「惟孝」謂所孝之人，與下「兄弟」

對文，包咸本「于」作「乎」，《古文》乃掇「惟孝友于兄弟」，而截去「孝乎」二字，則《論語》「《書》云孝乎」不能成辭。如此之類，所指摘皆有依據。至鷟以二十五篇爲皇甫謐所爲，徒因孔穎達引《晉書·皇甫謐傳》云：「姑子外弟梁柳得《古文尚書》，故作《帝王世紀》，往往載孔傳五十八篇之《書》。」考穎達作《正義》時，今本《晉書》未出，蓋臧榮緒之舊文，今不得睹其全篇，無由證其始末。然如瀍水出穀城縣，兩《漢志》同。晉始省穀城入河南，而孔《傳》乃云瀍水出河南北山，入積石山在河關縣西南羌中，漢昭帝始元六年始置金城郡，而孔《傳》乃云積石山在金城西南。凡此之類，僞託顯然。傳既如是，則經亦可知，固不得以好爲異論責鷟矣。至國朝閻若璩《古文尚書疏證》出，條分縷析，益無疑義，論者不能復置一詞。然刱始之功，實鷟爲之先也。此本爲范懋柱家天一閣所藏，不題撰人姓名，亦不分卷數。而書中自稱「鷟案」，則出鷟手無疑。謹加分析，以《舜典》以下爲卷二，《仲虺之誥》以下爲卷三，《太誓》以下爲卷四，考舊本異同爲卷五。鷟又别有《尚書譜》，持論畧同，而不及此書之精核。今别存其目，不復録焉。乾隆四十六年十月恭校上

總纂官臣紀昀、臣陸錫熊、臣孫士毅

總校官臣陸費墀

四庫全書總目卷十二尚書考異提要

《尚書考異》五卷。明梅鷟撰。鷟有《古易考原》，已著録。是編辨正《古文尚書》，其謂二十五篇爲皇甫謐所作，蓋據孔穎達《疏》引《晉書·皇甫謐傳》案：穎達作《正義》時，今本《晉書》尚未成，此蓋臧榮緒《晉書》之文。稱謐姑子外弟梁柳得《古文尚書》，故作《帝王世紀》，往往載孔傳五十八篇之《書》云云。然其文未明，未可據爲謐作之證。至謂孔安國《序》并增多之二十五篇悉雜取傳記中語以成文，則指摘皆有依據。又如謂瀍水出谷城縣，兩《漢志》並同。晉始省谷城入河南，而孔《傳》乃云出河南北山。積石山在西南羌中，漢昭帝始元六年始置金城郡，而孔《傳》乃云積石山在金城西南。孔安國卒於漢武時，載在《史記》，則猶在司馬遷以前，安得知此地名乎？其爲依託尤佐證顯然。陳第作《尚書疏衍》，乃以「譸張爲幻」詆之，過矣。《明史·藝文志》不著録。朱彝尊《經義考》作一卷。此本爲范懋柱家天一閣所藏，不題撰人姓名。而書中自稱「鷟案」，則出鷟手無疑。原稿未分卷數，而實不止於一卷。今約略篇頁，釐爲五卷。鷟又別有《尚書譜》，大旨略同，而持論多涉武斷，故今別存其目，不復録焉。

四庫提要補正尚書考異五卷

胡玉縉

《明史·藝文志》不著録。朱彝尊《經義考》作一卷。此本爲范懋柱家天一閣所藏，不題撰人姓名。而書中自稱「鷟案」，則出鷟手無疑。原稿未分卷數，而實不止於一卷。今約畧篇頁，釐爲五卷。鷟又別有《尚書譜》，大旨略同，而持論多涉武斷。

顧廣圻《思適齋集·校定〈尚書考異〉序》云：「其書不甚顯於世，故著録家有五卷、四卷、一卷之不同，而書名或稱《考異》，或稱《譜》，文字亦彼此多寡分合互異。近孫伯淵先生蒐訪善本，詳加校正，將以刊布，固其宜哉！」或曰：「閻氏若璩《疏證》言：『《尚書譜》讀之殊武斷，然當創闢弋獲時，亦足以驚作僞者之魄，採其若干條，散各卷中。』然則有《疏證》，殆可無此。」予曰：否！《疏證》第三卷言《大禹謨》、《泰誓》、《武成》，句句有本，言襲用《論語》、《孝經》、《易》、《書》、《詩》、《周禮》、《禮記》、《左》、《國》、《爾雅》、《孟》、《荀》、《老》、《文》、《列》、《莊》，其中採鷟語必多。今全卷有録無書，然則鷟書之存，正可補《疏證》之缺，而烏可廢耶？且學問之道無窮，有若梅氏此書之不知孔壁真古文逸十六篇，而誤信《正義》指作張霸百兩之類，俟閻氏正之；而梅、閻皆不知真《泰誓》伏、孔皆有，即《史記》所載、鄭康成所注之類，又俟惠徵君棟之《古文尚書考》出而後正之，然則得失不相掩，而梅書自無妨與閻、惠並行也。」

玉縉案：此序似混《考異》、《譜》爲一。

《尚書考異》版本比較研究

高原樂

《尚書考異》一書原未題作者姓名，四庫館臣據書中有兩處「鷟曰」、「鷟案」字樣，判斷作者爲明代中期的旌德人梅鷟，學界對此向無異義。《尚書考異》是第一部系統考辨《古文尚書》爲僞作的著作，具有重要的學術研究價值。但研究此著作的學者很少，學界給予的關注也很不夠。這種狀況亟待改善。

《尚書考異》在明代及清初只有傳抄本，並未刻板印行。臺北「故宫」藏《尚書考異》舊抄本兩册，不著撰人姓名，不分卷。此書後附一册明韓邦奇《洪範圖解》。韓邦奇《洪範圖解序》末句題「正德乙亥六月中旬，苑洛子韓邦奇書」。傅兆寬先生《梅鷟辨僞略説及尚書考異證補》以此序爲韓邦奇《尚書考異題記》①，认爲至少在明正德十年（乙亥）前《尚書考

---

① 傅兆寬《梅鷟辨僞略説及尚書考異證補》第九頁：「明韓邦奇書寫《尚書考異記》云：『正德乙亥六月中旬，苑洛子韓邦奇書。』」同書第一二二頁注謂：「明韓邦奇《尚書考異題記》，故宫善本，頁二八七，藍格舊抄本，五卷二册。」

異》已經成書。案：此説不確，韓邦奇此語與《尚書考異》一書並無關涉。臺北「故宫」藏《尚書考異》舊抄本（以下簡稱「故宫舊抄本」）年代不明，但可以斷定它早於四庫全書本的《尚書考異》，並且兩者同屬一系。

四庫全書本《尚書考異》，得之於范懋柱家天一閣抄本，原抄本不分卷數，四庫館臣將之分爲五卷，以《舜典》以下爲卷二，《仲虺之誥》以下爲卷三，《太誓》以下爲卷四，考舊本異同爲卷五。卷首有《四庫全書提要》及《尚書考異·原序》。我們今天所見的是文淵閣四庫全書本《尚書考異》（以下簡稱「四庫本」）。以四庫本與故宫舊抄本相比較，前者更正了原抄本引文及引文出處等許多訛誤，從文字的准确度的角度看，四庫本較故宫舊抄本爲優，但此書在收入四庫全書的轉寫過程中，也産生了一些新的訛誤。

清嘉慶（一七九六——一八二〇）中，孫星衍訪得《尚書考異》善本，其書分爲六卷。《大禹謨》以下爲卷二，《仲虺之誥》以下爲卷三，《太誓》以下爲卷四，《周官》以下爲卷五，考舊本異同爲卷六。卷首有顧廣圻《校定〈尚書考異〉序》（作於嘉慶壬申年，一八一二年）與孫星衍《〈尚書考異〉序》（作於嘉慶癸酉年，一八一三年）。此本爲孫星衍校刊平津館叢書之一，也是《尚書考異》的第一部刊刻本（以下簡稱「平津館刻本」），其書扉頁有「嘉慶甲戌孟秋蘭陵孫氏校刊」字樣，甲戌年爲一八一四年。臺灣藝文印書館百部叢書集成據清嘉慶孫星衍校刊平津館叢書本影印，卷末附《四庫全書總目·〈尚書考異〉提要》和胡玉縉所撰《四庫提要補正》。此本無《尚書考異·原序》，有可能在流傳中失落。比較四庫本，字數增加近兩萬四千字。

三個本子相比較，以平津館刻本最爲完整，它不僅比故宮舊抄本與四庫本字數多出兩萬餘字。而且更全面而系統地對《古文尚書》進行了辨僞搜證工作。說其「全面」，是說平津館刻本幾乎逐段逐句對《古文尚書》的篇章加以考核分析。說其「系統」，是說平津館刻本完全依循《古文尚書》文本的篇章順序列置條目，而絕無紊亂錯互之處。相比之下，故宮舊抄本與四庫本所列之條目不僅是有選擇性的，而且條目重出、前後錯置的情況頗爲嚴重。我們的總體印象是，故宮舊抄本與四庫本屬於《尚書考異》的初稿本，而平津館刻本《尚書考異》則是一部完成本的著作。

平津館刻本沿襲了故宮舊抄本的許多錯誤，特别是許多因年代數字相近而造成的舛誤。此本雖經顧廣圻、孫星衍兩位清代大學者「詳加校正」，但書中此類舛誤依然如故。而这些舛誤在四庫本中則已經得到更正。我們推測這個工作是四庫館臣在將此書收入四庫全書時所做的，而不是作者本人做的。如果是作者本人做的，那在平津館刻本中就不會沿襲原稿中的舛誤。

臺北「故宫」藏舊抄本《尚書考異》在三個本子中年代最早，有了它，我們可以大體推測到《尚書考異》在傳寫過程中致誤的原因。同時，我們也可以看到《尚書考異》較早抄本的獨特之處。

此次點校整理的《尚書考異》，以平津館刻本爲底本，以四庫本爲對校本，以故宫舊抄本爲參校本。以下從幾個方面對《尚書考異》不同版本的正誤及其價值問題作一討論。

一、以平津館刻本校正四庫本之例

（一）字形相近所造成的舛誤

《尚書考異》卷三《仲虺之誥》篇：「盍志而子美德乎？」盍，四庫本誤爲「蓋」。平津館刻本作「盍」爲是。

同卷同篇：「君子好以道德，故其民歸道。」好，四庫本誤爲「如」。平津館刻本作「好」爲是。

同卷《太甲中》篇：「習與智長，故幼而不媿。」幼，四庫本誤爲「切」。平津館刻本作

「幼」爲是。

同卷《説命上》篇：「又恐其荒失遺忘，故使朝夕規誨箴諫。」忘，四庫本誤爲「亡」。平津館刻本作「忘」爲是。

《尚書考異》卷四《泰誓下》篇：「《淮南子·道應訓》」，應，四庫本誤爲「廣」。平津館刻本作「應」爲是。

同卷《微子之命》篇：「武王親釋其縛，受其璧而祓之，焚其櫬禮而命之，使復其所。《史記·宋世家》云：『……於是武王乃釋微子，復其位。』」與平津館刻本對校，四庫本於此段文字訛誤多處：祓，誤爲「被」；櫬，誤爲「概」；宋，誤爲「宗」；位，誤爲「伍」等。

同卷同篇：「往哉惟休，無替朕命。」休，四庫本誤爲「林」。平津館刻本作「休」爲是。

同卷《蔡仲之命》篇：「祝佗之言，可以見《周書》四篇逸者三篇：一、《伯禽》；二、《唐誥》；三、《蔡仲》是也。」唐，四庫本誤爲「康」。平津館刻本作「唐」爲是。

同卷同篇：「其言又孰真孰僞，孰得孰失，亦昭然若數一二矣。」一，四庫本誤爲「上」。平津館刻本作「一」爲是。

《尚書考異》卷五《周官》篇：「雜遝衆賢，罔不肅和。」遝，四庫本誤爲「還」。平津館刻本作「遝」爲是。

同卷《君牙》篇：「以養物豐民人也」。豐，四庫本誤爲「農」。平津館刻本作「豐」爲是。

《尚書考異》卷六《堯典》篇：「司馬貞以爲太史公據之而作『便在伏物』。晉《古文》作『平在朔易』。」物，四庫本誤爲「生」。晉，四庫本誤爲「書」。「便在伏物，晉」因而誤爲「便在伏生《書》」。四庫本於此卷（在四庫本爲卷五）中「晉」字誤爲「書」字者有多處。另，同卷《杍材》篇：「晉人於上篇『成王』字，因馬氏以爲後加直删去。」「晉人」，四庫本誤爲「者文」。以上引文中之「晉」字，在平津館刻本中皆不誤。

同卷同篇：「乖剌甚矣。」剌，四庫本誤爲「則」。平津館刻本作「剌」爲是。

同卷《盤庚小序》：「『治』皆作『亂』，其字與『始』不類。」治，文淵閣作「始」，乃沿用《尚書注疏》本之誤。平津館刻本作「治」爲是。始，四庫本作「治」，亦沿用《尚書注疏》本之誤。平津館刻本作「始」爲是。

同卷《牧誓》篇：「百人爲卒。」「百人」，四庫本誤爲「夏」字。平津館刻本作「百人」爲是。

同卷《金縢小序》：「晉人作『新逆』。」逆，四庫本誤爲「迎」。平津館刻本作「逆」爲是。

同卷《顧命》篇：「詫，丁故反。奠爵。」丁，四庫本誤爲「下」。平津館刻本作「丁」爲是。

同卷《文侯之命小序》：「馬云：『能以義和諸侯。本作誼。』」作，四庫本誤爲「祚」。平津館刻本作「作」爲是。

（二）年代數字相近而造成的舛誤

《尚書考異》卷五《周官》篇：「《襄三十年》君子曰：『《詩》曰：淑慎爾止，無載爾僞。』信之謂也。」三，四庫本誤爲「二」。平津館刻本作「三」爲是。

（三）條目錯置所造成的舛誤

與平津館刻本相較，四庫本編次先後未歸條理，頗顯凌亂，當爲草創之本。今舉數例如下：

平津館刻本《尚書考異》卷三《説命上》列有一長條：「王宅憂，亮陰三祀，既免喪，其惟弗言。羣臣咸諫於王曰：『嗚呼！知之曰明哲，明哲實作則。天子惟君萬邦，百官承式。王言惟作命；不言，臣下罔攸稟令。』……」四庫本於此條之外，重出「明哲實作則」一條，並將其錯置於《説命下》。

平津館刻本《尚書考異》卷三《説命中》列「説拜稽首曰：『非知之艱，行之惟艱』」一條。而四庫本於此條衹録「非知之艱，行之惟艱」之文，並將此條錯置於《説命下》。

平津館刻本《尚書考異》卷四《泰誓上》列「惟天地萬物父母，惟人萬物之靈。亶聰明，作元后，元后作民父母。」四庫本將「惟天地萬物父母，惟人萬物之靈」與「亶聰明，作元后，元后作民父母」分列兩條。並將其錯置於《泰誓中》。

平津館刻本《尚書考異》卷四《泰誓上》列「同力度德，同德度義。受有臣億萬，惟億萬心。予有臣三千惟一心」一條。四庫本於此條衹録「同德度義」一句。並將此條錯置於《泰誓中》。

平津館刻本《尚書考異》卷四《泰誓上》列「天矜于民，民之所欲，天必從之。爾尚弼予一人，永清四海，時哉弗可失」一條，四庫本於此條衹録「民之所欲，天必從之」一句，並將此條錯置於《泰誓中》。

平津館刻本《尚書考異》卷四《泰誓中》列「惟受罪浮于桀，剥喪元良，賊虐諫輔，謂己有天命，謂敬不足行，謂祭無益，謂暴無傷。厥鑒惟不遠，在彼夏王。天其以予乂民」。四庫本於此條祇録「厥鑒惟不遠，在彼夏王」之文，且並將此條錯置於《泰誓下》。

二、以四庫本校正平津館刻本之例

（一）字形相近所造成的舛誤

《尚書考異》卷一「伏生今文《書》二十九篇」條：「伏生壁藏之時初不止二十九篇。」止，平津館刻本誤爲「亡」。四庫本作「止」爲是。

同卷「孔安國《尚書注》十三卷」條：「諸賢雖注先漢的傳《古文》。」「諸賢」二字，平津館刻本誤爲「者矣」。四庫本作「諸賢」爲是。

同卷「孔安國《尚書序》」條：「非如後世之繁衍末術也。」衍，平津館刻本誤爲「行」。四庫本作「衍」爲是。

同卷同條：「不遺餘力矣。」力，平津館刻本誤爲「方」。四庫本作「力」爲是。

同卷「《舜典》」條：「亦宵夫諼説者乎？」「宵夫諼説」平津館刻本誤爲「肖夫緩説」，四庫本作「宵夫諼説」爲是，意謂宵小之徒所作欺詐之説。

《尚書考異》卷二《大禹謨》篇：「不及舜，必益以三言然後喻。」益，平津館刻本誤爲「並」。四庫本作「益」爲是。

《尚書考異》卷四《泰誓上》篇：「刑罰不怒罪，爵賞不踰德。」怒，平津館刻本誤爲「恕」。四庫本作「怒」爲是。

同卷《武成》篇：「武王克殷，反商，未及下車。」反，平津館刻本誤爲「及」。四庫本作「反」爲是。

《尚書考異》卷五《周官》篇：「昔先王議事以制，不爲刑辟。」「先王」二字，平津館刻本誤爲「先生」，四庫本作「先王」爲是。

同卷《畢命》篇：「君陳想齒、德俱尊於畢公者，故亂周而先畢。」亂，平津館刻本誤爲「亂」。四庫本作「亂」爲是。

同卷《君牙》篇：「乃惟由先正舊典。」正，平津館刻本誤爲「王」。四庫本作「正」爲是。

《尚書考異》卷六《西伯戡耆》篇：「耆，《古文》作『黎』。」耆，平津館刻本誤爲「晉」。四庫本作「耆」爲是。

（二）字音相近所造成的舛誤

《尚書考異》卷一「孔安國《尚書注》十三卷」條：「沖又受之何人哉？」受，平津館刻本誤爲「授」。四庫本作「受」爲是。

同卷「孔安國《尚書序》」條：「故其包羅略取。」羅，平津館刻本誤爲「絡」。四庫本作「羅」爲是。

《尚書考異》卷二《大禹謨》篇：「然自授受之後，未聞其行事有大異於前日者。」「授受」二字，平津館刻本誤爲「受授」。四庫本作「授受」，與所引王充耘《讀書管見》原文相合。

《尚書考異》卷四《武成》篇：「而封黄帝之後於薊。」黄，平津館刻本誤爲「皇」。四庫本作「黄」爲是。

《尚書考異》卷六《洛誥》篇：「戊辰，王在新邑。」「戊辰」二字，平津館刻本誤爲「戊申」。四庫本作「戊辰」爲是。

（三）年代數字相近而造成的舛誤

《尚書考異》卷二《大禹謨》篇：「《襄二十三年》仲尼曰：『《夏書》曰：念兹在

茲。』」「二十三年」，平津館刻本誤爲「二十四年」。四庫本作「二十三年」，與所引《左傳》原文相合。

《尚書考異》卷三《仲虺之誥》篇：「又《襄三十年》子産曰：『《鄭書》有之：安定國家，必大焉先。』」「《襄三十年》子産曰」平津館刻本誤爲「《襄二十九年》子太叔」。四庫本作「《襄三十年》子産」，與所引《左傳》原文相合。

《尚書考異》卷四《泰誓下》篇：「《襄二十三年》閔馬父曰：『姦回不軌，禍倍下民可也。』」「二十三年」，平津館刻本誤爲「三十三年」。四庫本作「二十三年」，與所引《左傳》原文相合。

同卷同篇：「《宣二年》君子曰：『戎昭果毅以聽之之謂禮，殺敵爲果，致果爲毅。』」「二年」，平津館刻本誤爲「元年」。四庫本作「二年」，與所引《左傳》原文相合。

同卷《旅獒》篇：「《宣二年》：『公嗾夫獒。』」「二年」，平津館刻本誤爲「元年」。四庫本作「二年」，與所引《左傳》原文相合。

（四）張冠李戴式的舛誤

《尚書考異》卷一《舜典》篇：「豈孟子所傳《尚書》顧脱『舜典』二字？」「孟子」，平津館刻本誤爲「孔子」。四庫本作「孟子」爲是。

《尚書考異》卷二《大禹謨》：「昔人竊取莊周之寓言。」「莊周」，平津館刻本誤爲「《淮南子》」。四庫本作「莊周」爲是。

《尚書考異》卷三《説命中》篇：「子夏曰：『小人之過也必文。』」「子夏」，平津館刻本誤爲「子貢」。四庫本作「子夏」，與所引《論語》原文相合。

（五）篇頁錯置所造成的舛誤

《尚書考異》卷二《大禹謨》篇有一段文字，平津館刻本與四庫本有較大出入。平津館刻本於此段文字中多處文義不通，今録其文如下：

考之《堯典》曰：「竄三苗于三危。」蔡沈曰：「蓋其負固不服，乍臣乍叛，舜攝位時而竄逐之。」考之《臯陶謨》曰：「苗頑弗即工，帝其念哉！帝曰：『迪朕德，時乃功惟敘。』」初未嘗有命禹「徂征」之事。帝又曰：「臯陶方祗厥敘，方施象刑惟明。」帝以付臯陶之象刑，若五流有宅、五宅三居者是也。又安得有禹「徂征」之事？蔡沈曰：「禹攝位之後，帝命徂征，而猶逆命」，其違叛聖經、黨邪説，而助之攻正，一也。

考之《禹貢》曰：「三危既宅，三苗丕敘。」與《堯典》「竄三苗於三危」之文特相照應，與帝命臯陶爲士，五流有宅之刑，特爲互見，可見伏生聖經未嘗失其本經，非獨口以傳授而爲壁出之善本也明矣。今蔡沈言：　禹治水之時，三危既宅，而舊都猶頑不即工，爲乍臣乍叛之實，若果然者，則舜之竄爲徒竄。而史臣下文「四罪咸服」之言當削矣。此其違叛聖經、黨邪說，而助之攻正，二也。

「既宅」、「丕敘」之後，而舊都猶「頑不即工」，尚安得謂之「既宅」、謂之「丕敘」哉？且其負固全力之時，不假用兵，而可以宅之於三危之遠，顧於舊都遺落之種，乃敢阻兵，安忍而逆命抗衡於誓師之久，又不通之説矣。此其違叛聖經、黨邪説而助之攻正，三也。

相比之下，四庫本卻文通義貫。細究其致誤之因，乃將「禹治水之時」至「助之攻正二也」共六十五字誤置於「今蔡沈言」之後。這可能是由原抄本篇頁錯置所造成的舛誤。今參考四庫本調整復原。並將原文中的「二也」改爲「一也」；「一也」改爲「二也」。調整復原後，其文如下：

考之《堯典》曰：「竄三苗于三危。」蔡沈曰：「蓋其負固不服，乍臣乍叛，舜攝位時而竄逐之。禹治水之時，三危既宅，而舊都猶頑不即工。」爲乍臣乍叛之實，若果然者，則舜之竄爲徒竄。而史臣下文「四罪咸服」之言當削矣。此其違叛聖經、黨邪說，而助之攻正，一也。

考之《皋陶謨》曰：「苗頑弗即工，帝其念哉！帝曰：『迪朕德，時乃功惟敘。』」初未嘗有命禹「徂征」之事。帝又曰：「皋陶方祗厥敘，方施象刑惟明。」帝以付皋陶之象刑，若五流有宅、五宅三居者是也。又安得有禹「徂征」之事？蔡沈曰：「禹攝位之後，帝命徂征，而猶逆命」，其違叛聖經、黨邪説，而助之攻正，二也。

考之《禹貢》曰：「三危既宅，三苗丕敘。」與《堯典》「竄三苗於三危」之文特相照應，與帝命皋陶爲士，五流有宅之刑，特爲互見，可見伏生聖經未嘗失其本經，非獨口以傳授而爲壁出之善本也明矣。今蔡沈言：「既宅」、「丕敘」之後，而舊都猶「頑不即工」，尚安得謂之「既宅」、謂之「丕敘」哉？且其負固全力之時，不假用兵，而可以宅之於三危之遠，顧於舊都遺落之種，乃敢阻兵，安忍而逆命抗衡於誓師之久，又不通之説矣。此其違叛聖經、黨邪説而助之攻正，三也。

（六）不明情實所造成的舛誤

《尚書考異》卷一《舜典》篇①有一段文字，平津館刻本作「《史記》亦以『慎徽五典』接於『堯典』之下，原未嘗分，則伏生所傳之本，正孟子所讀之本」。其中第一句，四庫本作「今馬遷《史記》亦以『慎和五典』接於『堯善之』之下」。

《尚書考異》作者認爲，孟子所讀之真《古文尚書》，《舜典》合於《堯典》之中，原未嘗分爲《堯典》、《舜典》兩篇。伏生所傳亦是此本。伏生之後，儒者從《堯典》中又分出《舜典》

① 四庫本《舜典》篇在卷二。

一篇，以「堯善之」一句爲《堯典》末句。以「愼徽五典」以下爲《舜典》。《尚書考異》作者找到一個重要的證據，即司馬遷《史記》所引之《堯典》，「愼和五典」接於「堯善之」之下，這足以證明當時《堯典》與《舜典》是合而爲一的。司馬遷當時所見《尚書》與今傳《尚書》版本有所不同，今本《尚書·堯典》「愼徽五典」，在司馬遷所見之《尚書》傳本中作「愼和五典」。因此四庫本「今馬遷《史記》亦以『愼和五典』接於『堯善之』之下」與《史記》文本相合，而平津館刻本「《史記》亦以『愼徽五典』接於『堯典』之下」一句中，不僅「愼徽五典」之文與《史記》不合，其「接於『堯典』之下」一語尤其不通。平津館刻本之所以有如此舛誤，乃在抄録者與整理者不明情實之故。

三、四庫本與平津館刻本異文之例

四庫本與平津館刻本有許多異文之例，所謂「異文」，是指兩者皆可成立，無此是彼非的問題。在本文前面，我們曾假設四庫本《尚書考異》是作者考辨《古文尚書》的一個初稿本，而平津館刻本《尚書考異》則是一部完成本的著作。如此假設不誤的話，那平津館刻本便是一部經過修訂潤色的本子。玆舉數例如下：

《尚書考異》卷一「孔安國《尚書序》」條下，四庫本：「況『八卦』之説，豈忍盡刊？」平津館刻本改「刊」作「黜」。

同上條下，四庫本：「《史記》……未嘗言五十九篇也。」平津館刻本改「五十九」作「二十五」。

《尚書考異》卷一《舜典》篇，四庫本：「學者當知張霸、孔安國等增『舜典』二字，贋也。」平津館刻本改「張霸、孔安國」作「孔安國、皇甫謐」。

《尚書考異》卷二《大禹謨》篇，四庫本：「聖人禪授氣象，似不若此。」平津館刻本改「授」作「受」。

同上篇，四庫本：「禮家雖有『三諫號泣』之説。」平津館刻本改「説」作「義」。

《尚書考異》卷三《湯誥》篇，四庫本：「高祖曰：『臣與將軍，戮力而攻秦。』」平津館刻本改「高祖曰」爲「《漢書》」。

《尚書考異》卷四《泰誓上》篇，四庫本：「收拾逸《書》。」平津館刻本改「拾」作「葺」。

同卷《微子之命》篇，四庫本：「今節去『動應乃懿』四字。」平津館刻本改「節」作「摘」。

同卷《蔡仲之命》篇，四庫本：「足以籠蔽數十百萬之耳目。」平津館刻本改「十百萬」作「千百年」。

《尚書考異》卷六《堯典》篇，四庫本：「晉人因孟氏『險阻既遠』之『阻』，而改『祖』字。」平津館刻本改「孟氏」作「《孟子》」。

以上十例清楚地表明，凡平津館刻本所後來修訂潤色者，在文字表達方面皆較先前更爲精準貼切而符合全書體例。

四、以故宫舊抄本作爲參校本

如前所述，我們對於《尚書考異》的點校整理，是將平津館刻本作爲底本，用四庫本與之對校的。對校中發現的疑點與問題，再以故宫舊抄本作爲參校本來作進一步的比勘分析。故宫藏舊抄本在三個本子年代最早，有了它，我們可以大體推測到《尚書考異》在傳寫過程中致誤的原因。同時，我們也可以看到《尚書考異》較早抄本的獨誤之處。

（一）四庫本《尚書考異》致誤的原因

四庫本訛誤的原因有兩大類，一是四庫館臣所採集的原抄本之誤爲四庫本所沿襲。二是其原抄本不誤，在收入四庫全書轉寫過程中所帶來的新的訛誤。而判斷這兩類訛誤的參照系則爲故宫舊抄本。

第一類情況是這樣的，故宫舊抄本、四庫本同誤，平津館刻本爲正。故宫舊抄本與四庫本同屬一系，即皆爲《尚書考異》的初稿本，四庫館臣雖然曾對此書稿中的訛誤做過覈正，但仍然不免沿襲原書稿中的一些訛誤。平津館刻本爲《尚書考異》的增修完成本，然而不爲四庫館臣所見。此《尚書考異》完成本曾對其初稿中的訛誤做過一些釐正，也自然不爲四庫館臣所知。如《尚書考異》卷六《盤庚小序》：「『治』皆作『亂』，其字與『始』不類。」治，故宫抄本與四庫本皆作「始」，乃沿用《尚書注疏》本之誤。平津館刻本作「治」爲是。始，故宫抄本與四庫本皆作「治」，亦沿用《尚書注疏》本之誤。平津館刻本作「始」爲是。

第二類情況是這樣的，故宫舊抄本、平津館刻本皆不誤，獨四庫本訛誤。這種情況祇能有一種解釋，即四庫本在轉寫過程中又帶進了一些新的訛誤。如：

《尚書考異》卷三《仲虺之誥》篇：「盍志而子美德乎？」盍，故宫舊抄本與平津館刻本皆不誤，四庫本誤爲「蓋」。

同卷《説命上》篇：「又恐其荒失遺忘，故使朝夕規誨箴諫。」忘，故宫舊抄本與平津館刻本皆不誤，四庫本誤爲「亡」。

《尚書考異》卷四《微子之命》篇：「武王親釋其縛，受其璧而祓之，焚其櫬禮而命之，使復其所。《史記·宋世家》云：『……於是武王乃釋微子，復其位。』」此段文字，故宫舊抄本與平津館刻本皆無誤，而四庫本則有訛誤多處：如祓，誤爲「被」；櫬，誤爲「概」；宋，誤爲「宗」；位，誤爲

「伍」等。

同卷《蔡仲之命》篇：「其言又孰真孰僞，孰得孰失，亦昭然若數一二矣。」一，故宫舊抄本與平津館刻本皆不誤，四庫本誤爲「上」。

《尚書考異》卷五《周官》篇：「雜還衆賢，罔不肅和。」還，故宫舊抄本與平津館刻本皆不誤，四庫本誤爲「還」。

《尚書考異》卷六《顧命》篇：「詫，丁故反。奠爵。」丁，故宫舊抄本與平津館刻本皆不誤，四庫本誤爲「下」。

同卷《文侯之命小序》：「馬云：『能以義和諸侯。本作誼。』」作，故宫舊抄本與平津館刻本皆不誤，四庫本誤爲「祚」。

（二）平津館刻本《尚書考異》致誤的原因

平津館刻本訛誤的原因也有兩大類：一是它作爲《尚書考異》的完成本沿襲了初稿本中的許多訛誤。二是初稿本不誤，其完成本在轉寫和整理過程中帶進了一些新的訛誤。而判斷這兩類訛誤的參照系也是故宫舊抄本。

第一類情況是這樣的，故宫舊抄本、平津館刻本同誤。後者是前者的增脩完成本，仍沿襲了初稿本中的許多訛誤。而與故宫舊抄本同屬一系的四庫本却對這些訛誤作了覈正。推測四庫館臣在決定將此稿收入四庫全書之時，對此稿中的引文與引文出處等訛誤做了覈正。例如：

《尚書考異》卷二《大禹謨》篇：「《襄二十三年》仲尼曰：『《夏書》曰：念茲在茲。』」「二十三年」，故宮舊抄本誤爲「二十四年」。平津館刻本同誤。四庫本作「二十三年」，與所引《左傳》原文相合。

《尚書考異》卷三《仲虺之誥》篇：「又《襄三十年》子産曰：『《鄭書》有之：安定國家，必大焉先。』」「《襄三十年》子産曰」故宮舊抄本誤爲「《襄二十九年》子太叔」。平津館刻本同誤。四庫本作「《襄三十年》子産」，與所引《左傳》原文相合。

同卷《説命中》篇：「子夏曰：『小人之過也必文。』」「子夏」，故宮舊抄本誤爲「子貢」。平津館刻本同誤。四庫本作「子夏」，與所引《論語》原文相合。

《尚書考異》卷六《洛誥》篇：「戊辰，王在新邑。」「戊辰」二字，故宮舊抄本誤爲「戊申」。平津館刻本同誤。四庫本作「戊辰」爲是。

第二類情況是這樣的，平津館刻本訛誤，故宮舊抄本、四庫本皆不誤。這種情況也衹能有一種解釋，即初稿本不誤，其完成本在轉寫和整理過程中帶進了一些新的訛誤。例如：

《尚書考異》卷二「伏生今文《書》二十九篇」條：「伏生壁藏之時初不止二十九篇。」止，故宮舊抄本與四庫本皆不誤，平津館刻本誤爲「亡」。

同卷「孔安國《尚書注》十三卷」條：「沖又受之何人哉？」受，故宮舊抄本與四庫本皆不誤，平津館刻本誤爲「授」。

《尚書考異》卷二《大禹謨》：「晉人竊取莊周之寓言。」「莊周」，故宮舊抄本與四庫本皆不誤，平津館刻本誤爲「《淮南子》」。

（三）故宮舊抄本獨誤之例

故宮舊抄本有一些訛誤，在四庫本與平津館刻本皆不誤。這種情況的出現可能有兩個原因：一是產生於故宮舊抄本的抄寫錯誤，它祇是此一抄本的獨特現象。二是原稿既有的訛誤，一方面在收入四庫全書時爲四庫館臣所釐正；一方面在作者增修爲完成本時做了釐正，或是在孫星衍校刊時做了釐正。以下即是其例：

《尚書考異》卷二《大禹謨》篇：「《哀十七年》『楚王與葉公枚卜，子良以爲令尹。』」「十七年」，四庫本與平津館刻本皆不誤，故宮舊抄本誤作「十六年」。

同卷同篇：「民興胥漸，泯泯棼棼。」漸，四庫本與平津館刻本皆不誤，故宮舊抄本誤作「占」。

《尚書考異》卷六《金縢小序》篇：「孔穎達曰：『……取喻既同，不應重出。』」取，四庫本與平津館刻本皆不誤，而故宫舊抄本誤作「則」。

五、故宫舊抄本、四庫本、平津館刻本皆誤之例

我們在對《尚書考異》的點校整理過程中，也發現故宫舊抄本、四庫本、平津館刻本皆誤的例子。這類例子又可分作兩種情況，一是《尚書考異》引述他書，我們以所引原書本文校對之，發現三本皆誤。如《尚書考異》卷四《泰誓上》篇引司馬遷《史記》：「慢於鬼神，大冣樂戲於沙丘。」其中「冣樂戲」，四庫本作「晏樂戈虛」，誤看「戲」字而分寫作「戈虛」。故宫舊抄本與平津館刻本皆作「最樂戲」，誤看「冣」字而寫作「最」。此爲三本皆誤的顯例。

二是《尚書考異》中有個别之處，讀之不通，而三本皆如此，疑有誤字，而無證佐。對於此種情况，我們在校記中予以指出，并推測所誤之字。此种校勘方法，可以視之爲「理校」。例如，《尚書考異》卷六《大誥》篇列如下一條：

若考作室，既底法，厥子乃弗肯堂，矧弗肯構？厥考翼，其肯曰「予有後弗棄基」？厥父菑，厥子乃弗肯播，矧弗肯穫？厥考翼，其肯曰「予有後弗棄基」？

梅鷟於此条有很長的一段评語，今僅録其中一段如下：

鄭、王本於「肯構」之下亦有「厥考翼」一經，晉人删去。孔穎達曰：「治田、作室，爲喻既同。故以此經結上二事。取喻既同，不應重出。……」孔穎達既逞其臆見如此，蔡沈畧不置思而即從之，遂使聖人之經爲晉人所塗抹者凡一十有四字。……其辭氣不可斷絶，與「厥考翼」一經相爲唱和，故此一經決不可少，乃聖人之本經，穎達以爲先儒之妄增，則非矣。晉人不知全章之大勢，錯認「乃」字與「矧」字若相唱和，其意以爲「堂」、「播」之始者輕者尚不肯爲，況構、穫之終者重者其肯爲之乎？如此則二句辭氣雍容，可以暫歇，故直削去「厥考翼」一經而不顧也。

筆者所標出之「一經」、「此經」、「此一經」等，其中的「經」字，案文意皆當作「段」字。但無論故宫舊抄本、四庫本和平津館刻本皆作「經」字，并且所引孔穎達《尚書正義》原文也作「經」字。筆者反復思之，終不得其解。兹列於此，有待識者指教。

尚書譜

目録

梅鷟《尚書譜》[1]的「武斷」與創獲（代前言）

姜廣輝

一、梅鷟《尚書譜》的結構

梅鷟《尚書譜》五卷，每卷分「之一」、「之二」兩編，《尚書譜》各卷編下皆題「旌川梅鷟學」，顯然是有意仿效《春秋公羊解詁》「漢何休學」的題名方式。《尚書譜》卷一肯定伏生二十九篇的可信性，並認爲其中一篇是《小序》；卷二「所以排先漢僞《泰誓》暨十六篇」；卷三「所以排東晉古文二十五篇」；卷四「所以排南齊姚方興偶見、開皇購求方得之二十八字」，兼「排唐孔穎達與宋蔡沈」；卷五表彰元吴澄《尚書纂言》，並自述本書所擬立二十九譜之宗旨。我們今天所見《尚書譜》的兩個抄本皆無目録，現以藤梧堂抄本

① 梅鷟《尚書譜》五卷，迄今未有刊本，本文凡所引據，以中國國家圖書館藏清孔氏藤梧館抄本爲底本（現收於《續修四庫全書》第四十三册），而以中國國家圖書館收藏清李禮南所藏抄本爲參校本。

《尚書譜》爲例，通檢全書各篇篇題，我們排出其實際目次如下：

尚書譜序
尚書譜卷之一（一之一）
尚書全經目録譜第一
尚書序譜第二
尚書譜卷之一（一之二）
伏生藏書于壁譜第三
伏生出書於漢定譜第四
史載尚書序譜第五
尚書譜卷之二（二之一）
孔安國專治古文譜
孔安國私增序文
孔安國古文泰誓
婁敬
董仲舒對策

武王本紀
劉向説苑
李顒集注尚書
尚書譜卷之二（二之二）
劉向別録古文尚書五十八篇譜
劉歆
班孟堅
范蔚宗
尚書譜卷之三（三之一）
東晉僞爲安國古文並序傳譜
鄭沖受誣
皇甫謐不與受古文
帝王世紀
尚書譜卷之三（三之二）
二十五篇古文考譜　史漢考

趙岐注孟子考
鄭康成禮記注考
韋昭注國語引尚書考
鄭沖何晏同上論語集解考
杜元凱注左傳引尚書考
古文株根削掘譜
治僭
尚書譜卷之四(四之一)
舜典篇首二十八字譜
尚書譜卷之四(四之二)
孔穎達專門孔傳譜
蔡沈異於曾子譜
尚書譜卷之五(五之一)
尚書纂言譜
尚書譜卷之五(五之二)

自敘

自敘譜

以上所列，我們姑且稱之爲「書中目次」。但《尚書譜》卷五（五之二）《自敘譜》中也有一個目次，我們姑且稱之爲「自敘目次」。正如朱休承爲《尚書譜》所作的《跋語》中說：「其《自序》中之次第門目，與其書中之次第門目亦不盡合。」從《自敘譜》看，《尚書譜》共有二十九譜，《自敘譜》是其中之一譜。梅鷟認爲伏生今文《尚書》二十九篇，其中一篇是《序》。其《尚書譜》譜數即取意於此。其「自敘目次」如下：

尚書全經目録譜第一；尚書序譜第二；伏生壁經譜第三；伏生得經二十九篇譜第四；太史備載序篇譜第五；孔安國專治古文譜第六；古文泰誓譜第七；古文十六篇第八；安國私增序譜第九；霸向增紊譜第十；古文相傳譜第十一；季長掊擊譜第十二；東晉古文二十五篇譜第十三；鄭沖受誣譜第十四；謐不與授受古文譜第十五；帝王世紀譜第十六；史漢考譜第十七；台卿注孟子考譜第十八；康成注禮記考譜第十九；弘嗣注國語考譜第二十；沖晏解論語考譜第二十一；元凱注左傳考譜第二十二；古文根株譜第二十三；根株削掘譜第二十四；後人僞得篇首字譜第二十五；穎達專門孔傳譜第二十六；蔡沈異于曾子譜第二十七；尚書纂言譜第二十八；自述譜第二十九。

我們不知道其「自敘目次」是梅鷟事先擬定、後來在寫作中未能實現呢，還是其先完成初稿、準備進一步完善的一個修改計畫。筆者的看法比較傾向於後者，但這個修改計畫也許後來並未付諸實施。將「書中目次」與「自敘目次」兩相比較，前者稍嫌凌亂，而後者相當嚴整。從總體上説，兩個目次篇題相同或稍異、而内容實質一致的占絶大多數。也有篇題相差甚遠，而内容實質相通的，如「自敘目次」中有「古文相傳譜第十一」，「書中目次」中雖然無此篇目，但其書卷二（二之二）《范蔚宗》一篇中便有《古文相傳譜》的内容。

「自敘目次」的設計，也有與「書中目次」的實際不相符者，如《孔安國專治古文譜第六》與《古文十六篇第八》分爲兩譜，而在「書中目次」中關於「古文十六篇」的内容是合在《孔安國專治古文譜》中的，並未專列一譜。《季長掊擊譜第十二》在今傳本《尚書譜》全書中並無相關的内容。《古文泰誓譜第七》在「書中目次」中則由「安國古文泰誓」、「婁敬」、「董仲舒對策」、「武王本紀」、「劉向説苑」、「李顒集注尚書」幾個短篇考證共同構成。《霸向增紊譜第十》在「書中目次」中則題爲《劉向别録古文尚書五十八篇譜》，並附「劉歆」和「班孟堅」兩篇。《東晉古文二十五篇譜第十三》應與「書中目次」中的《東晉僞爲安國古文並序傳譜》相對應，「書中目次」後面又列出《二十五篇古文考譜　史漢考》的篇題，實際此篇中並無《二十五篇古文考譜》的内容，故此篇題不應出現「二十五篇古文考譜」八字。《古文根株譜第二十三》與《根株削掘譜第二十四》，在「書中目次」中似乎是合在一起而統稱《古文株根削掘譜》的（此篇篇幅相當之長）。此外，在「書中目次」中卷三（三之二）末附有「治僭」一篇；卷五（五之二）附有「自敘」一篇，則是「自敘目次」未能涵蓋的。

從今傳本《尚書譜》看，書中有許多地方更像是舞文弄墨的遊戲之作，頗不合學術研究的著述體制。如果說，其「自敘目次」是一個對書稿進一步完善的計畫的話，那按照這個計畫進行修改，也許要不了太多的時間，但作者並没有這樣做。大概作者是位博聞强記，思想敏鋭，且才氣横溢的學者，一時有了創作衝動，洋洋灑灑，一揮而就。寫完後雖覺有些地方不甚滿意，其後卻再也没有修改完善它的興趣了。

二、梅鷟《尚書譜》的「武斷」特點及其表現

閻若璩《尚書古文疏證》卷八謂：「余讀《焦氏筆乘》稱『家有梅鷟《尚書譜》五卷，專攻古文書之僞，將版行之不果。』……求其《譜》凡十載，得於友人黄虞稷家，急繕寫以來，讀之，殊武斷也。然當創闢弋獲時，亦足驚作僞者之魄。」

《四庫全書總目》卷十三亦謂：「《尚書譜》五卷，明梅鷟撰。……鷟因宋吴棫、朱子

及元吴澄之説，作《尚書考異》及此書。《考異》引據頗精覈，此則徒以空言詆斥，無所依據。如謂『孔壁之十六篇，出於孔安國所爲』，實以臆斷之，别無確證。又謂『東晉之二十五篇，出於皇甫謐所爲』，則但據孔穎達引《晉書・謐傳》『從其姑子外弟梁柳得古文』一語。其説亦在影響之間，且詞氣叫囂，動輒醜詈，亦非著書之體。故録其《考異》而是書僅存目焉。」

閻若璩稱梅鷟《尚書譜》「殊武斷也」，《四庫全書總目》亦稱此書「實以臆斷之」，並指出《尚書譜》「臆斷」的兩大具體例證：一是認爲「孔壁之十六篇，出於孔安國所爲」；二是認爲「東晉之二十五篇，出於皇甫謐所爲」。我們同意閻若璩和四庫館臣的看法，梅鷟《尚書譜》的確具有主觀武斷的特點，並且其表現是多方面的。這裏先就《四庫全書總目》提出的兩大例證談談我們的認識。

（一）斷定孔壁《古文尚書》十六篇爲孔安國僞造

《漢書・楚元王傳》載劉歆《移書讓太常博士》「魯恭王壞孔子宅，欲以爲宫，而得古文於壞壁之中，逸《禮》有三十九篇、《書》十六篇。天漢之後，孔安國獻之，遭巫蠱倉卒之難，未及施行」云云。

梅鷟斷言孔宅無藏書、發書之事，在他看來，孔宅藏書之事，「乃好事者之假托，而非實事」，孔宅若有藏書，當時加展省，「今人情貯物於櫝，猶不忘時加展省，況以土親聖經，棄置如遺，茫然不知，猶謂其藏書爲實而匪僞耶？」①孔宅若有藏書，亦必視爲寶典，代代付托，秘加護惜。況愛經之主不世出，當漢文帝詔求《尚書》時，必當踴躍獻上，「好經之主，求治經之切，聞伏生能治，即使召之，憫老不能行，詔使晁錯往受之，其所以尊榮之者至矣。假令先聖之裔有能藏經於壁，取經以進，吾不知帝宜如何而尊崇之，宜如何而顯榮之。而孔氏之門卒無一人肯出所藏以應文帝之求者，其故何哉」。②如果孔宅有藏書而後人全然不知，若非魯共王壞宅偶然之事，「所云藏書，寧不與孔壁之泥同歸腐爛」。③梅鷟也不相信有魯共王壞孔子舊宅之事，理由是「孔父見殺，裔寓於魯，所居必不能逼近公室。壞至孔宅，則闔城内外覆壓數十里，而共王侈埒天子矣。漢法甚嚴，寧不削土褫侯也哉？且壞聖人宅，又寧得晏然已乎？學者知共王之假托，則知藏書之無有；知藏書之無有，

① 《尚書譜・伏生出書於漢定譜第四》。
② 同上。
③ 《尚書譜序》。

則知古文之僞造」。① 其實，這些都是梅鷟的揣測之辭。孔氏先人藏書，慮及後世家族罹禍，由隱密而漸失其傳，此種可能也不能完全排除。魯共王爲漢武帝之弟，身份顯赫，若無壞孔子舊宅之事，其後人又怎容劉歆、班固等信口杜撰，宣於國史？

梅鷟還認爲，所謂孔壁《古文尚書》，實爲孔安國所僞造。「至孝武世，延七八十年間，聖孫名安國者專治古文，造爲僞書，自謂『以今文讀之』，因以起其家，《泰誓》、十六篇顯行於世」。② 梅鷟甚至想像出孔安國僞造《古文尚書》的詳細過程，他説：「吾意安國爲人，必也機警了悟，便習科斗文字，積累有日，取二十九篇之經既以古文書之，又日夜造作《尚書》十餘篇雜之經內，又裂出數篇以爲伏生老髦之誤合。始出欺人，曰：家有《古文尚書》，吾以今文讀之。是始以古文駕今文而取勝，終以今文定古文而徵實，其計可謂密矣。」③ 梅鷟此一判斷没有任何根據，且其對孔安國僞造《古文尚書》過程的描述宛若身臨其境。昔蔡沈著《書集傳》爲《舜典》作注：「今按：古文孔傳《尚書》有『曰若稽古』以下二十八字。」梅鷟嘲諷他「有若目擊方興得於安國，親手交與；耳聞安國傳於方興，席前

①《尚書譜·劉歆》。
②《尚書譜序》。
③《尚書譜·孔安國專治古文譜》。

面命。先漢、東晉之歲月，在沈之頃刻；金陵、曲阜之封疆，在沈之跬步。」①這種嘲諷豈不也適合梅鷟自己嗎？

（二）斷定東晉《古文尚書》二十五篇爲皇甫謐僞造

孔穎達《尚書正義》「虞書」題下引《晉書》云：「晉太保公鄭沖以古文授扶風蘇愉，愉字休預，預授天水梁柳，字洪季，即謐之外弟也，季授城陽臧曹，字彥始，始授郡守子汝南梅頤，字仲真，又爲豫章内史，遂於前晉奏上其書而施行焉。」按：此條引文不見於今二十四史中的《晉書》，唐劉知幾《史通》稱唐修《晉書》以前，有前後晉史十八家。②今衆書皆亡，孔穎達所引《晉書》語究竟出自哪一家，今已無從考見。梅鷟指出，在此則材料中出現的幾個人物，鄭沖—蘇愉—梁柳—臧曹—梅賾（頤）構成一個授受譜系，其中雖然提到皇甫謐，皇甫謐卻不在這個授受譜系中，這反而構成他造僞的重大嫌疑。梅鷟説：

---

① 《尚書譜・蔡沈異於曾子譜》。

② 劉知幾《史通・古今正史》謂：「皇家貞觀中，有詔以前後晉史十有八家，製作雖多，未能盡善。乃敕史官，更加纂録……自是言晉史者，皆棄其舊者，競從新撰者焉。」《史通通釋》，上海古籍出版社，一九七八年，第三五〇頁。

今詳古文之授受,而謐獨不與焉,是其間必有大委曲者矣。任授受,則人疑己作,而書以人輕矣。不任授受,則人不知爲己作,而上冒安國之古文,斯書之行遠矣。此其曲折之深意也。《謐傳》云:姑子外弟梁柳邊得古文《尚書》,故作《帝王世紀》,則《世紀》乃古文之羽翼也。沖、愉、柳,無能爲羽翼者,詳著其授受。謐深知古文者,獨不任授受。因其不任授受,是以知其乃作古文者也。①

梅鷟還提出了對這個譜系懷疑的一個重要理由,他認爲,鄭沖位居三公,如果他真的得到了一部《古文尚書》,會直接獻上朝廷,不會私下授受數代後才由梅賾獻上施行。他説:「沖,權力十倍於賾,果有古文,當自陳朝,何待柳授之曹、賾,於以獻上而施行乎?」②更何况梅鷟認爲,他已經考證出鄭沖未見《古文尚書》二十五篇的有力證據(詳後)。但即使如此,僅憑這條材料,便斷定皇甫謐就是《古文尚書》二十五篇的造僞者,證據還嫌太單薄。

以上我們就《四庫全書總目》提到的梅鷟主觀「臆斷」的兩大例證做了具體論述。下面我們對梅鷟《尚書譜》的「武斷」特點再提出幾個重要例證。

① 《尚書譜·皇甫謐不與受古文》。
② 同上。

（三）否定百篇之目，斷定《尚書》全經七十七篇

在先秦文獻中，並無述及《尚書》具體篇數的資料，亦無引述《書序》内容的資料。到了漢代，有了「《尚書》百篇」的説法及其具體篇名，也有了簡要介紹其内容的《書序》（小序），這些資料究竟作於何時何人，史無明文。

司馬遷《史記》説孔子「序書傳，上紀唐虞之際，下至秦繆，編次其事」，①又説「漢定，伏生求其書，亡數十篇，獨得二十九篇」，②並未確定説《尚書》本有多少篇。但司馬遷當時顯然見到了一種《書序》，並相信《書序》所述内容的真實性，因此其《史記》中的《五帝本紀》、《夏本紀》、《殷本紀》、《周本紀》、《秦本紀》，乃至《燕世家》、《魯世家》、《晉世家》等多引《書序》，其中包括許多逸篇之名並序文内容。雖然我們不能肯定説司馬遷所引用的就是百篇之序，但他似乎見到了一種總合爲一篇的《書序》。問題在於，這篇《書序》來自哪里？

伏生今文《尚書》二十九篇，其中一篇素有争議，或認爲是《書序》，或認爲是《泰誓》，或認爲是《康王之誥》。若伏生今文《尚書》二十九篇中確有《書序》，那司馬遷所引用的

① 《史記・孔子世家》。
② 《史記・儒林列傳》。

《書序》當然就來自伏生了。若伏生今文《尚書》二十九篇不包括《書序》，那司馬遷所引用的《書序》又來自哪里呢？相信今傳《古文尚書》五十八篇爲漢孔安國所作的學者認爲，司馬遷所引用的《書序》來自今傳《古文尚書》五十八篇，因爲各篇皆有小序冠於篇首，逸篇之序則插於篇與篇之間。

今傳孔安國《尚書序》（大序）稱孔子删定《尚書》凡百篇。與之相呼應的是《孔叢子》卷下所載孔臧《與侍中從弟安國書》，其中說：「曩雖爲今學，亦多所不信。唯聞《尚書》二十八篇，取象二十八宿，謂爲至然也，何圖古文乃有百篇邪？」若這些資料無誤，則百篇之序已見於漢武帝之時。而宋儒朱熹則說：「嘗疑今孔《傳》並《序》皆不類西京文字氣象，未必真安國所作，只與《孔叢子》同是一手僞書，蓋其言多相表裏。」①明胡應麟《少室山房筆叢》卷十二謂：「《漢·藝文志》及隋、唐俱無《孔叢子》，至宋《中興書目》始著録，故前輩往往疑之。」從朱子等人的立場看，今傳孔安國《尚書序》以及孔臧《與侍中從弟安國書》，乃是「相爲表裏」的僞作。的確，孔臧的話表現出他的水準相當低劣，他自稱於「今學」多所不信，卻把「《尚書》二十八篇，取象二十八宿」這種荒唐比附，視爲「至然」。這樣

① 朱熹《晦庵集》卷七十一。

的話根本不像出自一位「世以經學爲家」①的大儒之口。

然而西漢末揚雄《法言》卷四已經提到：「昔之説《書》者序以百。」揚雄《法言》的真實性已無可置疑，這説明至少在西漢末年已確有百篇之序。到了東漢，「《尚書》本百篇」幾乎成了學者的共識，如王充説：「《尚書》本百篇，孔子以授也。」②班固《漢書》更提出「《書》之所起遠矣，至孔子纂焉，上斷於堯，下訖於秦，凡百篇，而爲之序，言其作意」。③由此看來，所謂百篇之序，其來久矣。依筆者的看法，司馬遷所引用的《書序》既不是來自伏生二十九篇今文《尚書》，更不是來自今孔傳《古文尚書》五十八篇中的《書序》，而是來自西漢真孔安國，應該是司馬遷「向孔安國問故」所得到的。我們這樣説有什麼根據呢？陸德明《經典釋文》透露了一條重要的信息：「今馬、鄭之徒，百篇之序，總爲一卷，孔以各冠其篇首，而亡篇之序，即隨其次篇居見存者之間。」而孔穎達甚至比較了鄭玄注本與晉人所僞托的孔安國傳本關於百篇之目的不同排序：

① 《孔叢子》卷下《敘書》。
② 王充《論衡》卷二十八。
③ 《漢書》卷三十。

其百篇次第於序，孔、鄭不同，孔以《湯誓》在《夏社》前，於百篇爲第二十六，鄭以爲在《臣扈》後，第二十九；孔以《咸有一德》次《太甲》後，第四十，鄭以爲在《湯誥》後，第三十二；孔以《蔡仲之命》次《君奭》後，第八十三，鄭以爲在《費誓》前，第九十六；孔以《周官》在《立政》後，第八十八，鄭以爲在《立政》前第八十六；孔以《費誓》在《文侯之命》後第九十九，鄭以爲在《呂刑》前第九十七。①

這説明馬融、鄭玄爲西漢真《古文尚書》作注，其注本中都有「總爲一卷」的百篇之序，因爲百篇之序本身不算是經，因而它没有被後儒計算在增多的十六篇之内。馬融、鄭玄的百篇之序中的序文與東晉人的《書序》序文是否完全一致，我們不得而知。我們推測，東晉造僞者或將馬、鄭百篇之序序文直接竊取過來，或略作改變，將其分散於各篇，冠其篇首，傳之於世，這就是我們今天見到的孔傳本《書序》，而馬融、鄭玄注本中的百篇之序後來連同所注《古文尚書》一起遺佚了。而《史記》所引《書序》當略存孔壁百篇之序的梗概。

那麼，梅鷟關於百篇之序是怎麼看的呢？

梅鷟在其《尚書考異》一書中是承認有百篇之序的，並認爲百篇之序就是伏生二十九

---

① 孔穎達《尚書注疏·原目》。

篇之一篇，如他説：「百篇之序，《史記》班班可考。」[①]又説：「試以《史記》考之，則百篇之序散見於夏、殷、周本紀中，雖不盡完備，然顛末可考，正可以見伏生二十九篇之經乃並《序》言之，而非以僞《泰誓》矣。」[②]然而在《尚書譜》中，梅鷟根本否認有所謂「百篇之序」，認爲《書序》只有七十七篇，爲此，《尚書譜》的開篇便是「尚書全經目録」。

梅鷟認爲《書序》只有七十七篇，這七十七篇是怎麽來的呢？

百篇之序原有《虞書》十六篇，梅鷟認爲，《舜典》是從《堯典》中强分出的，《益稷》是從《皋陶謨》中强分出的，《九共》被强分爲九篇，這些皆屬不當分而分。而《大禹謨》是後人僞造的。十六篇中去掉十一篇，那《虞書》就只有五篇。百篇之序原有《夏書》四篇，梅鷟無異議。百篇之序原有《商書》四十篇，梅鷟認爲，《太甲》、《盤庚》、《説命》皆被强分爲三篇，《咸乂》被强分爲四篇，皆應還其舊觀，四十篇去九篇，那《商書》就只有三十一篇。百篇之序原有《周書》四十篇，梅鷟認爲，《康王之誥》是從《顧命》中强分出的，《泰誓》被强分爲三篇，這些也屬不當分而分，四十篇去三篇，那《周書》就只有三十七篇。梅鷟最後得出

① 《尚書考異》卷一。
② 同上。

結論説：「《虞書》五篇，《夏書》四篇，《商書》三十一篇，《周書》三十七篇，定爲七十七篇，考諸序而知之也。後之作僞者迭起，務欲合乎百篇之目，分散贅裂，非聖之本真矣。」①梅鷟認爲，無論西漢的真孔安國，還是東晉僞托的孔安國，都是造僞者。所謂「百篇之目」的「百篇」之數是他們虚構的，實際《書序》篇目只有七十七篇。他相信《書序》的内容是大致可信的，並認爲《書序》乃是伏生今文《尚書》二十九篇之一篇，也正因爲如此，他才相信它的真實可靠性。

（四）臆造「劉向《别録》古文尚書五十八篇」篇目

梅鷟《尚書譜》卷之二（二之二）有《劉向别録古文尚書五十八篇譜》一篇，開篇即開列「劉向《别録》古文尚書五十八篇」篇目如下：

堯典　舜典　汩作　九共九篇　大禹謨　皋陶謨　益稷　甘誓　五子之歌　胤征　湯誓
湯誥　咸有一德　典寶　伊訓　肆命　原命　盤庚三篇　高宗肜日　西伯戡黎　微子　泰誓三篇
牧誓　武成　洪範　旅獒　金縢　大誥　康誥　酒誥　梓材　召誥　洛誥　多士　無逸　君奭

① 《尚書譜·尚書全經目録第一》。

多方　立政　顧命　康王之誥　冏命　吕刑　文侯之命　費誓　秦誓

然後梅鷟説：　「劉向《别録》五十八篇如此。」

讀者初讀此文，會以爲劉向真有「《古文尚書》五十八篇」篇目如此。但只要我們詳加查考，便會發現劉向《别録》只寫「古文尚書五十八篇」，並未開列這五十八篇的具體篇目。上述所謂劉向《别録》「《古文尚書》五十八篇」篇目純粹是梅鷟「推論」出來的。

實際這五十八篇也就是「孔安國家」所獻的《古文尚書》篇目：其中一部分篇目與伏生二十九篇（按照孔穎達的説法，其中併入了後來民間所獻的《泰誓》）相合，只是由此二十九篇又分出五篇，共爲三十四篇，分出的篇目是《盤庚》分爲三篇，多兩篇；《顧命》分出《康王之誥》，多一篇；《泰誓》分爲三篇，多兩篇。剩下的便是孔壁《古文尚書》增多的十六篇，由於這十六篇中，《九共》分爲九篇，十六篇就變成二十四篇了。這個五十八篇篇目是從哪里來的呢？經查考是從孔穎達《尚書正義》來的。孔穎達《尚書正義》説：

鄭玄則於伏生二十九篇之内，分出《盤庚》二篇、《康王之誥》，又《泰誓》三篇，爲三十四篇。更增益僞《書》二十四篇，爲五十八。所增益二十四篇者，則鄭注《書序》：《舜典》一；《汩作》二；《九共》九篇十一；《大禹謨》十二；《益稷》十三；《五子之歌》十四；《胤征》十五；《湯誥》十六；《咸有一德》十七；《典寶》十八；《伊訓》十九；《肆命》二十；《原命》二十一；《武成》二十二；《旅契》二十三，《冏命》二十四。以此二十四爲十六卷，以《九共》九篇共卷，除八篇，故爲十六。故《藝文志》劉向《别録》云「五十八篇」。《藝文志》又云：「孔安國者，孔子後也，悉得其書，以古文又多十六篇。」篇即卷也，即是僞《書》二十四篇也。劉向作《别録》、班固作《藝文志》並云此言，不見孔《傳》也。①

這五十八篇本是鄭玄《書序》的篇目，因爲孔穎達説「劉向作《别録》，班固作《藝文志》並云此言」，所以梅鷟便把東漢鄭玄《書序》的五十八篇篇目上溯於西漢劉向的《别録》，並認爲劉向是受了張霸的影響。梅鷟説：「鄭氏後漢末人，去向時遠，不過注向之《别録》云耳。《書》豈鄭氏所分哉！乃向同時人張霸所分耳。……夫張霸逞其私意小智，取伏生正經裂爲三十四篇，又取安國古文增爲二十四篇如此。劉向一世通儒，宜折衷於道，覈實其正，曰何者爲真，何者爲僞，何者爲私意小智所增益，以示後人可也。今皆不然。特依張霸所爲而别録之，何其蔽於邪説而無特起之操也哉！」②雖然從邏輯上説，鄭玄所注《書序》的五十八篇篇目與劉向《别録》「古文尚書五十八篇」的具體内涵可能有一致性，但我們不能把它當作劉向《别録》的真實資料來引用，更何況，劉向這樣的「一世通儒」，長期

---

① 孔穎達《尚書注疏·原目》。

② 《尚書譜·劉向别録古文尚書五十八篇譜》。

領校皇家秘書，很可能就是由他揭露張霸《尚書》百兩篇之僞的，又怎麼會「特依張霸所爲而别録之」，「蔽於邪説而無特起之操」呢！

孔穎達於《尚書注疏·原目》「《堯典》第一」條下説：「前漢諸儒知孔本有五十八篇，不見孔《傳》，遂有張霸之徒於鄭《注》之外僞造《尚書》凡二十四篇。」孔穎達提出，劉向、班固、鄭玄諸儒所稱《古文尚書》「十六篇」（或二十四篇），乃「張霸之徒」僞造之書。梅鷟一方面批判孔穎達，一方面又深受孔穎達影響而不自知。

（五）斷定西漢《泰誓》與孔安國有關

伏生所獻今文《尚書》中没有《泰誓》，孔安國《古文尚書》十六篇中也没有《泰誓》，但在西漢中期卻流傳有《泰誓》，這篇《泰誓》是什麼時候出現的？由誰得到的？

西漢末的劉向《别録》謂：「武帝末，民有得《太誓》書於壁内者，獻之。與博士，使讀説以教人。」東漢初的王充《論衡·正説》謂：「孝宣皇帝之時，河内女子發老屋，得逸《易》、《禮》、《尚書》各一篇，奏之。」東漢末馬融云：「《泰誓》後得。」①鄭玄《書論》亦云：

① 章如愚《群書考索續集》卷五。

「民間得《泰誓》。」①唐陸德明《經典釋文》卷一謂：「漢宣帝本始中，河内女子得《泰誓》一篇獻之。」這些資料大體指向這樣一個歷史事實，大約在漢武帝末或漢宣帝初（時間相差一二十年），在民間由河内女子發老屋得到一篇古文《泰誓》獻上。

但是，孔穎達在作《尚書正義》時注意到一些與上述説法相衝突的資料，他説：「馬融惟言『後得』，不知何時得之。《漢書》婁敬：『武王伐紂不期而會盟津之上者，八百諸侯。』僞《泰誓》有此文，不知其本出何書也？武帝時董仲舒對策云：『《書》曰：「白魚入於王舟，有火覆於王屋，流爲烏。周公曰：復哉！復哉！」』今引其文，是武帝之時已得之矣。李顒集注《尚書》，於僞《泰誓》篇每引『孔安國曰』，計安國必不爲彼僞書作傳，不知顒何由爲此言？」②

這裏説到三條資料。第一條資料是婁敬之語，婁敬爲漢高祖劉邦的謀士，《漢書》載當年婁敬游説漢高祖時説道：「武王伐紂，不期而會盟津之上者八百諸侯。」這句話是見於西漢《泰誓》中的。然而漢高祖時，不僅《泰誓》未出，即伏生二十九篇今文《尚書》也未

① 章如愚《群書考索續集》卷五。
② 孔穎達《尚書注疏》卷十。

上。第二條材料是董仲舒之語，董仲舒對漢武帝策問時説：「《書》曰：『白魚入於王舟，有火覆於王屋，流爲烏。周公曰：復哉！復哉！』」這句話也見於西漢《泰誓》之中，而董仲舒對策之年，據《漢書・武帝紀》記載在元光元年（公元前一三四年，是時司馬遷十二歲）。第三是李顒之語，李顒，字長林，江夏人，東晉時爲本郡太守，著有《尚書集注》十卷。其書中於《泰誓》篇每引「孔安國曰」，這意味孔安國曾爲《泰誓》篇作傳。司馬遷《史記・孔子世家》曾説孔安國「蚤卒」，而司馬遷大約卒於漢武帝前，估計孔安國卒於漢武帝中期。這也説明《泰誓》篇至少在漢武帝中期即已出現了。孔穎達引述了這三條材料，表示了他的困惑。但他認定：「《泰誓》非伏生所傳，而言二十九篇者，以司馬遷在武帝之世見《泰誓》出而得行，入於伏生所傳內，故爲史總之，並云伏生所出。不復曲別分析。」①

關於上述資料，由於婁敬時代較早，或許他見過秦焚書前的《尚書》，董仲舒引《泰誓》之語，或許是漢武帝初年民間已得《泰誓》篇。至於李顒集注《尚書》，於《泰誓》篇每引「孔安國曰」，則是孔安國曾爲《泰誓》篇作傳的一個較有力的證據。也正是根據這一資料，梅

---

① 孔穎達《尚書注疏・尚書序》。

鷟斷言「安國曾傳《泰誓》、十六篇於西漢時」，①但「《泰誓》、十六篇實出於安國，安國故爲作傳」。② 梅鷟説孔安國曾爲《泰誓》篇作傳，尚有李顒的材料作爲根據。但他在許多地方則把《泰誓》也當作孔安國僞造的古文，這就完全屬於武斷了，如他説：「當時《泰誓》雖僞，而實爲孔安國之古文無疑。」③「西漢《泰誓》言雖遠理，而實安國之古文」。④

（六）否認《康王之誥》爲獨立之一篇

在傳統的《尚書》學中，有一派觀點認爲，司馬遷所稱之伏生《尚書》二十九篇，本無《康王之誥》篇，《康王之誥》篇是後人從《顧命》篇中分出來的。在筆者看來，《顧命》與《康王之誥》可以看作當年史官的實録，本是一體相連的。從兩文的前後呼應關係而言，當然可以看作是一篇。但兩篇又各有不同的主體，前者以周成王爲主體，後者以周康王爲主體。然而作爲史官實録是一回事，作爲經師傳授又是一回事。史官可以當作一事之兩面

① 《尚書譜・李顒集注尚書》。
② 同上。
③ 《尚書譜・東晉僞爲安國古文並序傳譜》。
④ 《尚書譜・劉向説苑》。

來記述，經師不妨分作兩篇來傳授。這裏關鍵是司馬遷所稱之伏生《尚書》二十九篇中，《康王之誥》是否獨立於《顧命》之外的一篇。《史記·周本紀》云：

成王將崩，懼太子釗之不任，乃命召公、畢公率諸侯以相太子而立之。成王既崩，二公率諸侯以太子釗見於先王廟，申告以文王、武王之所以爲王業之不易，務在節儉，毋多欲，以篤信臨之，作《顧命》。太子釗遂立，是爲康王。康王即位，遍告諸侯，宣告以文、武之業以申之，作《康誥》。

這裏所説的《康誥》實即指《康王之誥》，它不同於成王命康叔的那篇《康誥》。由此可見，在司馬遷那裏《康王之誥》是獨立於《顧命》之外的，因而司馬遷所稱之伏生《尚書》二十九篇是包括《康王之誥》的。

我們來看梅鷟是如何看待《顧命》篇與《康王之誥》篇的，他説：

《顧命》初裂「王若曰」以下爲《康王之誥》，後復以報誥之辭不宜分裂，復改自「王出在應門之外」以下，殊不知恤宅宗之内，王爲父，爲天子，皆斬衰裳、苴絰杖絞帶、冠繩纓、菅屨。「丁卯，命作册度」以後致生成王以發顧命，致死服不可接致生父，是以設生時之扆之坐之寶之器之輅之宿衛。子亦變斬衰之冠而服祭服之麻冕，變斬衰之服而服祭服之黻裳。及其遂事也，諸侯以吉服見王，王亦以吉服報告，皆所以終成王用敬、保元子釗弘濟於艱難、無以釗冒貢於非幾之命也，而非安意以爲慶矣。雖受乘黄玉帛之幣，亦曰成王致生之命云爾。釋冕，釋麻冕也。反冠，繩纓也。反喪服者，反其恤宅宗時所服斬衰裳、苴經杖絞帶、菅屨，而釋去繐裳也。冕言釋，不言反；繩纓、喪服言反，不言釋；繐裳互文也。明是一篇文字，《康王之誥》裂出尤非也。①

梅鷟指出，《顧命》與《康王之誥》兩篇是前後呼應、一體相連的，這是没有疑義的。但正如我們前面所説，史官可以當作一體之文來記述，經師不妨分作兩篇經文來傳授。梅鷟把分裂《顧命》與《康王之誥》歸罪於西漢的孔安國，他説：

安國裂出《康王之誥》，故私增序文，正經本無《康王之誥》，安得更有序文哉？子長削《舜典》序，而存《康王之誥》序，是則必有微意。《舜典》、《益稷》，安國已入十六篇，而《康王之誥》未入十六篇，豈安國晚年方裂出《康王之誥》歟？②

但梅鷟也有一個困惑，孔安國增多之《古文尚書》十六篇中有《舜典》和《益稷》，在他看來，《舜典》當由《堯典》分裂出，《益稷》當由《臯陶謨》中分裂出，那由《顧命》分裂出的《康王之誥》又爲什麽不列入其增多之篇目中呢？這很難解釋。梅鷟推測説，大概「安國晚年方裂出《康王之誥》」，那豈不是説孔安國增多之《古文尚書》有十七篇，而非十六篇

① 《尚書譜·古文株根削掘譜》。
② 《尚書譜·孔安國私增序》。

嗎？其實，《康王之誥》並非由孔安國分裂出，而是與《顧命》並存於司馬遷所稱之伏生二十九篇今文《尚書》之中的。只是梅鷟不承認伏生二十九篇今文《尚書》中有《康王之誥》，而認爲有《書序》。而在我們看來，《書序》乃來自孔壁真《古文尚書》，亦即後來馬融、鄭玄注本「總爲一篇」者。

三、梅鷟《尚書譜》的創獲

梅鷟《尚書譜》除了「武斷」特點外，也還有它的另一面，如閻若璩《尚書古文疏證》卷八所説：「然當創闢弋獲時，亦足驚作僞者之魄。」

（一）考辨《尚書序》之僞

今傳《尚書》篇首有所謂孔安國的《尚書序》，學者通常稱之爲「大序」。今日學者一般認爲所謂孔安國的《尚書序》是東晉人的僞作，同時也認爲今傳《尚書》五十八篇的傳注，以及五十八篇經文中的二十五篇也都是東晉人的僞作。這可以説是清代閻若璩以來學術界的「定讞」。然而在明中期梅鷟之時，這一切都還在探討論證之中。首先，所謂《尚書序》有無可能真的出自西漢孔安國之手呢？梅鷟否認了這種可能性，他提出兩個判别的標準：一是看此《大序》是爲西漢《古文尚書》作，還是爲東晉《古文尚書》作。西漢《古文尚書》的標志是「增多十六篇」，東晉《古文尚書》的標志是「增多二十五篇」。考察的結果是：所謂《尚書序》是爲東晉《古文尚書》而作。因而梅鷟在《古文株根削掘譜》最後一段中說：「《大序》若言《泰誓》、十六篇，則與《史記》、董仲舒、漢有司、向、歆、固、煒、融、玄所言合，吾信其出於安國矣。今觀《大序》之言，比伏生書增多二十五篇，則非爲先漢古文十六篇作，乃爲東晉古文作。」另一個標準是：是否爲劉向、劉歆校理秘書時所親見。因而梅鷟接著又說：「《大序》又言：『古文五十八篇，悉上送官。』而向、歆父子校理秘書，唯見先漢古文，無有東晉古文，歷歷可考者如前，則古文、《大敘》、《傳》，冒稱安國，不辨而自明矣。」梅鷟的這一看法是合乎邏輯的，也是正確的。

(二) 考證鄭沖未見《古文尚書》

前文言鄭沖是東晉《古文尚書》授受譜系中的第一人。梅鷟認爲鄭沖並未見過《古文尚書》，他第一個考證發現鄭沖曾參與何晏《論語集解》的撰作，並與何晏同進《論語集解》於朝。在《論語集解》中解釋「子曰：《書》云『孝乎惟孝，友于兄弟』」章，引包咸之語說：「孝乎惟孝，美大孝之辭也。」梅鷟指出：「沖、晏若見古文《君陳》篇，則必曰：『《君陳》

篇無此二字，包説非是。』今不然，是沖未見《君陳》也。」①

還有，《論語・堯曰》篇：「予小子履，敢用玄牡……朕躬有罪，無以萬方；萬方有罪，罪在朕躬。」梅鷟指出，何晏、鄭沖《論語集解》認爲這段話出自《湯誓》，《論語集解》引孔安國注曰：「履，殷湯名也。此伐桀告天文也。殷家尚白，未變夏禮，敢用玄牡也。……《墨子》引《湯誓》，其辭若此也。」梅鷟説：「《集解》所引『孔曰』者，即安國所作《論語傳》也，乃安國之手筆也。舉安國之手筆爲證，則晉人將何辭以對？」②梅鷟又找出佐證，指出《國語・周語上》、《墨子》都認爲這段話出自《湯誓》：「内史過曰：『其在《湯誓》：余一人有罪，無以萬夫；萬夫有罪，在余一人。』《墨子》亦曰：『此《湯誓》文。』」③但這段話在今傳《古文尚書》中卻在《湯誥》篇中，而《湯誥》篇屬於晉人《古文尚書》二十五篇之一篇，鄭沖若果真傳授《古文尚書》二十五篇，他一定會指出此文「今在《湯誥》篇」，然而「沖不言，可見沖未見《湯誥》也」。④ 還有，《論語・述而》孔子引「武王曰：『予有亂臣

① 《尚書譜・鄭沖受誣》。
② 《尚書譜・鄭沖何晏同上論語集解考》。
③ 《尚書譜・鄭沖受誣》。
④ 同上。

十人。』」何晏、鄭沖《論語集解》並未注解説「此謂《尚書·泰誓》文」。《論語·堯曰》：「堯曰：『咨，爾舜，天之歷數在爾躬，允執其中，四海困窮，天禄永終。』舜亦以命禹。」《尚書·大禹謨》在「允執厥中」之上又有「人心惟危，道心惟微，惟精惟一」三句，何晏、鄭沖《論語集解》並未注出，這些都説明鄭沖當時並未見到晉人之《泰誓》與《大禹謨》，亦即未見到晉人之僞《古文尚書》二十五篇。

然而閻若璩《尚書古文疏證》卷二認爲，鄭沖「似授《書》在其暮年，與上《論語》時不同。上《論語》爲魏光禄大夫，在正始中，魏尚盛。此《書》出於魏、晉之間，安得預見之而載之《集解》？未可以是爲沖誣，然則此《書》實始授自沖云。」這也只是閻若璩個人的看法。按照常理，鄭沖入晉後位居三公，如他此時得到一部《古文尚書》，亦是莫大之事，理應及時上獻朝廷。但他卻没有這樣做，而是私相授受，數傳至梅賾始「獻上施行」。這也是使人難以理解，而不敢遽信的。

（三）考辨晉人《武成》篇之僞

《孟子·盡心下》説：「盡信《書》，不如無《書》。吾於《武成》取二三策而已矣。仁人無敵於天下，以至仁伐至不仁，而何其血之流杵也！」孟子所看到的《尚書·武成》篇，裏面真實反映了武王伐紂戰爭的殘酷性。孟子認爲它不符合儒家經典的價值準則，按照孟子的理解，仁者無敵，武王伐紂，「以至仁伐至不仁」，殷人應該「簞食壺漿以迎王師」，而不至於與周人拼殺至「血流漂杵」，所以孟子於《武成》篇只選擇兩三支簡策可用者。可是，晉人之《尚書·武成》則寫成這樣：「甲子昧爽，受率其旅若林，會於牧野，罔有敵于我師，前徒倒戈，攻於後以北，血流漂杵。」「血流漂杵」並不是紂衆與周人殘酷拼殺造成的，而是紂衆「前徒倒戈，攻於後以北」，自相殘殺造成的。梅鷟指出：

東晉《武成》言：「前徒倒戈，攻於後以北，血流漂杵。」是紂衆自殺之血，非武王殺之之血，其言可謂巧矣。然上之與湯以下七王德澤相礙，中之與七十萬人同矢牧野相礙，下之與洛邑頑民始終不忍叛殷相礙。果曰怒紂而開周，則齊解甲以降周，使紂爲獨夫速殪乎太白之下，深足以償其恨犯矣，何至自相屠戮，使無辜黨與，什什伍伍，肝腦塗野土，獨何心哉？……私意杜撰之書，既非孟子所見之文，而其言且躐居周初，致孟子爲不通文理之讀書，誤認紂衆自殺以爲武王虐殺，何其悖哉！趙岐所不見，安國所無有，孟子所悖馳，而儒者猶曰「真古文」，噫！弗思甚矣。①

在梅鷟看來，晉人之《尚書·武成》篇將「血流漂杵」解釋爲紂衆「前徒倒戈」，自相殘

① 《尚書譜·趙岐注孟子考》。

殺造成的，而不是周人攻殺造成的。如果説此篇便是孟子所見之《尚書·武成》篇，那就顯得孟子太低能了，因爲他讀書如此「不通文理」，竟然「誤認紂衆自殺以爲武王虐殺」。而從《尚書》中的《大誥》、《多士》等篇看，即使周人取得了政權若干年，仍有許多殷頑民伺機反撲奪回政權，牧野之戰紂衆怎麽輕易會「前徒倒戈」呢？即使殷民「怒紂」殘暴，熱盼武王軍隊來解放自己，也只須降順武王軍隊而已，又何至於「自相屠戮，使無辜黨與，什什伍伍，肝腦塗野土」？由此可見，晉人之《尚書·武成》篇並非孟子所見之《尚書·武成》篇，而從事理上説、從歷史經驗看，也都不可信。

點校説明

我們所見《尚書譜》有兩個版本：一是中國國家圖書館藏清孔氏藤梧館抄本（以下簡稱孔本，現收於《續修四庫全書》，第四十三册），今以爲底本。「藤梧館」爲清人孔廣栻書室名，孔廣栻（一七五五—一七九九），字伯誠，號一齋，山东曲阜人，孔子七十代孫，清乾隆舉人。生前所鈔各書，板心多有「藤梧館」三字。二是中國國家圖書館所藏另一清抄本，鈐有李禮南藏書印（以下簡稱李本）。李氏名璋煜，生卒年不詳，山東諸城人，字方赤，一字禮南。嘉慶二十六年（一八二一）進士，授刑部主事升郎中，歷任江寧、蘇州、揚州知府，官至廣東布政使。著有《愛吾鼎齋藏器目》一卷，《視已成事官書》十一卷等。

本書標點凡作者引傳世文獻而偶有衍奪訛誤者，直接更正，不出校。

尚書譜序

《原道》曰：「甚矣，人之好怪也。不考其端，不訊其末，惟怪之欲聞。」余亦曰：「甚矣，儒之好怪也。不論其世，不稽其人，惟怪之欲聞。」

何則？行悖常謂之怪，書殘經謂之怪。職掌聖人之經，有難則知藏，難定則知發。其失亡也，如日月之食，人皆見之；其求得經，廿有八篇，序一篇，共二十九篇，即以教於齊、魯之間也，如日月之行天，人皆仰之。其心青天而白日，其事正大而光明，是謂中庸之行，是謂聖經之正。若迺經值時惡，家被操切，畏難不敢藏，難定不知發，歷高祖過魯祀孔子時不言古文、惠帝除挾書令時不言古文、文帝求能治《尚書》時不言古文，雖景帝時亦無一人言孔氏有古文者。至孝武世，延七八十年間，聖孫名安國者專治古文，造爲僞《書》，自謂「以今文讀之」，因以起其家，《泰誓》、十六篇顯行於世。然革成周之籀篆，反倉頡之科斗，誣厥先祖父以不「從周」之罪，此豈近於人情？且辭陋，而諸所引悉不在，故僞敗而書廢，此一怪也。

底東晉時，延四五百年間，稱高①士曰皇甫謐者②，見安國書摧棄，人不省惜，造《書》二十五篇、《大序》及《傳》，冒稱安國古文，以授外弟梁柳，柳授臧曹，曹授梅頤，遂獻上而施行焉。蒐奇摘異著於篇，諸引無遺，人遂信爲真安國書，前此諸儒如王肅、杜預、晉初人鄭沖、何晏、韋昭③、三國人鄭玄、趙岐、馬融、班固、後漢人劉向、歆、張霸前漢人皆未見④，不曰「逸《書》」，則曰「今亡」。《史》、《漢》所載，惟《泰誓》、十六篇遞傳，絶無二十五篇影響。其曰鄭沖、蘇愉，皆誣之耳。此二怪也。

然《舜典》篇首「慎徽」突出，讀者終不免疑，故好事者造爲「南齊建武四年，吴興姚方興於金陵大航頭偶見二十八字，伏法未上，隋開皇時始購求得之」。此三怪也。

巍巍聖經，安國亂之，則漢武之世；謐亂之，則典午之東；方興亂之，則齊、隋之間。霸、向、歆、固、朝、譚、敏、防、豫、孔僖、倫、鴻、林、逵、融、玄，朋安國而殘賊聖經。柳、曹、頤、穎達、沈，朋謐而殘賊聖經。穎達、沈又朋方興而殘賊聖經，不特朋謐而已。尊謐

① 高，原無，據李本補。
② 「者」下，孔本衍「者」字。
③ 昭，原作「照」，據李本改。
④ 皆未見，原無，據李本補。

古文，以爲真安國古文，不知安國倡亂覆亡之不暇，謚特冒稱之耳。曾何足戴？朱子曰：「古文東晉時方出，前此諸儒皆未之見。」豈不痛切而明快哉！

不惟朋方興而已，推方興二十八字，以爲「今案：古文孔傳所有」，不知五篇復出殘經。且考之十三經注疏，二十八字之下，孔傳元無一字訓釋。謷言至此，寧不汗顔而泚顙！

秦火至漢定，十餘年耳，親發所藏，已亡三分之二。安國時已遠，反增十六篇，謚時綦遠，反增二十五篇，假令共王王淮陽不徙，雖徙不於魯，雖魯不好治室，雖治室監祖不忍壞聖宅，又漢法嚴，畏不敢，則所云藏書，寧不與孔壁之泥同歸腐爛？孔氏終不自發書矣。無而爲有，將以誰欺？安國不言，《史記》不載，純盜劉歆，冒稱安國，序散各篇，私增僞序，搴後出之《泰誓》，足廿九之篇目，使聖人正經反附僞書以行世。隋唐以來千餘年，出吴先生《纂言》之外，曾無一人爲聖經之忠臣義士者，豈不痛哉！予在嚴陵時已作此譜，草創未備，今加修飾，使古文廢興之由、先後義僭之辨，如指諸掌，庶幾裨《纂言》之未備，以承吴先生之志，盡復聖經之舊云。

尚書譜卷之一（一之一）

旌川梅鷟學

《史記·孔子世家》曰：「魯①終不能用孔子，孔子亦不求仕②。」乃敘《書》傳《禮》記，有杞宋損益從周等語。删《詩》正樂，有語太師及樂正等語。序《易·彖》、《繫》、《象》、《説卦》、《文言》，有「假我數年」之語。鷟曰：宰我稱「夫子賢遠於堯舜」；子貢、有若稱「生民以來未有盛于夫子」。三子之智足以知夫子大③經爲萬世法矣。

尚書全經目録譜第一④

虞書五篇

堯典　汩作　九共　槀飫　皋陶謨

---

① 魯，原無，據李本補。
② 仕，孔本作「世」，據李本改。
③ 大，疑當爲「六」。
④ 李本作「尚書普譜第一」。

爲天下得人，貴自堯始。故以《堯典》名篇首，敘舜以匹夫而有天下之由，乃堯克讓之事，後述徵庸、居攝、即位、陟方，本末詳悉，皆爲舜作，故曰「虞書」。蓋夫子之特筆也。漢儒稱十六篇，今定爲五篇者，孔安國裂《舜典》，增《大禹謨》，裂《益稷》。張霸又裂《九共》。晉古文兩從安國、張霸，而《大禹謨》異安國。竊以爲非聖經之舊，定爲五篇云。

夏書四篇

禹貢　甘誓　五子之歌　胤征

鄭康成以《虞書》十六篇，《夏書》四篇，總稱《虞夏①書》二十篇。今定爲《夏書》四篇云。晉人假爲孔安國《傳》以《帝告》、《釐沃》、《湯征》、《汝鳩》、《汝方》並附《胤征》之下，共爲《夏書》九篇者，謬妄不足從也。

商書三十一篇

帝告　釐沃　湯征　汝鳩　汝方　夏社　疑至　湯誓　臣扈　典寶　仲虺之誥　湯誥　明居　伊訓　肆命　徂后　太甲　咸有一德　沃丁　咸乂　伊陟　原命　仲丁

① 夏，原無，據李本補。

河亶甲　祖乙　盤庚　説命　高宗肜日　高宗之訓　西伯戡黎　微子

古文《太甲》、《盤庚》、《説命》皆增「三篇」二字，《咸乂》增「四篇」二字。今以聖經原無，删之。定爲《商書》三十一篇云。

周書三十七篇

泰誓　牧誓　武成　洪範　分器　旅獒　旅巢命　金縢　大誥　微子之命　歸禾

嘉禾　康誥　酒誥　梓材　召誥　洛誥　多士　無逸　君奭　蔡仲之命　成王政

將蒲姑　多方　立政　周官　賄肅慎之命　亳姑　君陳　顧命　畢命　君牙　冏命

吕刑　文侯之命　費誓　秦誓

《泰誓》，晉古文依張霸、劉向增「三篇」二字。《顧命》，漢、晉《書》文皆裂增《康王之誥》，非聖經本真，今删之，定爲三十七篇云。

鷟曰：《虞書》五篇，《夏書》四篇，《商書》三十一篇，《周書》三十七篇，定爲七十七篇，考諸序而知之也。後之作僞者迭起，務欲合乎百篇之目，分散贅裂，非聖經之本真矣。以《左傳》考之，三皇五帝時，有《三墳》、《五典》；周成王時，有《伯禽》、《唐誥》。又諸書所引，或不在經之内者，皆夫子所删也。

尚書序譜第二

昔在帝堯，聰明文思，光宅天下，將遜於位，讓於虞舜，作《堯典》。「聰明」三句，敘「曰若」以下至「帝曰往欽哉」。「讓於虞舜」一句，敘「慎敬」以下至「陟方乃死」。舜之本末詳矣。止以二「讓」括之，辭約而意獨至，賢人以下，不能如此識其大者。漢孔安國造古文，裂出《舜典》，增序一首，考其言，詭薄不道。東晉古文無能改於其德，今以聖經律之，删去。

帝釐下土，方設居方，别生分類，作《汩作》、《九共》、《槀飫》。舊「九共」下有「九篇」二字。

皋陶矢厥謨，禹成厥功，帝舜申之，作《皋陶謨》。「禹成厥功」，敘「帝曰來禹」以下；「帝舜申之」，敘「帝曰」以下。舊增「大禹益稷」四字。今删。

禹别九州，隨山濬川，任土作貢。

啓與有扈戰於甘之野，作《甘誓》。

太康失邦，昆弟五人，須於洛汭，作《五子之歌》。

羲和湎淫，廢時亂日，胤往征之，作《胤征》。

自契至於成湯，八遷，湯始居亳，從先王居。作《帝告》、《釐沃》。

湯征諸侯，葛伯不祀，湯始征之，作《湯征》。

伊尹去亳適夏，既醜有夏，復歸於亳，入自北門，乃遇汝鳩、汝方，作《汝鳩》、《汝方》。

伊尹相湯伐桀，升自陑，遂與桀戰於鳴條之野，作《湯誓》。《國語》稱「朕躬有罪」四句爲《湯誓》，《墨子》亦然。此在陑誓師之辭。

湯既勝夏，欲遷其社，不可，作《夏社》、《疑至》、《臣扈》。舊多遷勝國之社，始欲遷之，既而不可，湯之無已也。

夏師敗績，湯遂從之，遂伐三朡，俘厥

寶玉，誼伯、仲伯作《典寶》。　湯歸自夏，至於大坰，仲虺作誥。　湯既黜夏命，復歸於亳，作《湯誥》。　咎單作《明居》。　成湯既没，太甲元年，伊尹作《伊訓》、《肆命》、《徂后》。湯没既久，太甲繼仲壬立，元年。　太甲既立，不明，伊尹放諸桐。三年，復歸於亳，思庸，伊尹作《太甲》。删去「三篇」二字。　伊尹作《咸有一德》。　沃丁既葬伊尹於亳，咎單遂訓伊尹事，作《沃丁》。　伊陟相太戊，亳有祥，桑穀共生於朝，伊陟贊於巫咸，作《咸乂》。删去「四篇」二字。　太戊贊于伊陟，作《伊陟》、《原命》。　仲丁遷於囂，作《仲丁》。　河亶甲居相，作《河亶甲①》。　祖乙圮於耿，作《祖乙》。祖乙疑自邢遷耿，今復圮，故盤庚遷殷。

盤庚五遷，將治亳，殷民咨胥怨，作《盤庚》。删「三篇」二字。　高宗夢得説，使百工營求諸野，得諸傅巖，作《説命》。古文因《楚語》，使以象夢，求四方之賢聖，遂言審厥象。又云：俾以形，旁求於四方。因《孟子》「版築」，故言説築傅巖之野，惟肖傅巖。又用序文「寫形旁求」，語涉怪誕。序言夢得説之名，求其儀容，以命衆工使各營求諸野，得諸傅巖。簡易明白。古文「群臣百官」自「百工」翻出。　高宗祀成湯，有飛雉升鼎耳而雊，祖己訓諸王，作《高宗肜日》、《高宗之訓》。晋開武庫，有雉飛而出。祖己訓諸王，王即高宗。下二篇是也。祀湯，必菲於昵，故此言之。　殷始咎周，周人乘黎，祖伊恐，奔告於

①　甲，原無，據李本補。

受，作《西伯戡黎》。「西伯」，謂武王。「乘黎」，事在《泰誓》後，《牧誓》前。夫子所謂「吾末如之何也已」。　殷既錯天命，微子作誥父師少師。　惟十有一年，武王伐殷，一月戊午，師渡孟津，作《泰誓》。武王伐商，在十一年，訪道在十三年。《史記》亦言「克殷」後二年問箕子殷所以亡。蔡説非。　武王戎車三百兩，虎賁三百人，與受戰於牧野，作《牧誓》。　武王伐殷，往伐，歸獸，識其政事，作《武成》。孔言建禁，詩詠時夏，惟其歸獸，故曰武成。　武王勝殷，殺受，立武庚，以箕子歸，作《洪範》。可見勝殷非十三年。　武王既勝殷，邦諸侯，班宗彝，作《分器》。　西旅獻獒，太保作《旅獒》。　巢伯來朝，芮伯作《旅巢命》。　武王有病，周公作《金縢》。　武王崩，三監及淮夷叛。周公相成王。將黜殷，作《大誥》。　成王既黜殷命，殺武庚，命微子啓代殷後，作《微子之命》。　唐叔得禾，異畝同穎，獻諸天子。王命唐叔歸周公於東，作《歸禾》。　周公既得命禾，旅天子之命，作《嘉禾》。　成王既伐管叔、蔡叔，以殷餘民封康叔，作《康誥》、《酒誥》、《梓材》。成王有《伯禽》、《康誥》、《唐誥》，以封伯禽、康叔、唐叔。此子魚對萇弘之言，衛之故典也。胡、蔡臆説非是。　成王在豐，欲宅洛邑，使召公先相宅，作《召誥》。　召公既相宅，周公往營成周，使來告卜，作《洛誥》。　成周既成，遷殷頑民，周公以王命，作《多士》。　周公作《無逸》。　召公爲保，周公爲師。相成王，爲左右。召公不悦，周公作《君奭》。　蔡叔既没，王命蔡仲踐諸侯位，作《蔡仲之命》。　成王東伐淮夷，遂踐奄，作《成王政》。　成王既踐奄，將遷其君於蒲姑，作《將蒲姑》。　成王歸自奄，在宗周，誥庶邦。作《多方》。　周公作《立政》。　成王既黜殷命，滅淮夷，還歸在豐，作《周官》。　成王既伐東夷，肅慎來賀，王俾榮伯，作《賄肅慎之命》。周公在豐，將没，欲葬成周。周公薨，成王葬於畢，告周公，作《亳姑》。　周公既没，命君陳分正東郊成周，作《君陳》。　成王將崩，命召公、畢公率諸侯，相康王，作《顧命》。此下漢古文分《康王之誥》，增序一首。晉古文亦用之。律以正經，删去。　康王命作册畢，分居里成周郊，作《畢命》。　穆王命君牙爲周大司徒，作《君牙》。　穆王命伯冏爲周太僕正，作《冏命》。　吕命穆王，訓夏贖刑，作《吕刑》。「訓夏」者，訓華夏以贖刑云耳，非有所取舍夷夏。

平王錫晉文侯秬鬯圭瓚，作《文侯之命》。　魯侯伯禽宅曲阜，徐夷並興，東郊不開，作《費誓》。　秦穆公伐鄭，晉襄公帥師敗諸崤，還歸，作《秦誓》。穆公匪真能悔過遷善者，其後報復不已。聖人奚取之哉？特其言之可取，不以人廢耳。若《大學》所引是已。

鶱曰：吾於《尚書》全經目録之後，即繼之以《尚書序譜》，有旨哉！有旨哉！辟之綱焉，綱有綱，綱舉而目自張；辟之裘焉，裘有領，領挈而裘自直。人知①有身，不知身之

①　知，原作「之」，據李本改。

尊在元首；人知有服，不知服之上有元冕；人知有瀾，不知瀾之出在水原；人知有枝，不知枝之附在木本。考治者，歲終正歲會，月終正月要，旬終正日成。聖人之經，正猶一歲一月一旬之事也。聖人之序，正猶歲之會、月之要、旬之成也。明經而不明序，猶歲終而不正歲會，月終而不正月要，旬終而不正日成。不啻若瞽者無相，倀倀焉雖欲索步，其可得乎！太史公曰：「孔子序《書》。」劉歆亦曰：「孔子敘《書》。」班孟堅曰：「孔子纂《書》百篇而爲之序，言其作意。」馬融、鄭康成、王肅之流，皆以爲孔子所作。全經不得序，全經之目録無由而提絜。古文不得序，古文之造補無由而援繫。《汩作》、《九共》之目，漢人據之而作十六篇。《五子歌》、《胤征》之名，晉人據之而脩廿有五篇。人有言曰「君子不得聖人之道，無以爲君子，盜不得聖人之道，亦無以爲盜」，正類此也。惜乎穿穴之流，茫茫營，故意謗傷，以箋注覩者，則曰「無所發明」。以歲時紊者，則曰「不得經旨」。余甚傷之，甚憫之，譜次於全經目録之後。嗟夫！嗟夫！孔穎達、蔡仲默輩而得見我此篇，其不汗顔而泚顙，默自説曰：「吾爲昔人所愚，墜靈曜於崦嵫之淵溺矣。」悠哉！脩夜不陽，白首没身，不知覺寤。幸今有人焉，赤手取出而浴之於咸池之内，升於扶桑之上。

尚書譜卷之一（一之二）

旌川梅鷟學

伏生藏書于壁譜第三

伏生，秦博士。其藏書，因秦之暴，廢學禁①書故也。《史記》：「始皇三十四年，置酒咸陽，博士七十人前爲壽。僕射周青臣進頌。博士淳于越曰：『事不師古而能長久者，非所聞也。青臣面諛以重陛下之過，非忠臣。』始皇下其議。李斯曰：『越言乃三代之事，何足法也！諸生不師今而學古，以議官也。禁之便。諸史官非秦記皆燒之；非博士官所職，天下敢有藏《詩》、《書》百家語者，悉②詣守尉雜燒之，有敢③偶語《詩》、《書》者，棄市。以古非今者，族。吏見知不舉者，與同罪。令下三十日不燒，黥爲城旦。所不去

① 禁，李本作「焚」。
② 悉，原無，據李本補。
③ 有敢，原無，據李本補。

者，醫藥卜筮種樹之書。若有欲學法令，以吏爲師。』制曰：『可。』」嗚呼！秦之焚書，有自來矣。臺藉五帝，姗笑三代，戲薄先聖，燔滅經術，雖云李斯教之，然所以枵其侈大之心，而堅其猛悍之氣者，《吕氏春秋》「憲天」之説實啓之也。五帝三王雖神聖，然以天視之，則其神聖不及天又遠矣。木德王者，未慊於金德。水德王者不滿於火德。憲春木德，憲夏火德，夏季土德，憲秋金德，憲冬水德，一一法天，而功過五帝矣。夏尚黑，乃水德之色。殷尚白，乃金德之色。周尚赤，乃火德之色。春悉尚青，夏悉尚赤，夏季尚黄，秋悉尚白，冬悉尚黑。一一法天，而德兼三王矣。恃此二語，屹砥柱於胷中，是以淳于越之諫萬言①而萬不當矣。李斯之議一出，而會逢其適矣。使先無「憲天」之説鏤於心髓，驟聞斯、越之辨，豈無然疑之或作哉？遲久之隙，正色之重臣出焉，排斯而伸越，庶幾鬱攸之不難，未可知也。故曰：焚書之禍，豈獨李斯爲之哉！其所由來漸矣。

凡始皇所爲，悉與桀紂同，而焚書一節罪尤浮於桀紂。方其聞越諫而即下其議，良心猶在。李斯一言，遂肆行而無忌。是則李斯推之使淪於桀紂而又浮之也。斯之惡，豈止十倍廉、來而已哉！儻六經不焚，得方正瞻聞之士置諸胡亥左右，不得指山麓之鹿直作

① 言，李本作「古」。

十二閑之馬也，案誅趙高而國脉長矣。又或重臣援三代天子之禁，無易樹子之法，焕揭撫軍監國之前星，不終監北、斷萬里之地脉也。國本正而人心悦矣。惜燔灼之焰腥聞在上。上帝不蠲，斃其國本，殄其二世。崇延於後，災起牧羊，棺輿死屍，悉燼烈焰，是豈有物焉、能嘯譆譆出出者哉？不道之招，乃必然之理，而天定之勝，非人力所得爲者矣。

《史記·儒林傳》：「伏生者，濟南人，故爲秦博士。孝文時，欲求能治《尚書》者，天下無有，聞伏生能治，欲召之。是時伏生年九十餘，老不能行，於是乃詔太常使掌故晁錯往受之。秦時焚書，伏生壁藏之。」

司馬子長欲載伏生藏《尚書》事，故先敘孝文時求能治《尚書》者，伏生年老，使晁錯往受《尚書》。於是乃言秦焚書時，伏生能壁藏是經。以此推之，可見《尚書》者，伏生壁出之二十九篇也。「求能治之，天下無有」者，可見伏生外更無有藏是經之人也。無藏是經，則無由見是經，無由見是經，則無人治是經矣。故曰「天下無有也」。孝文朝有是二十九篇之《尚書》者，伏生弟子有以上之朝也。「聞伏生能治」者，弟子謙讓不敢自任，能治自惟受業伏生。伏生又作《大傳》以教，故弟子咸薦，而孝文聞之也。且《尚書》實出自伏生。亦無忍諱焉。是晁錯往受，其講明文義、訓詁名物耳，非爲無此二十九篇而求繕寫之也。因「老不能行」之句，遂創爲「不能正言」，又使女子傳言，又云齊人語與潁川異，晁錯不能識，以意屬讀而已。其誣甚哉！壁出本真何待老言？豈至屬讀二篇合一？逆推秦時，年纔四十，齊魯之間弟子布滿，何有女傳？僞言無當，豈足輕信！割裂正經，改竄本真，於以便其售僞之計耳。凡此浮辭濫説，子長所不道者，學者當如淫聲美色以遠之，毋若昔人之耳稔於其僞者，習與性成而不可誨化也哉！

《西漢書·藝文志》：「書之所起遠矣，至孔子纂焉，上斷於堯，下訖於秦，凡百篇，而爲之序，言其作意。秦燔書禁學，濟南伏生獨壁藏之。」

《史記》但言秦時焚書，伏生壁藏之而已。至《漢書》則於伏生之下特加「獨」字，其意云何？子長之時，無共王壞宅之浮言，天下所聞，朝廷所知，惟有伏生而已。但言藏書而不必長語可也。然於孔安國，但言其專治古文，古文滋多於此矣。而未嘗言其壁藏也。於共王但言其好治宫室而已，未嘗言其壞孔子宅也。孔安國之治古文，亦絶口不道共王壞宅以書還己也。子長所不載，安國所不道，而忽出此語於哀帝劉歆之書，廣記備考史氏之林，自焚書之後，迄於武帝、宣、成之間，孔氏實無藏書之言，人亦無有言孔氏藏者，則藏書於壁者，獨伏生一人而已。孟堅所以特①加「獨」字之意，誠恐後人錯認哀帝好事之言，以爲與伏生同功一體之稱也。其旨微矣，以備參考，固不捨棄，而實録之重，尤不敢忽此，孟堅所以亦爲良史也。穆穆布列，不云少矣。而其間不阿意以爲容，獨淳于越一人而已。博士三十不

---

① 特，原作「獨」，據李本改。

云乏矣，而其間壁經而不致盡焚者，獨伏生一人而已。匪不惜身也，惜先聖之經甚於惜身；匪不愛家也，愛先聖之經甚於愛家。辟猶保家之子能收藏先世箕裘之業，而罔敢失墜，辟猶守成之主能保有先代所重之器，而罔敢隕越。虐焰凶威，如燬酷烈，而周旋其間，不避凶暴，不辭艱阨，卒之天地神明保抱扶持，秦滅而書傳，二帝三王之大經大法幸存而未盡泯者，孰謂非一念精誠之所感通者哉！出沒於魑魅鬼燐之地，而啼呼顛沛，不敢跳樑作孽於其旁，深納於烈風雷雨之麓，而從容揖讓，罔以淩亂迷惑于其志。有功聖經，當載太常而銘烝鼎，與伊摯、吕望並驅而争先矣。而其德宇器度亦豈庸常所及哉！臨川吴先生詩云：「先漢今文古，後晉古文今。若乃伏生者，遺像宜鑄金。」漢高帝曰：「蕭何之功固大矣，得鄂千秋而益明。吾聞進賢受上賞。」於是又封鄂千秋。吾於吴先生亦云。

始皇三十七年七月崩於沙丘平臺。二世皇帝元年，伏生是時年已五十矣。是年七月戍卒陳勝等反，故荆地爲張楚，勝自立爲楚王。山東郡縣少年苦秦，殺其守尉令丞，反，以應陳涉，相立爲侯王。合從西鄉，名爲伐秦，不可勝數也。武臣、魏咎、田儋各自立爲王。沛公起沛。項梁舉兵會稽郡。孔子之後名甲者，抱祭器而歸陳涉，爲涉博士。其後卒與涉俱死於秦兵。陳涉起兵，事甚微淺。然縉紳先生抱祭器而歸之者，何也？蓋其抑遏於秦，一旦發憤於陳王，以爲秦民之湯武云耳。

伏生藏書於壁，惓惓不忘發，以習諸己，以淑諸人。豈特若農夫之望歲。勝、廣之亂，秦之天下鼎沸矣。是宜即思出其所藏，然猶恬然不即發經，其故何哉？兵家勝敗，事不可期。秦兵尚强，一戰勝敵，掃賊行法，重刑如故，畏之而不敢也。或曰：方秦虐焰，伏生藏書，安知孔氏之不藏哉？以伏生之懸懸於懷，知孔氏之亦懸懸也。畏秦法重，故皆不敢出諸口耳。余應之曰：此不可同年而語也，藏書於壁，懸懸於懷，遵養時晦，相時而動，伏生是也。秦所指目，罔敢攖禍，實不藏書，莫知所懸，孔氏是也。若孔氏既與伏生同藏書，何不與伏生同發書哉？曰：孔氏不藏書，共王曷爲而還書哉？曰：親藏而親出之，因其出之勤，憫其藏之苦。吾從而信之。藏書之人，非發書之人，則其藏也，爲無藏。發書之人非藏書之人，則其發也，爲虚發。吾是以詎之而不信。既設爲發書之譎，不得不設爲藏書之詐，以張本焉。不然，何待共王之言既行，然後孔氏始知有藏書之言耶？僞之生僞，相爲首尾，無非欲古文僞書之亟行耳。吾是以知二僞相因而起，學者無爲輕信之也。因漢定即發出者，其情真，其事實，因孔氏不知有書者，其情假，其事虚。

三年，趙高弑二世，立子嬰。殺趙高。立四十日，楚將沛公破秦軍，入武關至霸上，子嬰降軹道傍，月餘，項藉入秦，殺子嬰，焚阿房宫，三月火不滅。沛公與秦民約法三章。餘悉除去秦苛法。

案：秦苛法雖悉除去，然當兵大起之際，方爲逃難之徒，伏生猶未得出其所藏。

高帝元年至五年冬十月，漢兵追項羽至固陵，十二月至垓下。

項羽甫誅，漢猶未定，伏生亦未得出其所藏。

伏生出書於漢定譜第四

六年，諸侯王皆上疏，請漢王爲皇帝。二月甲午，即皇帝位於汜水。《儒林傳》伏生藏《尚書》於屋壁，「其後兵大起，流亡。漢定，伏生求其書，亡數十篇，獨得二十九篇，即以教於齊、魯之間，學者由是頗能言《尚書》，諸山東大師無不涉《尚書》以教矣」。

案：是時秦滅項誅，漢已定矣。伏生始求其壁藏之書，亡數十篇，獨得二十九篇，即以教於齊、魯之間。是時伏生年當五十有餘矣。二十九篇目録列於後：

《**虞書**》得二篇　《汨作》、《九共》、《槀飫》三篇亡。

《**堯典**》　《**皋陶謨**》

《**夏書**》得二篇　《五子之歌》、《胤征》二篇亡。

《**禹貢**》　《**甘誓**》

《**商書**》得五篇　《帝告》、《釐沃》、《湯征》、《汝鳩》、《汝方》、《夏社》、《疑至》、《臣扈》、《典寶》、《仲虺之誥》、《湯誥》、《明居》、《伊訓》、《肆命》、《徂后》、《太甲》、《咸有一德》、《沃丁》、《咸乂》、《伊陟》、《原命》、《仲丁》、《河亶甲》、《祖乙》、《説命》、《高宗之訓》，亡二十六篇。

《湯誓》　《盤庚》　《高宗肜日》　《西伯戡黎》　《微子》

《周書》得十九篇　《泰誓》、《武成》、《分器》、《旅獒》、《旅巢命》、《微子之命》、《歸禾》、《嘉禾》、《蔡仲之命》、《成王政》、《將蒲姑》、《周官》、《賄肅慎之命》、《亳姑》、《君陳》、《畢命》、《君牙》、《冏命》，亡一十八篇。

《牧誓》　《洪範》　《金縢》　《大誥》　《康誥》　《酒誥》　《梓材》　《召誥》

《洛誥》　《多士》　《無逸》　《君奭》　《多方》　《立政》　《顧命》　《呂刑》　《文侯之命》

《費誓》　《秦誓》　序

以上伏生出其壁藏得二十八篇，序一篇，合之共得二十九篇，即以教於齊、魯之間者，此也。《泰誓》後出，何云「即教」？可見先儒之繆妄。

鷟曰：太史公載伏生之事，特爲詳悉。其藏於壁，出於壁，因焚書而藏，漢定而出，所得之目與夫即以教人於齊、魯之間，學者由是言《尚書》，山東諸大師無不涉《尚書》以教，萬世不刊之功，歷歷然如指諸掌。但失亡者多，學者是以不得睹完經，作僞者紛紛於後。然《尚書》得立學官於朝，大臣鴻儒皆傳《尚書》，又文帝求治《尚書》之人，詔太常遣晁錯傳授之力也。後人不能知太史公精微曲折之意，顧乃造作言語，妄肆謗傷。蓋其售僞之甚勇，故其立言之悉邪。惟其立言之悉邪，故其悖戾之不知。然則鼂錯之受，安有差訛也哉！張生、歐陽生博士在朝者，亦決不使至於差訛也。由此觀之，售僞者非能欺人，人自不思不察，而墮於自欺焉耳。辟猶泛舟河洛，而昧維禹之績，局局焉致隆於白圭，不亦異乎！

高帝十二年夏四月，帝崩。惠帝元年，伏生是時年五十有餘矣。四年，除挾書律。七年秋八月，惠帝崩。

即位汜水，漢已定矣。孔氏藏書，猶不知出，想秦、項雖亡，律未除去。或者有司習秦苛法，持挾書之律羅織，孔氏罪亦難逭。故不敢輕犯也。然伏生出書於漢定之日，遍教於齊、魯之間，有司無羅織之心，伏生膺尊寵之詔，然則謂孔氏藏書於壁與伏生同者，乃好事者之假託，而非實事歟？今人情貯物於櫝，猶不忘時加展省，況以士親聖經，棄置如遺，茫然不知，猶謂其藏書爲實而匪僞耶？

高后稱制，元年，是時伏生年已六十有餘矣。八年，秋七月，太后崩。

文帝元年，伏生年已七十有餘矣。文帝十年，伏生已八十有餘矣。至帝末年，已九十餘矣。好經之主，求治經之切，聞伏生能治，即使召之，憫老不能行，詔使鼂錯往受之，其所以尊榮之者至矣。假令先聖之裔有能藏經於壁，取經以進，吾不知帝宜如何而尊崇之，宜如何而顯榮之。而孔氏之門卒無一人肯出所藏以應文帝之求者，其故何哉？其妻子奚奴目擊斯事者曾無諄諄然聚族①而謀曰：愛經之主不世出，頃蒙主上寵榮伏生如彼，吾家經術道興之候也，壁經不發，則與焚書嬴秦同歸殊途，俱就滅亡，奚貴於藏哉？内愧於本心，上負於聖主，吾不忍爲矣。今不見有一人、不聞有一言，蓋其先實無所藏，故其後亦不知所發。其先實不目擊斯事，故其後亦寂無言及斯事，豈不較然明甚矣哉！

史載尚書序譜第五

《史記》：「衆皆言於堯曰：『有矜在民間，曰虞舜。』堯曰：『然。朕聞之，其何如？』岳曰：『瞽者子，父頑，母嚚，弟傲，能和以孝。烝烝治，不至姦。』堯曰：『吾其試哉！』於是堯妻之二女，觀其德於二女，舜飭下二女於嬀汭，如婦禮。堯善之，乃使舜慎和五典，五典能從。」吾載此條，見子長之見②與孟子同，雖言孔安國治古文，用《泰誓》作記，然宗《堯典》一篇，黜《舜典》，削其序。昭昭③見於言意之表，深得孟傳，彷佛麟書也；倡僭如安國、謐、方輿，不足言哉！僭如穎達、沈，寧不

---

① 族，原作「於」，據李本改。
② 之見，原無，據李本補。
③ 昭昭，孔本作「照照」，據李本改。

厚顏哉！①

「乃偏入百官，百官時序」至「於是舜歸而言於帝②，流共工於幽陵，以變北狄」云云。於成湯時，③其言又失次第。今案：《序》乃伏生之《書》，後自爲一篇者，小司馬乃分置篇首。〇咎單作《明居》。今書綴於「作《湯誥》」之下。〇帝太甲元年，伊尹作《伊訓》、作《肆命》，作《徂后》。《序》首有「成湯既没」，無下二「作」字。〇帝太甲既立，三年不明，暴虐不遵湯法，亂德。於是伊尹放之於桐宮三年。伊尹攝，行政當國，以朝諸侯。帝太甲居桐宮三年，悔過自責反善，於是伊尹乃迎帝太甲而授之政。太甲修德，諸侯咸歸殷，百姓以寧。伊尹嘉之，迺作《太甲訓》三篇。《序》曰：「太甲既立，不明。伊尹放諸桐，三年復歸於亳。思庸，伊尹作《太甲》。」帝沃丁之時，④伊尹卒。既葬伊尹於亳。咎單遂訓伊尹事，作《沃丁》。《序》多同。帝太戊立，伊陟爲相。亳有祥，桑、穀共生於朝，一暮大拱。伊陟贊言於巫咸。巫咸治王家有成，作《咸乂》，作《太戊》。序多同。

帝太戊贊伊陟於廟，言弗臣，伊陟讓，作《原命》。《序》曰：「太戊贊於伊陟，作《伊陟》、

---

① 姜案：書末跋稱：「寧不厚顏哉」細字下空十七字。
② 帝，原無，據李本補。
③ 姜案：書末跋稱：「於成湯時」細字上脱去數行。
④ 姜案：書末跋稱：「帝沃丁之時」，上空八字。

《原命》。」　帝仲丁遷於隞。《序》曰：「作《仲丁》。」「隞」作「嚻」。　河亶甲居相。《序》曰：「作《河亶甲》。」　祖乙遷於邢。《序》曰：「祖乙圮于耿，作《祖乙》。」　帝盤庚之時，殷已都河北。盤庚渡河南，復居成湯之故居。乃五遷無定處。殷民咨胥相怨，不欲徙。盤庚乃告諭諸侯大臣曰云云。帝小辛立，殷復衰。百姓思盤庚，迺作《盤庚》三篇。《序》曰：「盤庚五遷，將治亳，殷民咨胥怨，作《盤庚》。」　武丁夜夢，得聖人名曰「說」，以夢所見視羣臣百吏，皆非也。於是乃使百工營求之野，得說於傅險中，與之語，果聖人。舉以爲相，殷國大治。故遂以傅險姓之，號曰「傅說」。《序》同。但史釋而行之。　武丁祭成湯，明日有飛雉升鼎耳而呴。武①

十八篇出於壁藏古文，東晉時方出。歲時先後，昭若日星。蔡沈曾不知察，喪其良心，亦已甚矣，猶矜辨智，肆其噭噭，豈不醜哉！人曰：其目有蚓，吾未之信也。　武王病，天下未集，羣公懼。穆卜，周公乃祓齋，自爲質，欲代武王。武王有瘳。《序》曰：「武王有疾，周公作《金縢》。」管叔、蔡叔、羣弟疑周公，與武庚作亂，叛周。周公奉成王命，伐誅武庚、管叔，放蔡叔。《序》曰：「武王崩，三監及淮夷叛，周公相成王，將黜殷，作《大誥》。」以微子開代殷後，國於宋。②《宋微子世家》云：「乃命微子開代殷，後奉其先祀，作

---

① 姜案：書末跋稱：「鼎耳而呴武」之下、「十八篇出於壁藏」細字上，共空廿一行又十五字。

② 以微子開代殷後國於宋，李本作「乃命微子開代殷，奉其先祀，作《微子之命》，以申之，國於宋」。

《微子之命》以申之。曰：「成王既黜殷命，殺武庚，命微子啓代殷後，作《微子之命》。」頗收殷餘民。以封武王少弟封爲衛康叔。晉唐叔得嘉穀，獻之成王。成王以歸周公於兵所。周公受禾東土，旅天子之命。初，管蔡叛周，周公討之，三年而畢定。故初作《大誥》，次作《微子之命》，次《歸禾》，次《嘉禾》，次《康誥》、《酒誥》、《梓材》。《序》曰：「唐叔得禾，異畝同穎，獻諸天子。王命唐叔歸周公於東，作《歸禾》。」又曰：「周公既得命禾，旅天子之命，作《嘉禾》。」又曰：「成王既伐管叔、蔡叔，以殷餘民封康叔，作《康誥》、《酒誥》、《梓材》。」成王在豐，使召公復營洛邑，如武王之意，周公復卜，申視卒營築，居九鼎焉。曰：「此天下之中，四方入貢，道里均。」作《召誥》、《洛誥》。《序》曰：「成王在豐，欲宅洛邑，使召公先相宅，作《召誥》。」「召公既相宅，周公往營成周，使來告卜，作《洛誥》。」成王既遷殷遺民，周公以王命告，作《多士》、《無佚》。《序》曰：「成周既成，遷殷頑民，周公以王命作《多士》。」「周公作《無逸》。」召公爲保，周公爲師。東伐淮夷，踐奄。遷其君薄姑。成王自奄歸，在宗周，作《多方》。既絀殷命，襲淮夷歸，在豐，作《周官》。《序》曰：「成王東伐淮夷，遂踐奄，作《成王政》。」又曰：「成王既踐奄，將遷其君于蒲姑，作《將蒲姑》。」「成王歸自奄，在宗周，誥庶邦，作《多方》。」「周公作《立政》。」「成王既黜殷命，滅淮夷，還歸在豐，作《周官》。」《燕世家》：成王既幼，周公攝政當國踐祚，召公疑之，作《君奭》。《序》曰：「召公爲保，周公爲師。相成王，爲左右。召公不悅，周公作《君奭》。」《周本紀》：「成王既伐東夷，息慎來賀，王賜。榮伯作《賄息慎之命》。」《蔡世家》：「蔡叔度既遷而死，其子曰胡，胡乃改行率德馴善。周公聞之，而舉胡以爲魯卿士。魯國治，周公言於成王，復封胡於蔡，以奉蔡叔之祀。」《序》曰：「蔡叔既没，王命蔡仲踐諸侯位，作《蔡仲之命》。」《魯世家》：「周公在豐，病，將没，曰：『必葬我成周，以明吾不敢離成王。』周公既卒，成王亦讓，葬周公於畢，從文王，以明予小子不敢臣周公也。」《序》曰：「周公在豐，將没，欲葬成周。公薨，成王葬於畢，告周公，作《亳姑》。」《本紀》：「成王崩，二公率諸侯以太子釗見於先王廟中，告以文王、武王之所以爲王業之不易，務在節儉，毋多欲，以篤信臨之，作《顧命》。」「康王即位，徧告諸侯，宣告以文武之業，以申之，作《康誥》。」《序》曰：「成王將崩，命召公、畢公率諸侯，相康王，作《顧命》。」篤曰：太史公用安國古文，故載《康王誥》序，今當删去也。「康王命作策畢公，分居里成周郊，作《畢命》。」《序》曰：「康王命作册畢，分居里成周郊，作《畢命》。」「穆王閔文武之道缺，乃命伯臩，申誡太僕，作《臩命》。」《序》曰：「穆王命君牙爲周大司徒，作《君牙》。」「穆王命伯冏爲周太僕正，作《冏命》。」「甫侯言於王，作修刑辟，命曰《甫刑》。」《序》曰：「吕侯命穆王，訓夏贖刑，作《吕刑》。」《魯世家》：「伯禽即位之後，管、蔡等反，淮夷、徐戎亦並興反，於是伯禽率師伐之，於肸，作《肸誓》。」考《周紀》、《晉世家》，闕《文侯之命》。《序》曰：「魯侯伯禽宅曲阜，徐夷並興，東郊不開，作《費誓》。」《秦本紀》「穆公自茅津渡河，封殽中屍，爲發喪，哭之三日，乃誓於軍曰」云云。《序》曰：「秦穆公伐鄭，晉襄公帥師敗諸殽。還歸，作《秦誓》。」

太史公於伏生壁中所得經二十八篇並序一篇，總之有二十九篇之書法矣。又采取其經序之文，入於《史記》之中者，班班可考如此。于之見太史公之尊我夫子焉，于之見太史公之敬信我伏生焉，于之見序與七十七篇之經同出於嬴秦之先上聖大知之書焉，于之見序與正經同貯於秘府、博士職是書者睹以開説于人主之前焉，于之見焚書之時同藏於伏氏之壁、漢定之時同得於壁中之藏焉。《漢書·藝文志》曰：「《易經》十二篇。」顔師古曰：「上、下二經並夫子十翼同稱，曰十二篇。」虞、夏、商、周之《書》，夫子纂七十七篇，都爲一部，又自序言其作書之意，爲一篇。及漢定所得，子長更不分别孰爲經孰爲序，總曰二十九篇。與《藝文志》尊十翼爲經者同旨。故曰「于之見太史公之尊崇吾夫子」。凡史遷所記，唐、虞三代之本紀、世家、列傳，靡不據二十八篇之經。而序文之述，亦靡不班班可考於本紀、世家、列傳之中。敬生之《書》，有若神明，而其人亦隨而敬。信生之《書》，有若四時，而其人亦隨而信。故曰「于之見太史公之敬信吾伏生」。兩漢三國①洪博碩大之儒，皆言《序》爲夫子所作無疑。或者乃曰：非然，則亦夫子口傳，文學之士游、夏所爲。或者又曰：非然，則亦文學之士再傳高弟所爲。然源遠而末益分，易失於意之所便。今

① 國，原作「代」，據李本改。

《序》文明白簡易，而微妙無窮；提絜綱領，而大義可尋，有非常情所易及者。故曰「于之見序與七十七篇之經同出於嬴秦之先上聖大知之所爲」。《周禮》：「外史掌四方之志，掌三皇五帝之書，掌達書名於四方。師氏掌以媺詔王。」秦設官雖不盡同周制，然切於日用而不得不同者，雖百世可知也。其置博士，掌通古今，秩比二千石，多至數十人，不先有以掌之，其孰得而訪之。不先有以貯之，其孰得而掌之，故曰「于之見序與正經同貯於秘府、博士所職時以開説於人主之前」。伏生爲博士，正掌《尚書》經者，平生精神心術，盡萃是書；欲待顧問講論，盡備是書。一旦遭時燔灼，不忍壁經而棄序，取出即以教人，要當提序以明經。故「于之見秦焰時同藏於伏壁、漢定時同出諸壁中」。噫！伏生之於二十九篇，愛護辛勤，如此其極；子長之於書法，整齊嚴肅，靡有苟且，奈何冒没輕饞之徒，肆其媢嫉併吞之巧！孔安國首散序於各篇之端，使二十九篇之目俄空其一篇，此賊之魁也。張霸以《泰誓》三篇，默易《舜典》、《益稷》與《序》三篇，縱恣抄略，無賴莫當，此賊之黨也。「讓於虞舜」，此《堯典》序文，括二聖至德之光，垂於千載，言約而意盡矣。既無《舜典》，安有舜序？譏歷試諸艱，不足以盡一篇之意者，非所謂認賊爲宗乎？晉人寇略魏絳、辛箴者，謂之經文；先秦聖序平正通達者，謂之贅疣，非所謂小兒强作解事者乎？其他相類不言者，仿此。《康誥》，成王命周公封康叔之誥也。史記故典昭然可考，乃逞其臆説以爲武王之誥。怒其萌①芽，以悖太陽，何其不知量哉！聊舉一二以見其餘，此賊之不辨菽麥，望風奔潰者也。垂涎冒昧，變詐百出，而卒不敢攘伏生所出之《序》，以爲己出者，二十九篇之書法一出，而班班復見於《史記》之中，終不可得而昧其是非之本心也。僞《泰誓》、十六篇出矣，而卒未嘗言《序》與西漢古文同出者，伏生之出在漢定之初故也。二十五篇出矣，而卒未嘗言《序》與東晉古文同出者，二十九篇之書布在《史記》故也。假令無《史記》，則造爲《大禹謨》者，吾不知其有幾人焉；裂爲《舜典》、《益稷》、《康王之誥》者，吾不知其又有幾人焉。伏生誠有功於聖門，太史公②又有功於伏生。

以上一卷之二，譜二十九篇壁藏之正經，爲伏生有功聖門之元勳。

① 「萌」下，原衍一「萌」字，今删。

② 公，原無，據李本補。

尚書譜卷之二（二之一）

旌川梅鷟學

孔安國專治古文譜

孔安國者，孔子十一世孫也。聖孫子思伋生子上白，白生子家求，求生子京箕，箕生子高穿，穿生慎，爲魏相。慎生鮒，爲陳涉博士，死於秦兵。鮒弟子襄，爲惠帝博士、長沙太守。襄生中，中生武，武生延陵及安國，爲武帝博士，臨淮太守。《家語序》云：「子襄以秦法峻急，壁中藏其家書，是安國祖藏之也。」然漢定不知出，惠帝除挾書令又不知出，而謂其「藏書」，真妄説也。太史公司馬遷與安國同武帝時人，且嘗朝夕從安國游者，其作《儒林傳》敘伏生事甚詳，敘安國事甚略。先言文帝詔太常使晁錯往受伏生《尚書》，因備述其壁書、出書、教書，山東諸大師皆涉《尚書》以教。且述張生、歐陽生，遂言歐陽生教千乘兒寬。寬又受業博士孔安國，始爲弟子都養，次補廷尉，後爲御史大夫。張生亦爲博士。而伏生孫以治《尚書》徵，不能明也。本末甚備如此。及孔安國，則云：「自此之後，魯周霸、孔安國、洛陽賈嘉，頗能言《尚書》事。」「孔氏有古文《尚書》，而安國以今文讀之，因以起其家，逸《書》得十餘篇，蓋《尚書》滋多於此矣。」今將十六篇古文目録列於後：

《舜典》《汩作》《九共》《大禹謨》《益稷》《五子之歌》《胤征》《湯誥》《咸有一德》《典寶》《伊訓》《肆命》《原命》《武成》《旅獒》《冏命》

是十六篇者，子長言孔氏有之而未嘗言其出於壁，雖安國亦未嘗言壞宅所還也。劉歆、班固亦皆言十六篇，與子長十餘篇合，則此十餘篇辭鄙淺而文多脱，雖非聖刪之正經，而實爲安國之古文。後人乘其掊擊廢棄之隙，遂以東晉方出二十五篇之古文默冒而充之，則其歲時先後、數目多寡，如晨夜之限甚明，一毫不可得而紊者矣。

鶩曰：古文科斗書凡更幾變，而後至於周矣。周成王時史籀始爲籀文，則籀文者，周家之文也，時王之制度也。爲時陪臣不從時制文字，時王其謂我何？臣子之心，其意何居？夫子曰：「愚好自用，賤好自專，生今之世，反古之道，災及其身者也。」子思子曰：「今天下書同文。」夫子、子思言之，而自食其言，有此理也乎哉？故吾以古文必非夫子、子思之所傳，成周天下一統，籀文顯行，反古文而不同今文，豈不駭人耳目哉？或曰：時王斧鉞力不能討，陰用其文，傳諸後嗣耳。曰：聖人「不顯亦臨，無射亦保」，豈有身居周世而陰用上古之文書在己之載籍、獨善於家哉？吾意安國爲人，必也機警了悟，便習科斗文字，積累有日，取二十九篇之經既以古文書之，又日夜造作《尚書》十餘篇雜之經内，又裂出數篇以爲伏生老髦之誤合。始出欺人，曰：家有《古文尚書》，吾以今文讀之。是始以古文駕今文而取勝，終以今文定古文而徵實，其計可謂密矣。曾弗思聖祖哲孫曷嘗反古道、革時制，自食其言也哉！且博士所掌，先秦之真本也，豈敢私改本真？營惑上聽，罪焉逭諸！居或不寤，人必啓之矣。學者知古文不宜有，而正經不可裂，則安國晚出之私書，亦焉得而掩其肺肝之如見哉！

孔安國私增序文

虞舜側微，堯聞之聰明，將使嗣位，歷試諸艱，作《舜典》。

安國既裂正經，增《舜典》篇名，故不得不增《舜典》序文也。「側微」，有鰥在下也。「堯聞之」，即堯曰「予聞也」。「聰明」者，序以稱堯，竊以稱舜也。「烈風雷雨弗迷」之後，缺無一言。擬以聖序，全然不同。蔡沈無伏①「舜典」二字之前，稽額二十八字之下。今以正經本無，删之。《孟子》引《堯典》曰「二十八載」云云。子長作《本紀》曰：「舜飭下二女於嬀汭，如婦禮，堯善之，乃使舜慎和五典，五典能

① 姜案：「無伏」，不可解。

從。」中間可裂《舜典》乎？ 篇首可著一字乎？ 序文置諸何篇乎？ 沈不但不讀《史記》，兼《孟子》亦不之讀也。 彼哉！ 彼哉！

皋陶矢厥謨，禹成厥功，帝舜申①之，作《大禹》、《皋陶》、《益稷》。

自「皋陶曰」至「拜昌言曰俞」，首句所敘。自「帝曰來禹」至「師汝昌言」，次句所敘。自「禹曰都」至末，第三句所敘。流於長，故曰「作《皋陶謨》」。安國因作《大禹謨》，故私增「大禹」二字。因裂出《益稷》，故私增「益稷」二字。殊不知《大禹謨》篇在前，當先曰「大禹矢厥謨」。蔡沈當評曰「序文淆次」。今不言，何故？《大禹謨》篇，禪讓大事，宇宙間獨載見，今敘無一言及，蔡沈當評曰「序文全無發明」，今不言，又何故？ 無乃亦有所狐疑於心乎？ 不能遂克，乃自賊。

康王既尸天子位，遂誥諸侯，作《康王之誥》。

安國裂出《康王之誥》，故私增序文，正經本無《康王之誥》，安得更有序文哉？ 子長削《舜典》序，而存《康王之誥》序，是則必有微意。《舜典》、《益稷》，安國已入十六篇，而《康王之誥》未入十六篇，豈安國晚年方裂出《康王之誥》歟？ 然《舜典》、《康王之誥》同增篇名、增序文，自爲一類；《大禹》、《益稷》因夫子原序而增二篇名，止四字耳。學者不可不知。

① 申，原作「由」，據李本改。

孔①安國古文泰誓

馬融云：「《泰誓》後得。」鄭玄《書論》亦云：「民間得《泰誓》。」《别録》曰：「武帝末，民有得《泰誓》書於壁内者，獻之。與博士，使讀説以教人。」孔穎達曰：「《泰誓》非伏生所傳，而言二十九篇者，馬遷在武帝之世見《泰誓》出而得行，入於伏生所傳内，並云伏生所出。但伏生雖無此一篇，而書傳有八百諸侯俱至孟津、白魚入舟之事，與《泰誓》事同。王充《論衡》及後漢史獻帝建安十四年黄門侍郎房宏等説云：『宣帝太和元年，河内女子有壞老子屋，得古文《泰誓》三篇。』」語多不協。今考其顯行於後。

婁敬

昔者嘗怪先漢《泰誓》辭甚鄙俚，而詭經背理，自人主以下，大儒文宗莫不采取，天下家傳而人誦之，雖博士職掌聖經者，但不肯置對，而喑②不敢出一聲與之觗校是非，傳之數

① 孔，原無，據李本補。
② 喑，原作「諳」，據李本改。

十世，亦莫不從風而靡，其故何哉？ 慨自秦世持亡秦祖襲①之讖驗，天下固已傾心趨向之矣。 暨高祖斷蛇雲覆之祥，從者以此畏服，天下以此歸心，游士以之曉譬諸侯，辨士以之開説人主。 擇周武王之事與此相類者，以之發辨。 婁敬曰：「師渡孟津，不期而會者八百諸侯。」孔穎達曰：「僞《泰誓》有此文。」當時僞《泰誓》未出，然則説客辨士之言，作僞《泰誓》之濫觴也。 僞《泰誓》之篇立，斷蛇覆雲之赤幟也。 孔安國選擇人情之所喜談而樂道者，以造古文，故言出而人自信，采掇時俗之所習尚而趨向者，以載古事，故理偭②而人莫察。 雖有至理，將不暇辨。 雖有正經，將不敢校。 辨則犯時世之所忌。 而校則干人君之赫怒，將以是爲大不敬也。 作此篇者，喜不自勝，固無暇慮及於文辭之不雅備，而人③亦無暇以不雅備而訾之者。 不然，當時天下豈獨少一④馬季長哉？ 若夫宣帝時河内女子之所獻，與夫元、成間張霸僞造之所傳，則因默奪安國古文之鵲巢，以來晉人古文之鳩居，故多爲變閃之言，使人不得而捕其蹤，斯固不足信也已矣。

① 姜案：「祖襲」，不可解，「襲」，或作「龍」。
② 偭，原作「面」，據李本改。
③ 人，原無，據李本補。
④ 一，原作「以」，據李本改。

董仲舒對策

武王渡河，中流白魚入於王舟，有火流於王屋，化爲烏，其色赤，其聲魄，周公曰：「復哉！復哉！」

鷟曰：一真而一僞，則真者不待辨而明；俱僞而一近理，則近理者不待商而勝。曷謂真？二十九篇之聖經是也。曷謂僞？古文《泰誓》、十六篇是也。曷謂「俱僞而一近理」？先漢古文《泰誓》、十六篇，語怪而文漏，僞之不近理者也。東晉古文二十五篇，語去怪而文多存，僞之近理者也。不近理者，始莫知其僞，人主以下莫不誦習以爲真。浸之露其醜，久之大露其醜，然猶不至徹廢。迨及東晉古文二十五篇者出，又僞爲安國作《傳》與《大序》，於是欺人曰：此真孔安國之古文也，真共王發宅之所還也。人不知其彌近理而大亂真，隨而自昧其本心，顧曰：無理之古文尚認以爲真，顯行於數百載近理之古文可不徑認以爲真？不可真之古文尚張爲孔壁所還，最可真之古文獨不當真張爲孔壁所出？遂不復三思而考究其奪真之所以然。又以「流落人間」一句，文飾其兩漢、三國、西晉茫然無蹤跡之實，從而和之曰「近理」。至此復以何者而謂之真？殊不知董仲舒漢世大儒，朝夕從安國游，安國宜出其近理之真者與仲舒切磋究之，而仲舒聞之稔，當以對天子之問策。顧乃棄其近理之真，述其悖理之僞，且以之大對於天子之庭，何其大不近人情邪？對策而出，必爲安國誦之。安國又直視其三對，而曾無一言以正仲舒之失，又何其亦不近人情邪？至其晚節縱陰閉陽之説，執迷不悟，爲弟子不知所詆，下獄幾死。蓋崇信聖裔，以僞古文爲真聖人之書，故用之不疑。夫仲舒但知先漢《泰誓》而用之，安國不知東晉古文而正之，漢武不見東晉古文而取之，則其書出之先後歲時各有定限，而東晉古文雖近理，斷不可以上冒安國古文，豈不彰明較著也哉！

武王本紀

太史公作夫子《世家》，贊曰：「高山仰止，景行行止。雖不能至，然心向往之。」又曰：「至今言六藝者，皆折衷於夫子，可謂至聖矣。」夏商周贊曰：「行夏時，乘殷輅，服周冕。」漢贊曰：「以亥爲正，黄屋左纛，常①冠竹皮冠。」言其與三代侕矣。世家，首太伯至德。列傳，首伯夷得仁。允矣，其折衷於夫子也。

至作《周武王本紀》，何其大不折衷於夫子哉？皆剿取先漢《泰誓》之文，而東晉《泰誓》之文近理者，半言隻字莫取，何爲也哉？子長一旦驟不好奇耶？子長從安國游之日久矣，一旦驟不心服安國也耶？意者以高祖斷蛇雲覆之祥，與周武王事大相類，聖人之彌孫所傳，故不疑其非聖人之書，而直採以作《本紀》也哉？其心以爲未始不折衷於夫子

---

① 常，原作「帝」，據李本改。

也哉？東晉古文實出於東晉之時，非安國作，是以太史公無從而採取也哉？曰：安國專治古文，古①文體之別，猥并之蹤，孟浪之辭，無忌之惰，皆在所當討清者，矧歲時之限，逸書之考，彰彰如此乎哉！

劉向説苑

仲舒②，大儒也；子長，良史也；有司，皆漢卿大夫也；劉向，博極群書也。皆以爲聖裔所傳，别無定本，深信不疑，引用不輟。《泰誓》中「附下而罔上」數語，不惟有司引之入於奏議，劉向作《説苑》亦引之，與有司同。後世陋儒懷二志於東晉後出之古文，欲挽之使上充安國之定本，遂推出劉向所引用之定本，一以爲河内女子所獻，一以爲元、成時張霸僞爲，而不知大儒良史群臣及博極群書者遞遞引用顯明如此，若東晉古文，則絶無一人談及者，不可得而掩飾誣罔也。吾不信大儒良史名臣博極群書者之所引用，而反信陋儒之私意小知也邪？然則西漢《泰誓》言雖遠理而實安國之古文，東晉古文言雖近理而

① 姜案：書末跋語稱：「安國耑治古文古」下、「文體之别」上，共空四十四行又十三字。
② 舒，原作「書」，據李本改。

實後出之檴僞。

李顒集注尚書

孔穎達曰：「李顒於僞《泰誓》篇每引『孔安國曰』，計安國必不爲彼僞書作傳，不知顒何由爲此言？」

鷟曰：穎達之言云耳，可謂言之放紛、心之頗僻、知之昏庸、思之顛①繆者矣。穎達學不正於仲舒，才不長於子長，博不侔於劉向。由穎達言之，謂之「僞書」。由安國當時言之，謂之「聖書」，故仲舒以對天子，子長以紀武王，劉向以作《說苑》，穎達安能奪其當時所謂「聖書」而以爲「僞書」耶？今姑無暇論其書之僞，但一旦奪其心術之所存者，而以爲非所存，則不惟欺安國之本心，抑且欺穎達之自心矣。斯不亦見其言之放紛者乎？

言出於心，放紛由其心之頗僻也。僞之角僞，其道不容以兩立。邪之勝邪，其情必歸於致隆。穎達之心，欲前僞之亡而後邪之勝，故不得不痛抑前僞而死黨後邪也。斯不亦見其心之頗僻者乎？

由吴才老之言，則以其書之詰屈聱牙，而知其文從字順者非古；由朱文公之言，則知其後時方

---

① 顛，李本作「顯」。

出可疑之甚,《大敘》與《孔叢子》相似,同是僞書; 由草廬吴先生之言,則以其體製之一手採掇之,可訂平緩卑弱之不類漢文,斷爲僞。穎達既不知涇渭之辨,又不考歲時之限,又不能尋根柢之窟,猥以近理而多方致隆,斯不亦見其知之昏庸矣乎?

西漢古文僞也,東晉古文亦僞也。但《泰誓》、十六篇實出於安國,安國故爲作傳,不獨安國作傳,至杜林、賈逵、馬融、鄭玄等猶相繼作傳不已。今反曰:「安國必不爲彼僞書作傳。」二十五篇之古文,東晉時方出,西晉、三國、兩漢所未之有、未之見者,而一但①僞爲安國《敘》、《傳》,與古文忽然而突出,此晉人之奸詐巧譎,而穎達認以爲真,而不知西晉以前儒者皆謂「逸《書》」,況安國哉! 斯不亦見其思之顛繆矣乎?

余因知晉人冒安國之古文,而又假安國之《序》、《傳》者,亦以安國曾傳《泰誓》、十六篇於西漢時故也。不述安國之舊業,人不信之矣。微李顒所引,則安國之舊業,又爲晉人、穎達一切沉没之矣。其誰知之!

今爲李顒答曰: 當顒世,止見安國有《泰誓》、十六篇傳注,計安國必不能逆見晉時古文,不知穎達何爲倒道而言?

余則以爲,使穎達因李顒所引,更考安國所作《論語傳》,庶幾醯雞之覆,其得發乎!

以上二卷之一,譜安國古文出於漢武之世,乃正經受厄之一。

---

① 但,李本作「旦」。

尚書譜卷之二（二之二）

旌川梅鷟學

劉向别録古文尚書五十八篇譜

《堯典》《舜典》《汩作》《九共》九篇《大禹謨》《臯陶謨》《益稷》《甘誓》《五子之歌》《胤征》《湯誓》《湯誥》《咸有一德》《典寶》《伊訓》《肆命》《原命》《盤庚》三篇《高宗肜日》《西伯戡黎》《微子》《泰誓》三篇《牧誓》《武成》《洪範》《旅獒》《金縢》《大誥》《康誥》《酒誥》《梓材》《召誥》《洛誥》《多士》《無逸》《君奭》《多方》《立政》《顧命》《康王之誥》《冏命》《吕刑》《文侯之命》《費誓》《秦誓》

劉向《别録》五十八篇如此，可見安國將序散見各篇之端矣。孔穎達疏云：「伏生今文三十四篇，并增益二十四篇，共爲五十八篇。所謂三十四篇者，鄭玄於伏生二十九篇之内，分出《盤庚》二篇，並《康王之誥》、《泰誓》三篇，爲三十四。所謂二十四篇者，《舜典》、

《汩作》、《九共》九篇、《大禹謨》、《益稷》等共二十四篇。」可見劉向時亦全無東晉二十五篇之影響也。然鄭氏後漢末人，去向時遠，不過注向之《别録》云耳。書豈鄭氏所分哉！乃向同時人張霸所分耳。霸增《九共》爲九篇足二十四之數。後人因其足二十四篇之數，遂以十六篇爲張霸僞作，豈不謬哉！正猶伏生壁出二十九篇，孔安國裂出《舜典》、《益稷》，晚又裂出《康王之誥》，又分散其序篇。霸從而裂出《盤庚》二篇、《泰誓》三篇，足三十四篇之數耳。因其足三十四篇，遂以《泰誓》亦爲張霸僞作，豈不尤謬哉！夫張霸逞其私意小智，取伏生正經裂爲三十四篇，又取安國古文增爲二十四篇如此。劉向一世通儒，宜折衷於道，覈實其正，曰何者爲真，何者爲僞，何者爲私意小智所增益，以示後之人可也。今皆不然。特依張霸所爲而别録之，何其蔽於邪説而無特起之操也哉！曾南豐譏之曰：「天下學者知折衷於聖人而能純於道德之美蓋鮮矣。如向之徒，皆不免爲衆説所蔽而不知有折衷者也，亦可見其非豪傑之士，故不能拔起於流俗之中、絶學之後也歟！」

劉歆

哀帝時，劉歆欲立古文列於學官①，諸儒嘩而攻之。歆移太常書曰：「漢興已七八十年，離於全經固已遠矣。及魯恭王壞孔子宅，欲以爲宮，而得古文於壞壁之中。《書》十六篇，天漢之後，孔安國獻之，遭巫蠱倉卒之難，未及施行。」

鷟曰：甚矣劉歆之好詐也，甚矣歆詐之無端也。計共王至於歆時，當百餘歲，歆尚得見共王。秦虐焰至於哀時，幾二百餘年，而孔氏之人至此始得藏書，共王何其年之高！而藏書乃在還書之後。甚矣歆之好詐也，甚矣歆詐之無端也。

或曰：共王在武帝時固已精魄曠枯、精孚曠沉矣，安得復見於劉歆時？伏生藏書，漢定求之十餘年耳，强半蕩爲冷風、化爲塵土矣。安得孔氏藏書於二百餘年之後？然則吾子何其多虛辨歟？曰：吾非好爲虛辨也，請爲子實之。共王壞宅之事，東晉時託爲《大序》，有此言矣。安國之世，見於何書何篇乎？曰：無也。曰：太史公有此記，見於何篇何章乎？曰：無也。夫安國造爲古文，固欲人信之也。果有此事，寧不鋪張於頰舌，表著於汗②簡？太史公甚好奇，聖子聖孫之藏書反不足

---

① 官，李本作「宮」，誤。

② 汗，原作「漢」，據李本改。

齒於故秦時之博士哉？安國不言，太史不記，則景武時全無是事，不過一死共王而已。劉歆言其壞孔子宅，以書還孔氏，共王此時方全然有生也，歆若不目見共王，何以能道安國所不道、記太史所不記邪？是以共王年幾百餘歲，豈虚語哉！《記》曰：「始駕馬者，反之，馬在車後。」大抵不實爲其事者，必不知言其事；不知言其事者，必不知竟其事。孔氏藏書至景帝時尚不言發，則終無由竟其事也。二百年後，壞宅還書之言既出，而後孔氏始言先人藏書於屋壁，是以爲孔氏藏書在二百年後，又豈虚言哉！學者知吾言非虚，則歆欲以劫人心而使從己之情得矣。晉人緣歆言，追爲安國《大序》明矣。或曰：子之辨止此而已乎？曰：古者封國，必稽其上世之故宇。魯城故基，自鹿門至於吏門，不下四三里外。則先公之子孫，瓜瓞之蔓，椒聊之衍，孔父見殺，裔寓於魯，所居必不能逼近宫室。壞至孔宅，則闔城内外覆壓數十里，而共王侈埒天子矣。漢法甚嚴，寧不削土褫侯也哉？且壞聖人宅，又寧得晏然已乎？學者知共王之假託，則知藏書之無有；知藏書之無有，則知古文之僞造。若此而不知，則其人之知識亦從可知矣。且歆託言還書者，還《泰誓》、十六篇之書也。《三統曆》引《泰誓》曰：「丙午逮師。」又引《武成》文「越若來三月五日甲子，咸劉商王受」，與東晉《泰誓》、《武成》截然不同。晉人因東漢大儒掊擊安國，古文漸至廢棄，人無顧惜省視之者，遂緝補諸書，造理設辭，一舉而居鵲之成巢，誠譎而便矣。殊不知父向所傳、張霸所析、《三統曆》所引三者著明之甚。全無顧忌，攘爲己有，汰然欲以掩天下後世之心目，晉人何其冒昧貪悍而太無廉恥也哉！

班孟堅

鶱曰：夫子曰：「文勝質則史。」夫前之作者，據事直書，語言簡質；後之繼者，加以潤色掇葺，文斯爛矣。史與經不同，斯亦史之體宜爾也。若乃班氏《藝文志》豈特文勝質而已哉，殆以文滅質者矣！子長之傳安國古文也，曰「專治古文」、「古文滋多於此」；傳魯共王也，曰「好治宮室」，靡一長語，可謂質而不文者矣。《志》則載共王壞孔子宅，得古文《尚書》、《孝經》、《論語》；王升堂，聞鐘鼓絲竹之聲，悉以其書還孔氏，遂不壞宅。何以多虚辭溢説與子長異耶？子長，安國同時人，耳目睹記，曾不一述，猶待數百年後之孟堅耶？孟堅述之子駿，子駿亦在安國、子長後。作俑之罪，子駿信難逭矣。雖然，因其僞而究其歸，亦足以知似是而非之真在有不容掩者矣。歆曰「十六篇」，固亦曰「十六篇」，與子長所記十餘篇吻合，是歆所造共王還書，還十六篇，非還廿有五篇也。安國之《泰誓》、《武成》是在《三統曆》所引，則還書之事可强而冒，而還書之實終不可默而易也。穎達乃心僭僞，解十六篇爲十六卷，又解二十九篇亦爲二十九卷，甚至推後出之《泰誓》足二十九篇之數目，而不知正經之出時，寔①無安國之古文；安國古文之出時，寔②無二十五篇。晉人雖欲張虚作實，駕無爲有，何異於掩耳而盜鐘

① 寔，李本作「實」。
② 寔，李本作「實」。

哉！吾故曰：因其僞而究其歸，亦足以知似是而非之真在有不容掩者矣。歆之言曰：「禮失求之於野。古文不猶愈於野乎？」歆亦知先漢古文不慊於心故也。使歆若見晉古文，諸書所引咸在，要語奇字，錯落於簡，歆將思以間正經，肯擬之以野也乎哉！歆、固者，子長、安國之罪人；晉人者，歆、固之罪人；穎達，又晉人之罪人。

范蔚宗

《後漢書·儒林傳》：「《前書》云：濟南伏生傳《尚書》，授濟南張生及千乘歐陽生，歐陽授同郡兒寬，寬授歐陽生之子，世相傳，至曾孫歐陽高爲《尚書》歐陽氏學。張生授夏侯都尉，都尉授族子始昌，始昌傳族子勝，爲大夏侯氏學。勝傳從兄子建，別爲小夏侯氏學。三家皆立。」

以上蔚宗述正經所傳，三家皆得立於學官。

「又魯人孔安國傳《古文尚書》，授都尉朝，朝授膠東庸譚，爲《尚書》古文學，未得立。」

以上蔚宗述古文所傳，未得立於學官。初無所軒輊其評、上下其手之意，而附之以一時之公論，衮鉞判然矣。

「歐陽生傳伏生《尚書》，至歙八世，皆爲博士。」「牟長習歐陽《尚書》，著《尚書章句》，皆本之歐陽氏，號爲『牟氏章句』。」「宋登傳歐陽《尚書》。」「張馴傳大夏侯《尚書》。」

以上再述正經之傳，三家皆立之中，歐陽氏尤盛。

「尹敏初習歐陽《尚書》，後受①古文。」「周防師事蓋豫，受古文《尚書》。」「孔僖，魯國魯人也。自安國以下世傳古文《尚書》。」「楊倫師事司徒丁鴻，習古文《尚書》。」

以上再述古文之傳。

「北海牟融習大夏侯《尚書》。」「東海王良習小夏侯《尚書》。」「沛國桓榮述歐陽《尚書》，榮世習，相傳授，東京最盛。」

以上三述正經之傳。

「扶風杜林傳古文《尚書》，林同郡賈逵爲之作訓，馬融作傳，鄭玄注解。由是古文《尚書》遂顯於世。」

以上三述古文之傳。

鶱曰：蔚宗述伏生正經、安國古文傳授顛末，較然明白，真得太史公之書法。且盡除誕妄不經之說，使人得有所考，何其精詳簡當也哉！孟堅於是乎有愧矣。何則？伏生書三家皆得立。世固無

① 受，原作「授」，據李本改。

疑。安國書不得立，謐遂以爲流落人間，東晉始顯。今觀孔僖世傳古文《尚書》，則其子孫之傳也。都尉朝傳敏、預、防、鴻、倫、林、逵、融、玄，則其弟子之傳也。雖不得立而遞遞相承，皆爲先漢古文，非東晉古文則甚明矣。

尚書譜卷之三（三之一）

旌川梅鷟學

東晉僞爲安國古文並序傳譜

孔穎達曰：「《晉書·皇甫謐傳》云：『姑子外弟梁柳邊得《古文尚書》，故作《帝王世紀》，往往載孔傳五十八篇之書。』又云：『晉太保公鄭沖以古文授扶風蘇愉，愉字休預，預授天水梁柳，字洪季，即謐之外弟也。季授城陽臧曹，字彦始，始授郡守子汝南梅頤，字仲真，又爲豫章内史，遂於前晉奏上其書而施行焉。』」凡二十五篇，今列於後：

《大禹謨》《五子之歌》《胤征》《仲虺之誥》《湯誥》《伊訓》《太甲上》《太甲中》《太甲下》《咸有一德》《説命上》《説命中》《説命下》《泰誓上》《泰誓中》《泰誓下》《武成》《旅獒》《微子之命》《蔡仲之命》《周官》《君陳》《畢命》《君牙》《冏命》

鄱陽鄒季友曰：「案《史記》盡引伏生今文《書》二十八篇及僞《泰誓》一篇，並不引東晉所增諸篇，是太史公未見東晉古文明矣，然卻多引小序，雖亡篇之序亦有之。是西漢之世，自有百篇之序，故太史公見之，造僞《書》者亦見之，非傳出於東晉也。」

鷟曰：鄒氏言「《史記》盡引伏生今文書二十八篇」，則知今文爲孔孟的傳之真本無疑。「及僞《泰誓》一篇」，則知當時《泰誓》雖僞，而實爲孔安國之古文無疑。「並不引東晉所增諸篇」，則知二十五篇實出於東晉之時。既爲太史所未見，即爲安國所未有無疑。此雖數語而真僞遠近分明歷落，如指諸掌，可謂善於考究者矣。但序乃伏生二十九篇之目，與經同出於壁，不唯非傳出於東晉，然亦非傳出於安國。但安國取以散冠各篇云耳。鄒氏見固至此而猶未盡也。崇《堯典》，削《舜典》篇名并外序。攝位不稱帝，次《大誥》，次《嘉禾》，次《康誥》等失考。

晉人既僞爲得安國古文二十五篇矣，又用安國復出之五篇，又兼用張霸分裂之篇目，以合劉向之《別録》五十八篇，然後《大序》於首，置孔《傳》於下，使人不得而摶捕其蹤跡，今詳列於後：

《堯典》《舜典》《大禹謨》《皋陶謨》《益稷》《禹貢》《甘誓》《五子之歌》《胤征》《湯誓》《仲虺之誥》《湯誥》《伊訓》《太甲上》《太甲中》《太甲下》《咸有一德》《盤庚上》《盤庚中》《盤庚下》《説命上》《説命中》《説命下》《高宗肜日》《西伯戡黎》《微子》《泰誓上》《泰誓中》《泰誓下》《牧誓》《武成》

《洪範》《旅獒》《金縢》《大誥》《微子之命》《康誥》《酒誥》《梓材》《召誥》
《洛誥》《多士》《無逸》《君奭》《蔡仲之命》《多方》《立政》《周官》《君陳》
《顧命》《康王之誥》《畢命》《君牙》《冏命》《吕刑》《文侯之命》《費誓》
《秦誓》

以上東晉古文五十八篇。

吴氏曰：「伏生得於既耄之後，而安國爲隸古文，特定其所可知者。而一篇之中、一簡之内，其不可知者蓋不無矣。乃欲以是盡求作書之義，其亦可謂難矣。而安國所增多之書，今篇目具在，皆文從字順，非若伏生之書詰曲聱牙，至有不可讀者。夫四代之書，作者不一，乃至二人之手而遂定爲二體乎？其亦難言矣。」吴説亦□①，但伏生得於髦後，一失考之甚，幾於助僭爲僞矣。

朱子曰：「《書》凡易讀者，皆古文。豈有數百年壁藏之中，不能損一字者？」又曰：「伏生所傳者皆難讀，如何伏生偏記其所難，而易者全不能記也？」又曰：「孔安國書至東晉時方出，前此諸儒皆未見，可疑之甚。」又曰：「《書序》，伏生時無之，其文甚弱，亦不是前漢人文字，只似後漢末人。」又曰：「《小序》決非孔門之舊，安國《序》亦非西漢文章。」又曰：「先漢文字重厚，今《大序》格致極輕。」

① 原文無法辨識。

又曰：「《尚書》孔安國《傳》是魏晉間人作，託安國爲名耳。」又曰：「孔《傳》并《序》，皆不類西京文字氣象，與《孔叢子》同是一手僞書。蓋其言多相表裏，而訓詁亦多出《小爾雅》也。」議論光明，但古文言「壁藏」，今文言「偏記」，亦未曉。①

臨川吴氏曰：「漢儒所治不過伏生書及僞《泰誓》，與張霸分析安國古文十六篇爲二十四篇而已。二十四篇雖在，而辭義兼鄙，不足取重於世，以售其欺。及梅頤二十五篇之《書》出，則傳記所引《書》語、注家指爲『逸《書》』者，收拾無遺，既有證驗，而其言悉近於理，比先漢古文遼絶矣。析伏生書二十八篇而爲三十三篇，以新出之書，通爲五十八篇，並《書序》一篇，凡五十九篇，有孔安國《傳》及《序》，上冒共王壞孔宅所還，世遂以爲真孔壁所藏也。唐初諸儒從而爲之疏義，自是以後，漢世大小夏侯、歐陽氏所傳《尚書》止有二十九篇者，廢不復行，惟此孔傳五十八篇孤行於世。伏氏書既與梅頤所增渾淆，誰復能得？竊嘗讀伏生書，雖難盡通，然辭義古奥，其爲上古之書無疑。梅頤所增二十五篇，體製如出一手，采緝補綴，雖無一字無所本，而平緩卑弱，殊不類先漢以前之文。夫千年古書至晚乃出，字畫略無脱誤，文勢略無齟齬，不亦大可疑乎？夫以吴氏及朱子所疑者如此，顧澄何人，敢質斯疑②而斷斷然不敢信此二十五篇之書爲古書，則是非之心不可得而昧也，故今以此二十五篇自爲卷帙，以别於伏氏之書，而《小序》各冠篇首者，復合爲一，以寘其後，孔氏序亦並附焉。而因及其所可疑，非澄之私

① 下有六字殘闕太甚，無法辨識。
② 疑，原無，據李本補。

言也，聞之先儒云爾。」句□俊偉！但梅賾所增、合《小序》寘古文後。考之未精，猶頗放失者也。

鶩曰：晉人知安國古文所以見黜於大儒，以其怪漏而已，故盡力而避此二端以取悦於儒者，儒者亦以二端之近理，而即信之不疑。殊不知安國之失不可勝計，晉人皆未之能避也。造爲古文，欲以壓今文而勝之，不「從周」之文則陷先祖於「爲下而倍」之罪。故古文非聖人之成憲，其失一也。復出數篇，欲以著今文之差遺，不知全篇之文勢首尾照應、血脉流通，一裂取之，衡決首尾，乖釁血脉，非復本真矣，其失二也。史稱古文十餘篇，歆、固亦云「十六篇」，至張霸遂分爲二十四篇，劉向《別録》因爲五十八篇，其失三也。史言孔氏有古文，安國以今文讀之，因以起其家。哀帝時，劉歆創爲魯共王壞宅所得，其失四也。所造古文語涉怪神，文兼鄙陋，控摶垂後，其失五也。他如僞作《大禹謨》篇，私增序文三首，辭句變易，文字更改，皆安國之失也。晉人力去怪言，旁蒐諸引，逃難之志篤矣。仍用古文，難乎免於安國之一失；復出數篇，難乎免於安國之二失；敓攘後來之《別録》，錯認爲安國之本真，又難免於張霸、劉向之三失也。冒稱共王之還書，不知其爲晚世之託辭，又難乎免於劉歆之四失也；凡此四失，有一於此，便不可謂之聖經，況四失兼備，尚可與伏生正經同流傳於無極哉！聖經本無《大禹謨》，而改作之失矣。聖序僞增三首，而蹈襲之失矣。辭句不當變易，而失之變易；文字不當更改，而失之更改。若夫以天子禪位之大事附綴於人臣進謨之篇中；奉命徂征、逆命輒班；譬呼天子之太上父頑，並苗頑以論量，是乃後世强臣跋扈之不軌，決非盛世揖遜之氣象。吴氏以文分二體斷其僞，朱子以前此諸儒未見甚其疑，草廬先生以採緝補綴平緩卑弱決其非，則莠之亂苗、紫之奪朱、愿之賊德，有甚於怪神脱漏之可惡者，則又安能免於馬季長所譏彈之失哉？用是觀之，西漢古文固莫掩其僞而見黜於前，東晉古文往往皆因①西漢古文之覆轍也，又安能掩其僞之僞者，而遂信爲夫子之經哉！

鄭沖受誣

梅頤受古文於臧曹，曹受於梁柳，柳受於蘇愉，愉受於鄭沖。儒有難之者曰：沖又受之何人哉？此言固足以窮其詐矣。然又未悉其受誣之情也。何晏之集解《論語》也，與鄭沖同進《集解》於朝。其解「《書》云『孝乎惟孝，友於兄弟』」章引包曰：「孝乎惟孝，美大孝之辭也。」沖、晏若見古文《君陳》篇，則必曰：「《君陳》篇無此二字，包説非是。」今不然，是沖未見《君陳》也。內史過曰：「其在《湯誓》：『余一人有罪，無以萬夫；萬夫有罪，在余一人。』」《墨子》亦曰：「此《湯誓》文。」今在《湯誥》篇，沖不言，可見沖未見《湯誥》也。至「亂臣十人」，不言《泰誓》文；「舜亦以命禹」，不言上有增加。沖之未見二十五篇古文明白如此，而曰：鄭沖以古文傳之蘇愉，且沖權力十倍梅頤。沖既有古文，何不獻上施行，不亦厚誣哉？沖、愉既誣，愉、柳之誣，從可知矣。然則柳受之謚而授之曹

① 因，原無，據李本補。

也，又何疑乎？

皇甫謐不與受古文

知古文之深者，莫如皇甫謐，其作《帝王世紀》往往載孔傳五十八篇之書。今詳古文之授受，而謐獨不與焉，是其間必有大委曲者矣。任授受，則人疑己作，而書以人輕矣。不任授受，則人不知爲己作，而上冒安國之古文，斯書之行遠矣。此其曲折之深意也。《謐傳》云姑子外弟梁柳邊得古文《尚書》，故作《帝王世紀》，則《世紀》乃古文之羽翼也。沖、愉、柳，無能爲羽翼者，詳著其授受。謐深知古文者，獨不任授受。因其不任授受，是以知其乃作古文者也。沖、愉未見古文，假以當姚方興，誣以授愉、柳耳。沖，權力十倍於頤，果有古文，當自陳朝，何待柳授之曹、頤，於以獻上而施行乎？則柳果何從而受也哉？謐言姑子外弟梁柳邊得古文者，倒言之耳。因其倒言，是以知古文，柳得之於皇甫謐者也。學者知西漢古文出孔安國之手筆，而非夫子之正經；知東晉之古文出皇甫謐之手筆，而非安國之古文①，則千年不決之公案一旦而昭如矣。

① 文，原無，據李本補。

帝王世紀

顧氏引《帝王世紀》云：「神農母曰女登，有神龍首感女登，而生炎帝，人身牛首。黄帝母曰附寶，見大電光繞北斗樞星，附寶感而懷孕，二十四月而生黄帝，日角龍顔。少昊金天氏母曰女節，有星如虹下流，意感而生少昊。顓頊母曰景僕，昌正妃，謂之女樞，有星貫月如虹，感女樞於幽房之宫，而生顓頊。堯母曰慶都，觀河遇赤龍，晻然陰氣，感而有孕，十四月而生堯。」又云：「舜母曰握登，見大虹，感而生舜。」語曰：「侏儒觀一節。」今書此一節，亦可見謐之蒐奇剔異，談淵探隱，與他人異矣。

孔穎達引《謐傳》云：「外弟梁柳邊得古文《尚書》，故作《帝王世紀》，往往載孔傳五十八篇之書。」想其全書必孔竅其門，機括撮拈，根株悉尋，謐之心跡著矣。不然何爲往往載孔傳邪？自漢、三國、西晉人未道及孔《傳》一字，況爲五十八篇作《世紀》一書乎？二十五篇之古文成矣，《大序》作矣，五十八篇之《傳》修矣，恐人不得其門而入，不知旨趣之攸歸，故不得已而作《世紀》也。儕之聖經，可以高尚其業；托之聖裔，可以實據其跡。翼之《世紀》，所以微露其情，難欲蓋遮，其將能乎？嗟夫！以彼才識，加之力學，潛心於經，默好湛思，味古之腴，闡所未及，貫穿上下，成一家言，庶幾哉，於漢之儒可與衛、賈、馬、鄭並馳矣。不知出此，顧迺歆飣餖飣，殘毒聖經，免胄超乘，裂毀冠冕，君子眎之，如見肺肝，謂之智，則吾不知之矣。

謚言：　放勳、重華、文命，是堯、舜、禹之名，與《傳》微異；　言有扈，與夏同姓，與《傳》同。言孟子謂湯居亳，與葛爲鄰，葛即梁國寧陵縣之葛鄉，亳乃梁國穀熟縣。鄭氏謂亳即偃師，偃師去寧陵八百餘里，安能使亳衆往爲葛耕乎？是其考究亦頗近理，然則其微異與傳者，蓋亦不任授受古文，倒言受古文於梁柳之意，又異而不害其爲同也歟？

尚書譜卷之三（三之二）

旌川梅鷟學

二十五篇古文考譜　史漢考

使古文二十五篇，若《汲冢周書》出於魏安釐王冢，則吾亦無得而考焉。今乃出於東晉皇甫謐之手，而冒稱孔安國之古文，則其隱顯互見，有無相形，有不可以一毫移易者矣。吾觀仲舒之對策、子長之本記、孔安國之作傳而李顒採取，有司之奏疏而漢武不斥，獻於朝而上下信之，皆起傳以教人，此見西漢古文顯行於武帝之朝也如此。

張霸分《泰誓》爲三篇以易《舜典》、《益稷》與《序》，而《盤庚》亦分出二篇，《顧命》分出《康王之誥》，增今文爲三十四篇；分《九共》爲九篇，而增古文爲二十四篇。劉向因之，別録爲五十八篇，此見先漢古文顯行於昭、宣、元、成之時也如此。

劉歆創爲共王壞孔子宅還聖書，以效鼂伏生之藏，以劫人心之從，而其所引之《泰誓》、《武成》不與東晉古文同，班固《藝文志》即采取向、歆父子之書，此見先漢古文之顯行於哀、平、新莽、光武、明、章之世也如此。《後漢書》：「安國傳古文，授弟子都尉朝、庸譚爲古文學，未得立，尹敏、周防、蓋豫、楊倫、丁鴻、杜林、賈逵、馬融、鄭玄，則其弟子之世傳古文矣。孔僖，魯國人，自安國以下世傳古文《尚書》，則其子孫之遞遞相承者矣。且曰賈逵作訓，馬融作傳，鄭玄注解，由是遂顯於世。」此見先漢古文顯行於質、和、桓、靈、獻帝之世也如此。因其顯而謂之有，因其隱而謂之無，此觀物之大情也。若顯有如此，而謂非當時之有；隱無如彼，而謂非當時之無，則是猶謂仲舒未嘗對策、子長未作本記、賈馬初不訓傳、鄭氏亦不注解也，其誰信之哉？

趙岐注孟子考

「天降下民」止「越厥志」注：「《尚書》逸篇也。」「湯一征」止「后來其蘇」注：「二篇皆《尚書》逸篇之文。」「若藥不瞑眩」二句。注：「逸篇也。」「葛伯仇餉」。注：「《尚書》逸篇文。」「傒我后」二句。注：「逸篇也。」《太誓》曰：「我武惟揚止有光。」注：「《太誓》，古《尚書》百二十篇時《太誓》也。此武王用武之時。今之《尚書·太誓》，後得以充學，故不與古《太誓》同。諸傳記引《太誓》，皆古《太誓》也。」「洚水警余」。「《尚書》逸篇之文。」「周公相武王，誅紂伐奄。」「《尚書·多方》：『王來自奄。』」「丕顯哉文王」止「無缺」。「《尚書》逸篇也。」帝使其子九男二女。「《堯典》曰：『釐降二女。』不見九男。孟子時，《尚書》凡百二十篇。《孟子》諸所言，皆《堯典》及逸書所載。」「欲常常而」止「有庳」，「『常常』以下，皆《尚書》逸篇之詞。」「祇載見」止「允若」。「《尚書》逸篇。」「《堯典》曰」止「八音」。《太誓》曰「天視」二句。「《泰誓》，《尚書》篇名。」《伊訓》曰「天誅造」二句。「《伊訓》，《尚書》逸篇名。」《康誥》曰：「殺越人止不譈。」「《康誥》，《尚書》篇名。」

趙岐，東漢質、和時人。凡引二十五篇古文者，岐皆以爲「逸篇」。惟《太誓》則曰：「古《尚書》百二十篇時《泰誓》也。今《泰誓》後得以充學，故不與古《尚書》同。」言未焚書以前百二十篇古《泰誓》則有所引之書。今《泰誓》出焚書後，多有缺誤，故所引書不在，非謂晉《泰誓》爲百二十篇也。岐謂今《泰誓》者，即董、馬、有司、向、歆、固、曄，遞遞相承，以傳至於岐者也。安國古文之傳，昭昭如此。晉古文皆出於岐後，岐未之見，皆以爲「逸篇」。況孔安國又先於岐二百餘年前，岐所不見，而謂安國有之，且作《大序》、《傳》，可乎？又「盡信書」一節，岐注云：「經有所言事時或過實，豈可案文而皆信之哉！《武成》明言武王誅紂，戰鬬殺人，血流舂杵。孟子以爲至仁伐至不仁，簞食壺漿以迎王師，何乃至於血流漂杵乎？故吾取《武成》兩三簡策可用者耳。其過辭則不取之也。」鶩案：東晉《武成》言：「前徒倒戈，攻於後，以北，血流漂杵。」是紂衆自殺之血，非武王殺之之血，其言可謂巧矣。然上之與湯以下七王德澤相凝，中之與七十萬人同矢牧野相凝，下之與洛邑頑民始終不忍叛殷相凝，果曰怒紂而開周，則齊解甲以降周，使紂爲獨夫速殪乎太白之下，深足以償其恨犯矣，何至自相屠戮，使無辜黨與，什什伍伍，肝腦塗野土，獨何心哉？ 故晉人造語，雖以便辭呈技，而其立言無法，最乖情理之正。 豈若趙岐之注，平正無礙，甚得孟子口氣。 私意杜撰之書，既非孟子所見之文，而其言且躐居周初，致孟子爲不通文理之讀書，誤認紂衆自殺，以爲武王虐殺，何其悖哉！ 趙岐所不見，安國所無有，孟子所悖馳，而儒者猶曰「真古文」，噫！ 弗思甚矣。 聊舉一節如此，餘不足悉辨也。

鄭康成禮記注考

《尚書傳》曰：「百里之國，二十里之郊；七十里之國，九里之郊；五十里之國，三里之郊。此小學、大學，殷之制。」《漢書》：「伏生作《尚書大傳》三萬言。」愚案：伏生以《大傳》授晁錯是矣。何待正言！ 《間傳》：「牧之野，武王之大事也。既事而退，柴於上帝，祈於社，設奠於牧室。」柴，祈奠告天地及先祖也。先祖者，行主也。「遂率天下諸侯執豆籩，駿奔走，追王太王、亶父、王季歷、文王昌，不以卑臨尊。」不用諸侯之號臨天子也。文王稱王，早矣。於殷猶爲諸侯，於是著焉。 《學記》：「《兑命》曰：『念終始，典於學。』」「兑」讀爲「説」，字之誤也。高宗夢傳説，求而得之。《説命》三篇，在《尚書》。今亡。「《兑命》曰：『教學半。』」兑言當學人乃益己之學半。「《兑命》曰：『敬遜務時，敏厥修，乃來。』」《文王世子》：「《兑命》曰：『念終始，典於學。』」兑，當爲「説」。《説命》，《書》篇名。殷高宗之臣傅説所作。《坊記》：「《君陳①》曰：『爾有嘉謀』止『良顯哉』。」君陳②，蓋周公之子、伯禽弟，名篇，在《尚書》，今亡。「《泰誓》曰：『予克紂，非予武』止『予小子無良』。」《泰誓》，周書名篇，武王誓衆以伐紂之辭也。今《泰誓》無此章，則其篇散亡。「《書》云：『辟不辟，忝厥祖。』」辟，君也。爲君不君，與臣子相褻，則辱先祖矣。君父之道宜尊嚴。《表記》：「《太甲》曰：『民非后，無能胥以生；后非民，無以辟四方。』」太甲，湯孫也。《書》以名篇。《緇衣》：「《尹吉》曰：『惟尹躬及湯，咸有壹德。』」「吉」當爲「告」，古文「誥」③，字之誤也。尹告，伊尹之誥，《書序》以爲《咸有一德》，今亡。「《君陳》曰：『未見聖』止『不克由聖』。」克，能也。由，用也。「《太甲》曰：『毋越厥命以自覆也，若虞機張，往省括於度則擇。』」「《兑命》曰：『惟口起羞』止『省厥躬』。」「兑」當爲「説」。高宗之臣傳説也。作書以命高宗，而《書》篇名。「《太甲》曰：『天作孽』止『不可以逭』。」「《尹吉》曰：『惟尹躬天見於西邑夏』止『相亦惟終』。」「尹吉」，亦《尹誥》也。「天」當爲「先」，字之誤。忠信爲周，相助也。尹始就夏，此時就湯矣。《正義》曰：「鄭不見古文，謂是伊尹誥成湯。據《尚書》是太甲之篇。」鶱曰：《正義》非也。晉人昧《咸有一德》，竊入《太甲》。否則《緇衣》當引《太甲》曰矣。鄭曰《序》謂《咸有一德》，「先」字據注。「《君雅》

① 陳，原作「臣」，據李本改。
② 陳，原作「臣」，據李本改。
③ 誥，原作「告」，據李本改。

曰：『夏暑雨』止『惟曰怨』。」雅，《書序》作「牙」，假借字也。周穆王司徒。《尚書》篇名也。「《君陳》曰：『出入自爾師虞，庶言同。』」「《君奭》曰：『在昔上帝，周田觀文王之德，其集大命於厥躬。』」奭，召公名。作《尚書》篇名①。古文「周田觀文王之德」，作「割申勸寧王之德」，今博士讀爲「厥亂勸寧王之德」，三者皆異，古文爲是。《正義》曰：「鄭以伏生所傳，歐陽、夏侯所注者爲今文《尚書》；以衛、賈、馬所注者爲《古文尚書》，即鄭所注《尚書》也。」案：鄭實未見東晉古文，而東晉古文亦作「割申勸寧王之德」。又晉人據鄭説以作古文可知矣。

「《兑命》曰：『爵無及惡德』止『事神則難』。」

漢儒惟康成殫見洽聞，敻出一世，弟子遍天下，耳目明達，可謂無壅矣。而凡涉於古文二十五篇者，皆以爲「今亡」，凡引《泰誓》文，則曰「今《泰誓》無此章，則其篇亡」。是鄭所傳注者，先漢十六篇古文，非東晉二十五篇古文也。鄭注「割申勸寧王之德」曰「古文爲是」。《正義》曰：「鄭以伏生所傳、歐、夏所注爲今文《尚書》；以衛、賈、馬所注者爲《古文尚書》，即鄭所注《尚書》也。」鄭之未見東晉古文如此甚明。出康成前者曾無一人一字可當其考信，出康成後者亦無一人一字可訂其未見，是東晉之僞書突然而上冒安國之古文者也。穎達不及致思，乃曰：「鄭未見古文，故以爲今亡。」噫！使穎達同生鄭世，而未見古文，將服膺鄭説之不暇，豈敢嘲之以爲不然也哉！又使其淆覆根柢，炤灼冒昧，真知爲僭僞不令之書，孰肯捨所當信、崇所當黜，以自趨於悖惑之歸哉！假令彼作僞者人品可追古

---

① 作尚書篇名，原無，據李本補。

人、文辭可逼古人，義理可擬古人，則但當曰「此亦後世之能言者，充其造，庶幾可與安國等並驅争先者」可矣，豈可徑以東晉之紿①者真當西漢之聖孫，而遂貪採葺補綴之叢説，深信爲聖人之正經，其如昧是非之本心何哉！　雖然，方此人造僞之初，既安肆即興之想，則人品已不正大，心術已不光明，與吴、楚僭王之罪同歸殊塗，但用成亡②而已矣。厥鑒不遠，在彼安國，今欲復求《泰誓》、十六篇之顯行如昔時之盛者，胡可得哉？　胡可得哉？所謂其餘不足觀，正此是矣。辭而闢之可也。　亂世之姦雄，無一言之幾乎仁，終不免乎「畏上帝」者之「不敢不正」！

韋昭注國語引尚書考

富辰曰：「《書》有之曰：『必有忍也，若能有濟也。』」逸《書》也。　襄王曰：「豈敢厭縱其耳目心腹，以亂百度。」單襄公曰：「先王之令文武之教。有之曰：『天道賞善而罰淫。故凡我造國，無縱匪彝，無即慆淫，各守爾典，以承天休。』」單襄子曰：「獸惡其網，民惡其上。《書》曰：『民可近也，而不可上也。』」《書》，逸《書》。　又言：「在《泰誓》曰：『民之所欲，天必從之。』」今《周書・泰誓》無此言，其散亡乎！　單襄公曰：「周，晉襄公驩之孫也，

① 紿，原文作「給」，形近而訛，今徑改。
② 亡，原作「王」，據李本改。

而令德孝共，吾聞《泰誓》故曰：『朕夢協，朕卜，襲於休祥，戎商必克。』」《泰誓》，伐紂之誓也。單穆公曰：「《夏書》有之曰：『關石和鈞，王府則有。』」《夏書》，逸《書》也。伶州鳩曰：「所以宣養六氣、九德也。」九德，九功之德：水、火、金、木、土、穀、正德、利用、厚生也。伶州鳩曰：「武王作殷云云，所以優柔容民也。」《魯語》：「陳庭有楛矢貫隼云云，故分陳以肅慎氏之貢。」《楚語》：「昔殷武丁能聳其德云云，必交修余，毋余棄也。」

韋昭，三國時人。其注《國語》凡引二十五篇古文者，以爲「逸《書》」，是所見者安國十六篇，所未見者東晉古文也。凡引《泰誓》者以爲「今《泰誓》無此言，其散亡乎」，是所見者西漢《泰誓》，所未見者東晉《泰誓》也。以韋昭時所未見，而以爲孔安國所親見；以韋昭時尚未有，而已爲孔安國時所已有，晉人將誰欺乎？以是言之，則《旅獒》蹈襲《魯語》，非《魯語》蹈襲《旅獒》；《説命》蹈襲《楚語》，非《楚語》蹈襲《説命》，不啻辨白黑、限晨夜矣。以白公而誣以攘善，猶之可也。以夫子而誣以攘善，不亦剽悍禍賊也哉！

鄭沖何晏同上論語集解考

《集解序》云：「光禄大夫鄭沖、駙馬都尉關内侯何晏等同上。」

子曰：「《書》云：『孝乎惟孝，友於兄弟，施於有政。』」包曰：「孝乎惟孝，美大孝之辭；友於兄弟，善於兄弟。」」「武王曰：『予有亂臣十人。』」馬曰：「亂，治也。」」「禹吾無間然矣。」」「辟如爲山，未成一簣，止吾止也。」簣，土籠也。宋儒注此章曰「《書》云：『爲山九仞，功虧一簣。』夫子之言蓋出於此」，遂使夫子爲蹈襲之人，《論語》爲已陳之説，僞古文爲伐宗之正。三國時鄭沖、何晏耳目甚短，千有餘年，宋儒耳目甚長。吁，可憐哉！「舜亦以命禹。」」「予小子履」止「簡在帝心」。孔曰：「履，殷湯名。此伐桀告天之文也。殷家尚白，未變夏禮，敢用玄牡。大大君帝，天帝也。」」「朕躬有罪」四句。《墨子》引《湯誓》，其辭若此。《國語》引此四句亦云「《湯誓》曰」。

《集解》所引「孔曰」者，即安國所作《論語傳》也。乃安國之手筆也。舉安國之手筆爲證，則晉人將何辭以對？「《書》云孝乎」章，安國不言《君陳》篇，是未見二十五篇之《君陳》矣。「予有亂臣十人」句，安國不言《泰誓》篇，是未見二十五篇之《泰誓》矣。「禹吾無間然矣」章，安國不言「惡衣服，菲飲食，卑宮室」爲《禹謨》之「克儉於家」，「盡力乎溝洫」爲《禹謨》之「克勤於邦」，是安國未見二十五篇之《大禹謨》矣。「舜亦以命禹」章，安國不言舜非但亦以「天之歷數在爾躬」一語命禹而已，而於一言之上下又益之以十五句；非但亦以「允執其中」一語命禹而已，而於一言之上又益以三句；非但亦以「四海困窮，天祿永終」二語命禹而已，而舜復於二語之上下益之以十二句，在堯爲寂寥乎短章，在舜爲春容乎大篇，是安國尤未見《大禹謨》修飾之影響也。安國於「朕躬有罪」四句，不言其出於《湯誥》，是安國又未見二十五篇之《湯誥》矣。他若「辟如爲山，未成一簣」，不言其出諸「爲山九仞，功虧一簣」；「爲君難，爲臣不易」，不言其出諸「后克艱厥后，臣克艱厥臣」；「惡利口之覆邦家者」，不言其出於「毋以利口亂厥官」；「其猶正牆面而立」，不言出於「不學牆面」；「巧言令色，鮮矣仁」、「友便辟」，不言其出於「巧言令色，便辟側媚」。則其於《旅獒》、《周官》、《冏命》等篇皆未之有接於目也。若是而謂東晉之古文即安國之古文，是政猶以安國之古文即聖人之正經者一律也。安國倡爲古文，以亂聖經，賴大儒之掊擊，如土委地，如雪見晛矣。晉人襲其故智，遵其舊轍，以爲僞之僞者，其疇得而揜人之耳目惑人之心智哉！沖、晏引孔《傳》以《論語》，未嘗言二十五篇即安國之古文。晉人乃欲誣未見古文之鄭沖，以爲傳授古文之祖師，此之謂失其本心。

或曰：沖、晏、安國皆未見二十五篇，吾子辨之審矣。朱子大賢，豈苟狥人者？而注「孝乎」二字爲夫子之言，曰「《書》之言孝如此」，則朱子亦非耶？應之曰：朱子之明過於鄭僑。晉人之欺，甚於校人。朱子如子産曰「得其所哉」，不一而止也。《古文尚書》曰「德日新」、「日新其德」、「時時日新」，朱子遂釋《盤銘》爲「自新」，今人遂以「新」字，皆無當於民，堅執「親」字，牢不可破，受校人之欺，一也。曰「雖收放心，閑之惟艱」，蹈襲《孟子》，而不識《孟子》上文乃放人①之比，正猶「舍路」乃「舍義」之比，遂使程朱誤信，剪截上文而曰「聖賢千言萬語，只是欲人將已放之心約之使反，復入心來」，受校人之欺，二也。曰「爲山九仞，功虧一簣」，《論語注》「辟如爲山」章曰「夫子之言蓋出於此」，不知夫子有「辟如」二字，而彼無之，是彼之竊此。正猶「其猶正牆面而立」，《書》約曰「不學牆面」，此有「其猶」二字，而彼

① 人，李本作「仁」。

無之者同也。特以詐居三代上，雖夫子亦受攘善之屈矣。受校人之欺，三也。《君陳篇》上竊《國語》「令德孝共」之句，下葺《論語》「惟孝友於兄弟」之語，因重複太甚，偶脱「孝乎」二字，遂注爲《書》之言「孝」，假令同生包咸之世，未見《君陳》之文，必不敢即以「孝乎」爲夫子之言。自古引「《書》云」、「《書》曰」之下，而又爲自己口氣者恒少故也。如《書》云「高宗諒陰」，若於「高宗」點句，則不通矣。使朱子無據古文而欲異諸注，必曰：「包氏等以『孝乎惟孝』爲句，未知孰是？」非然，必曰：「其義亦通。」非然，則曰：「其義非是。」必不如今之寂無一語也。寂無一語者，挾《君陳篇》以自信故耳。受校人之欺，四也。其他若此猶多，今不盡舉也。

杜元凱注左傳引尚書考

桓十一年，鬭廉曰：「師克在和不在衆，商周之不敵，君之所聞也。」杜注曰：「武王有亂臣十人，紂有億兆夷人。」今案：漢初《左傳》未行，杜實未見古文，而古文盡盜《左傳》及杜注。① 《夏書》曰：「皋陶邁種德。」杜注：「逸《書》也。」「德乃降。」正義曰：「杜不見古文，不知此句亦古文，隔從下句。」今案：穎達之蔽錮全於如此。僖五年，宫之奇曰：「鬼神非人實親，惟德是依。故《周書》曰：『皇天

---

① 姜案：梅鷟《尚書考異》有此條，小有差異，作「桓七年」，或「七」乃「十一」之誤。

無親，惟德是輔。』」杜注：「逸《書》。」疏曰：「《蔡仲之命》之文也。」又曰：「黍稷非馨，明德惟馨。」注：「逸《書》。」疏：「《君陳》文也。」又曰：「民不易物，惟德繄物。」注：「逸《書》。」疏：「《旅獒》文也。杜不見古文，故以爲『逸《書》』。」僖七年，管仲曰：「諸侯官受方物。」僖十二年，王曰：「舅氏，余嘉乃勳，應乃懿德，謂督不志，往踐乃職，無逆朕命。」狐突曰：「《周書》有之，乃大明服。」注：「《周書》，《康誥》。」僖二十四年，《夏書》曰：「地平天成，稱也。」注：「《夏書》，逸《書》也。」正義曰：「此《大禹謨》之文。」趙衰曰：「《夏書》曰：『賦納以言』三句。」注：「《尚書·虞夏書》也。」成二年臧宣叔曰：「《泰誓》所謂『商兆民離，周十人同』者，衆也。」杜注：「《泰誓》，《周書》。」成六年，欒武子曰：「聖人與衆同欲，故能濟事。《商書》曰：『三人占，從二人。』衆故也。」注：「《商書·洪範》。」疏：「今在《周書》。」成十八年，單子引《夏書》曰：「怨豈在明，不見是圖。」注：「逸《書》。」文七年，郤缺引《夏書》曰：注：「逸《書》。」「戒之用休，董之用威，勸之以九歌，俾勿壞。九功之德，皆可歌也，謂之九歌，六府三事，謂之九功。」正義曰：「此《虞書·大禹謨》之言也。」襄四年，魏絳引《夏訓》有之曰：「有窮后羿。」注：「《夏訓》，夏《書》。」疏：「《夏書·五子之歌》。」騖曰：《疏》之言非是。不考《左傳》下文，故妄言也。下文：「公曰：『后羿何如？』對曰：『昔有夏之方衰也，后羿自鉏遷於窮石，因夏民以代夏政，恃其射也。不修民事，而淫於原獸。寒浞愚弄其民，而虞羿於田，取其國家。羿猶不悛，家衆殺而烹之。浞使子澆滅斟灌、斟尋氏，處澆於過，處豷於戈。靡自有鬲氏收二國之燼，以滅浞而立少康。

少康滅澆於過，滅豷於戈，有窮由是亡。』」初未嘗言太康之田也。晉人掠取后羿之田，以爲太康之田。又掠取魏絳「有窮后羿」之句以爲「距太康於河」，觀辛甲之箴，亦言夷羿而不言太康。蔡沉乃訾《序》之無所發明，不亦傎乎？襄五年，《夏書》曰：「成允成功。」注：「逸《書》。」疏：「此《虞書·大禹謨》之文。」襄十一年，魏絳引《書》曰：「居安思危。注：「逸《書》。」思則有備，有備無患。」襄十四年，師曠曰：「故《夏書》云：『遒人以木鐸徇於路。逸《書》。官師相規，工執藝事以諫。』」正義曰：「此在《胤征》之篇。杜未見古文故。」中行獻子曰：「仲虺有言曰：亡者侮之，亂者取，推亡固存，國之道也。仲虺，湯左相。正義曰：「《仲虺之誥》云：『兼弱攻昧，取亂侮亡，推亡固存，邦乃其昌。』文不同。」二十一年，北宮文子曰：《周書》數文王之德逸《書》。曰：『大國畏其力，小國懷其德。』」正義：「《尚書·武成》篇，杜未見古文。」臧武仲引《夏書》曰：「念茲在茲，注：「逸《書》也。」釋茲在茲云云，惟帝念功。」正義曰：「杜未見古文。」宣子曰：「《詩》曰『惠我無疆』二句，《書》：『聖有謨訓，明徵定保。』注：「逸《書》。」正義曰：「《夏書·胤征》之文。杜未見古文。」」二十三年，仲尼曰：「臧文仲不容於魯國，抑有由也。作不順，而施不恕也。《夏書》曰：『念茲在茲。』順事恕施也。」注：「逸《書》也。」襄二十五年，太叔文子曰：「君子之行，思其終也，思其復也。《書》曰：『慎始而敬終，終以不困。』」注：「逸《書》。」正義曰：「《尚書·蔡仲之命》。」二十六年，聲子引《夏書》曰：「與其殺不辜，寧失不經。」注：「逸《書》也。」正義曰：「此在《大禹謨》之篇。」二十七年，叔孫曰：

「服美不稱，必以惡終。」《畢命》改此文曰：「服美於人，驕淫矜誇，將由惡終。」二十八年，叔孫穆子曰：「武王有亂臣十人。」正義：「《尚書·泰誓》文。」二十九年，季札見舞《韶》、《濩》者，曰：「聖人之弘也，猶有慚德。」三十年，子皮曰：「《仲虺之志》云：『亂者取之，亡者侮之。推亡固存，國之利也。』」三十一年，穆叔曰：「《泰誓》云：『民之所欲，天必從之。』」注云：「今《尚書·泰誓》亦無此文。故諸儒疑之。」正義曰：「今《尚書·泰誓》謂漢魏諸儒馬融、鄭玄、王肅所注《尚書·泰誓》。『諸儒』謂馬融掊擊。王肅亦云：『《泰誓》近，非本經。』是皆疑之也。」昭公元年，《泰誓》曰：「民之所欲，天必從之。」注亦謂「逸《書》」。太叔曰：「周公殺管叔，而蔡蔡叔。」蔡，放也。正義曰：「《尚書·蔡仲之命》。」六年，叔向曰：「楚辟，我衷，若何效辟？《書》曰：『聖作則。』」逸《書》。七年，楚芋尹無宇曰：「昔武王數紂之罪，以告諸侯曰：『紂爲天下逋逃主萃淵藪。』」疏曰：「此在《尚書·武成》篇。」史朝見成子，告之夢，協。筮，襲於夢，武王所用也。《外傳》云：「《泰誓》曰：『朕夢協，朕卜，襲於休祥。戎商必克。』」此武王辭。正義曰：「杜不見古文，故引《外傳》解之。」定公元年，士伯曰：「啓寵納侮，其是之謂矣。」正義曰：「今《尚書·説命》有此語，則杜未見《説命》也。」昭九年，子皮曰：「非知之實難，將在行之。」正義曰：「《説命》有此語。此言出彼意。」子皮下文又云：「《書》曰：『欲敗度，縱敗禮，我之謂矣。』」注：「逸《書》。」正義曰：「《尚書·太甲篇》。」鶩曰：子皮上文，若實出於《説命》，則亦有「書曰」二字，必不攘《説命》而敬太甲矣。孔氏不曰晉人略子皮以造《説命》，乃云「此出彼意」，何其死黨爲書邪！且直言太甲，而更不發明杜氏「逸《書》」之故，豈非「崇墉言言」，雖遇「退修教」而終不肯「因壘而降」者哉！十二年，子革曰：「是能讀三墳、五典、八索、九丘。」注：「皆古書名。」《正義》引晉人僞《尚書序》。十四年，叔向引《夏書》曰：「昏、墨、賊，殺。」注：「逸《書》。三者皆死刑。」十七年，季平子引《夏書》曰：「辰不集於房。注：「逸《書》也。」瞽奏鼓，嗇夫馳，庶人走。」疏：「此《尚書·胤征》文也。」二十年，晏子曰：「聲亦如味：一氣，二體，三類，四物，五聲，六律，七音，八風，九歌。」九功之德，皆可歌也。六府三事，謂之九功。六府：水、火、金、木、土、穀；三事：正德、利用、厚生也。疏：「九歌之事，《尚書·大禹謨》篇文也。」二十一年，吴公子光曰：「作事威克其愛，雖小必濟。」疏：「《尚書·胤征》云：『威克厥愛允濟，愛克厥威允罔功。』」哀六年，孔子曰：「楚昭王知大道矣，其不失國也宜哉！《夏書》曰：『惟彼陶唐，帥彼天常。注：「逸《書》。」疏：「此語在《尚書·五子之歌》，無『帥彼天常』一句，下亦微異。」有此冀方，今失其行，亂其紀綱，乃滅而亡。』」注：「滅亡，謂夏桀也。」疏：「古文『其行』作『厥道』，末句作『乃底滅亡』。」哀十八年，《夏書》曰：「官占惟能蔽志，昆命於元龜。」注：「逸《書》也。蔽，斷也。昆，後也。言當先斷志，後用龜也。」孔疏：「《夏書·大禹謨》之篇也。惟彼能先杜，雖不見古文，其解亦與孔《傳》合。」二十三年，知伯：「以辭伐罪，足矣。」

元凱爲人性癖，所耽而玩者，《左傳》也。有通説，有長曆。用心慬矣。書成而人信之，號稱「武庫」。杜曰：「武王有亂臣十人，紂有億兆夷人。」古文曰：「受有億兆夷人，離心離德；予有亂臣十人，同心同德。」注「地平天成」：「逸《書》也。」正義曰：「杜雖未見古文、孔《傳》。其義亦不相違。」注「九歌」：「九功之德，皆可歌也。六府三事，謂之九功。六府：水、火、金、木、土、穀；三事：正德、利用、厚生也。」《尚書·大禹謨》盡用此文。「官占惟能蔽志，昆命於元龜」，杜注因下句「昆」字，照出上文「先」字，非有意改經文「能」字也。古文直用「先」字代經文「能」字。見當世人情敬服元凱，可謂至哉！非但敬服元凱而已，「火炎崑岡，玉石俱焚」等語，考之《三國志》、《晉書》往往有之，蒐聚亦云博矣。沅州見張靜峰亦言「此等語決非姒①夏之文」，其見豈不卓哉！凡引《泰誓》不曰「逸《書》」，則曰「今《泰誓》無此文」。杜見漢古文，未見晉古文也。用是觀之，臺卿雖不見古文，古文略臺卿之注與當世之書而爲之者有矣，恐質、和時有此書也；然古文之蹈襲，不止臺卿而已，康成雖不見古文，古文略康成②之注與當世之書而爲之者有矣，疑桓、靈世有此書也；然古文之蹈襲，不止康成而已，弘嗣、文和、平叔雖不見古文，古文略弘嗣、文和、平叔之注解與當世之書而爲之者有矣，疑三國時有此書也；然古文之蹈襲，雖西晉之元凱與志書之近出，莫不採掇稡綴，則其歲時之限，倬有畛域，決不可推之西晉，決不可推之三國，決不可推之兩漢。況段蒐之《泰誓》博易顯行之《泰誓》，二十五篇之古文默化十六篇之古文，典午之安國遠充漢初之安國，何異兒戲之所爲哉！以爲文和所授，則文和實未見。以爲休預、洪季、彥始所授，則三人皆無聞，不宜與文和同受誣。以爲仲真所創而仲真乃獻書於朝者耳，然

① 姒，原作「似」，據李本改。
② 康成，原作「臺卿」，據李本改。

則士安雖有喙長三尺，亦靡得而遁其情者矣。

古文株根削掘譜

歷考西晉以上諸儒，皆未見古文，則古文東晉時方出，可疑之甚者，朱子之言信而有徵矣。然後乃敢連其根株而悉削掘之。

一曰究造作之由。《論語・堯曰》篇可以增加敷衍；荀卿「《道經》」之言可以發明「執中」；《淮南子》「舜舞干羽兩階而有苗格」，可以見文教之敷；臧武①仲引「念兹在兹」至「念功」；郤缺引「戒之用休」至「六府三事」；《夏書》「成允」一句，「與其殺不辜」二句，「皋陶邁種德」二句，此造作《大禹謨》之由。《國語》「《夏書》曰『一人三失，怨豈在明』」；單子曰「位於一②人之下，而求揜其上」；《夏訓》曰「有窮后羿」，可掇羿田，指太康惡，而曰「皇祖有訓」；《夏書》「惟彼陶

① 武，原作「文」，據李本改。
② 一，《左傳》作「七」。

唐」至「乃滅而亡」；　又單穆公引《夏書》「關石」二句，此造《五子之歌》之由。

師曠云《夏書》「遒人」至「藝事以諫」；　太史引《夏書》曰「辰不集於房」至「庶人走」；吴公子光曰「作威克」二句；　《三國志》、《晉書》「火炎崑岡」二句，此造作《胤征》之由。

季札曰「聖人之弘也，猶有慚德」；　公孫僑曰「以爲口實」；　王孫圉曰「以寡君爲口實」；　中行獻子、隨武子皆引仲虺之言；　叔游曰「惡直醜正」二句；　《孟子》「葛伯仇餉」；　楚莊王引中蘬之言；　《表記》「慎始敬終」；　仲孫湫「親有禮」二句；　此造《仲虺之誥》之由。

夫差曰「天降衷於吴」；　《周語》單子曰「先王之令有之『天道賞善而罰淫』」至「以承天休」；　《論語》「帝臣不蔽」至「無以萬方」，此造作《湯誥》之由。

《漢・律曆志》「商十二月乙丑朔旦冬至」；　《荀子》「從命而不拂，爲上則明，爲下則遜」；　《論語》「不求備於一人」；　班彪「見善如不及，用人惟由己，從諫如順流」，此造作《伊訓》之由。

《緇衣》「《尹吉》『自周有終』」至「忝厥祖，無越厥命」二句；　「若虞機張」云云；　公孫丑曰「予不狎於不順」；　《國語》「衆非元后」四句；　子皮曰「欲敗度」二句；　《孟子》、《緇衣》皆引「天作孽」四句；　宫之奇曰「皇天無親」云云；　《中庸》「辟如行遠」二句，此造《太甲》之由。

《詩》曰「天難諶斯，天命靡常」；《尹吉》曰「惟尹躬」二句；《荀子①》「慎終如始，終始如一」；《吕氏春秋》曰「五世之廟，可以觀德；萬夫之長，可以觀政」，此造作《咸有一德》之由。

《楚語》白公子張曰「昔殷武丁能聳其德」云云至「厥足用傷」；《墨子・尚同篇》曰「夫建邦設都」云云；《兑命》「惟口起羞」至「省厥躬」；「爵罔及惡德」至「事神則難」；子皮曰「非知之難」二句；《國語》「若作酒醴」至「罔予棄」②，此造作《説命》之由。

《左傳》「民之所欲」二句；《國語》「朕夢協，朕卜」三句，《孟子》「我武惟揚」至「於湯有光」；《荀子》「獨夫受」；《禮記》「予克紂」至「小子無良」；《史記》載「紂之惡」；《孟子》「天降下民」至「越厥志」；《傳》曰「武王有亂臣十人，紂有億兆夷人」；「朕夢協」三句；子大叔曰「棄同即異，是謂離德」；臧宣叔曰「《太誓》所謂『商兆民離，周十人同』」；萇弘曰「紂有億兆夷人，亦有離德；予有亂臣十人，同心同德」；《孟子》「天視

① 子，原無，據李本補。
② 姜案：《國語》無此語。

自我民視」二句；「無畏寧爾」至「若崩厥角」，此造作《泰誓》之由。《樂記》「馬散之華山之陽，牛散之桃林之野」；《律曆志》「惟一月壬辰，旁死霸。若翼日癸巳，武王乃朝步自周，於征伐紂」；《大傳》「既事而退，柴於上帝，祈於社，設奠於牧室。天下諸侯執豆籩，駿奔走；追王太王、王季、文王」；北宫文子曰「《周書》數文王之德曰『大邦畏其力』」二句；芋尹無宇曰「紂爲天下逋逃」二句；《孟子》「有攸不爲臣東征」至「大邑周」，此造作《武成》之由。

孔安國《旅獒》，馬、鄭皆讀「獒」作「酋豪」之「豪」，國人遣其酋豪來獻，見於周。潁達譏之曰：「良由不見古文，妄爲此説。」仲尼對陳人問隼曰「昔武王克商，通道於九夷八蠻」至「故分陳以肅慎氏之貢」，晉人移仲尼之言爲召公之言，良譎矣，不覺使仲尼爲伯宗之攘善，獨不惕然於心乎？此造作《旅獒》之由。

皇武子曰「宋，先代之後也，於周爲客」至「有喪拜焉」；《左傳》①「王曰『舅氏，余嘉乃勳』」至「無逆朕命」；仲尼且見掠，其何有于襄王命管仲之言！此造作《微子之命》之由。

---

① 左傳，原無，據李本補。

祝佗曰「蔡仲改行率德」；子太叔曰「周公殺管叔而蔡蔡叔」；《傳》曰「爾尚蓋前人之愆」；宮之奇引「皇天無親」二句；太叔文子曰「慎始而敬終，終以不困」，此造作《蔡仲之命》之由。

河間獻王所得《周官》五篇，《冬官》多散於五官之篇，實未全亡。以《考工記》補之，則非矣。《文王世子》：三公官不必備，惟其人；孤在卿大夫之上，可當三少之名。此造作《周官》之由。

宮之奇曰「黍稷非馨」二句；《緇衣》「出入自爾師虞」二句；《坊記》「汝有嘉謀嘉猷」至「惟良顯哉」；《文王世子》「公曰『宥之』」云云；又曰「在辟」，此造作《君陳》之由。

《漢・律曆志》「康王畢命豐刑曰『惟十有二年六月丙午朏，王命作丹書豐刑』」；叔孫曰「服美不稱，必以惡終」；孟子曰「收其放心」，此造作《畢命》之由。

《緇衣》「《君雅》曰『夏暑雨』」至「曰怨咨」；《老子》曰「圖難於其易」；《孟子》「丕顯哉文王謨」至「正無缺」，然未明言《君雅》篇，此造作《君雅》之由。

《孟子》曰左右前後「皆薛居州」；「惟大人爲能格君心之非」；史老引武丁曰「必交修予，無予棄也」；《楚語》引衛武公曰「朝夕交戒我」；賈子曰「選天下之端士，左右前後皆正人」，此造作《冏命》之由。

無所由，則無可以發其獨智。無可以發其獨智，則無可以行之簡策，故其他正經之目無所由者，皆置之寂然，不復造作。

二曰訂《禹謨》之僞

典曰堯，貢曰禹，非有美大之羨文也。豈有人臣陳謨帝前，而尊稱之曰「大禹」？《孟子》曰：「禹聞善言則拜。大舜有大焉。」明是取大舜之「大」加諸「禹」之上，而不知其爲不敬。此傲上階例，單堯揔爲名篇之疵。知人安民，皋之謨也。毋若丹朱傲，禹之謨也。統曰《皋陶謨》，以其長也，安得又有所謂《大禹謨》哉？耕野王氏曰：《大禹謨》篇，明是重羨。此妄增之疵。因爲僞增無序，遂闌入「大禹」二字於「皋陶矢厥謨」之下，此紊序之疵。

《堯典》終篇是典，《皋陶》終篇是謨。《甘》、《湯》、《泰》、《牧》、《費》、《秦》，終篇是誓。典、謨、誓錯雜無章者，非經體也。始謨之，中典之，終誓之，此紊體之疵。

禹以九功之德皆可歌，默陳於帝，帝以平成允治、萬世永賴歸功於禹，謨不謨矣。睎《皋陶》爲何如？

「不矜」、「不伐」、「争功」、「争能」，《道德經》之言也，取以加諸堯言「天之曆數在爾躬」之上；「人心」、「道心」，亦《道經》之言也，取以加諸堯言「允執厥中」之上；「衆非元后何戴」二句，内史過引《夏書》之言也，取以加諸堯言「四海困窮，天禄永終」之上，典不典矣。昕《堯典》爲何如？

君命征，臣徂征，而不知勢，必出於逆命，茫無定算，非好謀而成之道也。誓不誓矣。昕《甘》、《湯》、《泰》、《牧》爲何如？

謨不謨，典不典，誓不誓，揔爲反易之疵。

爲天下得人，何關於「出好興戎」？明是躁人之辭，此不辭之疵。

多堯之讓位，舜不請卜，明是爲「昆命元龜」張本，此掇拾之疵。

既曰「不矜」、「不伐」矣，益猶戒之以受益之謙，招損之滿，此衡決之疵。

既曰「四方風動」、「從欲以治」矣，而「苗格」，猶待於「文教」之「誕敷」、「兩階」之「干舞」，此乖刺之疵。

《堯典》曰「父頑」，《皋陶》曰「苗頑」，因蒐孟子之書入於篇内，則擬人不以其倫矣，此慢上之疵。

堯，上位；岳，大臣。呼「瞽子」爲宜。舜，天子；瞽，太上。禹、益皆以臣子而呼「瞽允若」，乃大不恭，此非臣之疵。

奉帝命①

中「髦期倦於勤」，「獨夫紂」，「乃爾世仇」，「益贊於禹」，「帝初於歷山，往於田」，「初征自葛」，「九仞」，「寧執非敵」，「厥角若崩」，「無輕民事，惟艱」，凡此蹈襲乎《孟子》者也。

其曰「好問」，「建中於民」，「懋昭大德」，「終累大德」，「文王武王敷大德，克受厥命」，「若升高必自下，若陟遐必自邇」，「太王肇基，王季其勤王家」，「嗣守遺緒」，「纘乃舊服」，凡此皆蹈襲乎《中庸》者也。

其曰「人心惟危，道心惟微，惟精惟一」，「能自得師者王，謂人莫己若者亡」，「好問則裕，自用則小」，「慎終如始」，「爵罔及惡德」，「罪人以族，官人以世」，「以義制事」，「先時者殺無赦，不及時者殺無赦」，「推賢讓能，庶官乃和」，凡此皆蹈襲乎《荀子》者也。

《左傳》、《國語》、《史記》、《漢書》各見辨正，兹不勝載。

至其閃姦打訛，不遺纖小。曰「濬哲」，「温恭允塞」，「方懋」，「敷求」，「弗詢」，「濟濟」，「蠢兹」，「六馬」，「萬邦之君」，「厥后」，「明明」，「沈湎於酒」，「不明於德」，「厥鑒不遠，在彼夏王」，「天鑒厥德，用集大命」，「綏萬邦」，「克有終」，「天難諶，命靡常」，「屏棄典刑」，「無

① 姜案：書末跋語稱：「帝命」之下、「中耄期倦於勤」之上，共空廿二行又五字。此下尋蹈襲之迹，當爲「三曰」之内容。

載爾僞」，「肇基王跡」，「建邦啓土」，「九有以亡」，「顛覆厥德，沉亂於酒」，「纘禹」，「不臧」，「哲人」，「紂（受）率其旅若林」，「類」，「冢土」，「壹醉」，「修其禮物」，「明明后」，「表正萬邦」，「不剛不柔，厥德允修」，文其蹈襲乎《詩》者如此。

曰「冢宰掌邦治」至「掌邦土」，「六卿分職，各率其屬」，「十二年巡狩方岳」，「論道經邦」，「木鐸巡於路」，「其或不恭，邦有常刑」，「政典」，「紀於太常」，「振旅文」，其蹈襲乎《周禮》者如此。

曰「文明」，「萬國咸寧」，「允升大猷」，「滿招損，謙受益，時乃天道」，又其蹈襲乎《周易》者如此。

曰「汝惟不矜」四句，「玄德」，「制治於未亂，保邦於未危」，皆蹈襲諸《老子》者也。

曰「惟口出好興戎」，「建邦設都」云云，「惟以亂民」，「厥罪惟鈞」，皆蹈襲諸《墨子》者也。

曰「乃聖乃神，乃武乃文」，「七世之廟，可以觀德」四句，皆蹈襲諸《吕氏春秋》者也。

曰「玄德」，「舞干羽於兩階」，「七旬有苗格」，皆蹈襲諸《淮南子》者也。

至於顯竊今文之句法，「曰若稽古，帝舜」，「曰若稽古，大禹」，「禹拜昌言曰俞」，「惟汝諧」，曰「明聽誓」等，可見鼠竊今文之一言兩字。《微子命》曰「稽古」，《周官》亦曰「稽古」，反而用之曰「無稽」，單而用之曰「稽於衆」。《堯典》首言「欽明文思」，乙其中二字曰「文明」。「允恭克讓」，乙其上二字曰「恭允」。「三后協心」，用《吕刑》也。「作賓王家」，用《虞賓》也。「逸豫」用「康好逸豫」也。兩曰「時乃功」，一曰「時乃風」。「命汝翼作股肱心膂」，改「耳目」爲「心膂」。「弘敷五典」，改「敬」爲「弘」，改「教」爲「典」。曰「式」、曰「克」、曰「典」、曰「訓」、曰「時」、曰「惟」、曰「是惟」、曰「乃」、曰「猷」、曰「艱」，悉取以爲貫穿文句之上下，兢兢栗栗，惟恐失正經之範模，又其蹈襲今文者如此。

四曰昧用文之式。

以《論語》、《孟子》之文相乘承而用之。如「爲山九仞」，「爲山」竄諸《論語》。「九仞」竄諸《孟子》。「功虧一簣」又竄諸《論語》。「格其非心」①，「格」字竄諸《論語》，「非心」竄諸《孟子》，《孟子》亦自言「格君心之非」。

以《詩經》、《孟子》相乘承而用之者。「鬱陶乎余心，顔厚有忸怩」，「鬱陶」取諸《孟子》，「顔厚」取諸《詩經》，下文「忸怩」又取《孟子》。以古人之文，椀脱换字而用之。「后克艱厥后，臣克艱厥臣」，椀脱《論語》文「爲君難，爲臣不易」，而以「后」字换《論語》之「君」

① 格其非心，原無，據李本補。

字，以「克艱」字換《論語》之「難」字與「不易」字也。「若升高必自下，若陟遐必自邇」，椀脱《中庸》之「辟如行遠必自邇，辟如登高必自卑」，而以「若」字換《中庸》之「辟如」字，以「升」字換《中庸》之「登」字，以「陟遐」字換《中庸》之「行遠」字也。《詩》曰「陟高山」「陟在巘」、《周書》「新陟王」，凡「陟」皆升高之義，不當用在「遐」字上，欲掩其模倣，而不知用字不當律令，與《詩》、《書》背馳矣。今文「惟」字在句首者，發語辭；在句中者訓「與」也。古文用作「思」字意，而與正經亦背而馳矣。辟如幼子學行，十步九蹶。

五曰昧用韻之法。

喜、起、熙；明、良、康；脞、墮、隳，此古人句句用韻之法。《夏書》曰：「惟彼陶唐，有此冀方，帥彼天常，今失其行，亂其紀綱，乃滅而亡。」「唐」、「方」、「常」、「行」、「綱」、「亡」，句句用韻，乃當時之體如此。與《喜起》等歌皆合，觀其「乃滅而亡」之句，則知夏世之季，桀帝之秋，故鄭康成、杜元凱皆釋作「夏桀」，獨王肅一人疑是夏太康時。晉人遂攘取以充入《五子之歌》，脱「帥彼天常」一句，乃此人之故意欲人知古文有脱誤，閱《左傳》然後知之，使人不可測知也。改「乃滅而亡」爲「乃底滅亡」者，欲以遷就太康時也。至於改「其行」爲「厥道」，則昧經書用韻之體，辟嬰兒之未孩，乃欲强作解事，自處聖地，僭造聖經，而終莫可掩者矣。唐宋之儒耳目爲之辟易，心知爲之遷改，靡然從之，戴爲義主，方且效忠竭力之不暇，而不知其卜者王郎、赤眉劉盆之儔耳，是豈晉人之能欺後儒哉，乃後儒自昧其是非之本心。

六曰襲古文之軌。

先漢古文，孔氏有之，而安國以今文讀之，因以起其家。蓋古文雖未必真，然亦必私造於家以欺人，自然後以今文讀而録之，行於世。若夫東晉古文，私造於家也，即以隸書於家；獻之於朝也，即以隸書於國。初未嘗見有古文之點畫形像也，特不過冒稱之言有如斯耳，其曰：以伏生之書，考論文義，定其可知者，言漢初之所考定也。又曰：爲隸古定以竹簡寫之，增多伏生二十五篇，言漢初之所寫多也，初不言東晉之時曾有如斯也。是則造爲古文而以今文行之，先漢是也。初無古文而冒稱其名者，東晉是也。以言乎誣祖行私，而陷祖於倍上之歸者，其罪均也。此所以襲其故轍而不知避也。

七曰沿「復出」之害。

正經《堯典》裂「慎徽」以下爲《舜典》，使堯爲天下得人之仁，至二女媲有鰥而止。故《堯典》止「欽哉」，若人有首而截尾。《舜典》突「慎徽」，若人有尾而截首。文氣銷縮，血脉不貫。舞弄聖經，有同兒戲。故《舜典》裂出非也。《皐陶謨》裂「帝曰『來禹』」以下爲《棄稷》，已又改爲《益稷》，有若初學作文，用字未工，修改方妥。且明以欺人，承上文「禹曰

『師汝昌言』」，故「帝曰『來禹，汝亦昌言』」。「亦」者，亦皋陶也。裂之則「亦」字無攸承。故《益稷》裂出又非也。盤庚遷後，史録成篇，故子長謂作於小辛時。尋章摘句者，私意小智，凡有更端，必加截斷。聖序《九共》之類，浸屬後人私增。故《盤庚》三篇亦非也。《顧命》初裂「王若曰」以下爲《康王之誥》，後復以報誥之辭不宜分裂，復改自「王出在應門之外」以下，殊不知恤宅宗之内，王爲父，爲天子，皆斬衰裳、苴絰杖絞帶、冠繩纓、菅屨。「丁卯，命作册度」以後致生成王以發顧命，致死服不可接致生父，是以設生時之扆之坐之寶之器之輅之宿衛。子亦變斬衰之冠而服祭服之麻冕，變斬衰之服而服祭服之黻裳。及其遂事也，諸侯以吉服見王，王亦以吉服報告，皆所以終成王用敬、保元子釗弘濟於艱難、無以釗冒貢於非幾之命也，而非安意以爲慶矣。雖受乘黄玉帛之幣，亦曰成王致生之命云爾。釋冕，釋麻冕也。反冠，繩纓也。反喪服者，反其恤宅宗時所服斬衰裳、苴絰杖絞帶、菅屨，而釋去服裳也。冕言釋，不言反；繩纓、喪服言反，不言釋；黻裳互文也。明是一篇文字，《康王之誥》裂出尤非也。且不曰「裂出」，而曰「復出」，誑伏生之妄合也。何其忍心害理哉！此皆安國之覆轍，車仆馬斃於前矣。謐復談笑循之而不知戒，何其巧於逃漏經之難，而不巧於逃賊經之難也耶！

八曰析百篇之目。

聖人正經七十七篇而已。《舜典》、《大禹謨》、《益稷》、《康王之誥》，孔安國古文所增也，非聖經之本真也。後又分出《九共》八篇，《咸乂》三篇，《太甲》、《盤庚》、《説命》、《泰誓》各二篇，共二十三篇，總之合百篇。元、成時張霸之所增也，劉向之所用也。不惟正經無此分別，雖孔安國古文亦無此分析，觀《九共》爲十六篇之一篇可知矣。今東晉古文不依聖人之正經，而遵孔安國之僞增，故猶有《舜典》等四篇； 不依正經之七十七篇，而狥張霸之私分，故亦有《九共》等二十三篇，而爲百篇之目，是先漢之安國，一身獨爲安國者也。東晉之僞安國者，合安國、張霸二人，而共爲安國者也，僞乎僞者如此，而猶謂之聖經也耶？ 或曰：《大禹謨》非裂出聖經者，何以見黜？ 曰裂《堯典》爲《舜典》、《顧命》爲《康王誥》，即私增《舜典》、《康王誥》之序文，此恃序以爲重，欲人不復合之也。旁蒐橫略，造爲長篇，勦入《皋謨》序中，而不必贅序。此恃文以爲重，不患人之不信也。故吾以聖經本一，而黜之者《舜典》、《康王之誥》是也。以聖序所無而黜之者，《禹謨》、《益稷》是也，於此見聖人之序決不可少也，抑愚鄙陋知安能以及此？ 今及此，非聖相其身、天牖其衷，使之廓清邪慝也乎哉？

九曰王肅似見古文孔《傳》。

孔穎達曰：「晉時所出五十八篇及傳説，絶無傳者。至晉時，王肅始似竊見晉古文

及孔《傳》，故注『亂其紀綱』爲夏太康時。」穎達之言云爾。嗚呼！穎達誤甚矣。是時古

古文泯無蹤跡，王肅何由而窺是哉？肅恃晉武母舅之尊，掎摭儒先，不翅敵仇，豈有窺見古文而不誇談示世，以任中興復古之績，而寂寥簡淡，僅吐出「夏太康時」四字而已哉！細推之，乃晉之作古文者窺見肅意，採入《五子之歌》以湊合一篇耳。非肅窺見古文孔《傳》也。嗟夫！穎達尊崇古文，耑門孔《傳》，摧裂正經，附麗僞書，苟有旁見側出可援據證者，不顧賢否，不暇涇渭，悉採以張大古文。今盡其所據，特王肅一人「夏太康時」四字，何不反而思之，則朱子英特之論，所謂「古文東晉時方出，前此諸儒皆未見」，豈不自穎達而先得之哉！然則局局於轅車之見者，其亦受命於天，一成而不可使拓也哉！

十曰冒共王還書之僞。

聖人之宅爲諸侯王所壞，事甚異，一宜書。内外曾無一人以乃祖太牢祀孔之意開説共王，二宜書。宫室覆壓，壞至孔宅，覶天者多漢法，何不懲治？三宜書。不特三宜書而已，安國造爲古文，政宜張共王之事，今喑而不言，一可怪。孔臧《與安國書》曰：「但知二十八篇，説者以應二十八宿，不知又有古文？」安國族人尚不知有古文，又不知出於壁也，二可怪。且孔氏既藏書，當自發之，自言之，何不待共發書，然後知孔氏藏書哉？三可怪。言在「子不語」中者，顯行於世；言近理，稱爲「流落」，四可怪。宜書不書，可怪不

怪。則壞宅還書之僞，斷可知矣。追其僞所從出，乃哀帝時劉歆移書欲立古文於學，造爲此僞。東漢大儒痛加掊擊，則古文、歆僞俱已摧敗矣。晉人知所掊擊者，在古文之辭，而不在共王之窟。故默化以新辭，而仍穴乎舊窟，是晉人至此合二人而爲安國者，復合劉歆三人而爲安國①矣。

或曰：《大序》與《傳》，非安國所作乎？曰：《大序》若言《泰誓》、十六篇，則與《史記》、董仲舒、漢有司、向、歆、固、燁、融、玄所言合，吾信其出於安國矣。今觀《大序》之言，比伏生書增多二十五篇，則非爲安國古文十六篇作，乃爲東晉古文作。以此知其非出於安國之手也。西晉時杜預好《左傳》，《左傳》盛行，《大序》首引《左傳》，可見其東晉時出一也。《甲》、《盤》、《説》、《泰》搴取張霸之分，託名安國以行之，可見其東晉時出二也。共王壞宅，搴取劉歆之説，託名安國以行之，可見其東晉時出三也。《大序》二十五篇，朱子謂「前此諸儒皆所未見」，《傳》同時出，諸儒豈見之哉？《大序》又言：「古文五十八篇，悉上送官。」而向、歆父子校理秘書，唯見先漢古文，無有東晉古文，歷歷可考者如前，則古文、《大傳》冒稱安國，不辨而自明矣。

① 國，原無，據李本補。

治僭

治古文《序》、《傳》之僞，吾始以魏西門君之婉，繼以漢雋大夫之斷。使人自覺其非而逆閑其機，西門君之婉也。不必辨其僞，而直蔽以罪，雋大夫之斷也。

何謂「使人自覺其非，而逆閑其機」？董仲舒、史遷、漢有司責安國曰：子以《泰誓》及十六篇，諤諤然日譚於我，我以對策天子之庭、作《周武本紀》、陳於奏疏。顧而怯其近理之書，俟東晉人而後授之古文二十五篇、《大序》及《傳》，何居？安國對曰：我書所以得別於謐者，賴有大儒、良史、名大夫之見知耳。二三子耳吾言、目吾文、心吾書，乃本吾也，尚不能自信。吾口未嘗言之，而手未嘗筆之，而書未嘗成之，後吾數百年而出，是吾假吾也。不意二三子亦爲豪僭所劫，下同後之蚩蚩罔知，自訟爲愚、爲狂，反譏我爲欺、爲怯。設有人補增今經，妄曰「安國」，更有人續增《易翼》，亦稱「安國」，若等盡從而信之乎？不爲我別白者乎？武王將興，必有禎祥。能招國門之闢，宋亂、王室亂、陳恒弒君，鬼神德盛，答宰我問，特不雅言，何可無也。安國得之於跡，失之於證；謐得之於證，失之於跡。謐書之廢在旋踵，二三子何憂於謐！

歆、固、林、逵、融、玄謫曰：　罔①昕夕頜頜，罔識造僞，誤落子度内，爲子注釋，過猶可説。教猱升木，晉襲故智，世儒望風，靡一勁草，梯禍之罪不赦。謝曰：　此則安國之罪也。

岐、玄謫謐曰：　汝託安國《序》、《傳》，增古文二十五篇，我中安國、謐而立，我猶未見，乃誣安國！　謐頭搶地曰：　人微地輕，借重安國，將以愚乎世之陋者耳，何敢欺二子！　二子注《書》，凡涉古文曰「逸書」，曰「篇亡」，詎不信哉！　良久曰：　然。不眕諸我而張僞成真，誠陋儒之罪耳。

昭、沖、晏謫曰：　謐胡越吾疆，而誣安國？　曰：　《國語注》、《論語解》，疆界明矣。吾何愛於誣，將以求吾古文之行耳。

預謫曰：　吾與謐甚近，汝古文，吾世所未有，而誣安國以先有，何狂悖哉？　曰：　情狀既露，噬臍莫及。

此以兩漢、三國、西晉時致辨，使人覺其非，以逆閑其機也。故曰：　「始以西門君之婉者也。」

---

① 罔，疑衍。

何謂「不必辨其僞，而直蔽以罪」？恒星彗孛，麟鳳虺蜴，所不能無，惟似是實非，似真實僞，在叔季而謬稱古昔，實幽暗而自張高明，知足以飾非，强足以濟姦，革仕正卯，不免聖誅。博士遞掌之正經，矢①何便儇皎厲、不合不公之流，猥以私意造僞書，闌入經内，使人目眩心惑，古罔今懞，聖違天悖，謾虞夏，欺商周，罪焉逭諸？

造古文之罪三：一曰生今反古，二曰自專自用，三曰不遵同文。

《堯典》削弱之罪八：一曰泯唐太速，二曰與虞太早，三曰克讓無實，四曰籲咈無刑，五曰蒙得人之仁，六曰歸擇壻之私，七曰截「試哉」之事，八曰剗「殂落」之體。

《舜典》僞增之罪十：一曰妄增篇名，二曰致攘成篇，三曰屑越孟引，四曰分散全經，五曰「有鰥」首擲在外，六曰「咸薦」項刎於前，七曰「慎徽」不知何人，八曰「詢事」不知何帝，九曰四②罪終他篇之刑，十曰「徽庸」結他篇之意。

《大禹謨》妄造之罪廿有二：一曰不敬之罪，二曰偕貢之罪，三曰卑典之罪，四曰闌序之罪，五曰重羨之罪，六曰紊典之罪，七曰紊誓之罪，八曰不謨之罪，九曰不典之罪，十

① 矢，或「奈」之訛。
② 四，原作「罪」，據李本改。

曰不誓之罪，十一曰援老之罪，十二曰援荀之罪，十三曰衡決之罪，十四曰乖剌之罪，十五曰操人之罪，十六曰張本之罪，十七曰不臣之罪，十八曰非倫之罪，十九曰跋扈之罪，二十曰抄略之罪，二十一曰叛經之罪，二十二曰欺罔之罪。

《益稷》妄增之罪五：一曰削弱《皋陶》，二曰致攘成篇，三曰闌入謨序，四曰初名「棄稷」，五曰改名「益稷」。

造《五子之歌》，厥罪惟五：一曰掇羿田之非，二曰奪夏桀之非，三曰昧用韻之非，四曰改句法之非，五曰恣寇略之非。

造《胤征》，厥罪惟三：一曰葺師曠之引，二曰葺太史之引，三曰擬《三國志》、《晉書》。

造《仲虺之誥》之罪五：一曰「慚德」襲季札，二曰「口實」略僑圉，三曰搜尋及獻子，四曰寇賊暨《中蘬》，五曰包舉至武子。

造《湯誥》之罪五：一曰「天衷」出夫差，二曰「賞善」學單子，三曰離逖先王之令，四曰隔越《論語》之言，五曰邀取《湯誓》之逸。

造《伊訓》，其罪三：一曰昧商正朔，二曰吞啗《荀子》，三曰抄勦班彪。

《太甲》窮黷之罪六：一曰《緇衣》「尹吉」，二曰子皮，三曰宮之奇，四曰公孫丑，五曰

《孟子》，六曰《中庸》。

《咸有一德》旁採之罪四：一曰《詩經》，二曰尹吉，三曰荀卿氏，四曰《吕氏春秋》。

《説命》囊括之罪五：白公子張、《墨子·尚同》、《兑命》、子皮、《國語》改作。

《泰誓》併吞之罪六：《外傳》、《内傳》、《孟子》、《禮記》、《荀子》、《史記》改作。

《武成》席捲之罪五：《孟子》、《樂記》、《律曆志》、北宫文子、芋尹無宇。

安國《旅獒》讀爲「豪」，晉人搴《國語》著於篇，使仲尼有攘善之罪。

襄王命管仲之言，晉人掇入《微子之命》，使成王有逆取之罪。

祝佗、子太叔、《内傳》宫之奇、太叔文子，湊合以作《蔡仲命》之罪。

河間不知《冬官》散在五官，並《文王世子》加「三」於「孤」上，以當「三少」，葺略以作《周官》之罪。

宫之奇、《緇衣》、《坊記》、《文王世子》，叢輯以作《君陳》之罪。

割《顧命》之罪，與割《堯典》、《皋謨》同。

增《康王誥》之罪，與增《舜典》、《大禹》、《益稷》同。

始分「王若曰」與始名《棄稷》罪同。更以「王出在應門外」與更名《益稷》罪同。正經本無《棄稷》，亦無《益稷》；本不分「王若曰」，亦不分「應門外」。均之，擅改聖經，罪在不赦。

萃《律曆志》，改《中庸》、叔孫、《孟子》，竄作《畢命》之罪。

竊《老子》，搜《孟子》，引《書》言，抄造《君牙》之罪。

孟子語薛居州，史老引武丁，《楚語》，《賈子》，《禮記》①，造《冏命》之罪。

《舜典》、《康王之誥》，僞增首《序》；「大禹」、「益稷」，闌入四字，無非罪也。

不顧正經之蒙塵，深惜僭賊之弗克。建武開皇增《舜典》篇首廿有八字焉。既曰「稽古帝舜」矣，又曰「協帝」、「帝詢」、「考考」②、「帝殂落」，是二天子，非罪之大乎？「明文允恭」，舉堯全德，倒而乙之曰「文明恭允」，爲舜玄德。帝聞不言八德，岳牧但陳孝行，「予聞」、「升聞」，毋乃不相當乎？孔豈沬二十八字而傳之孟，孟豈沬二十八字而引作《堯典》，不信孔、孟真傳，而酷好齊、隋僞僭，吾不知其何心也。

夫以孔、孟真傳，則一篇全爲舜作，夫子斷自《虞書》，難名之德，因可名善，觀二聖至矣。《中庸》言「舜大孝」，《傳》言「萬善從，無不旁通焉」，崇齊、隋僞造，昧其採摭說合之

---

① 禮記，原作「福亥」。《冏命》「惟予一人無良」，梅鷟《尚書考異》卷四「冏命」條謂從《禮記》引「《泰誓》曰：『惟予小子無良』」而來。在梅鷟看來，《禮記》爲《冏命》篇五種造僞材料之一。推想原稿字跡漫漶，「禮記」二字轉寫訛爲「福亥」二字。據改。

② 「考考」，意不明，或爲「三載考績，三考黜陟幽明」之縮語。

弊，則「濬哲」贊玄王、「文明」贊九二、「温恭」詠先民、「允塞」美宣王，默遺六德而含譏諷，豈臣子之忠厚哉！「重華」竊《史記》，「玄德」竊《老子》、《淮南》，「乃命以位」寇《伯夷傳》。無字非攘，兹人當服墨刑以狥。

後世穎達曰：某人某地偶得，伏法未上；某時購得，方見施行。本心猶在。蔡沈嫌其太劇分明，不足效己忠愛之心，舉而迫言之曰「今案：古文《孔傳》有『曰若稽古』以下二十八字」，則聖經終離，邪辟永塞，乃聖門之黄巾、赤眉；朱子之逢蒙、紀昌，可勝歎哉！凡此皆斥其僞，而直蔽以罪，使知亂臣賊子博義崇僭、陷溺人心之深，雖萬世之後莫得而逃焉。故曰「繼以雋大夫之斷」者，此也。

尚書譜卷之四(四之一)

旌川梅鷟學

舜典篇首二十八字譜

孔穎達曰：東晉之初豫章内史梅頤上孔氏《傳》，猶闕《舜典》，自「乃命以位」已上二十八字，世所不傳，多用王、范之注補之，而皆以「慎徽」以下爲《舜典》之初。至齊蕭鸞建武四年，吴興姚方興於大航頭得孔氏傳古文《舜典》，亦類太康中書，乃表上之。事未施行，方興以罪致戮。開皇時購求遺典始得之。

鷟曰：金陵非曲阜之地，航頭無孔子之宅，建武非漢帝之年，方興非安國其人。先漢真孔安國古文無篇首二十八字，東晉託爲安國古文，亦無此二十八字。建武四年，胡爲而忽有此字？方興何人，胡爲而忽獲此語？曰：此非方興之罪，孔安國亂之於初，皇甫謐亂之於中，唐儒亂之於終也。

《堯典》帝欲巽位，師錫帝曰：「有鰥在下，曰虞舜。」帝曰：「吾其試哉！」則「慎徽」以下，正試舜之事。「受終」以下，正克讓之事。文意接續，血脉貫通，固不容妄增一字，安國乃裂爲《舜典》兩篇角立。驟而讀「慎徽五典」，茫不知其何人，故不得不倣《堯典》而增也。堯有「曰若稽古，帝堯」，此亦有「曰若稽古，帝舜」；堯有「放勳」開端，此亦有「重華協於帝」；堯有「欽明文思」至「格於上下」數語，此亦有「濬哲文明」至「乃命以位」數語，然後繼之「慎徽五典」，庶不至突起，而文理可通矣。安國若不分裂正經，則此人亦靡得而肆其妄增。作俑之罪，是在安國。雖然，無首突起，人必致疑，疑則思，思則精，其返正也有漸。此人填補其闕，務以終迷衆志，使人無自返正。謚也揚其瀾，此人濬其壅，佐僞之堅，是在此人。

夫岳牧咸薦，唯言「克諧以孝，烝烝乂，不格姦」而已。未始言其「升聞」以「濬哲文明，温恭允塞」也。所言非所薦，所薦非所聞，則雖高出蒼天，大含元氣，亦不免於大言而無當，虛談而非實矣。不從經文，而從方興之言；不考玄王、《乾·文言》、先民、周宣王衆德之採集，而服膺乎南齊之僞，且二古文所誦習士所注釋無慮數千萬本，皆無此文，復不之信。荒村野俗，不知何人所僞爲者，從而表章之，縱詭隨而無特立之操，昧是非而無藻鑑之明，罔知專心一志於聖經，恒懷望風降附於羣賊，蓋其心一傾於邪，則動静語默，無適而非邪矣。臣賊之罪，是在後儒①。

隋文帝開皇四年，購求遺書，始得《舜典》篇首二十八字施行於世：「曰若稽古帝舜，曰重華，協於帝，濬哲文明，温恭允塞，玄德升聞，乃命以位。」

① 儒，原作「篇」，據李本改。

天下之事出於真者恒簡易而易知，涉於僞者每巧飾而莫掩。伏生正經已自藏之，已自求之，又自以教於齊、魯之間，何其簡易而易知也。若夫孔安國輩之造僞，以同隸書，恐不足以驚世也，於是以科斗書之，而擅古文之名；以非出壁藏，恐不足以取信也，於是又造爲共王壞宅聞鐘鼓之聲以其書還孔氏，而增神異之跡；以己生武帝之世，恐不如伏生親見秦皇之焚書、親出壁中之藏也，於是又造爲「老不能正語」之説、「女子傳言教晁錯」之説；以盡從伏生之書，不見古文之完善也，於是又復出五篇之書，以見伏生之短，可謂巧於文飾矣。然而終不能掩其僞爲之跡，當時歐陽、夏侯不肯置對，明主、名臣不立學官，後之大儒以「絶無師説」掊擊不信，於是東晉之作僞者又因怪神之不當道也，而悉抄精言；因引書之不當遺也，而蒐輯無遺；因句法之不相類也，而模倣逼真；因上世之未顯行也，而曰「流落民間」，以上於梅頤之未久也，而引長之以蘇愉、鄭沖，又可謂善於安排矣。而亦終不能掩其僞爲之跡。後之大儒以「分爲兩體」哂其陋，以「東晉方出」致其疑，以「平緩卑弱」定其體，以「無一字無所本」擣其巢，以考據搏捕窮其蹤，然齊、隋之間，唐興之初，昧者眂之，猶知特起之不可名篇也，則又創爲《典》篇首廿有八字焉，其巧似密而益踈，其僞似微而稱顯，何者？行於隋之開皇，而以爲得於蕭齊建武，甫實之以方興，復蔽之以伏法；甫地之以航頭，復出之以購求，何其焦然不寧也哉！其始耀以古文，其次則託以「復出」，其次則僞爲《泰誓》；其次則僞爲十六篇，其次則削去《泰誓》與十六篇，而僞爲二十五篇，又其次則於「慎徽五典」之上增加二十有八字，此可見其相爲沿襲，而執競作僞者之次第。

尚書譜卷之四(四之二)

旌川梅鷟學

孔穎達專門孔傳譜

或曰：虎殪不擊，器破不眂，爲無益也。吾子《尚書譜》卷二之中又有二焉，皆以排先漢僞《泰誓》暨十六篇也。夫先漢古文至晉已微滅，吾子復盡力而排之，毋乃擊殪虎而眂破器者乎？擒賊者擒王而賊平，殺敵者斬將而卒降。吾子《譜》之三卷中亦有二，所以排東晉古文二十五篇也。譜之四卷有四之一所以排南齊姚方興偶見、開皇購求方得之二十八字也。辨已明矣。乃復有四之二，獨排唐孔穎達與宋蔡沈，毋乃欲盡平賊黨而濫及卒伍者乎？

應之曰：非然也。晉人以他虎而易安國之虎，以他器而易安國之器，故吾作《譜》所以深明乎前漢虎雖已殪矣，而實安國之虎，不可以其殪而遂以東晉時之他虎充之也。器雖已破矣，而寔安國之器，不可以其破而遂以東晉時之他器當之也云爾。吾何爲不憚煩而擊殪虎眡破器也哉！　唐孔穎達以前，今文自今文，古文自古文，未至混淆也。　范蔚宗所述牟長、宋登、張馴、牟融、王良、桓榮，皆習今文《尚書》，都尉朝、庸譚、尹敏、蓋豫、周防、孔僖、杜林、賈逵、馬融、鄭玄，皆習古文《尚書》，其辨甚明。　唐人之作《隋・經藉志》也，曰：　濟南伏生口傳二十八篇，此一。①

之《太甲》、《咸乂》、《説命》、《泰誓》，不得行矣。　今所行者，張霸之分析、劉向之《別録》、皇甫謐冒認以爲安國所分者之《太》、《咸》、《説》、《泰》耳。　穎達之罪五也。　先漢古文浸微浸滅，而後謐之詐得行乎其後，然前無影響，晚乃突出。　穎達者，疎略考究，擁僞是勤，扶樹僭竊，插之羽毛，恒使正經越在泥塵，其罪六也。　孔安國爲《泰誓》作傳，其手筆也，李顒所引是乃明證。　穎達詆顒而不知信，其罪七也。　聖序散冠各篇，二十有九篇，俄空其一，賊經酷矣。　穎達曾不之知，其罪八也。　安國傳《論語》，茫無片言涉於二十五篇。穎達全不之考，其罪九也。　鄭沖集解《論語》，涉於《君陳》、《泰誓》、《湯誥》者，特相背馳，穎達全不之審，其罪十也。　以漢武晚出之《泰誓》，默充漢定壁出之序篇，既誣伏生，更誣太史，全無忌憚，一至於此。　其罪十一也。　正經二十九篇，其目見存，穎達改爲二十九卷。

① 姜案：　書末朱休承跋語稱：「此一」之下、「之太甲」之上，共空四十四行又二字。

安國古文十六篇，其目見存，穎達亦改爲十六卷。意以「卷」字牽合晉人，蒙蔽後儒，其罪十二也。

其餘罪狀，難以毛舉。是其設心注意，唯欲壅蔽。正經，使人皆不知其爲壁出隆重；邪僭，使人深知其當騁行。拔塞本原，裂毀冠冕，叛逆不忠之罪，上通於天。黨惡之情，憧過首惡；貪亂之姦，險逾渠魁。是以不得而不薙獮之也。

蔡沈異於曾子譜

夫子没，門弟子欲以所事事有若。曾子曰：「不可。江漢以濯之，秋陽以暴之，皜皜乎不可尚已。」孟子責陳相辛①曰：「子倍師陳良而學許行。」亦異於曾子矣。予考子朱子大全集，「舜典」之下曰：「古文有，今文合於《堯典》。」蔡沈《集傳》則於其下增曰：「今案：古文孔傳《尚書》有『曰若稽古』以下二十八字。」斯言也，何其慓悍禍賊也哉！夫姚方興伏法未上。至隋開皇購得施行，則此二十八字者，必隋、唐間好事者所爲，駕言方興於金陵大航頭得之，以解説其至晚乃出之故爾。今觀沈所言，有若目擊方興得於安國，親

① 辛，疑爲「皋」之訛。

手交與；耳聞安國傳於方興，席前面命。先漢、東晉之歲月，在沈之傾刻；金陵曲阜之封疆，在沈之跬步。蔡沈、方興、安國之魂氣，若鮒魚、鱖魚、烏賊魚之飲河，鮒魚腹中之水，即鱖魚腹中之水；鱖魚腹中之水，即烏賊魚腹中之水，更不分別。蔡沈非姚方興，方興非孔安國也。

且臆度共王者，先封於魯，移封於吳。孔氏之宅，正業在曲阜；別業在航頭。漢武時，共王既壞曲阜孔宅，還二十五篇之古文；南齊時，共王又壞大航頭別業，還《舜典》篇首二十八字。若非慓悍，何其籠罩靡前、張虛駕誕至如是之甚哉！故我謂其言之慓悍，蓋以此也。

言有關於一時一事之利害者，不足爲輕重也。伏生爲秦博士，職掌先秦之古經，必不忍本有二篇，無故而合之以爲一篇；本有首文，無故而刪之以爲突出也。

漢定之時，古經出壁教齊、魯者，此也。傳晁錯者，此也。立學官者，此也。何有所謂《舜典》哉！迨孝武時，幾乎百年之間，安國創爲古文，以壓今文之不古，復出數篇，以昭正經之多訛，無非欲古文之顯售於世耳，何有所謂二十八字哉！元、成間張霸分析二十三篇，都爲百篇之目，歲月彌久，紕繆宣露，掊擊者力，浸微浸滅，亦未有所謂二十八字也。東晉之謐，投會乘隙，造爲近理之文，冒稱安國之本。前僞雖傾，後僞更昌，尚無有所謂二十八字也。

齊、隋之間，黠者視之，疑其未完，增廿有八字，其心畏首畏尾，委曲蓋遮。沈則從而教之曰：此非方興之所爲，乃安國書之本有也；非南齊之始出，乃漢武世之已然也。彼方患於無根，解之以伏法，沈則指以植根之不拔。彼方虞於不繼，承之以購求，沈則示以發源之甚長，歲之相去，幾至千年；航頭一見之外，別無他證①。古文注讀，遍於天下，無慮百千萬本，無此文字。虛而爲盈，無而爲有，沈何其脱空誇詐，全無忠信誠慤之實心邪？羽翮宵夫之偶得，張之於數十百年之上；幽沈至神之正經，擠之於草莽塵埃之地，是其禍賊，豈特關於一時一事之利害耶？實有殘帝王萬世之大經大法者矣。故我謂其言之禍賊者，蓋以此也。穎達曰「伏生老不能正言」，沈亦曰「然」；媒曰「女子傳言教錯」，沈亦曰「然」；曰「《泰誓》後出，附入伏生書内」，沈亦曰「然」。孽正經，惟恐其不篤；摧毁聖序，惟恐其不跌；崇重僞書，惟恐其不亢。不知《舜典序》、《康王誥序》之僞增，乃至以寇賊攻寇賊，而不自覺。不知《臯謨序》本非爲《大禹》、《益稷》作，乃至以碔砆勦入夜光之中，而不能辨。不考成王封伯禽、康叔、唐叔之故典，

① 證，原無，據李本補。

猥以周公奉王命之誥，謾爲武王之誥。不考「康夏娛以自樂，五子用失乎家衖」之楚詞，抄絳寇辛，猥以有窮后羿之田，移爲太康之田。他若「丕子之責」、「棐」字之訓、「自赦」爲「自恕」之義，直叛其師説之正而不顧。毋論其他，只《堯典》一篇之傳，沈或增或減，或移先後，一矛一盾，奚翅十餘處，惜先師之手澤，果如是哉？「我書《春秋》，與齊豹齒」！

尚書譜卷之五（五之一）

旌川梅鷟學

尚書纂言譜

吴先生曰：「伏生故爲秦博士，焚書時，生壁藏之，其後兵起，流亡。漢定，生求其書，亡數十篇，獨得二十八篇，以教授於齊、魯之間。漢、魏四百年間，諸儒所治不過此耳。至晉梅頤始增多伏生書二十五篇，稱爲孔子壁中古文。鄭沖授之蘇愉，愉授梁柳，柳之内兄皇甫謐從柳得之，而柳又以授臧曹，曹授頤，頤奏上其書。今考傳記所引古書，見於二十五篇之内者，如鄭玄、趙岐、韋昭、王肅、杜預皆指爲『逸《書》』，則是此二十五篇，漢、魏、晉初諸儒皆未之見也。故今特出伏生二十八篇如舊，爲漢儒所傳確然可信者，爲之《纂言》。」

一　恢復《堯典》之正經。削先漢東晉割爲《舜典》者，又削南齊偶得二十八字，恢復《堯典》之舊。

一　恢復《皋陶謨》之正經。削《大禹謨》私增，及《棄稷》改作《益稷》者，恢復《皋陶謨》之舊。

一　恢復《盤庚》之正經。削張霸私析爲三篇二字，還《盤庚》之舊。

一　恢復《顧命》之正經。削古文始分「王若曰」後改「王出應門外」爲《康王之誥》者，還《顧命》之舊。

一　《虞書》二篇復而虞壁出之經完。先古文五篇廢，後古文三篇復紊。削之。虞書復舊。

一　《夏書》二篇復而夏壁出之經完。先古文二篇廢，後古文二篇復紊。削之，夏書復舊。

一　《商書》五篇復而商壁出之經完。先古文六篇敗，後古文十一篇復紊。削之，復舊。

一　《周書》十九篇復而周壁出之經完。安國古文三篇敗，謚古文十二篇復紊，削之，復舊。

以上臨川吴先生復古之功，與伏生壁經之功相爲首尾，前之諸儒皆不能及，特表而出之於右。

尚書譜卷之五（五之二）

自敘①

古文出，而聖經受裂，聖序受誣，可爲痛哭者三，可爲流涕者五，可爲長太息者十。《泰誓》、十六篇，孔安國古文也。自《舜典》至《冏命》，一時顯行，蠱惑人心，迷而不返者，四百餘年。乘人之醉昏而奪，易其耳目心知，爲聖經之害大矣。然鄙而非醉，漏而匪備，東晉之際而廢棄不行矣。二十五篇之出，皇甫謐所造也。自《大禹謨》至《冏命》，又有《大序》及《傳》，因冒稱安國古文，授外弟梁柳，柳授臧曹，曹授梅頤，獻上而施行焉，則近理而亂真矣。英才間世，誦習靡懈，老師宿儒，表章於世。體分二手，文非三古，安國且自不終託之，將以誰欺？《舜典》篇首二十八字，姚方興偶見於航頭之地，開皇時購求得之，

① 敘，原作「序」，據李本改。

膠粘假合，叢葺入编，諧怪戲薄，僞更增僞。古文相繼賊經，長此欲以安①窮安國，挽貌類之陽虎廁之仲尼之座。謚爲言行氣象近似之有若，事以所事孔子；方興假稱成帝子子輿，而實乃卜者王郎。世無任光、邳彤，何怪河朔諸郡望風降附！故曰「可爲痛哭者三」，此也。

　　夫子《堯典》一篇耳，割其半以畀《舜典》，使堯有上體，而截斷腰與下體。舜有下體，而擲棄項與元首。夫子《皋陶謨》一篇耳，割其半以畀《棄稷》，命「禹以昌言」，文氣方承；再改作《益稷》，覺前擬未工。夫子《顧命》一篇耳，割其半以畀《康誥》，吉服受壤奠，得罪名教；「釋冕反喪服」，贅語安承？夫子本無《舜典》、《康王誥》也。妄立二，杜撰二序。聖序首言「皋陶矢厥謨也」，闌入「大禹、益稷」四字焉，相承賊聖經。安意爲之，一聞討僭逆，譁然不寧，故曰「可爲流涕者五」，此也。

　　獻酋於王，安國讀「獒」爲「豪」，西旅厎貢厥獒，謚釋「獒」爲犬。不曰謚盜「楛矢石砮」之對，反曰吾師亦嘗攘召伯之言云耳。「爲山未成一簣」，夫子取譬之言也，今曰本諸「爲山九仞，功虧一簣」，則譬如平地雖覆一簣，又本之古文何篇？「不爲二《南》」，其猶正牆面

① 姜案：「安」下疑奪一「國」字。

而立」，夫子由衷之言也。今曰本諸「不學牆面」，是取之於古文，出之以「其猶」之口氣，何異於禦也矣。

《謙》之象，天、地、人、鬼神，四句連類而發，乃前無古之句法。今曰本諸《益》而倒用之，則「滿招變，謙受流，時乃地道；滿招惡，謙受好，時乃人道；滿招害，謙受福，時乃鬼神」，又得之古文何人乎？不矜莫争，誰謂弗謙？師嫌弗謙，則如降之益詎，若此奈何弗察？

告君不引「后克艱厥后」，而引人之言，藐君哉！東晉前，孔、包、沖、晏皆讀「孝乎惟孝」爲句；東晉後，始謂《書》之言孝如此。《君陳》篇其隱，若儒者之洞庭彭蠡乎？

「天之曆數在爾躬」，舜益之十五言；「允執其中」，舜益之三言；「四海困窮，天禄永終」，舜益之六言，今止曰「亦以命禹」，非没善哉？

「不矜不伐」，今見《道德經》；「危微精一」，今見《道德經》①。「衆非元后何戴」，今見内史過所引。無一句無所本哉！

---

① 姜案：《荀子·解蔽篇》：「《道經》曰：『人心之危，道心之微，危微之幾，惟明君子而後能知之。』」梅鷟此處所指當是《荀子》所稱之《道經》。

造古文者，欲攘《序》以立赤幟，故散壁出之序而空之，推《泰誓》以足壁出之目，皆以《序》爲夫子所作，而欲擅爲己出之功，特以子長書法之嚴，故不敢耳。亡篇以序而知，僞書以序而辨。諸儒莫知，妄加掎摭，衛之故典，與《序》吻合，猶恣異説，豈不妄哉！故曰「可爲長太息者」，此也。

其他背理而傷道者，難遍以筆記。「前徒倒戈」之血，嘲亞聖讀書之不精，駕將二十五篇之古文，默易《泰誓》、十六篇之古文，追數大儒、良史、名卿大夫博極羣書者，僅見安國之粗。凡若此，可以類推矣。

户部亞卿陳君儒曰：「古文若僞，夫子何爲不删？」對曰：「先夫子而出者，見正於夫子矣，三墳、五典、《伯禽》、《唐誥》等篇是也。安國古文出漢武世，謚古文出典午東，方興二十八字出齊、隋間。夫子未見，安得而删之哉？」曰：「王陽明執古本《大學》，不從程朱《大學》。今之設科取士，猶用程朱定本，陽明何益？」曰：「至當唯定於理而已矣。曾子引《詩》、《書》以證者，凡有五『新』字，以此知經文『斤』字偏傍誤爲『見』字偏傍，故曰『親』當作『新』。經文三綱八目，而曾子引《詩》、《書》以證者，『知本』、『知之至』與『所謂誠其意者』一章淆次，在『至善』二節及『明』、『新』、『正於信』三章之上。故曰『更考經文，別爲次第於左』。得天機爲訛字，秩天敘於錯簡，以傳證經，以經統傳，此乃程朱所以爲心得之妙，而彼陽明不過執古之固耳。」曰：「子之論《大學》有理。」對曰：「吾之論《尚書》，亦若《大學》而已矣。」

自敘譜

嬴爇其燬，焰我經術，儒熾其姦，壞我心術。四代之《書》，篇七十七，僭羨盈百，或承之辱。自齊聖神，莫之或聖，本本元元，完我聖目，作《尚書全經目録譜》第一。

經黜其羨，序言其意，提綱挈要，非相爲賜。簠簋載器，驂服載駟。咎單尹旦，叱名醒義。匪若故訓，團辭蔓溉。方設居方，別生分類。洛汭之頃，夏康娛棄。醜夏歸亳，鳩方之值。升陑至坰，句多失墜。遷社不可，俘厥寶瑞。成湯已往，外二仲四。躢相之遷，耿圯尤喟。營求諸野，鼎耳記異。十有一年，戎殷殪已。十有三年，訪道甚勤。唐叔歸禾，以諷誶也。周公嘉禾，以信毖也。殷之餘民，頑難帥也。王命託公，鎮以懿也。康酒梓材，洪大誥治也。君奭將老，奄蒲誌也。亳姑之葬，義極致也。分正里居，成周地也。君牙伯冏，岐周是寄也。割顧命半，疇以畀也。立國於費，言首可肆也。亡篇之義，匪此莫記也。唯覺聖心，遐以邃也。蚍蜉有圍，臧莫覬也。作《尚書序譜》第二。

識天下道里之輿圖，孰與知帝王經世之大法？當秦焚書時，博士伏生壁虞、夏、商、周之書，其所知者大且洽。當高祖入關時，蕭相國何收天下輿地之圖，其所知者小且狹。噫！使何也能有伏生之知量高明，則夫子之六經必不至於亡乏，使生也而得居何之位能，出其塵垢粃糠，則足以其主上如文武之「功用明德懷爲夾」者矣。作《伏生壁經譜》第三。

知難而藏，漢定而求，至誠懇到，雖危弗休。聖經瞿我心，世事瞿我眸。嬴顛楚殪，則莫敢我讀。發往日所藏，如獲我瓊璆。時哉！時哉！時不我與謀。流離患難脱身跳，今來歸自荒陬。惜失亡者多旗壞，席脱柁軟楫柔，不得爲完好之乘舟，然永永奕世之下，神交堯舜禹湯文武，目接皋稷單盤周召，若一時同堂合席以相酬，烏可不知其所由哉！吾以爲豐功茂績當銘彝鼎而祀千秋者矣。作《伏生得經二十九篇譜》第四。

列諸前廿八篇曰經，振諸後揔一篇曰序。經猶靈囿所有，序如囿圍禁禦；經猶九獻所奏鈞天帝樂，序猶巨目深爪作其鱗之。而業虛①廿有八篇，猶《易經》分二篇也。經篇各言意，猶《易・序卦》列後鄦也。經猶六經，序猶《論語》。始也博士所貯，既也藏於一處，終也神所錫予。下炤弗及，經多逸去。二十九篇，書法匪紓，即教攸及，兗以封姬，青以疆

① 姜案：虛，或爲「虡」字之訛。

呂。安國散序，獨昭衆稷，俄空豐黍。陬子識陋，乃以野次峥嶸，仰充巨楹碩礎。予甚悼焉！毋自貽阻，作《太史備載序篇譜》第五。

從周同文，爲下不倍。陪臣雖聖，改王易代，已則爲之，亂賊奚慦？古文耑治，誣祖可慨。廿有八篇，列宿是配。聖序殿後，光晶弗曖。鬱攸之阨，大經猶在。古文之阨，寓宙䨲霨。東京之儒，掊擊莫貸。殆似有若，叱避而退。黠謐抵隙，巧蒐冒昧。英材蓋世，紛然受蔓。前僞既奔，後僭據内。鏖①殪眡破，匪我心憒。欲發墨守，箴肓起廢。昔之顯行，豈減謐愛。謐監不遠，在彼前潰。我白別之，鋤其匪類。以昭聖經，以懲狂悖。作《孔安國專治古文譜》第六、《古文泰誓譜》第七、《古文十六篇譜》第八、《安國私增序譜》第九。

安國旁魄，張霸穿鑿。分《泰誓》三篇，推入正經之郭。易《舜典》、《益稷》序，增伏生書爲三十四，後遂以《泰誓》即爲張霸所作。《九共》匪約九篇，霸拓增古文書爲二十四，後遂以十六篇亦爲張霸所作。他若民間所傳、河内女子所獻，《別録》因之，五十八篇是擴，皆惑誣之奇譎，諧調之托落，至魯縞不克穿，當强弩之末。彍星火乘，夜以吐爝。鼷據狐窟，而舞樂矣。作《霸向增紊譜》第十、《古文相傳譜》第十一、《季長掊擊譜》第十二。

---

① 姜案：鏖，當爲「虎」字之訛。

摧怪漏之僞者，易爲力； 排近理之僞者，難爲功。 孔安國，夫子之苗裔，罔知以大孝爲孝，精忠爲忠也。 知有粢明純犧之豐，不知有明德至誠之隆也。 秦人嘘炬，伏生藏七十七篇之經及後序一篇於壁中也。 漢定求之，經亡四十九篇，僅得二十八篇，聖序亦幸存而不空也。 太史嚴厥書法，曰廿有九篇，彷彿乎獲麟之至公也。 聖子聖孫，奉以周旋，罔敢墜訌，致爽昭假。 天啓其衷，足以上通。 顯穹而神，歆無窮也。 奈之何悵失亡之多，任私智爲工也。 文舍籀而反《頡篇》，截首而刳終也； 謨紊體而勦入，説無師而妄叢也。 離披爲異，紛茸爲衕。 躄躠爲姦，誕罔爲朦。 舞智以誣聖，張虧而爲充也。 猗儒之鴻，搴摭顯侗。 如土謋然，委地幪矣。 如雪漉然，見晛融矣。 東晉士安，姦罔之雄。 自矜嘴距，俯視羣蒙。 築固堅城，不懼環攻。 塹浚深池，刀①視戰艨。 機心機警，其技十倍於乃翁； 能方能圓，其巧囊括乎作俑。 子所不語，安國懜之，力去隙言，後則籠之。 諸書所引，安國昏之，過而闌入，後則谾之。 霸析向別，誰能逆讋？ 并作一人，樂而不恍。 歆怪固述，無由後同。 旆爲赤幟，恰而弗恫。 饞鼎往贗，燕石是瓏。 黎老播棄，比謀頑童。 天王出居，子帶尊崇。 世祖奔渡，卜者望風。 以聵爲昭，昭反似聵。 以瞢爲明，明反似瞢。 以薌爲薰，

① 刀，李本作「力」。

以賨爲芎，以樸爲璞，以丹爲盤。十有六篇，桃蟲螌蜂。廿有五篇，在東蝃蝀。蟲蜂斃矣，疇敢指東？前之安國，已敗厥躬。竊名安國，盧胡含龍。無論漢晉，耦俱斯螽。傷我嘉穀，憂心有沖。無慮今故，均之狄戎。猾我華夏，勞心忽忽。天滔於降，曜蔽於雺。數千百年，修夜之宮。祠祈成平，以纘汩共。掀我兩曜，以經穹窿。作《東晉古文二十五篇譜》第十三。

位卑權輕，紛然見蔑。沖顯於朝，言出僉載。必不譁攻，惕然置對。獻上施行，胡不若仲真之慷慨？沖於《君陳》、《湯誥》諸篇，見未之逮。誣之綦厚，至今莫溉。作《鄭沖受誣譜》第十四。

若柳者無能，爲謐役者也。沖、愉貴之，曹、頤闢之。謐於授受，殊無所益柳。孰知不益之益，乃古文之宅。作《謐不與授受古文譜》第十五。

先有《世紀》在胸，而後可妙古文之筆鋒。袖必長，舞則工。錢必多，賈則贏。彼沖、愉、柳、曹、頤，烏足以從之？作《帝王世紀譜》第十六。

《折楊》、《黄荂》，聞者嗑然。古文於《折楊》、《黄荂》，駁矣。考之《史》、《漢》，《史》、《漢》不合。考之《三國》，《三國》不答。考之西晉，西晉不納。唯其無之，是以闔之。若或有之，則必遝之。作《史漢考譜》第十七、《臺卿注孟子考譜》第十八、《康成注禮記考譜》第

十九、《弘嗣注國語考譜》第二十、《沖晏解論語考譜》第二十一、《元凱注左傳考譜》第二十二。

歷考兩漢、三國、西晉之書，茫不見蹤跡，歛視反探，乃在典午渡江之圉僻，駕言者沖，獻上乃頤。百世思沛，緊謚之魂魄，作《古文根株譜》第二十三。

掇乎拾乎，我窮其繇。駁乎疵乎，我畀之羞。探溟涉崧，追躡其褒。匪律令是程，匪音諧是謀。或改文而勦序，或增序而割溝。析百篇目，孔戴覇頭。蹈蕭①窟共，協軀王劉。以博安國，其計益偷。作《根株削掘譜》第二十四。

壁出聖經，辟如曜靈。上帝雖神，莫保蝕暝。安國舉舉，知劣挈瓶。乃以私知，代補亡經。慟日之亡，明易之以爝熒。折北逋跳，如屋建瓴。蔡亡種類，不殖自青。典午之東，狐孽燐腥。託名安國，豈減震霆。然皆未有篇首之文，錯落妖星，遡裂我聖文之洪型。於戲！本不足以惑人是非，恨是非之惺惺。乃唐宋之儒不公不寧，有懷二心者弗克共聖人之明刑。作②《後人僞得篇首字譜》第二十五。

① 蹈蕭，李本作「踏肅」。
② 作，原無，據李本補。

僭之尪，穎達强之；僭之戢，穎達鴆之。建武未上，穎達喪之；開皇購得，穎達將之。子輿之郎，穎達趨降。新室之狂，穎達輔亢。荆楚陸梁，乃向戍之妨。大戎披攘，實申侯之戕。僭既孔償，穎達章章。作《穎達耑門孔傳譜》第二十六。

衣于摳，婦翁之殊。偭聖心，竊舍我伏。腴集彼孔枯，孔跌謐沽。孽之以航頭之狐，冠隆誼痡。不悟正經，萬世之模。其心甚愚，其智甚污，其術甚迂，其説甚誣。有若鄭君，爲暴籍圖。吐氣如雲，爲之捐驅。君子謂之侏侏。作《蔡沈異於曾子譜》第二十七。

往而迴，天行哉！經出伏壁，嬴不能災。孔譎終北，謐姦以胎。南齊草竊，嬰兒未孩。專門崇姦，崑崙裂開。幼清廉潔，豪起草萊。挽回正經，登之春臺。如掃浮曀，如滌塵埃。巍巍大園，幬我埏垓。作《尚書纂言譜》第二十八。

古文之迭蔽，一曜以之不明。宵夫之偶得，太清爲之莫清。喬①命世之明哲，蕩平復古之功宏矣。天穹窿而在上，日月下炤理不嬴，所闕者，顯聖經，空聖序，誤信晚出之《泰誓》，謬當廿九之法語惟刑。謐「采政忽」、「三豕渡河」，莫之勝揭。「不用命之戮，先執妻子以示」，莫堪用之。陑誓，湯取法乎甘。漢南入沼北，沛江來南，迺北會耦，俱東匯。鋪

① 姜案：疑爲「伏生」二字訛寫。

敦推鋭，漳南莫支，退屯於蠡。北無清漲，南靡濁漪。三江之名，判之以斯。疾趨赴海，水不横披。不致壑蘇，震澤恬夷。一卜王體，再卜鄩代，三卜身在。罔害求終，一再無閡。啓籥徵之，並告乃退。文考受命，寧考殪殷。乃寡兄勗，庚辟封分。《梓材》首章，達大家以慎罰。後章達王，以勤明德。垂不抗中，天下而立，是曰「明辟」。始宅中土，新辟奕奕。天王臨崩，導揚末命。臣致生之顧命，甫更嗟予小子。抱其質直，不廢於學，夙夜勤力。匪若上知，百以一識。庶竭愚得，以裨秭億。作《自述譜》第二十九。

掀經序，廿九陽，浴咸池，暾搏桑。以僭敗，安國傷。僭乎僭，謚未殃。僭斯下，逮隋唐。儒不令，縱熾猖。勢寧久，終必亡。《纂言》復瑩緝，明經翼翼極四方，更無邪慝葉萬光。

朱休承[①]跋

《尚書譜》五卷，明旌川梅氏撰。耑以闢古文之僞，博考互證，不遺餘力。間有吹毛求疵，失之太苛者，文亦傷繁。惟其引據史傳原文，隨人隨事，分類詳列，俾後學讀之，則《尚書》一經之源委昭然，如指諸掌。而古文之爲僞，可不辨自見矣，是足取也。

余於維揚，借得馬氏叢書樓抄本，因亟手録之。中多脱簡誤字，姑仍其舊。俟再得善本校正焉。馬氏原抄本計一百三十□頁，頁十八行，行二十字。乙亥長至前數日秀水朱休承識。

史記載尚書序譜第五内空三處，脱一處

「寧不厚顔哉」細字下空十七字。

① 朱休承，生卒年不詳，與清焦循爲同時人。

「于成湯時」細字上脱去數行。
「帝沃丁之時」，上空八字。
「鼎耳而呴，武」之下、「十八篇出於壁藏」細字上，共空廿一行又十五字。

武王本紀條内空一處

「安國耑治古文，古」下、「文體之别」上，共空四十四行又十三字。

古文根株削掘譜内空處

「帝命」之下、「中耄期倦於勤」之上，共空廿二行又五字。

孔穎達耑門孔傳譜内空一處

「此一」之下、「之太甲」之上，共空四十四行又二字。
其《自序》中之次第門目，與其書中之次第門目亦不盡合。
梅氏，旌德人。正德癸酉舉人。官南京國子助教，終鹽課司提舉。

圖書在版編目(CIP)數據

尚書考異　尚書譜／(明)梅鷟撰；姜廣輝點校.
—上海：上海古籍出版社，2014.12
(嶽麓書院國學文庫／朱漢民主編)
ISBN 978-7-5325-7354-7

Ⅰ.①尚…　Ⅱ.①梅…　②姜　Ⅲ.①《尚書》—研
究②中國歷史—史料—商周時代　Ⅳ.①K221

中國版本圖書館CIP數據核字(2014)第162626號

嶽麓書院國學文庫
尚書考異　尚書譜
[明]梅鷟　撰
姜廣輝　點校
上海世紀出版股份有限公司
上　海　古　籍　出　版　社　出版
(上海瑞金二路272號　郵政編碼200020)
(1)網址：www.guji.com.cn
(2)E-mail：guji1@guji.com.cn
(3)易文網網址：www.ewen.co
上海世紀出版股份有限公司發行中心發行經銷
上海顓輝印刷有限公司印刷
開本850×1168　1/32　印張18.125　插頁2　字數322,000
2014年12月第1版　2014年12月第1次印刷
印數：1—1,500
ISBN 978-7-5325-7354-7
K·1913　定價：66.00元